U0529389

本研究课题曾作为浙江省哲学社会科学基金重点项目"索绪尔语言学理论研究"(16NDJC040Z)被立项资助

本书出版得到浙江师范大学人文学院中国语言文学学科建设运行经费资助

索绪尔
语言学理论研究

聂志平 著

中国社会科学出版社

图书在版编目(CIP)数据

索绪尔语言学理论研究/聂志平著. —北京：中国社会科学出版社，2023.9

ISBN 978-7-5227-2385-3

Ⅰ.①索… Ⅱ.①聂… Ⅲ.①索绪尔(Saussure, Ferdinand de 1857—1913)—语言学—理论研究 Ⅳ.①H0-06

中国国家版本馆 CIP 数据核字(2023)第 143863 号

出 版 人	赵剑英	
责任编辑	郭晓鸿	
特约编辑	杜若佳	
责任校对	师敏革	
责任印制	戴　宽	

出　　版	中国社会科学出版社
社　　址	北京鼓楼西大街甲 158 号
邮　　编	100720
网　　址	http://www.csspw.cn
发 行 部	010-84083685
门 市 部	010-84029450
经　　销	新华书店及其他书店
印　　刷	北京明恒达印务有限公司
装　　订	廊坊市广阳区广增装订厂
版　　次	2023 年 9 月第 1 版
印　　次	2023 年 9 月第 1 次印刷
开　　本	710×1000 1/16
印　　张	27.5
插　　页	2
字　　数	423 千字
定　　价	139.00 元

凡购买中国社会科学出版社图书，如有质量问题请与本社营销中心联系调换
电话：010-84083683
版权所有　侵权必究

目　录

上　编

第一章　索绪尔的生平及学术评价 …………………………………（3）
第二章　索绪尔《普通语言学教程》通行版与第三次
　　　　讲授的笔记版相比较 ………………………………………（29）
第三章　索绪尔"第二次普通语言学教程"论析 ……………………（52）
第四章　索绪尔"第三次普通语言学教程"论析 ……………………（67）
第五章　从《普通语言学手稿》看索绪尔的语言学思想 …………（103）
第六章　《普通语言学教程》中的语言符号学思想 ………………（137）
第七章　关于语言和言语 ……………………………………………（154）
第八章　关于语言符号的任意性问题 ………………………………（178）
第九章　索绪尔的语法思想：句段关系与联想关系 ………………（194）
第十章　关于语言共时态和历时态的区分 …………………………（207）
第十一章　索绪尔的语言符号发展演变理论 ………………………（222）
第十二章　索绪尔语言理论：几个问题的问题 ……………………（237）

下　编

第十三章　索绪尔回忆录及索绪尔致博杜恩的两封信 ……………（263）
第十四章　20世纪国内索绪尔语言理论研究述评 …………………（278）
第十五章　从"十论"看徐德江对索绪尔理论的错误认识 ………（305）

附录 ……………………………………………………（328）
附录一　符号简论 ………………………………………（328）
附录二　语言符号论 ……………………………………（340）
附录三　从经典作家语言运用角度看言语词 …………（357）
附录四　语言学简史 ……………………………………（372）

后记 ………………………………………………………（432）

上 编

第一章　索绪尔的生平及学术评价

一　索绪尔生平

（一）出身与青少年时期

费尔迪南·德·索绪尔（Ferdinand de Saussure，1857年11月26日—1913年2月22日）出生于瑞士日内瓦一个法裔学术世家，祖上是从法国流亡到瑞士的贵族。

索绪尔的高祖父尼古拉因发明葡萄栽培法而闻名，曾编写法国《百科全书》中相关部分内容，索绪尔家族以此为基础逐渐形成了科学研究的家族传统。索绪尔的曾祖父奥拉斯·贝内迪克特·德·索绪尔是著名的博物学家，22岁就成为日内瓦大学前身的研究院的哲学与自然科学教授，34岁时以显赫的学术成就成为日内瓦大学的校长，他的名字成为日内瓦大学旁一条街的名称。奥拉斯的子女也非常出色，长子尼古拉·泰奥多尔是日内瓦大学研究物理学、化学和植物学的教授，以对植物的碳酸同化作用分析而闻名，他发现的一种矿石被命名为"索绪尔石"；长女阿尔贝提诺·阿得利恩诺喜爱文学，与德、法作家交往密切，翻译过文学作品，丈夫是植物学教授；次子阿尔冯斯是索绪尔的祖父。

索绪尔的父亲亨利是著名的生物学家和地质学家，在吉桑获得博士学位，又在日内瓦获得名誉博士学位，他以昆虫研究而负有盛名，日内瓦生物学会为纪念他的学术成就，把学会的会刊命名为《索绪尔学刊》。索绪尔的母亲路易斯是伯爵的女儿，是一位出色的音乐家，她生有四个子女，索绪尔是长子，弟弟奥拉斯是一位画家，敖波鲁德是法国海军军官，路涅是一位数学家，研究自然语言和人工语言。索绪尔自幼生活在一个科学研究气氛非常浓郁的家庭里。

  回忆起少年时代,索绪尔提到两个人对他有深刻影响,一个是他外祖父亚历山大伯爵,一个是语文学家阿道夫·皮克特(Adolph Pictet, 1799－1875)。索绪尔的外祖父是快艇爱好者,同时也痴迷于民族学、语源学。阿道夫·皮克特是索绪尔家在日内瓦郊区马拉尼村度假别墅的邻居,是美学家、文学家、语文学家,语言古生物学的开创者,著有《印度欧罗巴人的起源》《语言古生物学》。每年夏天索绪尔家在郊区别墅居住期间,皮克特常来做客,他与索绪尔外祖父的高谈阔论吸引着年少的索绪尔。索绪尔很认真地读过他著作的很多章节,并在皮克特的影响下学习了德语、英语、拉丁语和希腊语。在后来的回忆录中,索绪尔深情地写道:"我经常去维尔附近他的马拉尼亚庄园和他见面,同时,尽管我不是很敢提出各种疑问黏着他,背着他我赞赏他的书是那么深刻,如同孩子般的直率;这部书的某些章节我认真地研究过。借助梵语中的一两个音节可以重建已经消失的民族的生活,——这个想法的确是这本书的主旨,总之像那个时代的语言学家,——使我天真地感到无与伦比的热情;我没有比这真正的语言学的享受所带来的快乐更快乐的回忆了,而当今天我读这本童年时代的书时,这些快乐的回忆还让我心潮澎湃。"[①]

  1870年,索绪尔以优异的考试成绩准备升入高中,但由于年纪不够,被父母安排进入日内瓦技术学校学习希腊语,1872年进入日内瓦中等学校。在希腊语课上他发现动词第三人称复数的不规范形式,发现两个辅音之间的 n 可以与 $α$ 交替出现,索绪尔把它归结为 $n = α$(兼有辅音与元音功能的音:领音);根据后来对收集到的欧洲语言词根进行分类,索绪尔发现 $n = α$ 的条件,即 n 在词中的位置,他据此形成一个假说:n 在部分词语中特定位置上会以 $α$ 的形式出现。他在给皮克特的信中说:"我经常在思考事物的细节之前有一种不可抗拒的追求体系的欲望。但是我必须告诉您时隔一年以后再次发现的事情,它使我的想法更加固定下来。正因为如此,我才决心征求您的意见。……可能我的想

[①] 德·索绪尔:《青少年和求学时代回忆录》,聂志平译,王世臣校,《通化师范学院学报》2015年第5期。也见本书第十三章。

法有些离奇，如果稍微懂得一点梵语的话，我会收回自己的想法，但是说老实话，我想我的想法是非常接近真理的。"[1] 索绪尔还把自己利用暑假写的第一篇论文《试论希腊语、拉丁语和德语的词可以约减为少量词根》寄给皮克特，在论文中，索绪尔以丰富的词根材料为基础，提出一个大胆的想法：所有的语言都源于一个普遍的系统，这个系统由三个辅音构成，所有的词都源于由这三个辅音构成的词根，显示出索绪尔对语言事实惊人的抽象能力和极高的天赋。皮克特给索绪尔的回信委婉地劝诫他不要轻易下结论，并给他以热情的鼓励。

1873—1875 年索绪尔在日内瓦中学学习，1874 年在皮克特的指导下学习梵语，开始接触葆朴（F. Bopp，1791－1867）的《梵语语法》、古尔替乌斯（G. Curtius，1820－1885）的《希腊语词源学基本原则》，并敏感地发现两位学者在观点上的差异。

（二）德国求学时期

1875 年中学毕业后，索绪尔入日内瓦大学学习，父母希望他继承家族的自然科学研究传统，主修物理和化学，然而索绪尔对这些课程毫无兴趣，盲目地听了法律、神学、艺术、哲学等课程后，编外副教授路易·莫列尔（L. Morel）开设的一门新课"印欧语言学导论"吸引了索绪尔。刚从莱比锡大学求学回来的莫列尔在课堂上介绍他在莱比锡大学听古尔替乌斯讲授的希腊语和拉丁语语法课内容，深深地吸引了索绪尔。在一次课后的散步交谈中，索绪尔向莫列尔谈起自己关于 $n = α$ 的假设，他问莫列尔："您听过古尔替乌斯的课，关于这一点他说的是什么？"[2] 强烈的语言学兴趣使索绪尔向父母要求去德国莱比锡大学留学学习历史语言学。父母有感于索绪尔浓厚的语言学兴趣，同时瑞士上层社会流行送子女去德国留学的风气，再加上索绪尔高中时期研究小组同学有人在莱比锡大学留学学习神学和法律，可以彼此照顾，于是欣然同意儿子去莱

---

[1] 转引自刘耀武《索绪尔研究二题》，黑龙江大学现代语言学研究所编《理论语言学与应用语言学论丛》第一辑，1990 年，第 24 页。

[2] 转引自刘耀武《索绪尔研究二题》，黑龙江大学现代语言学研究所编《理论语言学与应用语言学论丛》第一辑，1990 年，第 26 页。

比锡大学留学的要求。还是在日内瓦大学期间，1876年春，索绪尔给巴黎语言学会寄去一篇论文《论词缀-t》申请入会，被接纳入会。

1876年秋天，18岁的索绪尔来到当时欧洲历史比较语言学的中心莱比锡大学学习。从1876年到1880年，除了1878年转学柏林大学学习一年以外，索绪尔在莱比锡大学文学系度过了整整三年的时光，德国留学阶段对于索绪尔的学术成长有着重要意义。

索绪尔回忆道："1876年10月我来到莱比锡，除了我自学的梵语和几种古典语言〔 〕外，我总之没有关于日耳曼语族中的任何一种，甚至哥特语，乃至整个印欧语系中任何一种语言的认识。浏览大学的教学大纲时，我另外注意到一条休布斯曼先生的公告，他准备开设（完全业余的）altpersich 课程（古波斯语）。我前去离奥古斯都斯普拉特茨不远的他的家中找他，目的是向他自我介绍。这是我认识的第一个德国教授，他非常友善地接待了我，这立刻让我感到高兴。他几乎马上就跟我谈起印欧语。并且问我勃鲁格曼假期发表的关于响鼻音的文章。我甚至不知道到底谁是勃鲁格曼，这在那时是可以原谅的，尤其对于我来说，那时休布斯曼先生告诉我，这是已经争论几周的关于希腊语中某些 α 是不是来自 n 演变的结果的问题，换言之，某些 n 能否变成了 α。我几乎不敢相信自己的耳朵，因为在跟一位德国学者的第一次见面时，作为一项科学成果他展现在我面前的，就是我三年半以前已经认识到的浅显真理，关于它我不敢说，因为认为这篇文章那么有名，我胆怯地向休布斯曼先生指出，这个发现在我感觉不是什么很特别的或者新的东西。当时休布斯曼强调日耳曼学者认为这个问题多么重要，并向我解释日耳曼语——关于日耳曼语我没有任何观念——中组合-un-对应于希腊语中的 α。走出他家后我买了一份登载《新发现》的《研究》，但与期待相反，我读完它并没有使我很激动。"① 这件事使索绪尔很受鼓舞，增加了学术自信。在莱比锡大学，索绪尔听的第一门印欧语言学课程是古尔替乌斯讲授的比较语法，索绪尔热心参与古尔替乌斯的练习和报告研究成果活动。此外还听了休布斯曼（J. H. Hü-

---

① 德·索绪尔：《青少年和求学时代回忆录》，聂志平译，王世臣校，《通化师范学院学报》2015年第5期。也见本书第十三章。

bschmann，1848－1909）的古波斯语课，雷思琴的斯拉夫语和立陶宛语课，维金斯讲的部分凯尔特语课，布劳恩的部分德语史课，以及奥斯特霍夫讲的两次梵语导论课。索绪尔留德期间，还接触了美国语言学家惠特尼（William Dwight Whitney，1827－1894）的学说。1786 年，雷思琴将惠特尼的《语言的生命与成长》译成德文出版，前一年该书出版了法文版，1878 年夏至 1879 年索绪尔在柏林大学学习时的老师凯尔特语和印度语学者兹因梅尔翻译出版了惠特尼的《梵语语法》德文版。1877 年，索绪尔在古尔替乌斯讨论课上做关于 ā 和 ǎ 有规律交替的报告时，勃鲁格曼没有出席这次讨论，但第二天在学校第二庭院遇到索绪尔时，勃鲁格曼走到索绪尔跟前，表现出明显的兴趣，以友好的语气问他："除了 stātor '救星'：stătus '状态；身份' 和 māter '母亲'：pǎer '父亲' 以外，现实中还有没有这种词根元音替换的其他例子？"[①] 说明当时勃鲁格曼还没有元音交替的概念。

1878 年 12 月，21 岁的索绪尔完成了《论印欧语元音的原始系统》的写作。在论文中，索绪尔成功地构拟了一个在原始印欧语元音系统中有重要作用的响鼻音，把印欧语元音原始系统概括为一个完整的体系，解释了印欧语系统中 $a：ē：ō$ 和 $a：ā：ō$ 几组元音的交替这个比较语法学中最为困难的一个问题。《论印欧语元音的原始系统》被称为历史比较语言学"最出色的篇章"，是索绪尔的代表作。半个世纪以后，人们发掘出了古印欧语赫梯（Hittite）语楔形文字的材料，证明了索绪尔在半个世纪以前拟测的正确性。索绪尔的论文自然也包括 1873 年他所发现的 $n = α$ 的响音内容，因为没有书面证据，索绪尔没有提及自己独立发现的首创权，反而违心地写上"感谢勃鲁格曼和奥斯特霍夫的著作，我们知道了响音 n 和 r"。在该文的序言中，索绪尔说："我不是在空想费解的理论问题，而是在寻找这一学科的真正的基础。没有这个基础，任何研究都是没有根据的、武断的和不确定的。"[②] 这种雄心勃勃的宣

[①] 德·索绪尔：《青少年和求学时代回忆录》，聂志平译，王世臣校，《通化师范学院学报》2015 年第 5 期。也见本书第十三章。

[②] 索绪尔：《论印欧语元音的原始系统·序》，转引自 J. 卡勒《索绪尔》（国外著名思想家译丛），张景智译，中国社会科学出版社 1989 年版，第 11 页。

言对青年语法学派的某些人形成了刺激。索绪尔在给朋友的信中写道:"我一个人待在柏林的学生宿舍里,以一种不安的心情等待着自己的傲慢的尝试可能带来的后果。书出版已有两个月了,而我心里明白,如果出现对此书的述评,第一篇就可能使我建立起来的一切垮台,预想着最坏的事态,因此,在书评出来之前,心情十分紧张。"[1] 而索绪尔等来的却是德国语言学界的极大压力和中伤,勃鲁格曼只对索绪尔的著作发表了一篇礼节性的短评,奥斯特霍夫等人完全否定索绪尔的研究,攻击索绪尔论文抄袭勃鲁格曼,次年出版的几本比较语法著作采用索绪尔的观点却闭口不提索绪尔的名字。在回忆录里,索绪尔提及这段历史,称德国语言学界对他的攻击是"德国人的集体盲从"。巴黎语言学会副会长、巴黎高等研究院印欧语言文献学教授阿·伯尔盖纳(A. Bergaine)在1879年2月25日《日内瓦新闻》上发表长篇书评,高度评价索绪尔的贡献,认为其中阐述的深邃思想即使是比较语言学专家也不易真正理解,在书评末尾伯尔盖纳写道:"索绪尔还是一个学生就出版了令人惊讶的著作,已在语言学家之间占有重要的地位。"[2] 伯尔盖纳是发现索绪尔天才并向学界介绍索绪尔的第一人。索绪尔深受感动,以至于30年后索绪尔在给伯尔盖纳的信中还写道:"您给我留下了永不消失的感动。这是可以用手触摸到的确证,凡是创造万物的人都有的一种确信,确信自己创造的东西并非无益。"[3]

索绪尔的父亲亨利从伯尔盖纳的书评中了解到自己儿子的创造性贡献,为儿子"正在以几何学的简洁进行着语言研究"[4]感到欣慰,请求伯尔盖纳在索绪尔毕业后接收他到巴黎高等研究院继续学习和研究,伯尔盖纳欣然同意并向索绪尔发出邀请。

---

[1] 转引自刘耀武《索绪尔研究二题》,黑龙江大学现代语言学研究所编《理论语言学与应用语言学论丛》第一辑,1990年,第30页。
[2] 转引自刘耀武《索绪尔研究二题》,黑龙江大学现代语言学研究所编《理论语言学与应用语言学论丛》第一辑,1990年,第31—32页。
[3] 转引自刘耀武《索绪尔研究二题》,黑龙江大学现代语言学研究所编《理论语言学与应用语言学论丛》第一辑,1990年,第30页。
[4] 转引自刘耀武《索绪尔研究二题》,黑龙江大学现代语言学研究所编《理论语言学与应用语言学论丛》第一辑,1990年,第32页。

第一章　索绪尔的生平及学术评价

1880年2月,索绪尔在莱比锡大学在休布斯曼教授指导下完成博士论文《论梵语中绝对属格的用法》。这篇论文展现了索绪尔对梵语和印欧诸语丰富而准确的知识,探讨当时语言学界普遍忽视的句法现象,着眼于从语法格之间的关系来限定属格的价值,"提出了新的观点,语言单位的价值是相关又是相对的"(引自莫罗)。在答辩会上,全体委员给予论文"已达到值得称赞的最高点的优秀论文"① 的评价,22岁的索绪尔因该论文而获得博士学位。毕业前夕,在莱比锡大学校园里,一位教授问索绪尔:"你就是那位伟大的瑞士语言学家费尔迪南·德·索绪尔的亲属吗?"②

1880年3月以后几个月,索绪尔回家乡履行了几个星期的兵役义务,初夏学期结束后曾去立陶宛调查方言,10月应伯尔盖纳之邀来到巴黎。

(三) 巴黎时期

自1880年10月到1891年,除了1889年至1890年回日内瓦疗养一年以外,索绪尔在巴黎度过了10年的时间。

到巴黎高等研究院以后,索绪尔选修了伯尔盖纳、布雷阿尔(Michel Bréal, 1832 – 1915)等教授的拉丁语文献学、梵语、伊朗语等课程,教授们觉得索绪尔足以担任授课任务。有一次伯尔盖纳上课讲的是索绪尔研究过的元音问题,他干脆让索绪尔来讲解。过了一段时间,全体教师一致通过,任命索绪尔担任哥特语和古高地德语课程的讲师,1881年11月5日,索绪尔正式开始讲授本来由布雷阿尔讲授的"日耳曼语比较语法"课。著名学者布雷阿尔非常器重索绪尔,主动让贤为索绪尔开通了教研之路。索绪尔讲课深受学生欢迎,他知识渊博,逻辑缜密,思想深刻,语言洗练,充满魅力。在巴黎高等研究院的教学生涯中,索绪尔先后讲授了哥特语和古高地德语、希腊语和拉丁语比较语法、立陶宛语、梵语等课程。1889年,索绪尔讲授印欧语比较语言学,这在巴黎大学还是第一次,索绪尔的课是巴黎高等研究院听课人数最多

---

① 转引自刘耀武《索绪尔研究二题》,黑龙江大学现代语言学研究所编《理论语言学与应用语言学论丛》第一辑,1990年,第34页。

② 索振羽:《索绪尔逸闻趣事三则》,《语文建设》1994年第7期。

的。索绪尔的学生——后来的历史比较语言学名家梅耶（Antoine Meillet，1866-1936）在悼念索绪尔的文章中回忆他上课的情形时写道：

> 他常常进行诗人一般的思考，而且论述富有形象性，听一次则永生难忘。他讲解的资料背后潜藏着深刻的原理。有时，正在讲解中，他会突然中断自己思想的构架，使听者感到有一种正在形成的思想出现在自己的眼前，于是和老师一起停下来，其结果，他用一种最严密最令人满足的方法来形成更加精密的思想和理论结构。由于他人品好，我们喜欢他的学问，每当看到他那充满神秘的蓝眼珠，看到他那样严密和准确地观察现实，他让我们实在感到钦佩。听到他那迅速而柔和的声音，连枯燥无味的语法讲解也变成了有趣的东西。只要看到他那年轻贵族的优雅神态，就不会有任何人抱怨语言学是没有生命力的学问。[①]

索绪尔在巴黎高等研究院的教学活动，为法国语言学培养了一批学者，语音学家波尔·帕西（Paul Paasy，1859-1940）、毛里斯·格拉蒙（Maurice Grammont，1866-1946）、比较语言学家梅耶等都出于索绪尔门下。

除了教学活动，索绪尔还以学会秘书助理的身份参与巴黎语言学会工作，编辑《巴黎语言学会纪要》。在此期间，索绪尔结识了俄国喀山大学教授博杜恩·德·库尔德内（И. А. Бодуэн де Куртенэ，1845-1929），索绪尔向西欧语言学界介绍博杜恩和他的学生克鲁舍夫斯基（Н. В. Крушевский，1851-1887）两位学者的普通语言学和印欧语言研究成果，两位学者也将自己的一些著作邮寄给当时在巴黎以及后来回到日内瓦的索绪尔，索绪尔从两位学者的著作中接受了一些他们的普通语言学思想观念。

1891年，离开故国家园的索绪尔已经在德国和法国度过了15年的学习和教学研究生活，34岁的索绪尔还处于单身状态，这令父母有些

---

① 转引自刘耀武《索绪尔研究二题》，黑龙江大学现代语言学研究所编《理论语言学与应用语言学论丛》第一辑，1990年，第35页。

担忧,希望他回国任教。父亲亨利为索绪尔在日内瓦大学争取到了印欧比较语言学非专任教授(副教授)的职位,索绪尔决定离开巴黎回国。巴黎高等研究院的同事对索绪尔依依不舍,在布雷阿尔等学者的提议下,法国学士院授予索绪尔一枚"里昂·德努尔勋章",以表彰他在法国的业绩。

(四)日内瓦大学任教时期

1891年,索绪尔返回日内瓦,同年10月就任日内瓦大学文学社会科学系印欧语历史比较语言学非专任教授(副教授),11月在该系做了就职纪念演说,他认为语言学是一门纯粹的科学,语言学的研究对象是人类社会生活中的言语现象,语言学研究要关注语言的普遍性和研究方法。1892年3月16日,索绪尔依父母之命与日内瓦世家小姐玛丽·菲修举办婚礼。妻子喜欢上流贵族社会的社交生活,这与索绪尔不喜欢抛头露面的内敛深思形成了鲜明的对照,索绪尔夫妇育有二子。1896年,索绪尔升任正教授(专任教授),1906年任主任教授。

从学生的笔记来看,在日内瓦大学任教期间,索绪尔讲授过下列课程:[①]

1891年,印欧语言比较;

1892年,自此年起,每年开设梵文课程;

1892年,希腊与拉丁语音学,印欧语言动词;

1893年,希腊与拉丁语源学研究,希腊语动词;

1894年,古希腊碑文选读,希腊语的名词性、数、格变化研究;

1895年,波斯诸王碑文,希腊方言与古希腊碑文,荷马史诗的语源与语法研究;

1896—1903年,希腊文学作品中的方言;

1902—1903年,欧洲地理语言学(古代与近代);

1904—1905年,英语与德语的历史语法;

1906年,日耳曼历时语言学,古英语,古高地德语;

1907—1911年,三次讲授"普通语言学教程"。

---

① 转引自许国璋《关于索绪尔的两本书》,《国外语言学》1983年第1期。

此外，索绪尔还教过法语音系、法语诗律和德国神话诗。可以说，在讲授"普通语言学教程"之前，索绪尔把印欧语系的主要语言都教过一遍或几遍，他不仅讲语法、语音、方言、古代形式和近代形式，还从历史、比较和地理分布等观点去讲授，由于在这方面下过长期的功夫，索绪尔讲授比较语言学和历时语言学时从不引用第二手资料。索绪尔还根据文献记载和步行踏查做过地名研究，在 1900 年前后做过方言野外调查，从日内瓦大学公共图书馆保存的未发表资料看，索绪尔调查了四十多处方言，1910 年普通语言学教程课中的地理语言学部分，许多是索绪尔方言调查时期得到的珍贵资料，雅柯布森称之为"第二次索绪尔革命"。

作为 1916 年法文版《普通语言学教程》编辑者之一的薛施蔼，在 1891 年 10 月听了索绪尔第一次"印欧语的历史"课后，感慨地说："第一次发现新的地平线和未知的真理，……已经站在科学的牢固的地盘上。"[①] 1891 年 11 月，索绪尔在日内瓦大学做过三次讲座[②]，这三次讲座涉及语言学五个重要问题：(1) 对语言在人类社会的重要性和语言学独立性的认识；(2) 语言的一般研究与具体研究的关系及具体研究的重要性；(3) 语言是历史现象；(4) 语言在时间上的连续性与变易性；(5) 在空间上的连续性与离散性。这三次讲座，可以看作索绪尔正面阐述自己普通语言学理论的开端，索绪尔认为使人对语言认识深刻的，是研究具体语言或语言分支的语言学家，如罗曼语言学家加斯东·帕里斯、日耳曼语言学家赫尔曼·保罗、斯拉夫语言学家博杜恩·德·库尔德内等学者。

1894 年，是在日内瓦大学任教的索绪尔学术活动最活跃的一年。索绪尔写作了一部未完成的书稿《论语言的二元本质》，这部书稿体现了索绪尔二元对立的语言哲学观。同年 11 月，索绪尔应美国文献学会之邀为美国第一次语言学家会议写作了 70 多页悼念惠特尼的纪念文稿，阐述这位美国语言学家对语言学的卓越贡献，但这篇文稿没有完成也没

---

① 转引自刘耀武《索绪尔研究二题》，黑龙江大学现代语言学研究所编《理论语言学与应用语言学论丛》第一辑，1990 年，第 40 页。
② 三次讲座稿收入索绪尔《普通语言学手稿》，于秀英译，南京大学出版社 2011 年版，第 117—143 页；商务印书馆 2020 年版，第 136—163 页。

第一章 索绪尔的生平及学术评价

有寄出。这一年的9月，作为学会秘书长，索绪尔主持召开了第十次东方语言学家会议，并在会议上发表了在波罗的研究历史上非常重要的学术论文。这次会议被视为索绪尔最后一次公开的学术活动。

1894年是索绪尔在日内瓦大学任教时期的一个重要分水岭。1894年1月4日，索绪尔在给自己最亲密的学生梅耶的信中坦露自己有了"书信恐惧症"，他很少给朋友写信，心理发生了某种重大变化：

> 对所有这一切我都心生厌恶，而难以提笔写上十行关于语言事实方面的一般常识，这也令我十分扫兴。由于在相当长的一段时间我主要关注着这些事实的逻辑分类以及研究这些事实的视角的分类，我越来越发现，要向语言学家揭示出他做的是什么，这是一项非常艰巨的工作，而将每一项活动都归入其预期范畴的时候，对于在语言学中最终所能做到的一切，我又心生莫大的虚荣。
>
> ……
>
> 通行的［语言学］术语的绝对荒谬，对它们进行改造并为揭示出一般情况下语言是何种研究对象的必要性，不断地来破坏我在历史方面的兴趣，尽管我的最大愿望不是去研究一般意义上的语言。
>
> 这会使我言不由衷地去写出一本书，在书中，我将并非热情洋溢地去解释为什么在语言学中所使用的概念没有一个在我看来具有什么意义。只有在这之后，我承认，自己才能从遗弃之处重拾自己的研究工作。[①]

索绪尔"一方面认识到语言研究应该进行概念和术语的革新和在体系上应该建立普通理论，另一方面深感工作艰辛而无能为力"。1894年以后，索绪尔深居简出，很少发表什么东西，长期处于一种沉寂状态。李葆嘉先生推测索绪尔进入中年心理危机期，陷入厌倦和焦虑的神经症中，并一直延续到晚年。[②] 根据索绪尔同事心理学家弗洛诺乙（T.

[①] 转引自埃米尔·本维尼斯特《半个世纪以后的索绪尔》，《普通语言学问题》，王东亮等译，生活·读书·新知三联书店2008年版，第27—28页。

[②] 李葆嘉等：《揭开语言学史之谜》，世界图书出版公司2021年版，第225页。

Flournoy，1854－1920）1894—1900年连续6年研究通灵者丝迷黛而出版的著作《从印度到火星》得知，索绪尔多次与弗洛诺乙通信讨论丝迷黛梦游状态下说写"梵文"，这些书信反映了索绪尔试图通过对通灵者语言的研究，揭示语言符号的无意识运作或"某种神秘的本质"。①

1903年，在朋友斯特莱伯格的劝说下，索绪尔写了回忆录，回顾了他青少年时代的求学经历和《论印欧语元音的原始系统》响音理论的由来，为自己所受的中伤进行辩白。1908年7月14日是索绪尔后半生最高兴的一天，来自法国的梅耶等学生、朋友，以及日内瓦大学的有关人员、学生和亲属为索绪尔50岁寿辰举办庆祝会，索绪尔胸前挂着代表巴黎时代业绩的里昂·德努尔勋章接受为他祝寿编辑的《德·索绪尔先生纪念文集》，1909年，索绪尔被选为丹麦科学院会员，1910年，被授予法国学士院通讯院士称号。

索绪尔除了担任教授，还担任文学社会科学系图书馆主任。1906年，日内瓦大学普通语言学教授魏特海默退休，学校请索绪尔承担普通语言学课程，12月，索绪尔被正式任命为主任教授。1907年1月16日开始讲课。因学生都不是语言学专业的，如何把他多年对语言理论的思考讲给学生，使索绪尔感到苦恼，曾想辞教，但据说已选别的课而知道索绪尔的学生，对学校这项决定非常高兴。第一次普通语言学教程课从1907年1月16日到7月3日，共有半年的时间，听课的有6名学生；索绪尔在这轮课程的绪论部分对语言和语言学下了定义，其次是辅助部分语音学，在进化语言学部分主要讲语音变化和类推变化，此外还有构词法、印欧语的历史和语言学史。第二次课程从1908年11月5日到1909年6月24日跨冬夏两个学期，听课者11人；索绪尔阐述了语言和语言学的二重性、语言和言语的区分、语言符号的任意性、语言单位的同一性以及语言符号的价值系统、共时语言学和历时语言学、联想关系和句段关系等，还讲授了印欧语言学概论。第三次课程从1910年10月28日到1911年7月14日，索绪尔在绪论部分阐述了语言学史，把教学内容分成三个部分。第一部分是"个别语言"，索绪尔阐述了语言研究内部与外部的关系、个别语言和抽象

---

① 参见屠友祥《索绪尔手稿初检》，上海人民出版社2011年版，《第六章　语言符号的无意识直觉和联想关系》。

语言的关系、社会语言和个别语言的关系、语言和文字的关系以及语言地理学方法等。在第一部分之后的课程安排是"印欧语言学概要"（笔记版《普通语言学教程》未载）。第二部分讲一般语言，索绪尔阐述了语言本体，包括语言和言语的区分、语言符号的性质、能指和所指、不变性与可变性、同一性、差异与价值等。第三部分是"个人的言语机能及其运用"，因学期结束而没有讲授。原打算在下一个学期续讲，然而一直受病痛折磨的索绪尔因病情严重而未能重返讲台。

对于课程，索绪尔多少有些消极，不仅接受课程教学任务时曾想辞教，在第三次课程将要结束前的两个月，1911年5月6日，索绪尔还向他的学生哥蒂耶（L. Gautier）吐露心声：

> ……我一直对普通语言学这门课程感到伤心……我现在已经陷入进退两难的境地，难道我应该以复杂的形式提出问题，说出我的所有疑问吗？但如果这样做，那么作为实验对象的大学课程就会产生困难，难道必须以使非语言学家的学生也能明白的形式，和使用简单的话语吗？每前进一步，我都要受到良心责备。为了彻底解决问题，这件事就得思考几个月……①

而关于普通语言学理论，"写过几本笔记，但放哪儿不清楚，恐怕再也找不到了"，"都未发表，为了出版，还得进行长时间的研究，简直不可想象"。② 三次讲课期间索绪尔留下的普通语言学札记很少，收录在《普通语言学手稿》中只有第一次课程注释一份，第二次课程注释材料三份，第三次课程注释材料七份。"原来他每天赶写的讲授提纲的草稿，已经随写随毁掉了。"③ 尽管兴趣索然，但索绪尔还是在充分吸收了一些普通语言学大家的理论观点，融合了自己十几年前的思考，

---

① 转引自刘耀武《索绪尔研究二题》，黑龙江大学现代语言学研究所编《理论语言学与应用语言学论丛》第一辑，1990年，第47页。

② 转引自刘耀武《索绪尔研究二题》，黑龙江大学现代语言学研究所编《理论语言学与应用语言学论丛》第一辑，1990年，第47—48页。

③ 沙·巴利、阿·薛施蔼：《普通语言学教程》第一版"序"。见德·索绪尔《普通语言学教程》，高名凯译，商务印书馆1996年版，第11页。

通过授课这种知识传递的方式，构建了自己的普通语言学理论体系。

1896年，索绪尔开设德国古代神话诗《尼伯龙根》的研究。1906年，索绪尔开始了换音造词研究①，它始于对农神体诗重音方面的研究，索绪尔发现农神诗这种拉丁古诗中有很多语音重复现象，它的韵律比人们的想象更复杂，索绪尔1906年写给梅耶的信中说："人们在农神体诗中已经注意到的所有迭韵现象（包括韵脚），仅是一个更为普遍或者说绝对整体的现象的一个不重要的部分。每首农神体诗的所有音节，从第一个音节到最后一个音节，都服从于一种迭韵规律。"而后索绪尔把研究范围扩大到"荷马史诗"等许多拉丁古诗和吠陀经格律，他提出一种假说，认为除了已知的格律外，古典印欧语诗歌的韵律还同时遵循某些与语音成分在诗句中的分布有关的基本规则，在诗中对某一确定的主题词（往往是神的名字）中的完整音节进行完整的模拟和不断重复，通过声音关联，达到对主题词能指形式的暗示和解码作用。这项研究是悄悄进行的，从1906年7月至1908年7月，极少写信的索绪尔竟给梅耶写了五封信讨论这个问题，还两次写信给当时著名的拉丁语诗人巴斯戈利。连普通语言学课程讲授提纲都扔掉的索绪尔，竟然留下99本关于换音造词的笔记、20本关于农神体诗的笔记、26本关于吠陀经格律的笔记和18本关于日耳曼传奇的笔记共163本笔记，它们在1958年由索绪尔的两个儿子捐赠给图书馆。日内瓦大学教授斯塔洛宾斯基根据索绪尔这些材料从1964年开始研究，1971年出版了《词中词（索绪尔换音造词研究）》，引起许多学者关注。

1912年初夏，病情开始恶化的索绪尔搬到洛桑诺附近被中世纪庄园和葡萄园围着的维德兰城，在夫人看护下疗养，并开始学习汉语。第二年春天来临之前，1913年2月22日星期六的傍晚，索绪尔离开人世，享年55岁。第二天罗曼德地方报纸登载了讣告，2月26日午后2时在他曾举办婚礼的教堂举办了葬礼。1915年3月，索绪尔夫人为纪念自己的丈夫，把11篇悼词编成95页的《费尔迪南·德·索绪尔》出版，1916年，巴利和薛施蔼根据学生听课笔记，编辑出版了法文版《普通语言学

---

① 徐志民：《索绪尔研究的新阶段》，载《语文现代化》（第二辑），知识出版社1983年版。又载徐志民《语言理论探微》，上海人民出版社2018年版。

教程》，使索绪尔的语言学思想成为 20 世纪语言学者的共同财富。

二 索绪尔的著作

索绪尔生前出版过两部著作，一部是索绪尔 21 岁时出版的《论印欧语元音的原始系统》（1878），这部著作被历史比较语言学大家梅耶誉为"历史比较语言学最出色的篇章"；另一部是索绪尔的博士学位论文《论梵语中绝对属格的用法》（1880），这篇博士学位论文被答辩委员誉为"已达到值得称赞的最高点的优秀论文"[①]。而索绪尔的世界声誉，则是建立在他去世后由他的同事和学生根据听课笔记整理出版的《普通语言学教程》（1916）上。

从 1907 年到 1911 年，索绪尔讲授三次普通语言学教程课。尽管索绪尔对接替魏特海默讲授普通语言学教程课程有些消极，尽管为非语言学专业学生开课担心学生的接受情况，但从与学生谈话以及三次课程笔记记录的内容的变化，还是可以看出索绪尔是在融合自己所接受的学界前沿的研究成果，并融入了自己对普通语言学的理论思考，用心地构建自己的语言学理论体系。

索绪尔的学生里德林格（A. Riedlinger）在 1909 年 1 月 19 日来看望索绪尔，与索绪尔有过一次谈话，在谈话记录中里德林格写道：

> 索绪尔先生从事这门学问的思考已经十五年了，他至少还需要两三个月的时间，在假期中潜心思考，然后才能开出相应的课程。
>
> 困难之点在于，可以从几个不同的角度讨论这个课题，正像几何学里某些定理可以从不同角度去讨论一样。在静态语言学里，每一项定理都是互相联系着的：不管你说的是"统一"或者是"区别"，或是"对立"，最后都得回到同一个论点。语言是一个封闭的系统，因此语言理论也必须是一个同样封闭的系统。只是一个论断和观点接着又一个论断和观点来讨论语言，那是无济于事的；主要之点在于把它们在一个系统里互相联系起来。

---

① 转引自刘耀武《索绪尔研究二题》，黑龙江大学现代语言学研究所编《理论语言学与应用语言学论丛》第一辑，1990 年，第 33 页。

索绪尔先生明显地对承担这一任务（写出静态语言学专著）表示疑虑。他微露笑容，接着说，"我没有给自己规定要写出静态语言学。"我当即表示对这一回答难以接受，但他只是反复重申这一工作的困难。①

　　这次谈话记录至少透露出三个信息：（1）索绪尔从事普通语言学的思考至少开始于15年以前，即1894年前后，我们推测索绪尔说这个时间点，应该是从集中思考、写作未完成的书稿《论语言的二元本质》角度来说的，这些"丢在一堆杂物里，很可能找不到了"的笔记，1996年在索绪尔故居维修时在夹墙中被发现，这部书稿与其他一同被发现的札记被称为"橘园手稿"，后来被西蒙·布凯和阿道夫·恩格勒整理编入索绪尔《普通语言学手稿》中；（2）在讲授普通语言学教程课程中，索绪尔思考从整体的系统性角度构建自己的普通语言学理论体系，而不是仅仅为讲课而讲课；（3）这一任务很艰难。

　　因此，索绪尔讲授普通语言学教程课程的过程，也是探索构建自己的语言学理论体系的过程，估计这也是三次讲授同一门普通语言学教程而教学内容有较大的不同的根本原因。可以说，如果没有索绪尔讲授普通语言学教程这门课程，索绪尔对普通语言学理论的思考就不会公之于众，正如沙·巴利和阿·薛施蔼两位编辑者在《普通语言学教程》第一版"序言"中所说的："费尔迪南·德·索绪尔的天才是在语言学中成长起来的，我们时常听到他抱怨语言学的原理和方法中存在着许多缺陷。他毕生顽强地致力于探求在这一片混沌状态中能够指引他的思想的法则。直到1906年在日内瓦大学接替了约瑟夫·魏特海默的讲座，他那培育了多年的独到见解方为世人所认识。"②

　　20世纪索绪尔在学术史上的世界声誉，主要是建立在1916年沙·巴利和阿·薛施蔼编辑出版的《普通语言学教程》之上的。

　　沙·巴利和阿·薛施蔼编辑出版的《普通语言学教程》的依据，

---

①　转引自许国璋《关于索绪尔的两本书》，《国外语言学》1983年第1期。
②　沙·巴利、阿·薛施蔼：《普通语言学教程》第一版序。见德·索绪尔《普通语言学教程》，高名凯译，商务印书馆1996年版，第11页。

主要来自索绪尔的三次普通语言学教程的听课学生课堂笔记，而以第三次课程笔记为主要依据，再加上索绪尔少量文稿，如作为附录的《音位学原理》就来自索绪尔讲座稿。《普通语言学教程》包括《绪论》、两个附录《音位学原理》、《第三编和第四编附录》和 5 编课程主要内容，共 37 章。具体章节内容如下。

《绪论》包括 7 章：《第一章　语言学史一瞥》《第二章　语言学的材料和任务；它和毗邻科学的关系》《第三章　语言学的对象》《第四章　语言的语言学和言语的语言学》《第五章　语言的内部要素和外部要素》《第六章　文字表现语言》《第七章　音位学》。

《附录　音位学原理》包括两章：《第一章　音位的种类》和《第二章　语链中的音位》。

《第一编　一般原则》包括 3 章：《第一章　符号的性质》《第二章　符号的不变性和可变性》《静态语言学和演化语言学》。

《第二编　共时语言学》包括 8 章：《第一章　概述》《第二章　语言的具体实体》《第三章　同一性、现实性、价值》《第四章　语言的价值》《第五章　句段关系和联想关系》《第六章　语言的机构》《第七章　语法及其区分》《第八章　抽象实体在语法中的作用》。

《第三编　历时语言学》包括 8 章和一个附录：《第一章　概述》《第二章　语音变化》《第三章　语音演化在语法上的后果》《第四章　类比》《第五章　类比和演化》《第六章　流俗词源》《第七章　黏合》《第八章　历时的单位，同一性和现实性》和《第三编和第四编附录》。

《第四编　地理语言学》包括 4 章：《第一章　关于语言的差异》《第二章　地理差异的复杂性》《第三章　地理差异的原因》《第四章　语言的波浪传播》。

《第五编　回顾语言学问题　结论》包括 5 章：《第一章　历时语言学的两种展望》《第二章　最古的语言和原始型》《第三章　重建》《第四章　人类学和史前史中的语言证据》《第五章　语系和语言的类型》。

《普通语言学教程》法文版出版以后，世界各国陆续出现了各种语言的译本：1928 年出版日译本，1931 年出版德译本，1933 年出版俄译本，1945 年出版西班牙译本，1958 年出版英译本，20 世纪 60 年代出版波兰译本、意大利译本、匈牙利译本、塞尔维亚-克罗地亚译本，20世纪70年代出版瑞典译本、葡萄牙译本、越南译本、朝鲜译本、阿尔巴尼亚译本、土耳其译本，1980年出版了中译本。索绪尔的普通语言学思想逐渐为世人所认识。

《普通语言学教程》出版以后，有个别学者对这种以整理听课笔记的方式所发表的索绪尔语言学思想提出质疑，20世纪50年代，日内瓦大学一些学者开始对《普通语言学教程》做考证工作。随着索绪尔手稿、学生笔记的发掘整理，20世纪50—70年代，欧洲出版了三部考证性成果，它们分别是瑞士学者、日内瓦大学教授戈德尔（R. Godel）的《索绪尔〈普通语言学教程〉稿本溯源》(1957)、瑞士伯尔尼大学教授恩格勒（R. Engler）的《索绪尔〈普通语言学教程〉评注本》(1967—1974)和意大利学者莫罗（T. de. Mauro）的《索绪尔〈普通语言学教程〉评注本》(1976年意大利文，1972年法译本)，此外苏联学者 Н. А. 斯柳萨列娃（Н. А. Слюсарева）以恩格勒评注本为底本，详加注释于1990年出版俄译本索绪尔《普通语言学札记》。

1957年索绪尔百年诞辰之际，日内瓦索绪尔研究学会会刊《索绪尔研究集刊》发表了戈德尔根据索绪尔第二次普通语言学教程听课学生里德林格、布夏尔蒂（F. Bouchardy）和戈蒂耶听课笔记整理的《普通语言学导论》。

1993年，英国出版了根据索绪尔第三次课程听课学生埃米尔·孔斯坦丹（Emile Constantim）听课笔记整理的《索绪尔第三次普通语言学教程》，它是由小松·英辅（Eisuke Komatsu）和罗伊·哈里斯（Rny Harris）编辑和翻译的英法对照本。

1996年，索绪尔故居维修时，从夹墙里发现了一些索绪尔手稿和一部未完成的书稿，法国学者西蒙·布凯（S. Bouquet）和瑞士学者恩格勒整理，并编入恩格勒《索绪尔〈普通语言学教程〉评注本》收录的文稿，2002年出版法文本。

沙·巴利和阿·薛施蔼编辑出版的《普通语言学教程》，1963年由中国著名语言学家高名凯根据法文第五版翻译成中文，并写作了长篇序言《德·索绪尔和他的〈普通语言学教程〉》，该译本后由岑麒祥、叶蜚声两位教授参考英、日、俄译本加以校注，于1980年由商务印书馆出版，正文前有前三版序言，和岑麒祥写的"前言"，正文后附"索引"和岑麒祥写的"校后记"。高名凯的长篇序言未载该译本，而作为一篇单独论文发表于《语言学论丛》第六辑（商务印书馆1980年版）。2002年，江苏教育出版社出版裴文根据法文第五版翻译的新译本；2009年，中国社会科学出版社出版刘丽根据英文版翻译的英汉对照本，分上、下两册。而中国出现最早的《普通语言学教程》译文，刊行于1979年12月出版的湖北语言学会会刊《江汉语言学论丛》（第一辑），译者是中南民族学院的徐荣强教授，共有79页，按文前说明，是要全文登载的，该次刊行的译文占全书字数的四分之一。

2001年和2002年，湖南教育出版社和上海教育出版社分别出版张绍杰根据法英对照本翻译的《1910—1911索绪尔第三度讲授普通语言学教程》和屠友祥根据法文版翻译的《索绪尔第三次普通语言学教程》。此外，屠友祥还翻译了普通语言学教程第一次、第二次课程的部分章节以及《普通语言学手稿》的部分章节。[①] 完整翻译《普通语言学手稿》并出版的是于秀英，2011年在南京大学出版社出版了该书，2022年又由商务印书馆出版，译者对第一版的译文有些调整，并增加了钱冠联的《论索绪尔的语言哲学》作为"代译序"。2020年，商务印书馆出版于秀英译本索绪尔《普通语言学导论》（第二次普通语言学教程）。

三 学术地位与评价

学界对索绪尔的常见定位，是认为索绪尔是现代语言学、符号学和结构主义的奠基者，索绪尔的语言学思想对20世纪人文社会科学有着重要的影响。

因为作为索绪尔在20世纪的影响，主要是建立在1916年出版的沙·巴利等编辑的《普通语言学教程》之上，而该书又是根据学生听课笔记整理出版的，那么，它有多少内容来自索绪尔本人讲授，有哪些

[①] 见屠友祥《新发现索绪尔手稿译文》（《中国政法大学学报》2011年第4期）、《〈索绪尔第一次普通语言学教程〉选刊》（《中国政法大学学报》2012年第2期）、《〈索绪尔第二次普通语言学教程〉选刊》（《中国政法大学学报》2012年第6期）。

内容来自整理编辑者？同时，作为课程讲授，毕竟不同于学术专著，有哪些内容属于作者理论上的创新，又有哪些内容来自对学界先哲理论观点的吸收？对这两个方面的质疑，影响着对索绪尔语言学理论在学术史上的地位和作用的评价。

（一）关于《普通语言学教程》真实性的问题

经过戈德尔和恩格勒的考证，认为沙·巴利等编辑的《普通语言学教程》主要有以下三个方面的问题。

1. 理论体系的逻辑顺序问题

虽然沙·巴利等在《普通语言学教程》的《前言》里边说，主要根据索绪尔第三次课程笔记来编辑《普通语言学教程》，但并不完全是这样。第三次课程主体是从语言在时间和空间中的变异导致的语言的多样性，来分析语言地理差异与演变之间的关系，而沙·巴利等编辑的通行本《普通语言学教程》却把这部分内容放到最后，而冠以《地理语言学》的题目，破坏了索绪尔语言学理论体系的逻辑结构。

2. 观点性表述差异的问题

在第三次课程中，索绪尔把课程主体分作三个部分：个别语言（各种具体语言）、语言（抽象语言）和个人的言语机能及其运用（言语）。而巴利等编辑的通行本《普通语言学教程》没有做这种分块。

在《第二编　共时语言学》的《第四章　语言的价值》中，第二节是《从概念方面考虑语言的价值》，而第三次讲课中，这一部分标题是《要素的价值和词的意义，两者如何巧合与区分》①，信德麟译作"语项的价值和词的意义"②。毫无疑问，索绪尔第三次课程中的表述更为合理，原因有两点：（1）语言符号是个由能指和所指构成的整体，单一方面不能构成语言符号；（2）无论是"要素"还是"语项"，都是从彼此的关系角度来看的，更能体现单位是关系的产物，是系统的产物。

---

① 德·索绪尔：《1910—1911 索绪尔第三度讲授普通语言学教程》，张绍杰译，湖南教育出版社 2001 年版，第 147 页。

② 信德麟：《索绪尔〈普通语言学札记〉俄文本评介》，《国外语言学》1993 年第 4 期。

3. 内容的有无问题

戈德尔和恩格勒的考证认为，沙·巴利等编辑的通行本《普通语言学教程》的《附录 音位学原理》中的"第二章 语链中的音位"，索绪尔课程中没有讲过；通行本《普通语言学教程》中最为著名的两句话"（语言）是形式而不是实质"和最后一句"语言学的唯一的、真正的对象是就语言和为语言而研究的语言"①，在学生的笔记和索绪尔的手稿上没有出现过，应该是编者加上去的，但它充分地反映了索绪尔理论的本质，与索绪尔的其他表述并不构成矛盾。

尽管有这些不尽如人意之处，但戈德尔、恩格勒和莫罗等对通行本《普通语言学教程》进行考证的学者，还是从整体上肯定了编辑者对整理、出版索绪尔《普通语言学教程》的巨大贡献，认为通行本《普通语言学教程》还是忠实于索绪尔语言学思想的，正是编辑者的努力，才使索绪尔的思想走出只有很少听众的课堂，在世界学术史上产生了巨大的影响。

（二）关于《普通语言学教程》的学术价值问题

由于索绪尔对 20 世纪语言学史和学术史的影响，是建立在《普通语言学教程》之上的，对索绪尔学术价值的评价，自然而然是依据《普通语言学教程》进行的。

《普通语言学教程》自出版以来，学界对之就始终有不同的声音。1922 年《普通语言学教程》第二版传到苏联时，对博杜恩普通语言学理论非常熟悉的博杜恩的学生、苏联语言学家谢尔巴（Л. В. Щерба，1880 – 1944）院士 1929 年在《博杜恩·德·库尔德内及其在语言科学中的重要地位》中写道："1923 年，当我们在列宁格勒收到索绪尔《教程》原版时，让我们感到惊讶的是，索绪尔与我们所熟悉的原理在许多地方如此相同。"② 博杜恩的另一个学生波利瓦诺夫（E. D. Polivanov，1891 – 1938）在《马克思主义语义学》中认为："许多人将《教程》目为

---

① 德·索绪尔：《普通语言学教程》，高名凯译，商务印书馆 1996 年版，第 158、323 页。
② 戚雨村：《索绪尔在世界和中国》，载《现代语言学的特点和发展趋势》，上海外语教育出版社 1997 年版，第 55 页。

启示录一般的东西,但与博杜恩及博杜恩学派很早以前就取得的成果相比,它其实在普通语言学问题的提出和解决方面一点也不含有什么新的东西。"① 同样对博杜恩语言学理论非常熟悉的布拉格学派代表人物特鲁别茨科伊(N. S. Trubetzkoy,1890 – 1938)1931 年在写给雅柯布森(R. Jakobson,1896 – 1982)的信中说:"为了获得灵感,我重读索绪尔,但这第二次阅读给我留下深刻印象之处极少。书中有价值之处相当少,大多是旧垃圾。有价值之处则非常抽象,没有细节。"② 而远在大洋彼岸的美国语言学家布龙菲尔德在书评中则认为索绪尔"为人类的语言科学奠定了理论基础"。③ 近些年来,中国语言学家李葆嘉教授发表多篇论文,认为《普通语言学教程》只是索绪尔讲授课程的笔记,而不是严谨的学术著作,其中很多理论观点讲课时没有提及出处,被误认为索绪尔自己的观点;索绪尔的哲学基础来自社会学家杜尔克姆(Emile Durkheim,1858 – 1917)的社会学理论,符号学思想来源于美国语言学家惠特尼,基本理论框架来自博杜恩,句段关系和联想关系来自克鲁舍夫斯基的邻接性联想和类比性联想,但仅有惠特尼被提及,因此《普通语言学教程》的理论观点不具有独创性;在语言学史,索绪尔的作用是理论上的整合,索绪尔不应该享有现代语言学、符号学和结构主义奠基者的荣誉。④

　　评价索绪尔语言学理论在学术史上的地位,我们认为,关键在于两点:第一,现代语言学的基本理论和基本概念,来自哪里?第二,索绪尔语言学理论,是不是只是一种整合,而不是一个独立的理论体系?

---

① 转引自屠友祥《索绪尔手稿初检》(修订版),《第一章　索绪尔与喀山学派:音位的符号学价值》,上海人民出版社 2019 年版,第 1 页。

② 转引自屠友祥《索绪尔手稿初检》(修订版),《第一章　索绪尔与喀山学派:音位的符号学价值》,上海人民出版社 2019 年版,第 1 页。

③ L. 布龙菲尔德:《布龙菲尔德语言学文集》,熊兵译,湖南教育出版社 2005 年版,第 42 页。

④ 参见李葆嘉《论索绪尔静态语言学理论的三个直接来源》(载李葆嘉《理论语言学:人文与科学的双重精神》,江苏古籍出版社 2001 年版)、《试论静态语言学的神秘主义与齐奥定律》(《山东外语教学》2013 年第 1 期)、《现代语言理论形成的群体模式考察》(《外语教学与研究》2013 年第 3 期)、《索绪尔〈教程〉与博杜恩理论的比对》(李葆嘉、叶蓓蕾,《南开语言学刊》2018 年第 2 期)。上列论文也见李葆嘉等《揭开语言学史之谜》,世界图书出版公司 2021 年版。

1. 现代语言学的基本理论、基本概念,来自哪里

从一般的引述角度来看,现代语言学的基本理论、基本概念,毫无疑问,是来自沙·巴利等编辑出版的《普通语言学教程》。虽然其中所表述的某些理论观点和某些基本概念,最初提出者并不是索绪尔,但大多数人接受这些理论观点和基本概念,都是通过索绪尔的《普通语言学教程》,即便是超出语言学的影响,符号学和结构主义思想,也是来自《普通语言学教程》。尽管静态语言学、演化语言学、类推、邻接性联想、相似性联想、历史、描写、任意性、语言是社会惯例等说法是博杜恩、克鲁舍夫斯基、保罗(H. Paul,1846-1921)和惠特尼等人提出来的,但人们一般引述,还是引述索绪尔的《普通语言学教程》。这其中有论著所使用的语言的原因影响到学术观点的传播,如博杜恩论文写作有俄语、波兰语、德语,克鲁舍夫斯基使用俄语等,也有单篇论文受发表刊物发行因素影响而导致学术观点传播受限,俄文版的博杜恩《普通语言学论文选集》,一直到1963年才出版,也极大地影响了博杜恩语言学思想的传播,限制了他对世界语言学史的影响。但是,无论如何,20世纪现代语言学理论体系的建立,是离不开索绪尔《普通语言学教程》的。

2. 索绪尔语言学理论,是不是只是一种理论上的整合,而不是一个独立的语言学理论体系

在1909年跟学生里德林格的谈话中,索绪尔说:"语言是一个封闭的系统,因此语言理论也必须是一个同样封闭的系统。只是一个论断和观点接着又一个论断和观点来讨论语言,那是无济于事的;主要之点在于把它们在一个系统里互相联系起来。"详细地考察各种观点和术语的来源后,李葆嘉先生认为索绪尔的贡献在于理论整合,把博杜恩等人的观点整合到一个体系之中,而现代语言学的真正奠基者是博杜恩·德·库尔德内。

我们认为,作为普通语言学课程的讲授,索绪尔不可能不吸收学界时贤和先哲的优秀思想,同时也不可能没有自己的思考,从第三次课程笔记与第二次课程笔记的对比中,我们看到,索绪尔有自己的比较成熟的独立的理论思考,索绪尔不是他人思想的"搬运工"。

索绪尔关于语言学的任务列出了三点：

语言学的任务是：

(a) 对一切能够得到的语言进行描写并整理出它们的历史，那就是，整理出各语系的历史，尽可能重建每个语系的母语；

(b) 寻求在一切语言中永恒地普遍地起作用的力量，整理出能够概括一切历史特殊现象的一般规律；

(c) 确定自己的界限和定义。①

在语言学史上，较早明确提出语言学的任务的是博杜恩·德·库尔德内，在《对语言科学和语言的若干原则性看法》中，博杜恩明确地说：

语言学如同归纳科学一样：（1）概括语言现象。（2）寻找在语言中起作用的力量，以及语言发展和活动的规律。②

从索绪尔对于语言学任务的表述中，可以看出索绪尔对博杜恩思想的继承与发展：(b) 是直接沿用博杜恩的观点，而 (a) 和 (c) 是索绪尔的发展，(a) 相对于博杜恩的第一点，更加具体、全面，包括语言的描写与历史，亦即共时态与历时态两个方面——把"描写"补充进语言学任务的第一项，应该看作沙·巴利等通行版《普通语言学教程》编辑者的补充，他们的努力使索绪尔语言学理论更加完善；而 (c) 博杜恩没有提出，索绪尔明确地把弄清语言是什么也看作语言学的重要任务。

弄清语言学的研究对象，即"语言"是什么，这是索绪尔对现代语言学最大的贡献。索绪尔把语言看作表达观念的符号系统，认为语言符号能指与所指之间没有必然的联系，是任意的，是在彼此的相互对立、相互区别——在相互关系中、在系统中——确定自身的性质，从而

---

① 德·索绪尔：《普通语言学教程》，高名凯译，商务印书馆1996年版，第26页。
② 博杜恩·德·库尔德内：《普通语言学论文集》（上），杨衍春译，广西师范大学出版社2012年版，第20页。

第一章 索绪尔的生平及学术评价

把语言符号从实体中解脱出来,真正成为系统的产物。对于语言符号的这种认识,构成的索绪尔语言学理论的核心——语言符号学——的精髓所在。这种思想体现在作为课程笔记整理出版的《普通语言学教程》之中,而其比较完整和系统的阐述,体现在1996年在索绪尔故居夹墙中发现的未完成书稿《论语言的二元本质》中。索绪尔以任意性为符号的"第一原则",以相互关系为基础,构建了语言符号学体系,而将先哲与时贤对语言认识的优秀成果纳入其中,形成一个完整语言学理论体系,成为现代语言学的基础理论。索绪尔完成自己所规定的语言学的第三个任务——对语言以及语言学的认识。这也是尽管有一些否定的声音,但索绪尔仍然是20世纪影响最大的语言学家的根本原因。

而对于学界优秀思想的吸收,索绪尔也有自己的思考和改进。比如,对于博杜恩提出的静态语言学和动态语言学思想,索绪尔用一对同根词"共时语言学"和"历时语言学"来代替,并认为这种区分和以共时语言学为主要研究对象的观点,是语言符号本质导致的必然结果;对于克鲁舍夫斯基提出的"邻接性联想"和"类比性联想",索绪尔代替以"句段关系"和"联想关系",使之超越了心理学范畴,成为分析任何层次、任何语言单位的基本原则。这些调整和改变,具有革命性质。正是因为有这样的吸收、改造,索绪尔才能以语言符号为基点建立语言符号学,使自己的语言学理论体系超越前代和同时代学者,而成为现代语言学的理论基础。

作为深刻理解博杜恩语言学思想的语言学家,同时也对索绪尔《普通语言学教程》非常熟悉的布拉格学派代表人物的雅柯布森,在对索绪尔的否定声中,1942年在《索绪尔语言理论回顾》中仍然坚持认为:"索绪尔的《教程》是天才的著作,甚至《教程》的错误和矛盾也能给人启示。20世纪没有哪一本著作对世界各国的语言学产生过如此巨大和深远的影响。《教程》的思想、定义和术语直接或间接渗透到极不相同的著作当中,《教程》纲领性的论点成为语言学原则诸多讨论的出发点。"[①]

[①] 罗曼·雅柯布森:《雅柯布森文集》,钱军、王力译,湖南教育出版社2001年版,第8页。

正像一般公认马克思主义有三个来源，但仍然会承认马克思主义的伟大一样，承认索绪尔理论中有吸收、整合语言学其他学者理论观点这一事实，也同样不能抹杀索绪尔语言学理论对世界学术史的贡献，我们仍然认为，索绪尔语言学理论有着超越时代的高度，J. 卡勒将索绪尔与弗洛伊德、杜尔克姆并列，看作提出科学研究人类行为理论的三位思想大师之一[①]，是很有道理的；即便在信息化的 21 世纪，索绪尔语言学理论对语言学、符号学等，仍具有理论上的指导意义。

[①] J. 卡勒：《索绪尔》，张景智译，中国社会科学出版社 1989 年版，第 1—8 页。

第二章 索绪尔《普通语言学教程》通行版与第三次讲授的笔记版相比较

一 概说

索绪尔在语言学史上的地位是毋庸置疑的；现代语言学是建立在索绪尔《普通语言学教程》（下文简称《教程》）所阐述的以语言符号学为中心的基本概念和基本理论之上的。在国内，这部奠定现代语言学、结构主义和符号学基础，1916年由索绪尔同事和学生依据学生课堂笔记和索绪尔个人札记整理出版的《教程》，由普通语言学大家高名凯1964年翻译，后由著名语言学家岑麒祥、叶蜚声校注，1980年由商务印书馆出版，而后又被列入"汉译世界学术名著丛书"。这个版本可称为"通行版《教程》"。2001年，江苏教育出版社又出版了裴文译本。

《普通语言学教程》出版不久，就连索绪尔在法国的高足梅耶也曾怀疑它对索绪尔思想的忠实性。20世纪50年代末，随着结构主义思潮的出现，人们开始重新认识索绪尔。自然而然，也就有了对《普通语言学教程》所使用材料的怀疑，一些学者开始从学生笔记入手，进行《教程》材料的考证研究。1957年，瑞士日内瓦大学的戈德尔教授出版了自己的博士学位论文《索绪尔〈普通语言学教程〉稿本溯源》，瑞士伯尔尼大学的恩格勒教授1967年出版了《索绪尔〈普通语言学教程〉评注本》，意大利巴勒莫大学教授莫罗也在同年出版了同名著作。这些研究多是将《教程》与学生笔记的原始材料进行对比，让人明了《教程》哪些地方是忠实于为学生所记录下来的索绪尔的讲授，哪些地方与此不同。这三种著作没有中文译本，国内只有两三篇介绍文章。而随着时间的推移，人们希望看到索绪尔讲课完整记录的愿望越来越强烈。

1993年，记录索绪尔最后一次普通语言学课程的学生笔记终于出版了。这就是小松·英辅和罗伊·哈里斯根据埃米尔·孔斯坦丹听课笔记整理出版的法英对照本《索绪尔第三度普通语言学教程》。1958年,孔斯坦丹把自己的听课笔记赠给日内瓦大学图书馆。这是索绪尔第三次课程最详细的笔记,巴利和薛施蔼编辑《教程》时没有见到过。戈德尔马上认识到这些笔记的重要性,把它登载在1958—1959年第16期《费尔迪南·德·索绪尔杂志》上。2001年,湖南教育出版社作为"现代语言学名家译丛"之一出版了张绍杰译本《1910—1911索绪尔第三度讲授普通语言学教程》;2002年,上海人民出版社出版了屠友祥根据法文版翻译的《索绪尔第三次普通语言学教程》。相隔仅一年就连续出版同一门课程笔记的两个中文译本,说明国内语言学界对索绪尔语言理论文本的关注已远远超过了20世纪。这两个版本书中不加分别,统称为《第三度讲授普通语言学教程》,简称"笔记版《教程》";本书所引为张绍杰译本。

《第三度讲授普通语言学教程》除了前边译者的《中译序》以外,原书前边还有《序言》、《孔斯坦丹的听课笔记》和《英译者前言》,介绍了通行版与学生笔记的差异、几本学生笔记的差异、孔斯坦丹笔记的情况以及《教程》英译中的术语翻译,主要是"语言"这个术语的翻译问题。通过编译者的说明,可以认为,这本笔记版《教程》是忠实和比较详细地记录索绪尔第三次讲授普通语言学课程的。而从索绪尔自己的正课讲述以及后来上课的补充中,我们可以看到索绪尔作为一位不断探索的语言学大师的深邃。

笔记版《教程》正文被分作两部分。在第一部分中,1910年10月28日第一次课是《序章》,索绪尔回顾了语言学史,并说明了语言学的题材和任务。第二次课标题是"(1)个别语言;(2)语言;(3)个人的言语机能及其运用",这是整个课程的总论,索绪尔说明他的课程包括以上三方面的内容,对语言和符号做了概述。在保存下来的索绪尔手稿中,也有同样的划分。[①] 从第三次课开始,其讲授第一部分内容"个别语言",用8次课讲语言的地理差异,用5次课讲《文字表现语言》,

---

① 信德麟:《索绪尔〈普通语言学札记〉俄文本评介》,《国外语言学》1993年第4期。

第二章 索绪尔《普通语言学教程》通行版与第三次讲授的笔记版相比较

其中有两次课左右的时间是讲音位学和语音分析的内容。第一部分笔记最后的时间记录是 1910 年 12 月 20 日。笔记是从第一本笔记到第三本笔记的开始。从日期上看，是每周两次课，周二、周五各一次课。第一部分共有 15 次课的笔记。

第二部分笔记开始时间是 1911 年 4 月 25 日，最后一次课是 7 月 4 日，是从第七本笔记到第十本笔记，共 18 次课的笔记。第一、二次课标题是《语言》，没有写章数，论述语言和言语；这应该是这部分的第一章。第三次课讲《第二章 语言的符号性质》，语言符号的两个原则"任意性"和"线条性"。第四、五、六次课三次课讲三章内容，即语言的具体实体、抽象实体、语言的绝对任意性和相对任意性。第七次课（1911年 5 月 19 日）是前边内容的补充课，有三个很重要的内容：（1）语言的存在地和语言、言语的模型；（2）明确提出用能指和所指来代替听觉印象和概念；（3）论述了符号的不变性和可变性。第八次课（1911年 5 月 30 日）论述了语言、社会（说话的大众）和时间的关系，做了图示说明。第九至第十四次共 6 次课讲《第四章 静态语言学和历史语言学，语言学的二重性》，阐述语言的两种状态共时语言学和历时语言及其之间学的区分；从前边的排序来看，应该是第六章。第十五至第十七次课的一部分，没有标章节，标题是《静态语言学》，包括静态语言学概述和语言系统中的两种关系即组合关系和联想关系，按排序这应该是第七章。第十七次课一部分和第十八次课，是《第五章［原文如此］：要素的价值和词的意义，两者如何巧合与区分》，主要是论述系统与价值问题。如果按排序计算，这应该是第八章而不是第五章。

按通行版《教程》编者的说明，"由于教学大纲的需要，他不能不把每度讲课的一半时间用来阐述印欧系语言，它们的历史和关于它们的描写，他的讲题的主要部分因而大大地减少了"。[①] 而笔记版《教程》则直接说明"略去了属于普通语言学范围之外的，索绪尔对不同语系所作的冗长而粗略的概述"[②]。这部分内容，按笔记版上边标记的时间

---

① 德·索绪尔：《普通语言学教程》，高名凯译，商务印书馆 1996 年版，第 11 页。
② 德·索绪尔：《1910—1911 索绪尔第三度讲授普通语言学教程》，张绍杰译，湖南教育出版社 2001 年版，第 ix 页。

来看，应该是从 1910 年 12 月 23 日（周二）到 1911 年 4 月 21 日（周五）。按前边的每周两次课的推断，没有收录在书中的近 4 本笔记所记录的应该是持续 17 周半即 35 次课的内容（其间假期情况不详），相对于收入笔记版教程的 33 次课的内容来说，占超过整个课程一半的时间。

索绪尔第三次普通语言学教程讲授时间是 1910 年 10 月 28 日至 1911 年 7 月 4 日，近 9 个月的时间，每周两次课（周二、周五），一共上了 68 次课。的确像通行版《教程》编者所说的那样，按照索绪尔在《绪论　语言学史一瞥》后开始的正课，亦即第二周的周五课程的说明，第三次普通语言学教程有"个别语言"、"语言"和"个人的言语机能及其运用"三部分内容。那么，对印欧系语言的阐述，应该是包括在第一部分即"个别语言"中，而第三部分内容，也就是通行版中所谓的"言语的语言学"，索绪尔没有完成许诺的内容安排，或是学期结束或是身体原因，可能很大的原因是学期结束了，没有讲授，这一轮课程也结束了。

索绪尔的普通语言学教程，第一次课程自 1907 年 1 月 16 日至 7 月 3 日，大约半年的时间；第二次课程从 1908 年 11 月到 1909 年 6 月 24 日，大约 8 个月的时间，而第三次课程 9 个月只讲授了预定内容的三分之二，我们只能这样理解：索绪尔第三次普通语言学教程，授课时间更长，内容更加丰富，思考也更为深入了。

二　比较

笔记版《教程》与通行版《教程》到底有什么差异呢？以下我们依据张绍杰译本做以对比（见表 2-1）。

表 2-1　　　　　　　两本教程章节及次序差异*

通行版《普通语言学教程》	笔记版《1910—1911 索绪尔第三度讲授普通语言学教程》
绪论	第一部分
第一章　语言学史一瞥	序章〈（语言学史一瞥）〉[包含（1）语言学史；（2）语言学的题材和对象或任务两部分内容]（第一次课）
第二章　语言学的材料和任务；它和毗邻科学的关系	

第二章 索绪尔《普通语言学教程》通行版与第三次讲授的笔记版相比较

续表

通行版《普通语言学教程》	笔记版《1910—1911索绪尔第三度讲授普通语言学教程》
第三章 语言学的对象	课程的主要部分 （1）个别语言；（2）语言；（3）个人的言语机能及其运用［概述语言和符号］（第二次课）
第四章 语言的语言学和言语的语言学 第五章 语言的内部要素和外部要素	第一部分：个别语言 第一章 个别语言和地理差异，这种差异的不同种类和程度（第三次课）
第六章 文字表现语言	第二章 "论可能使地理差异复杂化的不同事实"（第四次课）
第七章 音位学	第三章 从产生的原因看语言的地理差异（第五次—第十次课）
附录：音位学原理	第四章 用文字表现语言（第十一次—第十五次课）
第一编 一般原则	**第二部分**
第一章 语言符号的性质	语言［论述语言、言语区分问题］（第一、二次课）
第二章 符号的不变性和可变性	第二章 语言符号的性质（第三次课）
第三章 静态语言学和演化语言学	第三章 构成语言的具体实体是什么（第四、五次课）
第二编 共时语言学	
第一章 概述	第四章 语言的抽象实体（第五次课）
第二章 语言的具体实体 第三章 同一性、现实性、价值	第五章 语言的绝对任意性和相对任意性（第五、第六次课）
第四章 语言的价值 第五章 句段关系和联想关系 第六章 语言的机构（含绝对任意性和相对任意性）	补充一些看法［补充关于语言和言语的著名模式；引入能指和所指两个概念；关于语言社会性、不变性的补充，以及关于语言、集体和时间的模式］（第七、八次课；中间空一周）
第七章 语法及其区分 第八章 抽象实体在语法中的作用	第四章（插入前一章后）静态语言学和历史语言学，语言学的二重性（第九—第十四次课）
第三编 历时语言学	
第一章 概述	静态语言学（第十五—第十七次课）
第二章 语音变化 第三章 语音演化在语法上的后果	第五章（原文如此）要素的价值和词的意义，两者如何巧合与区分（第十七、十八次课）

续表

通行版《普通语言学教程》	笔记版《1910—1911 索绪尔第三度讲授普通语言学教程》
第四章　类比	
第五章　类比和演化	
第六章　流俗词源	
第七章　黏合	
第八章　历时的单位，同一性和现实性	
第三编和第四编附录　A. 主观分析和客观分析；B. 主观分析和次单位的确定；C. 词源学	
第四编　地理语言学	
第一章　关于语言的差异	
第二章　地理差异的复杂性	
第三章　地理差异的原因	
第四章　语言的波浪传播	
第五编　回顾语言学的问题　结论	
第一章　历时语言学的两种展望	
第二章　最古的语言和原始型	
第三章　重建	
第四章　人类学和史前史中的语言证据	
第五章　语系和语言的类型	

*在两栏中，两种教程章节内容只是分开排列，并不表示对应；在对比表中，笔记版《教程》栏中圆括号、方括号内小五号字部分是本书作者整理的。

通行版《教程》和笔记版《教程》的差异，主要有以下六个方面：

（1）"地理语言学"或"语言的地理差异"在两个版本的《教程》中的位置是不同的；

（2）对语言、言语区分的论述在两个版本的《教程》中的位置、编次不同；

（3）其他主要观点或内容表述方面的差异；

（4）笔记版《教程》没有通行版《教程》中的《第三编　历时语言学》和《第五编　回顾语言学问题　结论》；

（5）通行版《教程》第一编之后有附录《音位学原理》，编者明确

第二章　索绪尔《普通语言学教程》通行版与第三次讲授的笔记版相比较

地说是"利用了德·索绪尔1897年所做的三次演讲的速记记录",① 而笔记版《教程》中没有这个附录；

（6）由于（4）（5）的原因，带来一个显而易见的结果，就是两种《教程》含量不同：中文笔记版《教程》正文有157页，而通行版《教程》有307页，比笔记版足足多了150页，几乎是笔记版的两倍，因此内容更丰富。

以下我们分别论述。

（一）关于语言地理差异和语言、言语区分在索绪尔语言理论体系中的位置问题

从章节的次序来看，笔记版《教程》与通行版《教程》的最大差异，是（1）（2）两部分内容在课程系统中的位置是不同的。这种差异，有重大意义。

"语言地理差异"这部分内容，在通行版《教程》中是放在本体论之后，作为《第四编　地理语言学》进行独立论述的；而在笔记版《教程》中，是放到关于课程的总体说明之后，也就是作为主体内容的第一部分。这种差别不是简单的时间顺序的差别，而是逻辑的差别，因此有着重要的意义：在通行版《教程》中，按照索绪尔内部语言学、外部语言学的划分，这部分内容无疑应该属于外部语言学；而在笔记版《教程》中，关于语言地理差异的说明，是对语言进行论述的起点，从纷繁的语言地理差异入手，层层剥笋，来达到作为人类社会交际符号系统的语言这种高度抽象的内核。毫无疑问，这是一种认识的逻辑顺序。这个逻辑顺序在索绪尔第三次课程体系中有着深刻的含义。有人认为把标题名称改成"地理语言学"是对索绪尔的一种歪曲，"索绪尔从未有过'地理语言学'的提法"。② 我们认为，标题的改动影响不大，因为索绪尔1902—1903年上的课程中有一门就叫"欧洲地理语言学（古代与近代）"③。

在通行版《教程》中，关于语言和言语的区分，是放到第一部分

---

① 德·索绪尔：《普通语言学教程》，高名凯译，商务印书馆1996年版，第67页。
② 信德麟：《索绪尔〈普通语言学札记〉俄文本评介》，《国外语言学》1993年第4期。
③ 许国璋：《关于索绪尔的两本书》，《国外语言学》1983年第1期。

《绪论》中的,在《第三章　语言学的对象》和《第四章　语言的语言学和言语的语言学》两章中来论述的;而在笔记版《教程》中,除了在相当于课程总的说明中的第二次课"(1)个别语言;(2)语言;(3)个人的言语"(1910 年 11 月 4 日)[①]的"(1)个别语言"有所涉及外,主要是放到作为内部语言学的第二部分第一章《语言》的两次课(1911年 4 月 25 日和 28 日),以及隔了两周后的 5 月 19 日的"补充"课中,系统地论述了语言和言语问题并补充了语言和言语的两个不同的模型。

在笔记版《教程》中,在对课程进行总体说明的第二次课上,索绪尔首先明确了要区分语言和言语:"倘若不直接区分语言和言语两个术语,我们到哪里去寻找具体的、〈完整的、〉整体的语言现象呢?"[②]并指出语言的存在地、社会性,在指出语言作为符号是社会产品的之后,进一步说明"人类的语言总体上表现为无限种个别语言:语言是某一社会的产品,但不同的社会不具有相同的语言。……我们被赋予的不仅是语言,也是各种不同的个别语言。语言学家别无选择,首先应研究各种不同的语言;他必须首先研究尽可能多的个别语言,尽可能地开阔视野,……语言学家会依据对这些个别的语言的观察和研究抽象出普遍特征,保留一切看来是本质的和普遍的东西,抛弃特殊的和偶然的东西,他因此终将发现一套抽象的概念,那将是语言"。[③]这说明,索绪尔第三次课程是从具体语言亦即有着地理差异的语言入手,开始自己的论述的。而根据许国璋的介绍,索绪尔第二次课程首先是对"语言"、"言语"和"言语活动"三个事物加以区分:[④]

　　第二次讲授的引论第一、二段(1908 年 Riedlinger 笔记,Godel,

　　[①] 在张绍杰译本中,这次课的日期标作"1910 年 9 月 4 日",这可能是错误的。因为从笔记日期来看,第一次课是 10 月 28 日,索绪尔第三次普通语言学教程每周周二和周五共有两次课,按此推算,应该是 11 月 1 日或 11 月 4 日。

　　[②] 德·索绪尔:《1910—1911 索绪尔第三度讲授普通语言学教程》,张绍杰译,湖南教育出版社 2001 年版,第 7 页。

　　[③] 德·索绪尔:《1910—1911 索绪尔第三度讲授普通语言学教程》,张绍杰译,湖南教育出版社 2001 年版,第 11—12 页。

　　[④] 许国璋:《关于索绪尔的两本书》,《国外语言学》1983 年第 1 期。

第二章 索绪尔《普通语言学教程》通行版与第三次讲授的笔记版相比较

p66):

　　语言学不是单纯的东西:因为语言(langue)充满令人困惑的自我矛盾(词是任意的,然而是不能更易的;语言既是固定的又是变化的),而五十年来,语言学家没有澄清主要问题。困难在于:不管你抱什么观点,语言总是具有不可分割的两个方面:声音形象和发声动作、语音和语义;言语活动(langage)是个人能力;语言(langue)是社会体制。

　　语言是惯例(conventions)的总汇,这种惯例为社会群体所接受,使所有个人的言语活动(langage)的机能得以畅通无阻。言语(parole)是个人运用自己的机能时的行为,他运用的手段是通过社会惯例,即语言。

　　那么可以认为,通行版《教程》的语言与言语区分的论述在前的次序,应该是根据索绪尔第二次课程。只是在第三次课程中,索绪尔把语言的地理差异提到前边。这从另一角度,证实了通行版《教程》编者所说的"索绪尔是一个不断革新的人",他们不是随意安排,而是希望"所有各部分都按照符合作者意图的顺序表达出来"[1]。我们认为,索绪尔把语言与言语的区分作为自己理论的基础,才使语言学真正"一开始就站在语言的阵地上"[2]。因此,通行版《教程》编者对语言与言语区分位置的安排,是合理的,是符合索绪尔原意的。

　　既然确定语言学的界限和定义是语言学的三个任务之一,那么,其核心自然而然就是要明确语言是什么;因此对语言的认识是索绪尔课程中最主要的内容。在笔记版《教程》中,索绪尔是从空间和"社会—个人"的对立两个角度,来展开对语言的认识的。而通行版《教程》则是从语言和言语的对立,亦即主要是从"社会—个人"、符号系统和对其的运用这种对立来剥离语言这一语言学的核心对象的;而作为独立一编的《地理语言学》,是作为语言这种抽象的符号系统在空间的延展来论述的。相比较而言,毫无疑问,通行版《教程》的做法,比较有助于一般读者理解;而笔记版《教程》中的表述,更能体现索绪尔作为语言学大师的

---

[1] 德·索绪尔:《普通语言学教程》,高名凯译,商务印书馆1996年版,第13页。
[2] 德·索绪尔:《普通语言学教程》,高名凯译,商务印书馆1996年版,第30页。

深邃。语言不仅有个人使用上的差异,也有地域上的差异,只有把两者结合起来,才能完整地认识语言。语言具有社会和地域两种变体,现在这一点已经成为语言学的常识了;而筚路蓝缕的开创之功来自索绪尔。索绪尔把历史比较语言学占统治地位时期的另类——地理语言学——整合到自己的语言理论体系之内,使之成为普通语言学对语言认识的一个有机组成部分,这本身就是一个突出贡献。值得一提的是,以历史比较语言学成名的索绪尔,对语言地理变异的理解,不仅有来自前学的论著,更有自己调查研究的心得,索绪尔开设过方言学和欧洲语言地理学的课程,日内瓦公共大学图书馆保留着索绪尔调查的四十多处方言材料。第三次普通语言学教程讲授的语言地理差异,很多都是他自己方言调查得来的珍贵资料,雅克布逊1958年形容这些方言材料为"索绪尔第二次革命"。①

(二) 其他条块分割及编次上的差异问题

笔记版《教程》第二部分是专门论述语言内部的,内容完整而集中,而相同的内容在通行版《教程》中被分开:关于语言和言语区分的阐述,被放到《绪论》中,用以廓清语言学的对象;对于语言符号性以及静态语言学和演化语言学的论述被列为《第二编 一般原则》,其余的被列入《第三编 共时语言学》,按内容分块并都做了章节标题:这样处理条块分割比较醒目,论述比较集中,但在一定程度上割裂了内部语言学的完整性。

比较明显的位移,还有笔记版《教程》最后一次课的《第五章 要素的价值和词的意义》(信德麟和戚雨村译为"语项的价值和词的意义"② 或 "语项的价值和词的意思"③),在通行版《教程》中划归第二编《第四章 语言的价值》,成了它的第二节,标题被改为《从概念方面考虑语言的价值》。

这种改动意义有所不同:在第三次课程中作为单独的一章,索绪尔

---

① 刘耀武:《索绪尔研究二题》,载黑龙江大学现代语言研究所编《理论语言学与应用语言学》(第一辑),1990年,第44—45页。
② 信德麟:《索绪尔〈普通语言学札记〉俄文本评介》,《国外语言学》1993年第4期。
③ 戚雨村:《索绪尔研究的新发现》,《外国语》1995年第6期。

第二章　索绪尔《普通语言学教程》通行版与第三次讲授的笔记版相比较

的用意是独立地对比价值和词义，从另一个角度来论述价值问题；而通行版《教程》的标题，意味着从某一角度来论述语言符号价值，意义与价值对比的意味没有了。但通行版《教程》把这部分内容并入"语言的价值"，把"语言的价值"单列为一章，从"1. 语言是组织在有声物质中的思想""2. 从概念方面考虑语言的价值""3. 从物质方面考虑语言的价值""4. 从整体来考虑符号"四个方面来论述语言的价值，更加集中、系统、深入，无疑是合理的。

第二部分课程的第七次课（1911 年 5 月 19 日）是前边内容的补充课，这一课很重要，它补充了三个内容：（1）语言的存在地和语言、言语的模型；（2）明确提出用能指和所指来代替听觉和概念；（3）论述了符号的不变性和可变性。认识到以前说得不够清楚或有失误，在后来有所纠正或补充，这是口头语言表达的方便之处，但如果作为文章或论著，前后间隔就显得有些支离破碎了。通行版《教程》将这些内容分别归入不同的主题，而且还特别按索绪尔自己的说明做了处理："在第二章后，须插入我本来打算在后边讨论的东西，第三章应插入的标题是：符号的不变性和可变性"[①]，"本章是前一章的〈直接〉继续，〈将表明我们在后面进行讨论所依据的一般基础〉。人们可能对何时介绍时间的概念，以及它所带来的结果犹豫不决（现在我们早些介绍），〈因此插入了这两章〉"[②]。

在笔记版《教程》中第二部分的次序为：《语言》；《第二章　语言符号的性质》；《第三章　构成语言的具体实体是什么》；《第四章　语言的抽象实体》；《第五章　语言的绝对任意性和相对任意性》；5 月 19 日补充课：《第四章（插入前一章后）　静态语言学和历史语言学，语言学的二重性》；《静态语言学》（黑体标题，内容包括概述句段和联想两种关系）；《第五章　要素的价值和词的意义，两者如何巧合与区分》。

除了将"语言"提到前边《绪论》中外，通行版《教程》相关部分的次序是《第一编　一般原则》：《第一章　语言符号的性质》《第二

[①] 德·索绪尔：《1910—1911 索绪尔第三度讲授普通语言学教程》，张绍杰译，湖南教育出版社 2001 年版，第 103 页。

[②] 德·索绪尔：《1910—1911 索绪尔第三度讲授普通语言学教程》，张绍杰译，湖南教育出版社 2001 年版，第 112 页。

章　符号的不变性和可变性》《第三章　静态语言学和演化语言学》;《第二编　共时语言学》:《第一章　概述》、《第二章　语言的具体实体》、《第三章　同一性、现实性、价值》、《第四章　语言的价值》、《第五章　句段关系和联想关系》、《第六章　语言的机构》(含绝对任意性和相对任意性)、《第七章　语法及其区分》、《第八章　抽象实体在语法中的作用》。

通过对比,我们认为,通行版《教程》编辑者说"以第三度课为基础"①,此言不虚,除了将"语言的地理变异"部分后移不合理以外,其余章节次序基本是符合索绪尔对课程的设想的,也是合理的,基本上反映了索绪尔语言学理论自身的逻辑顺序,即便被认为插入附录《音位学原理》是不合理的。

(三) 几种主要观点或内容表述方面的差异

(1) 关于语言、言语区分表述的差异

除了在体系中位置不同以外,在笔记版《教程》中,还有对语言、言语和言语活动三者关系的图示说明(如图 2.1)。② 这个表明三者关系的示意图,在索绪尔第二次普通语言学课上就已讲到,只是没有包含很仔细的说明。③ 这样补充表述使人更容易理解些。④

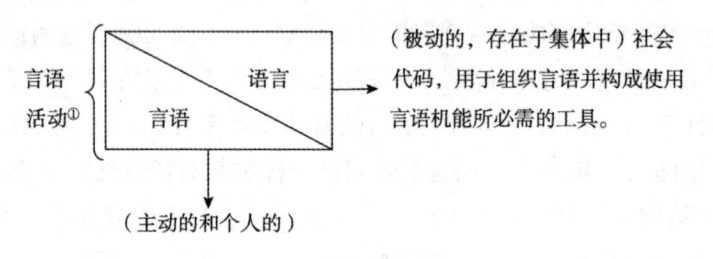

图 2.1

说明:图中有两点变化:第一,langage 张绍杰译本译作"言语行为",我们还是倾向把它理解为"言语活动";第二,连接图示与说明的,张译本画作直线,我们标作箭头。

---

① 德·索绪尔:《普通语言学教程》,高名凯译,商务印书馆 1996 年版,第 13 页。
② 德·索绪尔:《1910—1911 索绪尔第三度讲授普通语言学教程》,张绍杰译,湖南教育出版社 2001 年版,第 77 页。
③ 信德麟:《索绪尔〈普通语言学札记〉俄文本评介》,《国外语言学》1993 年第 4 期。
④ 聂志平:《再论语言、言语的区分》,《语言与翻译》2004 年第 4 期。

第二章 索绪尔《普通语言学教程》通行版与第三次讲授的笔记版相比较

索绪尔认为,"言语①一般以言语的产生(发音等)为目的的机能的使用;②也包括为表达个人的思想个人对语言代码的使用"。

(2) 对语言学的题材和任务理解上的差异

在通行版《教程》中,《绪论》第一章是《语言学史一瞥》;《第二章 语言学的材料和任务;它和毗邻科学的关系》,讲述了四个问题,除了从标题所示外,还有对语言学作用的说明;仅用两页的篇幅却浓缩这么多的内容,当然有的内容不可能详细展开,如关于语言学的任务,纲目式地列了三条,而关于语言学与毗邻学科的关系以及语言学的作用,倒有所展开。而在笔记版《教程》中,在第一次课《序章〈(语言学史一瞥)〉》中,除了简要地回顾了语言学史外,还谈了两个问题——语言学"(1)它的题材;(2)它的对象或任务"。可以说,通行版层次更清晰些。

关于语言学的材料,通行版《教程》是这样说的:

> 语言学的材料首先是由人类言语活动的一切表现构成的,……要注意一切表达形式。不仅如此:言语活动往往不是人们所观察到的,因此,语言学家就应该注意书面文献,因为只有书面文献才能使他认识过去的语言或远方的语言。①

而在笔记版《教程》中,索绪尔的说法是:

> 科学研究将把每一种人类语言看做它的题材:……语言学研究每一个时期的语言及其全部表现形式。
>
> 有必要指出,为了尽可能地获得所有时期的文献,语言学必须不断地研究书面语言,……然而,语言学要始终把书面文献同书面文献的内涵区别开来;把前者仅仅看做它的真正对象即唯一的口头语言的外壳,或外部表现形式。②

---

① 德·索绪尔:《普通语言学教程》,高名凯译,商务印书馆1996年版,第26页。
② 德·索绪尔:《1910—1911索绪尔第三度讲授普通语言学教程》,张绍杰译,湖南教育出版社2001年版,第4—5页。

在这个问题上两个版本的最大区别，就是通行版《教程》认为语言学材料是言语活动，而笔记版《教程》认为是语言；作为语言学术语，两者迥然有别，当然"言语活动"涵盖的范围更广泛，而语言只是它的社会性的那部分。此外，除了谈书面语的研究的重要外，笔记版《教程》还明确地说语言学的真正对象是口语，而书面语只是它的外壳。在这一点上，笔记版《教程》的说法更深刻些。

在通行版《教程》列出的语言学的任务是：

（a）对一切能得到的语言进行描写并整理出它们的历史，那就是，整理各语系的历史，尽可能重建每个语系的母语；

（b）寻求在一切语言中永恒地普遍地起作用的力量，整理出能够概括一切历史特殊现象的一般规律；

（c）确定自己的界限和定义。①

在笔记版《教程》中，索绪尔是这样来论述的：

语言科学研究的工作、任务或对象，如果有可能的话将包括：〈（1）〉探究所有已知语言的历史。……其次〈（2）〉这一点是非常不同的，必须从所有语言自身的历史中推衍出具有最大普遍性的法则。语言学必须确认在语言中起着普遍作用的法则，并以一种严格的理性方式从那些局限与一种或另一种语支的现象中分离出普遍现象。此外，还有更特别的任务，涉及语言学和各门学科的关系。……语言学的目的之一，是界定自身，确认什么是属于它的领域的。②

从表述角度看，通行版《教程》排序分列，层次清晰，比较醒目，而笔记版《教程》显得有些杂乱。从内容角度看，除了确定语言

---

① 德·索绪尔：《普通语言学教程》，高名凯译，商务印书馆1996年版，第26页。
② 德·索绪尔：《1910—1911索绪尔第三度讲授普通语言学教程》，张绍杰译，湖南教育出版社2001年版，第5页。

学的界限外,两者有较大的区别:通行版《教程》中提到了"对语言的描写"、"重建母语"和"寻求在一切语言中永恒地普遍地起作用的力量",而笔记版没有;而笔记版《教程》提到研究语言学和各门学科的关系也是语言学的任务,通行版《教程》中没有列入。关于语言学的任务,可以这样认为,通行版《教程》是共时语言学与历时语言学并重的,而就"重建母语"这点来看似有历史比较语言学的痕迹。

(3) 两条标志性的名言的有无及是否会带来误解

通行版《教程》中比较醒目、影响比较大的两个概括性的论点,即"语言是形式而不是实体"① 和"语言学的唯一的、真正的对象是就语言和为语言而研究的语言"②,在笔记版《教程》上没有。根据许国璋③、信德麟④和戚雨村⑤等先生的介绍,戈德尔、恩格勒考证在学生的笔记中并未出现。这应该是通行版《教程》编者根据对索绪尔思想的理解推衍出来的。许多学者认为这是歪曲或误解了索绪尔的理论。我们认为,如果把索绪尔的语言学理论做整体考虑,这两句名言应该说是符合索绪尔思想的。巴利、薛施蔼作为通行版《教程》的编者,在综合处理所收集的材料时,必然做了大量的阅读、筛选和加工工作,涵泳其间,最后做这种概括提升,应该是有其充分的依据的。同样,作为阅读者,我们认为,这两句话不仅丝毫不会影响对索绪尔语言理论的理解,而且会使我们印象更加深刻。从这个角度来说,巴利、薛施蔼不仅是索绪尔语言理论的整理者,同时也是索绪尔语言理论的阐述者。

---

① 《普通语言学教程》高名凯译本第169页的翻译是"语言是形式而不是实质"。在此我们是依据北京大学中文系索绪尔研究专家索振羽教授的说法。因为"本质"是与"现象"或"表象"相对的,而"实体"是与"关系"相对的。依据索绪尔语言理论,我们把这句话中的"形式"理解为"关系",所以采用索振羽先生的说法。高名凯先生最初也是译作"实体",见高名凯1963年翻译《普通语言学教程》后所作的长篇序言《德·索绪尔和他的〈普通语言学教程〉》(北京大学中文系《语言学论丛》编委会:《语言学论丛》第六辑,商务印书馆1980年版)。

② 德·索绪尔:《普通语言学教程》,高名凯译,商务印书馆1996年版,第323页。

③ 许国璋:《关于索绪尔的两本书》,《国外语言学》1983年第1期。

④ 信德麟:《索绪尔〈普通语言学札记〉俄文本评介》,《国外语言学》1993年第4期。

⑤ 戚雨村:《索绪尔研究的新发现》,《外国语》1995年第6期。

（四）历时语言学是否应该编入《普通语言学教程》

笔记版《教程》与通行版《教程》都有语言共时态与历时态共时语言学与历时语言学区分部分，但前者没有通行版《教程》中的《第三编　历时语言学》和《第五编　回顾语言学的问题　结论》。通行版《教程》第三编及其附录共72页，第五编28页，两部分共计100页。这样带来一个显而易见的结果，就是两种教程含量不同：笔记版《教程》正文有157页，而通行版《教程》有307页，比笔记版《教程》足足多了150页，几乎是笔记版《教程》的两倍。这是否意味着，笔记版《教程》的编者只认为共时语言学与历时语言学的区分属于索绪尔语言理论，而关于历时语言学的论述不属于索绪尔语言理论呢？如果是这样的话，我们认为，笔记版《教程》编者的理解是错误的。

索绪尔对普通语言学的思考不是凭空产生的。索绪尔生前是以历史比较语言学大家的身份获得语言学界认可的；而即便是生前最后的第三次普通语言学教程中，索绪尔也是用35次课、超过一半的时间"阐述印欧系语言，它们的历史和关于它们的描写"，而笔记版《教程》也只收了此外的33次课的内容。没有人会相信索绪尔对语言的真知灼见没有通过历史比较语言学研究思考的积累，因为在《教程》中所反映出来的系统思想，早在其21岁发表的成名作《论印欧语元音的原始系统》中就有所体现。因此，我们认为，通行版《教程》把历时语言学部分编入教程是合理的，缺少历时语言学部分的索绪尔语言理论是不完整的。即便是在现代，这100页笔记版《教程》中所没有的内容加上语言共时态与历时态区分中关于历时语言学的论述，作为《普通语言学教程》的"半壁江山"，对于我们理解语言问题仍具有启迪作用。

（五）作为附录的《音位学原理》编入《普通语言学教程》是否合理

在通行版《普通语言学教程》《绪论》的附录《音位学原理》前，编者有一个说明：[①]

[①] 德·索绪尔：《普通语言学教程》，高名凯译，商务印书馆1996年版，第67页。

第二章　索绪尔《普通语言学教程》通行版与第三次讲授的笔记版相比较

这一部分，我们利用了德·索绪尔于1897年所作的关于《音节理论》的三次演讲的速记记录，在这些讲演中，他也接触到第一章的一般原理。此外，他的个人札记有一大部分也是跟音位学有关的；在许多要点上阐明和补充了第一度讲课和第三度讲课的资料。

而笔记版中没有这个附录。
信德麟先生在《索绪尔〈普通语言学札记〉俄文本评介》中说：[①]

人们把《稿本溯源》和校勘本跟《教程》通行本加以比较之后，发现在结构、表述等方面有不少差别。……又如，附录第二节"语链中的音位"（中译本pp.81-99）是移植的，这部分内容索绪尔从来没在普通语言学课堂上讲过；等等。

申小龙先生的《〈普通语言学教程〉精读》也采用了这个说法。[②]
从信德麟先生的介绍来看，按照戈德尔和恩格勒的考证，其中《第二章　语链中的音位》"这部分内容索绪尔从来没在普通语言学课堂上讲过"，似乎可认为，作为附录的《音位学原理》的内容是处于索绪尔普通语言学理论系统之外的。这也是认为巴利和薛施蔼编辑的通行版《教程》歪曲或误解索绪尔语言学思想的一个证据。真是这样吗？

笔记版《教程》第一部分最后一章即第四章是《用文字表现语言》，从1910年12月6日至20日共5次课，没有再单列标题。但并不意味着通行版《教程》作为"附录"的《音位学原理》的内容在第三次课程中没有被论及。通过对比，我们可以发现，这段课程中的第二次课即12月9日课的一部分，到第三次课即13日课接近课程完成的内容，对应着通行版《教程》第一部分《绪论》的第七章《音位学》，大致是第56页中部"我们因此不应忘记"以下到第61页上部第9行。而在第三次课接近结尾部分，具体是从第61页第10行"在音位学家必须要承担的工作中"以下，到最后一次课即20日课的一半左右，

[①] 信德麟：《索绪尔〈普通语言学札记〉俄文本评介》，《国外语言学》1993年第4期。
[②] 申小龙：《〈普通语言学教程〉精读》，复旦大学出版社2005年版，第32页。

具体就是第68页放到括号内的黑体字"第三本笔记从这里开始"以上，对应着附录《音位学原理》的第一章《音位的种类》。而从"第三本笔记从这里开始"以下到第72页第一部分结束，讲述了这样几个知识点：

（1）"不应在元音和辅音之间设置一道屏障"；

（2）根据发音是由开到闭合与从闭合到打开将音链中的音分为内破与外破两类；

（3）认为"音节单位根本上取决于外破和内破"；

（4）从文字角度"看来要精确地记录语音并不是非常可取的"。

通过对比，我们认为，上述讲授内容，对应着附录《音位学原理》的第二章《语链中的音位》。其中关于内破、外破的说明，都使用了appa这个例子。①②

因此，说附录《音位学原理》中的《第二章 语链中的音位》"这部分内容索绪尔从来没在普通语言学课堂上讲过"，我们认为，是没有根据的。

从作为第三次普通语言学课程记录的笔记版《教程》的内容和次序来看，在通行版《教程》中放在第一部分《绪论》最后一章《音位学》后边作为附录的《音位学理论》，除了1897年作为索绪尔《音节理论》的三次讲演速记以外，它的内容索绪尔至少在第三次普通语言学课程中还讲授过，次序就在笔记版《教程》的《文字表现语言》中的关于音位的论述之后，与通行版《绪论》中的次序是一样的。

当然，作为第三次课程的记录，笔记版《教程》中相关部分论述，严格地说，应该是记录得比较简略，通行版《教程》附录部分有33页，而笔记版《教程》只有11页半，尽管孔斯坦丹的笔记还是索绪尔第三次记得最详细的笔记。此外，在观点上也不尽相同，比如，在《音位的种类》中，同样是根据开口度来对音位进行分类，通行版《教程》分作7类，鼻音即按口腔开度0列入A，属于塞音，同时又根据发音时

---

① 德·索绪尔：《普通语言学教程》，高名凯译，商务印书馆1996年版，第83—84页。
② 德·索绪尔：《1910—1911索绪尔第三度讲授普通语言学教程》，张绍杰译，湖南教育出版社2001年版，第69—71页。

鼻腔是畅通的，把它们单列为 C，鼻音开度 2;① 而笔记版《教程》是六类，把鼻音归入塞音，开度 0，而没有将其单列②。再如，关于内破和外破，通行版分析得很详细，还有笔记版中没有的关于内破、外破在语链中的各种结合、长度、元音点以及用这种观点来看待一般所谓的复合元音等问题。

综上，我们可以肯定地说，通行版中作为《绪论》附录的《音位学原理》，是索绪尔普通语言学课程的有机组成部分，自然而然，也是索绪尔语言学理论的有机组成部分，而不是什么受胡塞尔哲学影响而突兀地插入的内容。而之所以作为附录单列，而不是把它编入教程正文章节，只能是因为作为索绪尔三次《音节理论》演讲速记的这部分与收集到的学生的笔记相比，内容更丰富、更全面。

三　余论：索绪尔理论受到胡塞尔现象学影响吗？

在《1910—1911 索绪尔第三度讲授普通语言学教程》"序言"中，编辑者小松·英辅认为通行版《教程》受胡塞尔哲学思想的影响：

> 那么，我们如何理解编辑者们对《教程》涉及的问题重新进行带有根本性的编排？对于这个问题的看法多半涉及对索绪尔思想的影响。……值得把胡塞尔的名字与这些名字相提并论；不是因为索绪尔本人一定读过胡塞尔，而是因为巴依和薛施蔼完全可能熟悉这位德国哲学家的观点，使胡塞尔的著作在瑞士为人所知的人是安东·马蒂。现已出版的《教程》的文本结构看来某些方面富有意义地体现出胡塞尔的思想。应特别指出的是，胡塞尔坚持认为经验不能简约为物质材料之和。……在胡塞尔看来，由先验的自我所表征的物质材料、意识行为和对象分别叫物质、意识活动和意识对象。言语行为遵循相同的模式，"语言对象"只有通过三者结合才能被认识。

---

① 德·索绪尔:《普通语言学教程》，高名凯译，商务印书馆 1996 年版，第 75—77 页。
② 德·索绪尔:《1910—1911 索绪尔第三度讲授普通语言学教程》，张绍杰译，湖南教育出版社 2001 年版，第 65 页。

巴依和薛施蔼所编排的《教程》的结构同这一观点是一致的，它解释了为什么"音位学原理"部分插入在绪论之后。这部分探讨的是物质材料，具有明显的经验论味道……但在后面几部分里，我们进而把这些物质的言语事实放在能指和所指所提供的语境之中加以考察，从而获得胡塞尔意义上的先验价值的认识。声音的听觉方面现在从有意识地产生意义的主体的观点给予了解释。这一进程清楚地体现在，在先验自我意识的引导下，从物质的始点出发最终到差别对立的概念。[①]

张绍杰、王克非[②]和申小龙[③]三位先生也赞同此说。

认为通行版《教程》的编排，甚至索绪尔的语言学理论，是受胡塞尔现象学思想的影响，笔记版《教程》编辑者小松·英辅上述说法的根据有两个：一个是"现已出版的《教程》的文本结构看来某些方面富有意义地体现出胡塞尔的思想"，一个是"因为巴依和薛施蔼完全可能熟悉这位德国哲学家的观点"。其中，"看起来"这个"像"是根本，"可能熟悉"是推论以及附证。这是一个学术思想史问题。

如果索绪尔在自己《普通语言学教程》上要是没有表现出受胡塞尔影响，那么，这个"看来"也就纯粹是编辑者小松·英辅自作多情的臆断了。那么，索绪尔真的受过胡塞尔的影响吗？

胡塞尔（Edmund Husserl，1859－1938），德国哲学家，开创了现象学派，代表作是1913年出版的《纯粹现象学和现象学哲学的观念》，其现象学思想以1913年为界分为前期与后期。胡塞尔是索绪尔同代的学者。一般的理解是，哲学是关于世界观与方法论的科学。索绪尔1891年离开巴黎回到故乡日内瓦，又有相当长时间的沉默期，按他学生的描述，他的普通语言学思想形成于19世纪90年代，近年出版的中

---

① 索绪尔：《1910—1911索绪尔第三度讲授普通语言学教程》，张绍杰译，湖南教育出版社2001年版，第vi—vii页。
② 张绍杰、王克非：《索绪尔两个教程的比较与诠释》，《外语教学与研究》1997年第3期。
③ 申小龙：《〈普通语言学教程〉精读》，复旦大学出版社2005年版，第40页。

第二章　索绪尔《普通语言学教程》通行版与第三次讲授的笔记版相比较

译本《普通语言学手稿》也可以证明这一点；而关于系统的思想甚至可以上溯到1878年他的成名作《论印欧语元音的原始系统》，第三次课程的第一部分课程最后笔记的日期是1910年12月20日，第二部分最后的记录是1911年7月4日。因此，说他的语言学思想受胡塞尔的影响，是无论如何都说不通的。

那么，是通行版《教程》的编辑者巴利和薛施蔼真的"完全可能熟悉这位德国哲学家的观点"吗？这也是一种想象。因为是"可能"，而没有确凿的证据。而且小松·英辅说得也很明白："使胡塞尔的著作在瑞士为人所知的人是安东·马蒂。"首先，是胡塞尔那部代表作出版的时间是1913年。其次，是这个安东·马蒂在此后多久把这部著作介绍或翻译而使胡塞尔的哲学思想为瑞士人所知。最后，是作为语言学家，是否能对另外一门知识领域的新思想有很及时跟踪的能力或可能，这也值得怀疑：学术有自己的传统或积淀，不是跟踪时尚的时装行业，不是影响现代科技以及日常生活的互联网，那是技术。学术思想的形成不是一蹴而就的，更不是道听途说的堆砌。因此，我们认为，认为巴利和薛施蔼"熟悉这位的哲学家的观点"并按这种哲学观点构造索绪尔的语言理论大厦，纯属想当然。

我们总不能仅依据两件东西有一点点相似，在没有确凿的证据时，就认为其中的一个受另外一个影响。20世纪在中国的索绪尔语言学理论研究中，著名语言学家岑麒祥等学者认为索绪尔理论受到格式塔心理学的影响，在通行版《教程》"前言"中，岑先生写道：

> 德·索绪尔在世的几十年间，是欧洲学术思想发生急剧变化的年代。……到20世纪初，德国和欧洲各国掀起了一种所谓"格式塔思想"（德语 Gestalteinheit，原是"完形性"的意思），起初应用于心理学，其后由心理学扩展到其他领域。语言学界在这种思想的诱导下特别注重对语言结构、系统和功能的研究。德·索绪尔也深受影响……[1]

---

[1] 德·索绪尔：《普通语言学教程》，高名凯译，商务印书馆1996年版，第8页。

在《瑞士著名语言学家索绪尔和他的名著〈普通语言学教程〉》一文中,岑先生说:"1881年至1891年……在这十年里……;可是当时法国的社会学学说和在欧洲学术界掀起的一股'格式塔心理学'(Gestalt psychologie,又译'完形心理学')思潮却对他产生了很大的影响,使他的语言学观点产生了激巨的转变",索绪尔"是以'格式塔心理学'的原理为哲学基础,反对青年语法学派的所谓'原子主义'的"。① 在承担国家教委八五规划项目"当代国外语言学研究——索绪尔研究"所形成的成果《普通语言学教程》中,刘耀武先生则直接把岑先生的话放到自己的书里。② 这种观点,可以说是国内索绪尔语言理论研究界的普遍认识。

尽管格式塔心理学家"他们认为,当感觉元素组合起来以后,就形成了一种新的形式或模式。例如,如果你把许多单个的音符放到一起,这些音符的结合就形成了一个新的曲调或音调。这一新的曲调或音调并不存在于任何一个单一的音符中。这一观点的通俗表达方式是:整体不同于部分的集合"。③ 但认为索绪尔理论受到格式塔心理学影响,仍是一种想当然,似是而非,没有学术思想史上的依据。因为在心理学史上,一般认为格式塔心理学以似动现象研究成果——韦特默1912年发表的《关于运动知觉的实验研究》为这个学派开始的标志,④ 而1911年7月4日,索绪尔结束了他第三次普通语言学教程的最后一课。至于相似的那一点,即系统思想,索绪尔在他1878年的《论印欧语元音的原始系统》就已经体现出来了。因此,认为索绪尔理论受格式塔心理学影响,是错误的。⑤ 而反过来,认为格式塔心理学是受索绪尔或结构主义影响,像刘富华、孙维张先生说的那样:"……基本理论思想都与

---

① 岑麒祥:《瑞士著名语言学家索绪尔和他的名著〈普通语言学教程〉》,《国外语言学》1980年第1期。
② 刘耀武:《普通语言学教程》,黑龙江教育出版社1995年版,第255页。
③ 杜·舒尔兹、西德尼·埃伦·舒尔兹:《现代心理学史》(第八版),叶浩生译,江苏教育出版社2005年版,第300页。
④ 杜·舒尔兹、西德尼·埃伦·舒尔兹:《现代心理学史》(第八版),叶浩生译,江苏教育出版社2005年版,第304页。
⑤ 聂志平:《有关〈普通语言学教程〉的三个问题》,《大庆高等专科学校学报》1998年第3期。

第二章　索绪尔《普通语言学教程》通行版与第三次讲授的笔记版相比较

索绪尔的语言学理论思想非常接近，不管它们与索绪尔思想有没有直接的继承关系，……它们的产生晚于索绪尔，理论思想与索绪尔基本一致，所以我们有理由把它们看做是受结构主义语言学的影响建立起来的学科"，"格式塔学派认为，……整体功能不是部分或元素相加的机械和，而是大于这个机械和。这实际上就包括着索绪尔把语言看成是符号系统的观点"。① 这种观点同样也没有根据，这是一种线性思维的结果。它忽视了心理学作为一门学科自身发展的逻辑，看到一点相似就认为受某某的影响：我们总不能说韦特默去听索绪尔讲课后才在心理学领域发现了似动现象的吧？我们也总不能说，韦特默1912年发表的《关于运动知觉的实验研究》，是受出版于1916年的《普通语言学教程》影响的吧？因为索绪尔对学术界的影响，就是通过这部为后学编辑的学生课堂听课笔记来实现的。

从表述形式角度来看，沙·巴利、阿·薛施蔼和阿·里德林格合作编印，1916年出版的这部通行版《普通语言学教程》章节清晰，次序井然，而笔记版《教程》则有些凌乱，这是课堂讲述和笔记记录带来的一个显而易见的后果，虽然给人一种亲切感。通行版《教程》虽然不是索绪尔自己亲手写定的著作，但还是基本能够代表索绪尔语言学思想的，与去掉历时语言学部分、单纯作为普通语言学课程记录整理出版的《1910—1911索绪尔第三度讲授普通语言学教程》相比，它的内容更丰富、更广泛，章节眉目清楚，内容相对集中，是了解索绪尔语言学理论的一个比较完整的基本读本，在语言学史上有着不可替代的作用。

---

① 刘富华、孙维张：《索绪尔与结构主义语言学》，吉林大学出版社2003年版，第280—282页。

第三章　索绪尔"第二次普通语言学教程"论析

　　索绪尔在现代语言学、符号学以及结构主义哲学思潮中至高无上的声望，是建立在他的同事与学生根据他普通语言学教程课程课堂笔记以及一些零散札记编辑出版的《普通语言学教程》之上的。索绪尔生前曾三次讲授普通语言学教程课程；课程内容以及内容安排顺序都有所不同，体现了索绪尔对语言学理论体系的不断思考。

　　索绪尔第二次讲授普通语言学教程，开始于 1908 年 11 月 5 日[①]，结束于 1909 年 6 月 24 日，持续时间七个半月，内容有"概说、语言学内容的内部划分、共时性规律和历时规律的区分、印欧语言学概要"。[②] 按照《普通语言学导论》每讲所标日期推断，该课程每周有周一和周四两次课。索绪尔第二次讲授普通语言学教程，屠友祥根据小松·英辅编辑本选取部分内容翻译发表了《索绪尔〈第二次普通语言教程〉选刊》（以下简称《选刊》），于秀英根据 R. 戈德尔编辑本翻译出版了《普通语言学导论》。后者共有十六讲，没有作为附论的《印欧语言学概要》。前者包括"语言学内容的内部划分""共时性领域内的区分""历时领域：从时间角度观察语言"三部分内容的 Alberd Riedlinger 和 Charles Patois 两个人各自的听课笔记，屠友祥译《选刊》内容对应《普通语言学导论》中的《第七讲　单位与意义》至《第十六讲　历时语言学》（1909 年 1 月 21 日）；此外，在编排体例上，《普通语言学导

[①] 这一点是屠友祥先生邮件告知。特此致谢。

[②] 屠友祥：《〈索绪尔第二次普通语言学教程〉选刊·摘要》，《中国政法大学学报》2012 年第 6 期。

论》也与《选刊》不同：它是按讲座中相应的内容把四位听课者的笔记编排在一起的。

从课程时间角度来看，索绪尔课程《印欧语言学概要》以外的主体部分，即《普通语言学导论》，第一讲标的时间是"11月初"（屠友祥先生认为开始于1908年11月5日），结束于1909年1月21日（周四），持续两个半月；而《印欧语言学概要》开始于1909年1月25日（周一），结束于1909年6月24日，持续时间是5个月。以下以《普通语言学导论》为依据，阐述索绪尔第二次讲授普通语言学教程所反映的语言学思想。

一 语言学的研究对象

对语言学研究对象的阐述，集中在《第一讲 语言学固有的研究对象》中，原来标的时间是"11月初"，按照屠友祥先生的说法，课程开始于11月5日；而按《普通语言学导论》每讲题目后所标时间推断，索绪尔的课程是每周两次，那么，第一讲也可能是11月5日与9日两次。

"语言学不简单，无论是就其原理、方法，还是就其研究的整体而言，因为语言不简单"[1]，索绪尔开宗明义。索绪尔认为，从1816年葆朴的比较语法以来，人们对语言学最基本的难题即语言是什么都没有搞清楚，因为语言现象有一系列互相对立的二元性：语音/发音器官、发音/音响印象、语音/意义、说话者/听话者、社会的语言/个人的语言、言语能力（langage）/语言（langue）、语言/言语（parole）、相对多样性/绝对多样性、语言/语言的历史、口头语言/书面语言，无论从哪方面入手，总有两个方面互为对应，一个因另一个而具有价值，"语言是一种社会建制"，"语言只有通过社会生活才能得到群体的接受和认可"，"人独处一方就无法具有语言"，但"语言中总是有相互对立的两面"[2]——社会的/个人的。

---

[1] 德·索绪尔：《普通语言学导论》，于秀英译，商务印书馆2020年版，第13页。
[2] 德·索绪尔：《普通语言学导论》，于秀英译，商务印书馆2020年版，第16页。

对于言语能力，高名凯的通行译本译作"言语活动"①，屠友祥译作"群体语言"②，索绪尔认为它是"在个体上考虑的语言：这是一种力量，一种能力"，而"语言是社会必须采纳的一整套规约，以便允许个人运用其言语能力，……没有语言，言语能力就无法施展"；而言语是"指个人借助于社会约定，即语言，来实现其言语能力的行为"。③ 言语能力是人类所具有的一种潜在的能力，言语是运用社会共同约定的语言来实施这种潜在的言语能力的行为，而语言则是社会共同约定的，是言语能力实现的保证。索绪尔这里对三者关系的说明非常明确，没有任何纠缠。在通行本《普通语言学教程》中，也提到了"言语机能""语言机能"，认为它是人类的天赋，是一种"指挥各种符号的机能"，它"只有借助于集体所创造和提供的工具（指语言——笔者注）才能运用"。④ 通行本对言语机能的论述，是在言语之外的，不如第二次教程中从语言、言语和言语能力三者的相互关系中来论述更能说明它的内涵，同时这种说明，也展示了索绪尔所使用的 langage 这个术语含义的复杂性。

虽然明确地说"唯有口说的语言才是语言学的对象"，索绪尔也承认，标志着文明的一个阶段和语言运用的完善，"书面语言和文字不能不影响到口头语言"，"书面语言对口头语言的影响是多方面的"，患失语症的人书写能力也受到影响；"语言一经书写，便掺入了某种人为的东西，然而却无法把它与语言本身区别开来"，甚至"文字对于中国人而言，变成了第二种语言"。⑤

二 语言与符号

《第二讲 语言学——特殊的符号科学》《第三讲 符号的疆域》《第四讲 符号的社会性》三讲，是集中阐述符号、语言符号、符号的

---

① 德·索绪尔：《普通语言学教程》，高名凯译，商务印书馆1996年版，第115页。
② 德·索绪尔：《索绪尔第三次普通语言学教程》，屠友祥译，上海人民出版社2002年版，第74—82页。
③ 德·索绪尔：《普通语言学导论》，于秀英译，商务印书馆2020年版，第16—17页。
④ 德·索绪尔：《普通语言学教程》，高名凯译，商务印书馆1996年版，第32页。
⑤ 德·索绪尔：《普通语言学导论》，于秀英译，商务印书馆2020年版，第19—21页。

社会性、语言学以及符号学的学科归属四个问题，并首创了符号学这一术语。这三讲共标有1908年11月12日（周四）、11月16日（周一）和11月23日（周一）三次课的日期，而按每周周一、周四两次课来计算，还应该有11月19日（周四）一次课，共四次课。

索绪尔认为，"语言首先是一个'符号系统'，这难道不是显而易见的吗？应当借助符号科学以使我们了解符号是由什么组成的，知晓其法则等。这门科学在已知学科中尚不存在。这可能是一门符号学。语言并不包含所有种类的符号，所以应当有比语言学范围更广的符号科学"，符号系统如旗语、盲文、手语、文字等，而"语言在这门科学里占据重要地位；它将统驭一切"；① 这些符号现象"将成为一门学科的对象，一个属于心理学和社会学的分支"；② 研究是什么要素使语言成为符号学中的一个独立系统以及构建符号学的语言分支，是语言学家的任务。在这里，索绪尔首创了 sémiologie（符号学）这一术语，说明了语言的性质、用符号举例并把语言学归入符号学，把符号学看作心理学和社会学的分支。通行本《普通语言学教程》中相关论述③即来源于此，这构成了对索绪尔符号学观点最主要的引用来源。

在符号中，索绪尔认为最为重要的是语言，而文字"确是与语言一样的符号系统"，两者主要特点是相同的④：（1）两种符号都具有任意性；（2）都具有"纯然相反且有差异的价值：其价值源于差异"；（3）在一个给定的系统中，不是靠其内在的价值，而是靠其相对的价值而起作用，通过对立而有价值；（4）符号的价值与产生符号的方法无关，手段不是语言同样也不是文字的本质；（5）都是社会约定的建立在一个任意的事物之上；（6）个体甚至社会都无力左右它，一旦被第一代人所接受，后代都不由自主地受这一约定的限制，亦即语言和文字都具有时间上的连续性或历史承传性⑤。

---

① 德·索绪尔：《普通语言学导论》，于秀英译，商务印书馆2020年版，第22—23页。
② 德·索绪尔：《普通语言学导论》，于秀英译，商务印书馆2020年版，第26页。
③ 德·索绪尔：《普通语言学教程》，高名凯译，商务印书馆1996年版，第38页。
④ 德·索绪尔：《普通语言学导论》，于秀英译，商务印书馆2020年版，第23—25页。
⑤ 关于"历史承传性"参见聂志平《语言符号论》，《东南大学学报》（哲学社会科学版）2012年第4期；也载本书附录二。

《第三讲　符号的疆域》是对符号以及符号学的研究范围进行说明。索绪尔说，"符号学的疆界有多大？很难说。我们看到其疆域不断拓展。种种符号，诸如礼仪举止都将进入这一领域。只要是某种信息和意义的传达，就是一种语言"，"所有形式、仪式、习俗都由于其社会性而具有符号特点"。[①] 也就是说，索绪尔一方面认为符号种类多、范围大，另一方面，只要是具有社会性的表意方式，就都是广义的语言，亦即符号；不同种类的符号可以分作有一定差异的不同级别：语言是完全任意的，而像中国封建时期对皇帝三拜九叩这样的礼仪，作为社会性行为的模仿，在某种程度上脱离任意性，接近象征符号。索绪尔认为符号学没有作为独立的学科存在，是因为尽管"在符号学中，语言并非唯一的，还有其他各种社会建制"[②]，但"符号系统的主要范例是语言，而只有通过研究语言中的符号我们才能了解符号本质的一面"[③]，而以往的心理学家或哲学家没有认识到语言不以个人或社会意志为转移，没有意识到社会性是符号的本质特点，没有认识到语言的系统性，即语言符号彼此之间具有连带关系，所有的词项都是相互依存的，"字词依赖于系统，没有孤立的符号"，所以"忘记只有符号的系统要研究，就有可能忽略了处理符号学的真正的方式"。[④] 作为最重要的一种符号，在语言的符号性没有被揭示之前，是不可能有科学的符号学的；符号学的建立，依赖于语言符号学的建立。

索绪尔认为，"只有社群的这一系统才配得上符号系统这一称谓，也才算是符号系统"，"符号系统总是倾向于找到其唯一生存的环境，是为集体，而非为个体所设，一如船舶是为大海而造的那样"；[⑤] 符号系统是由单位构成的系统，也是由价值构成的系统，而"任何价值都无法孤立地存在"，它是"社会接受和认可的结果"，"唯有社会事实才创造了存在于符号系统中的东西"，"个体是无法独

[①] 德·索绪尔：《普通语言学导论》，于秀英译，商务印书馆2020年版，第27页。
[②] 德·索绪尔：《普通语言学导论》，于秀英译，商务印书馆2020年版，第33页。
[③] 德·索绪尔：《普通语言学导论》，于秀英译，商务印书馆2020年版，第28页。
[④] 德·索绪尔：《普通语言学导论》，于秀英译，商务印书馆2020年版，第29页。
[⑤] 德·索绪尔：《普通语言学导论》，于秀英译，商务印书馆2020年版，第35页。

自确立任何价值的";① 这样产生的价值具有社会性和非物质性,符号的价值与构成材料无关,"集体性才是价值的创造源泉。集体之外,价值不存在"②,货币的价值不取决于铸造它的金属含量,语音自身没有价值,语音和发音动作与语言的本质无关,都是在语言之外的,单独的概念也是一样,只有听觉印象和概念相结合所构成的语言符号才具有价值,即便是人们没有听觉印象,例如在睡眠中,语言仍然存在于大脑之中,因此,"人在不说话时,同样具备整个价值系统(语言——笔者注)"③。

索绪尔从社会性角度来认识符号以及符号的价值,把社会性看作符号的本质,无疑是非常深刻的。

三 关于语言单位

《第五讲 语言学的研究单位》(1908年11月26日)、《第六讲 语言学的同一性》(1908年11月30日)、《第七讲 单位与意义》(1908年12月3日)和《第八讲 语言——价值系统》(1908年12月7日)四次讲座,论述内部语言学与外部语言学的区分,和语言单位、同一性原则和价值三个语言学的基本概念,目的是明确什么是语言单位。这部分内容,可以说是语言本体的核心,也是语言学最核心的问题。

在第五讲中,索绪尔首先说明前边关于语言符号与其他符号的比较等,都是从外部来研究语言,而从内部来研究语言,从根本上来考察,"这就是'单位'和'同一性'的问题"④;在大多数学科中,学科的对象亦即单位是给定的,而"符号语言则相反,(1)在根本上就具有对立的系统特点(正如象棋游戏中具有不同的组合,使棋子具有不同的力量)。有声语言整体上都是处于某些单位的相对立之中,而且没有其他基质(语言仅由这些单位组成!语言中只有这些单位之间一个相

---

① 德·索绪尔:《普通语言学导论》,于秀英译,商务印书馆2020年版,第36页。
② 德·索绪尔:《普通语言学导论》,于秀英译,商务印书馆2020年版,第38页。
③ 德·索绪尔:《普通语言学导论》,于秀英译,商务印书馆2020年版,第40页。
④ 德·索绪尔:《普通语言学导论》,于秀英译,商务印书馆2020年版,第42页。

对另一个的游戏)"①，(2) 语言的单位不是显而易见的，语言"首先不是以具体的、可把握的单位呈现的，而我们不能否认有单位，是单位的游戏而形成了语言"②。

索绪尔认为，"语音材料总是在同一维度上，不允许两个符号同时出现"，这一线条性有重大影响；"符号具体的一面是非定形的，本身没有形式"；言语活动特有的作用是"在思想与语音之间，创立一个中介环境"，使思想变得明晰起来，"它通过言语活动而被切分、划分成单位……即思想-语音意味着切分，成为语言学的最终单位"，思想与自身非定形的语音链的配合，产生了形式；③而语言学的同一性，就建立在非具体的存在之上，这是"我们所能感觉到的，相当于系统某个级别上有意义的东西"，"所谓的意义是由单位的差异所体现的"，而"单位不预先存在，是意义创立单位"。④索绪尔认为思想（概念）不是靠语音而物化的，思想与语音都是无定质的，它们的结合导致了语言符号单位切分，语言符号使思想变得明晰起来，思想（理性思维）与语言，不存在产生时间的先后；而语言单位不是以实体性的方式存在，而是以差异为表现形式的关系体。这种以差异为表现形式，以相互对立的关系来相互确定自身的特征，构成了关系体的价值，亦即语言单位本身。

索绪尔以象棋来举例："让我们以象棋游戏中的骑士为例：这是象棋游戏的具体要素吗？肯定不是。……它什么也不是"，"我们注意到，不仅其他任何一个骑士，而且其他的与这个骑士毫不相干的棋子，只要与其他的有别，对象棋游戏而言，就可以说成是同一的"，具有相同的价值。⑤"在我们所说的系统中，与其他地方不同：我们看到的同一性和单位的联系，一个是另一个的基础"，"在系统中，现实或者价值是一回事，而且我们说同一性与价值也是一回事，反之亦然。正是这个组成了系统"，"价值由其他的数值给定；除了意义之外，还通过与别的概念之

---

① 德·索绪尔：《普通语言学导论》，于秀英译，商务印书馆2020年版，第43页。
② 德·索绪尔：《普通语言学导论》，于秀英译，商务印书馆2020年版，第45页。
③ 德·索绪尔：《普通语言学导论》，于秀英译，商务印书馆2020年版，第47—48页。
④ 德·索绪尔：《普通语言学导论》，于秀英译，商务印书馆2020年版，第51页。
⑤ 德·索绪尔：《普通语言学导论》，于秀英译，商务印书馆2020年版，第59页。

间的关系，由语言的要素相互之间的关系给出"，"是价值本身来划分单位；单位从根本上就没有被限定；这正是语言的特殊性"。① 因此，同一性，是价值的同一性，也是单位的基础；价值、同一性、单位、语言的具体要素，以及语言现实，是一回事，可以不必从根本上区分开。

对于语言的内部研究和语言的外部研究，索绪尔认为，属于外部研究的是历史的和外在的描述，包括：（1）语言与民族学的关系，与不同的民族、文明和种族的关系；（2）语言与民族政治史的关系，有征服、殖民和其他政治影响；（3）语言与各种各样的社会机构如教堂、学校以及文学语言的关系；（4）不同语言在地理空间上的扩展；等等。想在哪儿切分就能在哪儿切分，"一切与语言有关而不属于系统的，都属于外部语言学"。② 相反，"内部语言学，则是一切与系统有关的"，"内部不接受随便一种秩序；语言是一个系统，只接受固有的秩序"，"唯有涉及语言系统，才是内部的"，索绪尔又用国际象棋游戏打比方：在国际象棋游戏中，"每一个棋子的价值均不基于其固有的价值（自身材料的贵贱——笔者注），而是依赖于一个关系复杂的系统（整体）而获得的"，这是内部的；而"棋子究竟是用象牙制的还是木头制的，这与系统不相干，这属于外部。而假如增加一个棋子或增加一行棋格，这对系统来说就很重要，因为是内部的"。③ 如果熟悉通行本《普通语言学教程》的话，那么就会立刻发现，其中的相关内容就来自索绪尔第二次课程。

四 共时、历时以及共时语言学与历时语言学问题

关于语言的共时、历时问题，索绪尔用了六讲进行阐述，即《第九讲 共时范畴与历时范畴》（1908 年 12 月 10 日）、《第十讲 共时现象与历时现象》（1908 年 12 月 14 日）、《第十一讲 静态的语言学与动态的语言学》（1908 年 12 月 17 日）、《第十二讲 共时规则与历时规则》（1908 年 12 月 21 日）、《第十五讲 共时与语法，历时与历史》（1909 年 1 月 18 日）、《第十六讲 历时语言学》（1909 年 1 月 21 日）；

---

① 德·索绪尔：《普通语言学导论》，于秀英译，商务印书馆 2020 年版，第 59—60 页。
② 德·索绪尔：《普通语言学导论》，于秀英译，商务印书馆 2020 年版，第 58 页。
③ 德·索绪尔：《普通语言学导论》，于秀英译，商务印书馆 2020 年版，第 57—58 页。

上课时间只标了 6 次。但按每周两次课来计算，应该还有 5 次课：第十二讲只标了 1908 年 12 月 21 日（周一），而到第十三讲中间有两周半（5 次课）是空白。

在这一部分，索绪尔首先认为，"共时"的概念不够明确，"最好说：特定语言的共时"，指在某一确定的语言之中；而"历时"却不必这样，不要求这样一个特定化的过程，只要在两个形式之间建立起历时的联系就够了。"语言行为要经受两种链接（历时的与特定共时的）"，表现为两个轴［见图 3.1（a）］。同时，在历时联系中，各个单位不是固定的，而是可变的，历时的变化不是单一直线式的（见图 3.1b），而是根据一个时刻到另一个时刻的链接所建立起来的（见图 3.1c）。[1] 这三个图示清晰、直观，很清楚地说明了问题，给人留下深刻的印象。

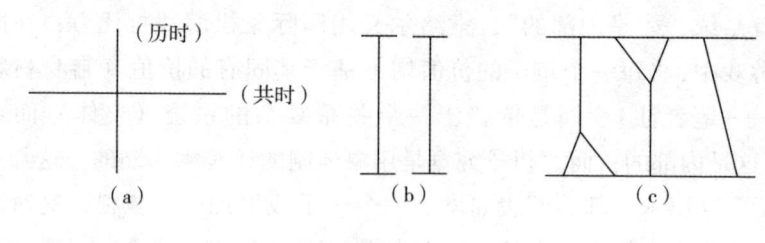

图 3.1

索绪尔认为，"把属于共时的现象和属于历时的现象相对立起来，这绝对有必要"[2]，因为"历时的范畴相当于价值的变动，链接源自这变动，也就是说有意义的单位的偏移。特定共时范畴是确定的价值平衡"[3]，"共时现象受历时现象的制约（但并不产生于历时现象，不过有些是历时现象的结果），而共时现象本身则具有根本不同的性质"[4]，因为历时现象来自时间上的连续性，而共时现象最为本质的特点，是受其他共时现象的制约，各种共时现象以彼此的差异相互对立、相互联系，

---

[1] 德·索绪尔：《普通语言学导论》，于秀英译，商务印书馆 2020 年版，第 64—65 页。
[2] 德·索绪尔：《普通语言学导论》，于秀英译，商务印书馆 2020 年版，第 72 页。
[3] 德·索绪尔：《普通语言学导论》，于秀英译，商务印书馆 2020 年版，第 68 页。
[4] 德·索绪尔：《普通语言学导论》，于秀英译，商务印书馆 2020 年版，第 73 页。

第三章 索绪尔"第二次普通语言学教程"论析

"在有关联的字词之间的这种差异，使得意义得以确定。这一意义是对立的，建立在差异之上，而差异变得多少有规律了"①；而"历时现象在两个连续的词项之间发生，从一个时代到另一个时代，构成时间上的连续，这两个词项在时间中接合"，在历时的层面上，"这两个连续的词项是'一致的'"，而在共时现象中则是"'同时的'和'有差异的'：它们相对立，远非同一的"；② 意义抓住了历时所造成的差异，把这种差异变成意义对立的载体和外部特征，"只有用差异（或是共时事实）来表达的才是有意义的。是差异构成意义，也是意义创造了差异"③，因此，共时状态虽然来自历时状态，但共时现象却是与历时现象完全不同的独立范畴；对语言单位的认识，必须明确是从共时还是从历时的角度来看，角度不同，观点也是不同的。索绪尔将语法看作共时的和表意的，因此一般被认为是语音变化的语音交替和被看作语言变化的类推——参照语言中已有格式和使用语言中原有要素而产生新词语或新的构形形式，索绪尔也将之看作语法现象，索绪尔不认为类推是语言变化，而认为是一种语言创造，属于共时范畴。

这样，顺理成章的结论只能是："从实践到理论以便了解语言某一确定时期状态的唯一方法，那就是抛弃过去的一切"，"语言符号有其确定的价值，不取决于过去，而取决于共存的符号"；④ "任何语言单位都代表一种关系，任何现象亦然。所以一切都是关系：是思想限定单位，语音不能单独提前限定单位：总是与思想有关系"，语言就像代数，"在代数中，只有复杂的项：$\frac{a}{b}$（$a \times b$），所有现象都是关系中的关系。或者我们用差异一语来表示：一切都只是差异，一切差异都是用来相对的，而对立赋予价值"⑤，"语言中的一切都是共时的；一切都是系统"，"只有共时才形成系统，也只有共时才能形成系统。历时事实的作用是随时改变这一系统，但历时事实之间并没有联系，不形成系

---

① 德·索绪尔：《普通语言学导论》，于秀英译，商务印书馆2020年版，第75页。
② 德·索绪尔：《普通语言学导论》，于秀英译，商务印书馆2020年版，第75页。
③ 德·索绪尔：《普通语言学导论》，于秀英译，商务印书馆2020年版，第89页。
④ 德·索绪尔：《普通语言学导论》，于秀英译，商务印书馆2020年版，第79页。
⑤ 德·索绪尔：《普通语言学导论》，于秀英译，商务印书馆2020年版，第81页。

统：唯有特殊事实的总和"①。因此，"索绪尔所说的语言共时态，实际上就是他的'语言'或'语言系统'"。② 同时，在说话者的主观意识中，也只存在特定语言状态，"语法学家、语言学家是以说话主体的看法为基准的，作为原型的，没有别的办法，只有问说话主体的感觉是什么"，"唯一的角度，唯一的方法就是观察说话主体所感受到的"。③ 所以，"把语言从内部首先划分为共时和历时的，这种划分是必要的，外在于我们的选择，是事物的性质迫使我们如此做的"；"对于语言学而言，我们甚至说归根结底得有两门相互区别的学科：静态的或共时的语言学与动态的或历时的语言学"。④

在语言学史上，最早区分语言静态与动态的是博杜恩·德·库尔德内⑤，博杜恩首先在 1871 年《有关语言学和语言的若干一般性见解》中从语音角度区分了静态与动态："语音学的第一生理部分和第二形态部分是研究和分析在某一时刻语言状态下的音素规律和生存条件（音素的静态）；第三部分是历史部分，分析和研究在一段时间内的音素规律和发展条件（音素的动态）。"⑥ 而后在《1877—1878 学年度详细教学大纲》中进而形成理论概括："静态是研究语言的平衡规律，动态是研究在时间上的运动规律，语言的历史运动规律"⑦，博杜恩在《观察和研究语言现象得出的若干普遍结论》中认为，"在语言中没有静止状态。……犹如在自然界一样，在语言中的一切都处于活跃的、运动的状态，一切都是变化的。静止、停滞都是表面现象。这是最小变化条件下的个别运动状态。语言的静态只是它的动态或者准确地说是运动学的个

---

① 德·索绪尔：《普通语言学导论》，于秀英译，商务印书馆 2020 年版，第 83 页。
② 聂志平：《论语言共时态和历时态的区分》，《兰州大学学报》（社会科学版）1990 年第 3 期；又载《语言文字学》1990 年第 9 期。
③ 德·索绪尔：《普通语言学导论》，于秀英译，商务印书馆 2020 年版，第 89 页。
④ 德·索绪尔：《普通语言学导论》，于秀英译，商务印书馆 2020 年版，第 82 页。
⑤ 聂志平：《论语言共时态和历时态的区分》，《兰州大学学报》（社会科学版）1990 年第 3 期；又载《语言文字学》1990 年第 9 期。
⑥ 博杜恩·德·库尔德内：《普通语言学论文选集》（上），杨衍春译，广西师范大学出版社 2012 年版，第 28 页。
⑦ 博杜恩·德·库尔德内：《普通语言学论文选集》（上），杨衍春译，广西师范大学出版社 2012 年版，第 66 页。

别情况"①。索绪尔在同博杜恩的学术交往中接受了博杜恩提出的语言静态与动态区分理论，但很明显，索绪尔对动态、静态的区分的认识与博杜恩并不完全一致，索绪尔自创的术语"共时""历时""共时语言学""历时语言学"，实际上也是索绪尔为了表明自己对这一问题不同理解的一种表现。而最大的差异是，索绪尔对静态的认识，是与他对语言的认识结合在一起的。索绪尔以依据语言符号体现为相互差异的相互对立、相互联系而实现的价值，来确定语言符号单位；索绪尔以语言符号实现价值的相互差异、相互对立的相互关系这种系统性为基础，来认识语言的静态与动态。而作为自身价值只能以差别或相互关系来实现的语言符号系统，必然只能是共时的，而存在于说话主体意识中的语言，也必然只能是共时的。我们认为，索绪尔的语言系统，必然只能是共时态的；研究语言，必然只能是研究语言的共时态。严格地区分共时语言学和历时语言学，强调共时语言学研究，是索绪尔对语言认识的必然结果。而博杜恩"在语言中没有静止状态"的观点，则是绝对化的，类似于哲学史上的"人连一次也不能踏入同一条河流"。

五 语言系统性的表现：组合关系与联想关系

索绪尔讲授组合关系与联想关系的是《第十三讲　意段组群与联想组群》（1909 年 11 月 11 日）和《第十四讲　意段理论与联想理论》（1909 年 11 月 14 日），共两次课。

一般认为，词汇学不同于语法学，但"大量用语法手段表达的关系亦可用词汇手段表达"，如 "*fio/facio = dicor*（被动）*/dico*（主动），也就是说 *fio* 相对 *facio* 正如 *dicor* 相对 *dico*"，等号前边，用两个不同的词语来表示主动与被动的区别，而等号后边，用同一个词的两个形态变化来表示；斯拉夫语语法中的完成体和未完成体两种语法对立，用词汇的形式来表现，"所以，两者之间的界限几乎可以说是一种错觉"。② 索绪尔打破词汇学与语法学的传统界限，引进组合关系（本书译作"意

---

① 博杜恩·德·库尔德内：《普通语言学论文选集》（上），杨衍春译，广西师范大学出版社 2012 年版，第 257—258 页。

② 德·索绪尔：《普通语言学导论》，于秀英译，商务印书馆 2020 年版，第 92 页。

段组群")和联想关系(本书译作"联想组群")来统摄语言符号系统中所有单位之间的关系,作为语言系统性的具体表现。

　　索绪尔认为,"对一个词,有两种与另一个词相邻、一致、接近、接触的方式:我们可以称之为字词的两个存在之所。……一方面存在内部的宝库,相当于我们记忆的区域,所谓的储存库;……而字词的第二个存在,就是话语;就是言语链","在第一种中,我们有'系列'意义上的组群,而第二个,则是'意段'意义上的组群"。

　　　　宝库(储存)　　　　　话语,语链
　　　　联想单位　　　　　　话语单位(即在话语中产生)
　　　　系列组群　　　　　　意段组群①

　　"在这个宝库中,我们所运用的是联想:每一个要素都让我们想起另一个要素。在某种意义上,每个字词都因一切与之相像,或与之不相像的而呈现出来;否则,语言机制是不可能的。因此动词变位表就是一联想组群",再如由同根语素构成的词语、由同缀语素构成的词语,都是联想组群;"这些联想组群是纯粹精神的;在话语中,它们不代表同时性","一个单位相对于其他单位而言没有必然的位置"。②而"如果我们取意段的种种,我们立刻想起了空间的限定","只有一个线条,一个维度。形成一个意段不需要两种方法,而只通过线性的语音链而已"。③"我们仅通过意段而说话,而语言运作的机制很可能就是我们脑中有那些类型的意段,而我们在言语活动时则使联想组群介入"④,"意段组合是主动的。所以创造意段而所需要的活动需要联想组群的呈现。因此,意段在产生时,联想组群介入,而联想组群的介入,意段也才得以形成。……当人们说'你对他说什么呢?'我们脑海中会出现:

---

① 德·索绪尔:《普通语言学导论》,于秀英译,商务印书馆2020年版,第94—95页。
② 德·索绪尔:《普通语言学导论》,于秀英译,商务印书馆2020年版,第95—96页。
③ 德·索绪尔:《普通语言学导论》,于秀英译,商务印书馆2020年版,第96页。
④ 德·索绪尔:《普通语言学导论》,于秀英译,商务印书馆2020年版,第97页。

第三章　索绪尔"第二次普通语言学教程"论析

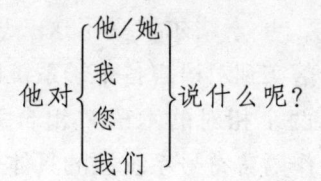

$$他对\begin{cases}他/她\\我\\您\\我们\end{cases}说什么呢？$$

我们变动其中一个要素,这样得到两类组合,空间上的和头脑里的(系列的)都开始发生作用","价值永远同时是系列聚合与意段组合的结果","语言状态的机制就是建立在这两个层面的对立之上"。① 语言符号既处于组合(意段)这种现实的空间关系中,同时也处于存在于大脑中的联想储存库中,语言符号处于组合关系和联想关系的结点之上,语言符号的价值既受组合关系中前后其他语言符号制约,也受处于同一个联想系列中的其他语言符号的制约,语言系统就是建立在组合与联想两种关系之上的,语言的运作依赖于这两种关系。"构成语言状态的整体,在我们看来,都回到意段理论和联想理论上。"② 作为语言创造的类比,也是这两种关系相互作用的结果,通过联想,可以将语言单位进行比较,运用已有语言要素通过已有的结构关系进行组合,便产生了参照已有形式的类推:"毋庸置疑,类同(亦即'类推'——笔者注)只能通过共时的力量,在系统中发生"③,这种共时的力量,就是组合关系与联想关系的协同运作。

从语言学史的角度来看,最早提出类似组合关系、联想关系的学者是克鲁舍夫斯基。在1883年的博士学位论文《语言学概论》中,克鲁舍夫斯基借用英国学者的联想理论来解释语言现象,他认为,"如果由于类比性联想规律词语在我们的大脑中形成系统或者词族的话,那么由于邻接性联想规律的存在,这些词语就会构成系列","语言中一切旧的内容主要依赖于重建,依赖于邻接性联想。与此同时,一切新的东西都依赖于创作,依赖于类比性联想。从一定的角度看,我们认为,语言发展的过程实际上是类比性联想决定的进步力量与邻接性联想决定的保

---

① 德·索绪尔:《普通语言学导论》,于秀英译,商务印书馆2020年版,第98—99页。
② 德·索绪尔:《普通语言学导论》,于秀英译,商务印书馆2020年版,第100页。
③ 德·索绪尔:《普通语言学导论》,于秀英译,商务印书馆2020年版,第104页。

守力量之间的不懈对抗"。① 索绪尔接受了这一思想，把它从心理学的框架中解放出来，完全落实到对语言各个子系统以及各个层面的语言现象的分析上，并创造了两个相对的术语"组合关系"和"联想关系"来代替它们，把它们看作语言符号系统性的具体体现，使它们成为自己语言理论大厦的一个有机组成部分，因此也成为现代语言学和符号学的一对基本概念。组合关系和联想关系，使语言的系统性落到了实处，也使语言符号的价值不再空灵。这也成为索绪尔对现代语言学和符号学的一大贡献。

---

① 转引自博杜恩·德·库尔德内《尼古拉·克鲁舍夫斯基，他的生活及科学著作》，载《普通语言学论文选集》（上），杨衍春译，广西师范大学出版社2012年版，第126页。

第四章 索绪尔"第三次普通语言学教程"论析

索绪尔第三次普通语言学教程,也是他生命中最后一次讲授普通语言学教程,开始于1910年10月28日,结束于1911年7月4日,按时间记录来看,每周有周二和周五两次课,整个课程持续8个多月。从刊出的孔斯坦丹的笔记来看,索绪尔第三次普通语言学教程与第二次普通语言学教程课程在课程内容和课程内容的安排顺序上,有很大不同,反映了索绪尔对自己语言学理论体系建设的进一步思考。本章以根据孔斯坦丹笔记整理出版的索绪尔《1910—1911第三度讲授普通语言学教程》为依据,分析索绪尔的语言学思想。孔斯坦丹的笔记,是沙·巴利等编辑《普通语言学教程》(1916)时所未见的材料。

第三次普通语言学教程与第二次普通语言学教程课程章节内容与时间对比如表4-1。

表4-1　　　　　第二次教程与第三次教程讲授内容对比表

第二次讲授普通语言学教程:《普通语言学导论》[1908年11月5日(周四)—1909年6月24日(周四)]	第三次讲授普通语言学教程:《1910—1911索绪尔第三度讲授普通语言学教程》(1910年10月28日—1911年7月4日)
第一讲　语言学固有的研究对象(1908年11月初)[11月5日(周四)]、[11月9日(周一)]	第一部分[第一本—第三本(前3页)笔记][1910年10月28日(周五)到1910年12月20日(周二),16次课] 序章〈(语言学史一瞥)〉 [包含(1)语言学史;(2)语言学的题材和对象或任务两部分内容][1910年10月28日(周五)—11月1日(周二),2次课]
第二讲　语言学——特殊的符号科学[1908年11月12日(周四)]	课程的主要部分 介绍该课程的内容,分三部分:(1)个别语言;(2)语言;(3)个人的言语机能及其运用[1910年11月4日(周五)]

续表

第三讲 符号学的疆界 [1908年11月16日（周一）]	第一部分：个别语言 第一章 个别语言和地理差异，这种差异的不同种类和程度 [1910年11月8日（周二）]
第四讲 符号的社会性 [1908年11月23日（周一）]	第二章 "论可能使地理差异复杂化的不同事实" [1910年11月11日（周五）]
第五讲 语言学的研究单位 [1908年11月26日（周四）]	第三章 从产生的原因看语言的地理差异（第五次—第十次课）[1910年11月15日（周二）—12月2日（周五），6次课]
第六讲 语言学的同一性 [1908年11月30日（周一）]	第四章 用文字表现语言（第十一次—第十五次课） [1910年12月6日（周二）—12月20日（周二），5次课]
第七讲 单位与意义 [1908年12月3日（周四）]	[印欧语言学概要]（未收录） [第三本（从第4页开始）笔记—第六本笔记] [1910年12月23日（周五）—1911年4月21日（周五），共4个月]
第八讲 语言—价值系统 [1908年12月7日（周一）]	第二部分【第七本—第十本笔记】 [1911年4月25日（周二）—1911年7月4日（周二），共18次课]
第九讲 共时范畴与历时范畴 [1908年12月10日（周四）]	语言［论述语言和言语的区分问题］（第一、二次课） [1911年4月25日（周二）、4月28日（周五）]
第十讲 共时现象与历时现象 [1908年12月14日（周一）]	第二章 语言符号的性质（第二、第三次课） [1911年5月2日（周二）、5月5日（周五）]
第十一讲 静态的语言学与动态的语言学 [1908年12月17日（周四）]	第三章 构成语言的具体实体是什么（第三、第四次课） [5月5日（周五）、5月9日（周二）]
第十二讲 共时规则与历时规则 [1908年12月21日（周一）][12月24日、12月28日、12月31日、1月4日、1月7日]	第四章 语言的抽象实体（第四次课） [5月9日（周二）]
第十三讲 意段组群与联想组群 [1909年1月11日（周一）]	第五章 语言的绝对任意性和相对任意性（第四、第五次课）[5月9日（周二）、5月12日（周五）、[没有5月16日（周二）记录日期]
第十四讲 意段理论与联想理论 [1909年1月14日（周四）]	补充一些看法（第六、第七次课） [补充关于语言和言语的著名模式；引入能指和所指两个概念；关于符号的不变性和可变性的补充，以及关于语言、集体和时间的模式] [5月19日（周五）（中间空一周）、5月30日（周二）]

第四章 索绪尔"第三次普通语言学教程"论析

续表

第十五讲 共时与语法、历时与历史 [1909年1月18日（周一）]	第四章（插入前一章后）静态语言学和历史语言学，语言学的二重性（第九—第十四次课） [6月2日（周五）、6月6日（周二）、6月9日（周五）、6月13日（周二）、6月16日（周五）、6月20日（周二）]
第十六讲 历时语言学 [1909年1月21日（周四）]	静态语言学（第十五—第十七次课） [6月23日（周五）、6月27日（周二）、6月30日（周五）]
《印欧语言学概要》（未收录） [1909年1月25日（周一）—1909年6月24日（周四）。共5个月]	第五章（原文如此）要素的价值和词的意义，两者如何巧合与区分（第十七、十八次课） [6月30日（周五）、7月4日（周二）]

表中[ ]的文字部分，是笔者推断的上课时间等内容。

索绪尔的第三次普通语言学教程课，从起止时间来看，比第二次课程多7次课；从发表的第三次课程孔斯坦丹的笔记来看，除了"印欧语言学概要"部分（第二次和第三次普通语言学教程刊行本均未收录）以外，目次上与第二次课程有很大的差别，最为明显的是，索绪尔在第三次课程开始阶段对语言学史进行了回顾并明确了语言学的三个任务，将课程主体部分分为"个别语言"、"语言"和"个人的言语机能及其运用"（亦即"言语"——笔者注）三大部分，将第二次课程中放到最后一部分的《印欧语言学概要》，前移到第一部分即《个别语言》之后，作为对个别语言的具体介绍；然后再从普遍性角度，论述与言语相对的、对个别语言本质和普遍属性进行概括而形成的一般语言；最后阐述对语言的运用。尽管由于学期结束，第三部分即言语语言学部分没有来得及讲授，但课程的整体设计表明，索绪尔对于普通语言学课程建设以及对语言学理论体系的整体思考，更为成熟。

一 关于《序章》和课程主体的说明

《序章》包括两部分内容：（一）语言学史一瞥；（二）语言学的题材和对象或任务。内容及排列顺序与通行本《普通语言学教程》基本一致，对应着后者《绪论》的《第一章 语言学史一瞥》、《第二章 语言学的材料和任务；它和毗邻科学的关系》、《第三章 语言学的对

· 69 ·

象》和《第四章　语言的语言学和言语的语言学》。以下分别说明。

(一) 语言学史一瞥

索绪尔把语言学史分作三个阶段：语法阶段、语文学阶段和历史比较语言学阶段。"第一个阶段即语法阶段，由希腊人发明，后被法国人未加改变而承袭。这种语法偏重于逻辑。全部的传统语法都是规范性的，即注重订立规则，区分什么是正确的用法，什么是不正确的用法。"[①]索绪尔认为起源于古希腊后经古罗马继承的传统语法，是以规范性为特征的，以教给人们正确的书写为目的的；第二个阶段是从19世纪开始一直持续到现代的语文学，它以文献考订为主要方法，尽管"语文运动挖掘出许许多多有关语言问题的资源"，但由于语言不是其唯一的对象，因此"这还不是语言学的精神"；"第三个阶段，我们仍未看到这种语言学精神：这是一个发现不同语言可相互比较而引起轰动的阶段"，在葆朴（1816）之后的30年里，学者们缺乏正确的语言观，尝试逐一比较不同的印欧语言，"差不多到1870年，他们还沉迷于这种游戏而没有关注影响语言生命的条件"。[②] 而真正形成关于语言历史的观念，是在狄兹所开创的依据丰富文献的罗曼语言研究之后，"通过各种文献逐世纪地探究所研究的语言，密切考察所发生的一切"，但"这种历史观最大的缺点之一，是对书面语的依附达到了卑躬屈膝的程度"，把书面语言与口头语言相混淆。[③]

与第二次讲授普通语言学教程相比，第三次课程单列了标题并做了分段，明确表述为《语言学史一瞥》而且讲得更细致一些；与沙·巴利等编辑的通行本《普通语言学教程》相比，后者阐述得更加详细，提到了对梵语与其他欧洲语言相比较并认为它们有相似性的威廉·琼斯，提到了格里姆等众多语言学家以及新语法学派，对历史比

[①]　德·索绪尔：《1910—1911 索绪尔第三度讲授普通语言学教程》，张绍杰译，湖南教育出版社2001年版，第1页。

[②]　德·索绪尔：《1910—1911 索绪尔第三度讲授普通语言学教程》，张绍杰译，湖南教育出版社2001年版，第2页。

[③]　德·索绪尔：《1910—1911 索绪尔第三度讲授普通语言学教程》，张绍杰译，湖南教育出版社2001年版，第3—4页。

第四章　索绪尔"第三次普通语言学教程"论析

较语言学的评论更加详细，并且提到了1875年对语言观问题"发出第一次冲击"①的美国语言学家惠特尼的《语言的生命》（即《语言的生命和成长》——笔者注），使笔记版中的"1870年"这个时间节点的语言学史意义更加明确。但也有一处明显不同：通行本第17—18页中说：

> 早在亚历山大里亚就曾有一个"语文学"派，不过这一名称现在主要是指沃尔夫（Friedrich August Wolf）在1777年起所倡导，目前还在继续着的学术运动。

而在笔记版第三次课程中表述却与之不同：

> 从19世纪初开始，如果我们涉及主要运动（不考虑先驱者），〈亚历山大里亚的语文学派〉，才出现〈2〉古典语文学的伟大语文运动，一直持续到我们的时代。1777年，当时还是学生的弗里德里奇·〈奥古斯特〉·沃尔夫（Friedrich〈August〉Wolf），就希望别人称他语文学家。②

很明显，10年后即1787年才发表主要作品的沃尔夫③，当时作为学生，是不可能学术成熟到"倡导"学术运动的，因此，笔记版第三次课程中的表述是正确的，而通行版中的说法是错误的。据称根据最后一版即法文第五版翻译的裴文译本④仍没有纠正这个错误。看来，这个错误应该是来自沙·巴利等编辑者的失误。

---

① 德·索绪尔：《普通语言学教程》，高名凯译，商务印书馆1996年版，第24页。
② 德·索绪尔：《1910—1911索绪尔第三度讲授普通语言学教程》，张绍杰译，湖南教育出版社2001年版，第1—2页。
③ 德·索绪尔《普通语言学教程》（高名凯译）第17页校注："沃尔夫（1759—1824），德国文学家和语文学家，精于希腊罗马的文学和语文学，主张尽量用与文物有关的资料解释语文问题。他的重要著作有《罗马文学》（1787），《荷马序论》（1795），《语文学百科全书》（1831）等等。"
④ 德·索绪尔：《普通语言学教程》，裴文译，江苏教育出版社2002年版，第1页。

（二）语言学的题材和对象或任务

索绪尔认为，语言学"科学研究将把每一种人类语言看作它的题材"，"研究每一时期的语言及其全部的表现形式"，"把书面文献同书面文献的内涵区别开来，把前者仅仅看作它的真正对象即唯一的口头语言的外壳，或外部表现形式"。[1]

索绪尔对语言学的对象或任务，提出以下三点：（1）探究所有已知语言的历史；（2）"从所有语言自身的历史中推衍出具有最大普遍性的原则。语言学必须确认在语言中起着普遍作用的法则，并以一种严格的理性的方式从那些局限于一种或另一种语支的现象中分离出普遍的现象。此外，还有特别的任务，涉及语言学和各门学科的关系"；（3）"语言学的目的之一，是界定自身，确认什么是属于它的领域"。[2]

在第二次课程中，索绪尔没有明确提及语言学的对象或任务。因此，第三次课程中索绪尔对语言学任务的确定，是索绪尔语言理论上的一个重要进步。

在通行版第 26 页中，对语言学的任务是这样确定的：

语言学的任务是：

（a）对一切能够得到的语言进行描写并整理出它们的历史，那就是，整理出各语系的历史，尽可能重建每个语系的母语；

（b）寻求在一切语言中永恒地普遍地起作用的力量，整理出能够概括一切历史特殊现象的一般规律；

（c）确定自己的界限和定义。

除了"涉及语言学和各门学科的关系之外"，对于语言学的任务，通行版与第三次课程基本一致，而表达更为全面、清晰而明确。

---

[1] 德·索绪尔：《1910—1911 索绪尔第三度讲授普通语言学教程》，张绍杰译，湖南教育出版社 2001 年版，第 4—5 页。

[2] 德·索绪尔：《1910—1911 索绪尔第三度讲授普通语言学教程》，张绍杰译，湖南教育出版社 2001 年版，第 5 页。

第四章　索绪尔"第三次普通语言学教程"论析

在语言学史上，较早明确提出语言学的任务的是波兰—俄国语言学家博杜恩·德·库尔德内，在《对语言科学和语言的若干原则性看法》中，博杜恩明确地说：

> 语言学如同归纳科学一样：（1）概括语言现象；（2）寻找在语言中起作用的力量，以及语言发展和活动的规律。①

从索绪尔对于语言学任务的表述中，可以看出索绪尔对博杜恩思想的继承与发展：（b）是直接沿用博杜恩的观点，而（a）和（c）是索绪尔的发展，（a）相对于博杜恩的第一点，更加具体、全面，包括语言的描写与历史，亦即共时态与历时态两个方面，把"描写"补充进语言学任务的第一项，应该看作沙·巴利等通行版《普通语言学教程》编辑者的补充，他们的努力使索绪尔语言学理论更加完善；而（c）博杜恩没有提出，索绪尔明确地把弄清语言是什么也看作语言学的重要任务。

（三）关于课程主体的说明

在对课程主体的说明中，索绪尔明确地把课程要阐述的内容分作个别语言、语言和个人的言语机能及其运用三个部分，并作了说明。

索绪尔开宗明义："倘若不直接区分语言和言语两个术语，我们到哪里去寻找具体的、〈完整的、〉整体的语言现象？"②"在每一个体中，存在着一种机能，可以称为分节语言的机能，这种机能首先是由器官赋予我们的，其次是通过使用器官所进行的活动获得的"，但要利用它，没有外部赋予的语言是不可能的；"通过区分语言和言语机能，我们区分：（1）什么是社会的和什么是个人的，（2）什么是本质的和什么几乎是偶然的"，"概念和声音符号的结合就足以构成整个语言"。③ 语言

---

① 博杜恩·德·库尔德内：《普通语言学论文选集》（上），杨衍春译，广西师范大学出版社2012年版，第20页。
② 德·索绪尔：《1910—1911 索绪尔第三度讲授普通语言学教程》，张绍杰译，湖南教育出版社2001年版，第7页。
③ 德·索绪尔：《1910—1911 索绪尔第三度讲授普通语言学教程》，张绍杰译，湖南教育出版社2001年版，第8页。

是一种社会产品，是一种储存在每个人大脑中的宝藏，但在任何个人的大脑中都不会是绝对完整的；"言语总是通过个别语言来表现自身，没有言语，语言就不存在。反之，语言则完全独立于个人，它不可能是个人的创造，其本质是社会的，并以集体为前提"。① 索绪尔同意惠特尼把语言看作社会惯例的观点，认为惠特尼真正关注"语言生命的条件"，是对语言本质认识的一大进步，使语言学真正走上了语言本身的探索之路。但索绪尔认为一般的社会惯例同语言有着很大的区别：第一，没有任何其他一种社会惯例会像语言一样涉及所有的人；第二，大多数社会惯例受意志制约，可以被改正。索绪尔认为所有的惯例都以符号为基础，语言是所有符号系统中最重要的系统，符号系统属于社会心理学的一部分。

"人类的语言总体上表现为无限种个别语言"，"我们被赋予的不仅是语言，也是各种不同的个别语言"；② 语言学家必须尽可能多地研究个别语言，从中抽象出本质的和普遍的东西，这就是语言："个别语言在这个地球上给语言学家提供了具体的对象；而'语言'是我们给语言学家从他超越时空所观察到的全部现象中抽象出来的那些〈普遍概念〉所提供的名称。"③ 索绪尔所说的"个别语言"，即不同民族使用的具体语言，如汉语、英语等，这个"个别语言"，索绪尔用一个复数形式 les langgus 表示；在第一部分"个别语言"的理论分析后，索绪尔还用跨度4个月的时间描述种种具体语言（"印欧语言学概论"）。这些具体语言中所包含的本质的普遍特征，就是跟"个别语言"相对的一般语言，亦即"语言"，索绪尔用一个单数形式来表示：*la langgu*。人们彼此通过说话来进行交际，所运用的就是各种具体的个别语言（*les langgus*），而从整个人类来说，人们彼此交际，亦即言语，必须运用语言（*la langgu*），亦即概念和音响形象构成的符号系统。

---

① 德·索绪尔：《1910—1911 索绪尔第三度讲授普通语言学教程》，张绍杰译，湖南教育出版社 2001 年版，第 9 页。
② 德·索绪尔：《1910—1911 索绪尔第三度讲授普通语言学教程》，张绍杰译，湖南教育出版社 2001 年版，第 11 页。
③ 德·索绪尔：《1910—1911 索绪尔第三度讲授普通语言学教程》，张绍杰译，湖南教育出版社 2001 年版，第 13 页。

第四章 索绪尔"第三次普通语言学教程"论析

课程的第三部分,是"观察言语行为是怎样在个体中活动的",揭示"潜在于个人机制下面的是什么,个人的机制最终不能不对普遍的产品以这样或那样的方式产生反响",① 研究"言语技能的运用",或者简单地说——对言语的研究,这部分内容最终由于学期的结束而没能实现,索绪尔给语言学史留下了永久的遗憾。

尽管索绪尔没有完成全部课程,但这部分关于课程构成的说明,也使我们得以明了索绪尔对语言学理论体系成熟而完整的思考,同时也反映了一个认识递进的逻辑层级:

个别语言（语言的多样表现）→ 语言（个别语言的共性本质）→ 言语（个人的言语机能及其运用）

二 关于个别语言

《第一部分 个别语言》包括四章:《第一章 个别语言和地理差异》《第二章 论可能使地理差异复杂化的不同事实》《第三章 从产生的原因看语言的地理差异》《第四章 用文字表现语言》。这部分内容在沙·巴利等编辑的通行本《普通语言学教程》中被分列三处:前三章主体被编入通行本《第四编 地理语言学》,一部分内容被编入通行本《绪论》中的《第四章 语言的语言学和言语的语言学》,而《第四章 用文字表现语言》主体被编入通行本《绪论》的《第六章 文字表现语言》,一小部分内容编入通行本《绪论》的《第七章 音位学》(还有部分内容也见《附录 音位学原理》)。

《第一部分 个别语言》可以再分为两部分。前三章为一部分,第四章为一部分:前者是索绪尔从一般人眼中语言的显而易见的差别入手,从不同地方人们说话的不同入手,用语言在地理上的连续性与非连续性、语言在时间中的连续性和变易性两个理论角度,从外部来解释具体语言的差异,认为具体语言在地理上的差异,是语言在时间上的连续性在不同地域上的反映;后者论述语言的书写符号系统——文字——与

---

① 德·索绪尔:《1910—1911 索绪尔第三度讲授普通语言学教程》,张绍杰译,湖南教育出版社 2001 年版,第 13 页。

语言的关系。前三章所反映出来的语言学思想，从近年出版的索绪尔《普通语言学手稿》来看，早在1891年以前就形成了，它体现在索绪尔到日内瓦大学后所做的三次讲座①中。而第四章的主体即音位学部分，按沙·巴利等编辑的《普通语言学教程》的《附录　音位学原理》"编者说明"中，编者说："这一部分，我们利用了德·索绪尔于1897年所作的关于〈音节理论〉的三次讲演的速记记录……此外，他的个人札记有一大部分是跟音位学有关的；在许多要点上阐明和补充了第一度讲课和第三度讲课的资料。"②从中可以看出，索绪尔的课程内容来自多年的学术沉淀。

（一）个别语言

索绪尔认为，语言的地理差异是引起语言学家和一般人首先注意的东西，而时间上的语言变易容易被忽略，方言是具有特点的语言，自然语言只有方言；语言是构成民族的主要特征；人们注意到个别语言的差异进而开展比较，逐步形成了关于语言学的普遍概念，才产生语言学；语言的差异导致了对语言相似性的认识，产生亲缘关系的概念，形成了亲缘内的差异和亲缘关系外的差异两种范畴，进而形成语系等分类；而语言的统一则是一种主流语言向一定地区的延伸扩张，吞并了其他语言，使本来讲其他语言者讲主流语言，常见的情况是殖民主义者或外国征服者的语言强加于本地居民的语言之上；某一国家或地区语言的共存具有地方性，但界限不总是分明的。索绪尔认为，民族共同语"满足整个民族可以做工具的需要……可能是最发达省份的方言，或者最强大省份的方言，或某种权威、某一政府所在地的方言，或某一王子宫廷的方言"，"这种成为文学语言的方言，很少保持它的纯洁性，因与其他省发生联系而成为复合性的语言"。③

---

① 这三次讲座收录在德·索绪尔《普通语言学手稿》（于秀英译，商务印书馆2020年版）第136—163页，被编辑者拟了三个题目"日内瓦大学第一次讲座（1891年11月）""日内瓦大学第二次讲座（1891年11月）""日内瓦大学第三次讲座（1891年11月）"。
② 德·索绪尔：《普通语言学教程》，高名凯译，商务印书馆1996年版，第67页。
③ 德·索绪尔：《1910—1911索绪尔第三度讲授普通语言学教程》，张绍杰译，湖南教育出版社2001年版，第20—21页。

第四章 索绪尔"第三次普通语言学教程"论析

在地理上分离某一段时间之后，语言就会产生一些差别，"比如500年或1000年以后，在同一地域相反的两头，人们可能再也听不懂相互之间的交流，可另一方面，处在任何一点上，人们仍可以理解整个邻区间的交谈"①，索绪尔认为"这不是空间现象，而完全是时间现象。地理差别只有通过时间上的投射，才能完全从图表中表现出来。地理差别可以、也必须简约为时间的差别，这种现象必须按时间轴来分类"②。但索绪尔又说，"语言的形式在全地区不是以相同的方式发生变化"，"革新只发生在一定限度的区域，这是最通常的情况，是产生方言的差别问题的关键。每一革新都将有自身的区域"，并用具体语言事实做以说明。③ 从这一点可以看出，索绪尔前边认为语言地理上的差异"完全是时间现象"，说得太绝对了，应该是：时间使语言产生了变化，而这种变化又因地理上的原因而产生差异，这些差异的积累构成了语言在地理上的差异。在地图上可以清楚地标出方言特征的分界线，具有相同特征的语言现象可以画成"等语线"，但"要画出某种方言的分界线是不可能的"，因为"有方言的特征，但没有方言"，④"任何地区从全部意义上讲只不过是邻区的过渡区域罢了"⑤。不同地域语言发展的不平衡性决定了方言或语言特征的交错性，方言或语言特征你中有我我中有你，只能选择认为是主要的特征来划分方言或语言。"任何方言都是其他两种方言间的一种过渡语"，"然而语言A是一种内部相联系的诸多方言的综合，而语言B同样也是诸多方言的综合，从这个区域的一头到另一头，一切都是过渡性的"，"在所给出的图示中，我们所说的方言是封闭的，但最终在所有的地方只有开放的方言，这些方言是在连续

---

① 德·索绪尔：《1910—1911索绪尔第三度讲授普通语言学教程》，张绍杰译，湖南教育出版社2001年版，第28页。
② 德·索绪尔：《1910—1911索绪尔第三度讲授普通语言学教程》，张绍杰译，湖南教育出版社2001年版，第24页。
③ 德·索绪尔：《1910—1911索绪尔第三度讲授普通语言学教程》，张绍杰译，湖南教育出版社2001年版，第26—27页。
④ 德·索绪尔：《1910—1911索绪尔第三度讲授普通语言学教程》，张绍杰译，湖南教育出版社2001年版，第30页。
⑤ 德·索绪尔：《1910—1911索绪尔第三度讲授普通语言学教程》，张绍杰译，湖南教育出版社2001年版，第33页。

的波浪中所形成的"。① 在对等语线和语言传播的认识上，索绪尔认为："每个人类群体都有两种永恒的因素同时朝着相反的方向起作用：（1）乡土观念的力量，和（2）人类之间交往的'交际'的力量"，前者是在有限的社区内发展形成的习惯，是促使语言分化的力量；后者是抵消前者、促使语言统一的力量，"'交际'是使广大地区的某种语言具有内聚力的因素"，它的影响表现为两种形式："有时，一地出现的新特征〈将〉遭到'交际'影响的抵触和压制，……这是一种保守的抵抗作用。其他情况下，发生在一地的革新将会通过这种影响的手段得以传播、蔓延。"② 实际上，索绪尔所说的"乡土观念的力量"不过是"人类之间交往的'交际'的力量"的另一种或另一方面的具体表现而已，前者是内向的交际力量，后者是外向的交际力量，这样导致语言分化与统一的两种力量，实际上只是一种交际力量朝向两个方面作用的结果。"地理连续中存在着发展"③，而"连续性中的发展与分离状况下发展差别甚微"④。

索绪尔认为，语言在地理上的非连续性，都是通过迁徙而形成的，"如果没有人口流动，就没有两种相关语言的界限"⑤；"在任何地方，我们都必须考虑多少世纪所形成的复杂的人口流动状况"⑥，"不仅人口流动可能使中间地带的方言消失，文学和官方语言的影响也可能使中间地带的方言消失"⑦。

―――――――――

① 德·索绪尔：《1910—1911 索绪尔第三度讲授普通语言学教程》，张绍杰译，湖南教育出版社 2001 年版，第 35—36 页。
② 德·索绪尔：《1910—1911 索绪尔第三度讲授普通语言学教程》，张绍杰译，湖南教育出版社 2001 年版，第 38 页。
③ 德·索绪尔：《1910—1911 索绪尔第三度讲授普通语言学教程》，张绍杰译，湖南教育出版社 2001 年版，第 44 页。
④ 德·索绪尔：《1910—1911 索绪尔第三度讲授普通语言学教程》，张绍杰译，湖南教育出版社 2001 年版，第 45 页。
⑤ 德·索绪尔：《1910—1911 索绪尔第三度讲授普通语言学教程》，张绍杰译，湖南教育出版社 2001 年版，第 34 页。
⑥ 德·索绪尔：《1910—1911 索绪尔第三度讲授普通语言学教程》，张绍杰译，湖南教育出版社 2001 年版，第 36 页。
⑦ 德·索绪尔：《1910—1911 索绪尔第三度讲授普通语言学教程》，张绍杰译，湖南教育出版社 2001 年版，第 35 页。

（二）用文字表现语言

索绪尔首先说明文字只是语言的代表，但一般人认为文字比语言更具权威性。索绪尔认为，语言和文字是两种符号系统，文字系统是为语言服务的，是语言的形象，"这种形象在我们的心智中与事物密切相连，使得它占据了主要位置，这就好像一个人的照片用做证据，竟被视为比那个人的容貌更可靠一样"[1]，因为，第一，由文字固定下来的词的形象，给人的印象是永恒的、实在的。第二，一般人由于文字的视觉形象是固定的、有形的，进而认为它优先于声音形象。第三，由于文字构成书面语，在人们的观念中，书写的词与正确的词密切联系。第四，当语言与书写不一致时，人们会选择书写的形式。而正字法不能精确表音，可能是传统的字母表中缺少字母，但主要原因是语言的历时发展。索绪尔认为，"指望书写来解决语言问题，永远是徒劳的"[2]，因为，（1）书写会掩盖语言中存在的事实，非但不能帮助语言研究，而且会成为某种障碍；（2）书写形式跟它应表示的事物之间对应关系越少，把它当作出发点的倾向性就会变得越大，"说一个音'这样来发'，是把文字即形象看做基础"，"这种词的书写形式占主导地位"，忘记了词的历史，忘记了语言的历史。[3] 索绪尔提醒道："如果文字是我们进入语言的手段，它就必须要谨慎地加以对待。没有文字，我们就不会有过去的语言，但是为了通过这些书面文献掌握一种语言，就需要给以解释。〈在解释每一种语言之前〉，必须建立这种方言的音位系统。"[4] 因为书写符号很少反映出语言的真正面貌，建立音位系统可以利用诗歌韵律、押韵以及词语游戏的发音现象。

---

[1] 德·索绪尔：《1910—1911 索绪尔第三度讲授普通语言学教程》，张绍杰译，湖南教育出版社 2001 年版，第 46 页。

[2] 德·索绪尔：《1910—1911 索绪尔第三度讲授普通语言学教程》，张绍杰译，湖南教育出版社 2001 年版，第 55 页。

[3] 德·索绪尔：《1910—1911 索绪尔第三度讲授普通语言学教程》，张绍杰译，湖南教育出版社 2001 年版，第 53—54 页。

[4] 德·索绪尔：《1910—1911 索绪尔第三度讲授普通语言学教程》，张绍杰译，湖南教育出版社 2001 年版，第 56 页。

索绪尔把文字系统分作两类:"(1)表意系统,试图表现词而不在乎组成词的声音,〈但目的的确是表现词,而不是概念〉,因此用一个符号表示,这个符号唯一与它所包含的概念发生联系。其典型的例子就是汉字"①,"(2)表音系统,目的是要把词中一连串连续的声音复写下来"②。"书写词优先于口语词的倾向……在表意系统中这种倾向更加明显。在中国各个省都使用同一种符号,尽管这种符号的发音不同"③。在表音文字体系中,索绪尔推崇希腊字母,因为它用一个符号表示一个音。对于一个表意文字代表一个词还是代表一个概念,晚年学过汉语的索绪尔有点犹豫;而后来的著名描写语言学家布龙菲尔德在自己的《语言论》(1933)中,直接把表意文字称为"表词文字"。

在这一部分中,索绪尔对音位问题的论述,也同样充满了真知灼见。

索绪尔首先申明对音位认识的原则:系统性。索绪尔认为,"语言是一个以不可分析的听觉印象(f和b之间的差别)为基础的系统","我们能否把语言比做一种织锦?……重要的是一系列视觉的印象,而不是织线如何印染的知识",那么,语音"重要的是听觉印象,而不是产生听觉印象的手段";"构成语言的不同的形式,是通过听觉印象所表现的种种结合,正是它们之间的对立关系提供了语言的全部装置。我们可以把语言比做一套下棋的装置,除非可能产生对比的价值,否则,这跟我们知道棋子是用什么材料(象牙、木头)做的没有多大关系","我们可确立一个可能的语音要素的系统,这个系统将为任何理性的书写系统提供基础"。④

索绪尔指出,音位切分要从听觉印象入手,如果切分出来的成分"像其自身并与它们相邻的切分成分不同时,我们就获得了听觉链条上

---

① 德·索绪尔:《1910—1911索绪尔第三度讲授普通语言学教程》,张绍杰译,湖南教育出版社2001年版,第47页。
② 德·索绪尔:《1910—1911索绪尔第三度讲授普通语言学教程》,张绍杰译,湖南教育出版社2001年版,第48页。
③ 德·索绪尔:《1910—1911索绪尔第三度讲授普通语言学教程》,张绍杰译,湖南教育出版社2001年版,第48页。
④ 德·索绪尔:《1910—1911索绪尔第三度讲授普通语言学教程》,张绍杰译,湖南教育出版社2001年版,第60—61页。

第四章 索绪尔"第三次普通语言学教程"论析

的最小切分成分","对这些完全建立在彼此差别基础上的单位,希腊人创造了字母";"音位既是由一组发音动作,同时也是由一定听觉效果所构成的,在我们看来,音位就是言语链条上诸多的切分成分","从抽象意义上说,它处于时间之外。我们可以把 f 作为 f 类来谈,把 i 作为 i 类来谈,集中在它的区别特征上,而无须考虑与时间之间的连续性有关的东西"(着重号是原文中的)。① 这说明,索绪尔认为,音位是根据相互差别从言语听觉印象链条切分出来的最小听觉印象成分,它是处于时间之外的彼此具有区别性的类别,是功能性的单位而非物理性的语音实体,而处于具体言语中、处于具体时间中的,是这个类的表现;因此,"精确地记录语音并不是非常可取的","使用一种符号表示每个切分成分,每个切分成分用一种符号来表现,这是必要的"②,这正是音位文字的制定原则,也是索绪尔推崇希腊字母的原因,而"使用一种合乎逻辑的表音文字,我们会把印刷的页面弄得面目全非"③。索绪尔甚至认为,"通过习惯的力量,书写的词最终要变成表意符号,这种词具有整体的价值,〈独立于它所构成的字母〉。我们用两种方法读:拼读出不熟悉的词和读出一见就认识的词"。④ 也就是说,随着语言的发展以及与正字法的不一致,表音文字会失去某些表音的理据,"拼读出不熟悉的词"是"拼读",即按构成词的书写字母来读,"读出一见就认识的词"只是"读",而字母形式的误导(表不同的音或不表音)被视而不见,词的书写符号趋于标记性而非严格的表音性。索绪尔的看法很大胆,不过倒很符合他关于整个语言符号系统是在相对可论证性到不可论证性之间移动的说法。⑤

对于音位的分类,索绪尔是从开口度角度来分类的,从开度 0 度到

---

① 德·索绪尔:《1910—1911 索绪尔第三度讲授普通语言学教程》,张绍杰译,湖南教育出版社 2001 年版,第 62—63 页。
② 德·索绪尔:《1910—1911 索绪尔第三度讲授普通语言学教程》,张绍杰译,湖南教育出版社 2001 年版,第 71 页。
③ 德·索绪尔:《1910—1911 索绪尔第三度讲授普通语言学教程》,张绍杰译,湖南教育出版社 2001 年版,第 72 页。
④ 德·索绪尔:《1910—1911 索绪尔第三度讲授普通语言学教程》,张绍杰译,湖南教育出版社 2001 年版,第 71 页。
⑤ 德·索绪尔:《普通语言学教程》,高名凯译,商务印书馆 1996 年版,第 184—185 页。

开度 5 度共分 6 类，认为元音和辅音的差别不是本质的，它们之间没有外部界限，只是开口度的问题，因为口开得越大越要求声带振动协同；索绪尔把处于开口度变小或趋于闭合位置的音叫"内破"，处于开口度变大或趋于变大的音叫"外破"，认为音节是一个处于外破与内破之间的语音片段。

三　关于语言

《1910—1911 索绪尔第三度讲授普通语言学教程》的第二部分，是从普遍性角度来论述语言本体的，这部分内容构成了索绪尔语言理论的主体。这部分内容共分《语言》（未标章数——笔者注）、《第二章语言的符号性质》、《第三章　构成语言的具体实体是什么》、《第〈四〉章 语言的抽象实体》、《第〈五〉章语言的绝对任意性和相对任意性》、《补充一些看法》、《第四章（插入前一章后）静态语言学和历史语言学，语言学的二重性》、《静态语言学》、《第五章 [原文如此] 要素的价值和词的意义，两者如何巧合与区分》（标题采用原书中的说法）。这部分内容对应巴利等编辑的通行版《普通语言学教程》《绪论》中的《第三章　语言学的对象》《第四章　语言的语言学和言语的语言学》与《第一编　一般原则》和《第二编　共时语言学》，共 85 页。

（一）语言和言语、言语行为的区分

第一章《语言》，索绪尔用了两次课来讲授，它对应着通行版《普通语言学教程》《绪论》中的《第三章　语言学的对象》《第四章　语言的语言学和言语的语言学》。这一章用两次课来讲述，索绪尔区分了语言、言语和言语行为。[1] 在第一次课中，索绪尔认为在言语行为跨不同领域，区分语言和言语，因为语言是本质的、主要的部分，把语言剥离出来，就将"在与言语行为相关的事物中引入一种内部的秩序"，[2] 索绪尔描述了言语循环，区分了外部和内部、执行和接受、心理部分和

---

[1]　在通行版中，高名凯译作"言语活动"，见该书第 30、31、115 页。
[2]　德·索绪尔：《1910—1911 索绪尔第三度讲授普通语言学教程》，张绍杰译，湖南教育出版社 2001 年版，第 73 页。

第四章　索绪尔"第三次普通语言学教程"论析

物质部分、个人和社会,"这个社会部分是纯精神的、纯心理的。这就是我们所想象的语言。……语言只存在于大脑之中"①。

在第二次课一开始,索绪尔还补充了图 4.1,用以说明语言与言语、言语行为之间的关系：

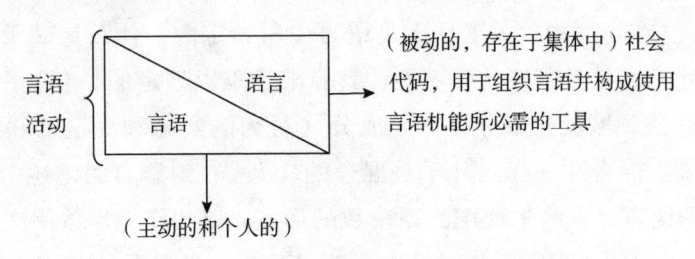

图 4.1　言语活动、语言、言语关系图示

索绪尔认为言语是"（1）一般以言语的产生（发音等）为目的的机能的使用；（2）也包括为表达个人的思想下人对语言代码的使用"②。

而语言,索绪尔认为：（1）语言是从言语行为的综合中分离出来的可确定的对象,语言可能存在于言语循环的某一领域,即听觉形象和概念发生联系的领域,是言语行为的社会部分,语言可与其他部分相分离,一个人可能完全丧失言语却有书写能力,也是保存着语言,一种语言可能没人使用,但它的机体仍然会保留在书面语中；（2）语言可以独立地加以研究；（3）语言是一种同质属性的对象,语言是符号系统,构成符号的两个部分都是心理的；（4）语言尽管是心理的,但不是抽象的概念,它存在于大脑之中,可以译成诸如视觉形象的固定形象,处于潜在状态的这些符号完全是现实,一本词典和语法代表了语言中所包含的能被接受和恰当的形象；（5）语言是建立在听觉形象基础上的符号系统；（6）语言只能从言语中表现出来,为了达成语言的协议,必须具备数以千计的个人言语；（7）语言是言语行为中本质的、根本的部分,其他现象都处于从属地位,发音（言语）好像传递莫尔

---

① 德·索绪尔：《1910—1911 索绪尔第三度讲授普通语言学教程》,张绍杰译,湖南教育出版社 2001 年版,第 76 页。

② 德·索绪尔：《1910—1911 索绪尔第三度讲授普通语言学教程》,张绍杰译,湖南教育出版社 2001 年版,第 77 页。

斯电码符号的电气部件是非本质的,"〈语言可比作音乐作品〉,一个乐章只有在演奏的总和中才存在,演奏对乐章是无关紧要的";考察语言的最好方法,是把语言作为出发点,而"考察言语部分的最好方法,是把语言作为我们的出发点"①。索绪尔还认为,句子是语言与言语的混合物:"在句法中,关于什么是语言中所给定的,什么是赋予个人创新的,才存在某种程度的模糊性,其界限是难以划定的。〈这里必须承认〉在句法领域社会成分和个人成分(行为的实施和固定的联想)在某种程度上混合在一起〈几乎是混合的〉。"② 在对语言的阐述中,与言语相对的语言,索绪尔使用的是单数的形式,以与作为复数用法的"个别语言"相对,"我们只有通过这一系列不同的个别语言才能了解语言,我们不通过任何具体的语言是无法了解它的","语言,这个词用单数理由何在?我们的目的是把它作为一种普遍的概念"③。在二十几天后的5月19日第七次课上,索绪尔对这一章内容作了重要补充,补充进语言和言语对比的两个重要的模型"$1+1+1+\cdots=1$"和"$1+1+1+\cdots=1+1+1\cdots$",认为语言存在于群体里每个人的大脑中,"〈就像把一部字典的复制本分发给这个群体的每一个人一样〉。语言这种东西虽然存在于每个人的内部,但是同时又是集体的,存在于个人的意志之外",并进一步明确了言语的定义"它是人们彼此言谈的总和,其中包括:(a)依赖于个人意志,反映个人思想的个人组合,即句子。(b)同样依赖于个人意志,实现这些组合的发音行为",并对语言和言语的关系做了较完整的说明。④

索绪尔在这次课中对语言、言语和言语行为三者关系的图示说明以及在后来间隔5次课后关于语言和言语两个对比模型的补充,对于完整

---

① 德·索绪尔:《1910—1911 索绪尔第三度讲授普通语言学教程》,张绍杰译,湖南教育出版社2001年版,第79—80页。
② 德·索绪尔:《1910—1911 索绪尔第三度讲授普通语言学教程》,张绍杰译,湖南教育出版社2001年版,第80页。
③ 在张绍杰译本第80—81页说明复数用法个别语言和单数用法的语言的对立的文字,在第85—86页上又出现,估计是原编者编辑重复。
④ 德·索绪尔:《1910—1911 索绪尔第三度讲授普通语言学教程》,张绍杰译,湖南教育出版社2001年版,第100—101页。

理解语言和言语的关系，都具有重要的意义。沙·巴利等编辑的通行版《普通语言学教程》只收录两个模型而没有收录图示，不能不说是一个疏漏。

（二）关于符号与语言符号

在《第二章　语言符号的性质》中，索绪尔认为，语言符号是建立在听觉形象和概念两种非常不同的事物之间通过心智所形成的联想的基础之上的，索绪尔用图 4.2 来说明。

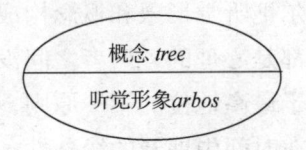

图 4.2　语言符号构成的两个部分图示

概念和听觉形象都是在主体之内，都是心理的；说"听觉形象"是心理的，可以通过内部语言来证明："在这样的内部语言中，我们无需活动双唇就能够在内部发出〈和听见〉一段言语，一首诗歌。〈因此，物质的部分是以听觉的形式位于主体之内的〉。"[①]，概念和听觉形象构成的整体叫"符号"；"第一原则或基本真理：语言符号是任意的"，"一定的听觉形象与一定的概念的联系，并赋予这种联系以符号的价值，是一种任意的联系"，"这一真理的层次位置处在登峰造极的地位"，"符号是任意的，也就是说，例如'soeur'（姐妹）这一概念不是有任何内部的特征〈关系〉与构成其相对应的听觉形象的声音序列 $s+ö+r$ 相联系"，"文字符号具有相同的任意性特征"，"符号学的研究领域将主要是任意的符号系统，其中语言是主要的范例"。[②] 至于象声词，"词的声音具有能够唤起所代表的实际概念"，但数量非常有限；而感叹词"其内部包含着自然表示出来的东西，其声音和概念之

---

① 德·索绪尔：《1910—1911 索绪尔第三度讲授普通语言学教程》，张绍杰译，湖南教育出版社 2001 年版，第 82 页。

② 德·索绪尔：《1910—1911 索绪尔第三度讲授普通语言学教程》，张绍杰译，湖南教育出版社 2001 年版，第 83—84 页。

间存在着联系。〈但对大多数感叹词来说，这一点若以其他语言为证据是可以被抛弃的〉","所以，象声词和感叹词这些例证是边缘的和有争议的"。①"第二原则或第二基本真理。语言符号（作为符号使用的形象）具有一个长度，这个长度只能在一个维度上展开","语言符号具有听觉性质（它随时间展开，只有线性的维度，一个单一的维度）"。② 对于这条在通行本《普通语言学教程》中被表述为"线条性"的原则，索绪尔认为"这条原则体现了制约语言中存在的所有资源的条件之一"③。

在这一章中，索绪尔把听觉形象和概念构成的整体称作符号，认为构成语言符号的两部分都是心理的，两者之间没有必然性的联系，即具有任意性，任意性是处于最高地位的第一原则，语言符号因其具有听觉性质所以第二个原则是在时间中展开的线条性；索绪尔进而把符号看作具有任意性的，把形式与内容有关联的如代表司法的天平排除在符号之外；而同样听觉形象与概念具有关联性的象声词和感叹词，索绪尔认为它们处于语言的边缘甚至不能算作语言符号。把任意性放到符号最高原则的位置，认为其他后果都是由它而导致的，索绪尔建立了以任意性为基础，其构成的两方面都是心理的符号学体系，并以对符号的典型即语言符号的认识，奠定了符号学的基础。

（三）语言的具体实体与抽象实体

《第三章　构成语言的具体实体是什么[？]》和《第〈四〉章　语言的抽象实体》两章，论述语言的实体问题。按照索绪尔在后来补充中的说明，在这两章之前应该插入"符号的可变性与不变性"，而后这两章排序就后移了。

索绪尔认为，"对待语言，要认识它的真正实体，我们显得特别

---

① 德·索绪尔：《1910—1911索绪尔第三度讲授普通语言学教程》，张绍杰译，湖南教育出版社2001年版，第84—85页。

② 德·索绪尔：《1910—1911索绪尔第三度讲授普通语言学教程》，张绍杰译，湖南教育出版社2001年版，第85页。

③ 德·索绪尔：《1910—1911索绪尔第三度讲授普通语言学教程》，张绍杰译，湖南教育出版社2001年版，第85页。

第四章 索绪尔"第三次普通语言学教程"论析

无能为力,因为语言现象是内部的,本质是复杂的。语言以两种事物的联系为前提:概念和听觉形象","确认语言实体首先要满足的条件是,存在和维系两种成分之间的联系",如果只关注其中一个,只能创造虚假的语言单位,"因此,如果我们分析物质方面,即声音序列,只有当做概念的物质基础考虑的时候,它才是语言的;但从(物质方面)本身来考虑,它是非语言的实质",物质基础不等于物质本身;"在心理学领域,我们可以说概念是个复杂的单位,如果属于语言学领域,概念仅仅是〈听觉〉形象的价值","概念成为〈听觉〉实质的特性,就像声音成为概念实质的特性一样","只有两者保持着联系,我们研究的才是语言学的对象"。① 索绪尔把语言比作某种化合物,比如水,如果通过去除氢或氧来分离语言的水,那么就不再处于语言学领域,也就不再有语言实体了,语言实体是听觉形象和概念结合所形成的整体,单一的某方面都不是语言的实体,听觉形象和概念无论缺少哪一个,都不能构成语言符号。索绪尔认为,确定语言实体"最好的方法是以言语为依据,这里的言语仅仅表现为在语言的证据。实际上,我们无法探究大脑内部的鸽巢,[我们]不得不采用一种言语给定的外部办法","言语可以用连续的双线来表示",一条表示概念,一条表示听觉,"确定语言单位存在的唯一手段",是保证概念线与听觉线的切分相一致,"每一个单位将包含一个与某一概念不可分的声音的切分成分,没有概念,声音的切分将无法划定";② "为了确认某一单位,有必要始终注意意义和听觉间的密切联系,以及对听觉形象的划分",这种活动,就是确定任何符号的同一性的过程;"〈整个语言机制依赖于同一性和差别〉","单位的问题或同一性问题完全是一回事儿"③。这样切分出来的"这些与我们所称的词相对应的单位占有相当大的数量,但除了词还有别的单位,复合词就是一个例子……这样的复合词的后

---

① 德·索绪尔:《1910—1911 索绪尔第三度讲授普通语言学教程》,张绍杰译,湖南教育出版社 2001 年版,第 86—87 页。
② 德·索绪尔:《1910—1911 索绪尔第三度讲授普通语言学教程》,张绍杰译,湖南教育出版社 2001 年版,第 88—89 页。
③ 德·索绪尔:《1910—1911 索绪尔第三度讲授普通语言学教程》,张绍杰译,湖南教育出版社 2001 年版,第 90—91 页。

级是从属于词的低一级单位"，①亦即切分出来的具体实体有词和构词语素。

关于语言的抽象实体，索绪尔提出三种抽象实体。第一，如果单位的排列顺序被当作一种表意手段，那么这种序列就是一种抽象实体。第二，没有相似性的物质使人意识到某种价值的同一性，那么这种同一性也是抽象实体："在拉丁语 *domini*，*regis*，*regum* 中，*i*，*is*，*um* 里面没有什么共同的东西使我们说那是相同的单位或次单位，然而这里有一种东西是相同的，这种东西具有不同的物质基础，能促使人们意识到某种价值的存在，〈并表明具有相同一致的用法〉。"②第三，"〈始终〉存在〈作为基础的具体符号，即便〉某种东西用零表达〈即便这种符号碰巧是零〉"，那么这种与有物质基础的具体符号相对的零符号，也是抽象实体。索绪尔总结道："在语言中，存在于说话人意识中的一切都是具体的"，"当概念直接由一个声音单位支撑时，我们保留使用具体一词；当概念是通过说话人的内在活动而产生间接的支撑时，我们使用抽象一词。"③我们可以这样来理解：当概念与直接而明确的听觉形象相结合而构成的语言符号，是语言的具体实体；当概念与只能在人的意识活动中通过对比而彼此区别的形式间接地结合而形成的语言符号，是语言的抽象实体。

只有确定语言实体，才能真正开始语言学研究。索绪尔正是凭借高超的抽象思辨能力，为没有对象实体呈现的语言学确定了对象单位，这是进入现代语言学很长、很重要的一步。

（四）绝对任意性与相对任意性

在《第〈五〉章 语言的绝对任意性和相对任意性》中，索绪尔认为，在每一种语言中，有完全任意的和相对任意的，只有某些符号是完全任意的，而另外其他符号的任意性有程度的区分，"有些例子可以

---

① 德·索绪尔：《1910—1911 索绪尔第三度讲授普通语言学教程》，张绍杰译，湖南教育出版社 2001 年版，第 89—90 页。

② 德·索绪尔：《1910—1911 索绪尔第三度讲授普通语言学教程》，张绍杰译，湖南教育出版社 2001 年版，第 92 页。

③ 德·索绪尔：《1910—1911 索绪尔第三度讲授普通语言学教程》，张绍杰译，湖南教育出版社 2001 年版，第 92—93 页。

说明，符号和声音〈之间的联系〉是相对可以论证的。以［*vingt*］'二十'，［*dix-neuf*］'十九'为例。*vingt* 一词是绝对不可论证的。*Dix-neuf* 不是完全不可论证的，我们可以看出在什么意义上 *vingt* 实际上无法使人联想起与这种语言中共存的要素有什么关系，而 *dix-neuf* 却与这种语言中共存的要素有着联系（*dix* '十' *neuf* '九'）。可以说，*dix-neuf* 是可论证的"。① 也可以说，*vingt*、*dix* 和 *neuf* 是完全任意的，具有绝对任意性或不可论证性，而 *dix-neuf* 相对于构成它的 *dix* 和 *neuf* 来说，是相对任意的，具有相对的可论证性；可论证性可以"看做是对与概念相联系的任意性的限制"②。"每一种语言都包含两种并存的成分——完全不可论证性和相对可论证性——两种成分以不同的比例混合在一起。每一种语言所包含的这两种成分比例不同，两种成分变化的比例也大相径庭，这种比例上的差别构成一定语言的特点之一"，"某一语言演化的整个过程，可能会表现为在完全不可论证性成分和相对可论证性成分之间的整体平衡中上下波动"；③ "不可论证性达到最大量的语言是比较重于词汇的，而不可论证性达到最低量的语言是比较重于语法的语言"，"词汇手段像由孤立的不同类别筑起的鸽巢，语法手段像连接在一起的一串连环，连环上的每一单位彼此相连。例如，极端词汇类型可在汉语中找到例证，极端语法类型则见于原始印欧语、梵语、希腊语"④。

索绪尔认为，"相对任意性这一概念涉及两种必须认真加以区别的关系"，一方面，它表现为图4.3（a）的关系，另一方面它表现为图4.3（b）的关系：

如按前边的说明，那么相对任意性或可论证性应该如图4.3（b）

---

① 德·索绪尔：《1910—1911 索绪尔第三度讲授普通语言学教程》，张绍杰译，湖南教育出版社2001年版，第93—94页。

② 德·索绪尔：《1910—1911 索绪尔第三度讲授普通语言学教程》，张绍杰译，湖南教育出版社2001年版，第95页。

③ 德·索绪尔：《1910—1911 索绪尔第三度讲授普通语言学教程》，张绍杰译，湖南教育出版社2001年版，第96页。

④ 德·索绪尔：《1910—1911 索绪尔第三度讲授普通语言学教程》，张绍杰译，湖南教育出版社2001年版，第97—98页。

所表示的关系:"相对可论证的概念,必然暗含与另一要素的联系";①而图4.3(a)所示关系为绝对任意性或不可论证性关系,是不是相对任意性也同时包含图4.3(a)所示的概念与听觉形象间的关系?还仅仅指拟声词、感叹词这两种情况?但"概念"和"听觉形象"本身都不是"要素"。索绪尔对语言符号相对可论证性或相对任意性的理解,侧重于复合符号相对于它的构成成分之间的关系,所以认为汉语是这种特点语言的代表,实际上汉语中的同源词也符合相对可论证性或相对任意性这个解释,因此有些古汉语研究者不同意索绪尔的任意性观点,如李葆嘉先生等。

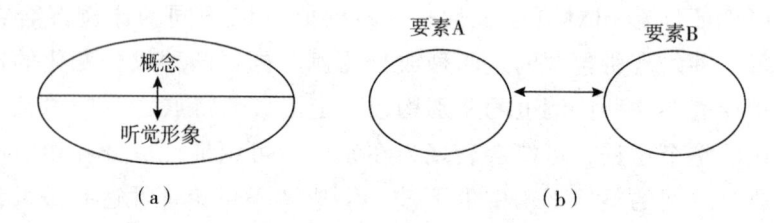

图4.3 语言符号的两种相对任意性图示

(五) 关于补充一些看法

在1911年5月19日至5月30日的两次或三次课程中,索绪尔"重温第一章后关于语言的课程内容,对澄清下列问题再补充一些看法"。②索绪尔在以下四个方面做了重要补充。

1. 对第一章《语言》,补充了关于语言和言语相对比的两个模式和语言和言语之间的关系两部分内容,使对语言和言语两个语言学基本概念的论述更为全面、深刻,成为索绪尔语言学理论的一个重要组成部分。

2. 对《第二章 语言的符号性质》,补充了符号构成的两个方面的术语"能指"和"所指"。

索绪尔三次普通语言学教程课上都论及符号,并把语言看作听觉形

---

① 德·索绪尔:《1910—1911索绪尔第三度讲授普通语言学教程》,张绍杰译,湖南教育出版社2001年版,第98页。
② 德·索绪尔:《1910—1911索绪尔第三度讲授普通语言学教程》,张绍杰译,湖南教育出版社2001年版,第100页。

象和概念相结合的符号系统，但只有到最后一次课程剩四十多天要结束时，才在正规章节之外的课程内容补充中，使用具有相同词根的"能指"和"所指"来代替语言符号中的听觉形象和概念，不仅使其对立统一性更加合理，而且也使对符号的认识从语言这一具体的符号领域进入普通符号学的领域，为符号学科的独立性奠定了基础。

3. "在第二章后……第三章应插入的标题是：符号的不变性和可变性"。

按着索绪尔补充的意见，接《第二章 语言符号的性质》后的第三章是《符号的不变性和可变性》，原《第三章 构成语言的具体实体是什么［?］》后移，变为第四章。

索绪尔认为，"符号对使用它的人类社会来说，不是自由的，而是强制的，无需同社会大众商议的：好像符号不能被其他符号所代替。这一事实某种程度上包含着自由中的非自由的矛盾。〈这一事实〉可以通俗地称作霍布森选择现象。〈人们对语言说：〉'自由地选择吧'，但同时又说：'你没有选择的权利：必须选择这个或那个'"。① 从表达的内容来看，索绪尔这里的表述与通行本的表述一样，但通行本用的是"强制的牌"②，而第三次教程的笔记中的表述是"霍布森选择"。索绪尔认为，语言符号具有不变性是因为：第一，"语言，从任何时间来考虑，无论时间追溯到多远，总是前一个时代的产物"③，语言是历史事实；第二，学习一门语言要花费极大的力气，因此语言是难以改变的；第三，"语言是每个人每天每时都使用的东西"；第四，"构成一种语言符号"有极大的数量；第五，符号的基础是任意性，不存在可谈论的规范；第六，每一种语言都构成一个机构和一个系统，语言的系统性对改变具有制约性。

索绪尔用增加一章的篇幅补充了语言符号可变性与不变性，不仅把

---

① 德·索绪尔：《1910—1911 索绪尔第三度讲授普通语言学教程》，张绍杰译，湖南教育出版社 2001 年版，第 103 页。
② 德·索绪尔：《普通语言学教程》，高名凯译，商务印书馆 1996 年版，第 107 页。
③ 德·索绪尔：《1910—1911 索绪尔第三度讲授普通语言学教程》，张绍杰译，湖南教育出版社 2001 年版，第 104 页。

早年——1891年到日内瓦大学的三次讲座①中——的关于语言在时间上的连续性与变易性对立的阐述，用二律背反来解释符号的这一特点，用语言符号内在的任意性与外在的处于时间之中和处于说话的大众之中的社会性统一在一个理论体系之中，不仅构建了更完美的语言符号学理论体系，而且大大提升了语言学理论的哲学品格。

4. 补充了关于语言与时间和社会（说话的大众）的关系。

在1911年5月30日课程的笔记中，索绪尔用图示补充了语言与时间和说话的大众的关系的观点。在孔斯坦丹笔记中这个类似的图示出现了3次（见图4.4）。

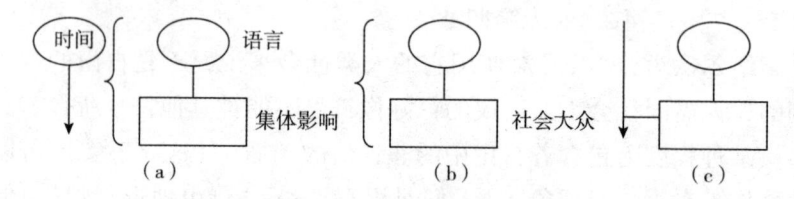

图4.4 语言与时间、说话大众（社会）相互关系的三个图示

图4.4（a）出现在30日笔记的一开始。索绪尔说："必须要考虑时间因素，社会力量需要时间才能发挥效力"，"事实上，语言在〈任何时候〉都和过去捆绑在一起，这限制了它的自由，假如语言不是社会的，它就不会是这样了"；"时间的力量，不断限制我们可能称做任意性〈自由选择〉的力量。我们为什么说人、狗？因为我们以前人们就说人、狗，其理由就在时间因素，时间既不对任意性起限制作用，同时又起限制作用"，也就是说，因为时间具有连续性，所以时间对符号的任意变化的可能起到了限制作用；"符号的这种非自由性以语言中时间因素的连续性为基础，〈以世代符号的连续性为基础〉"；而"为什么符号要发生变化？因为符号要不断地延续"，"变化的原则以连续性原则为基础"，所以，如果不是连续性的，也就谈不上变化。因此：

索绪尔从语言符号进一步推断到普遍的符号："在各种符号系统中，甚至在声哑语中，隐蔽的力量将改变这种关系，〈这将是一般的符

---

① 见德·索绪尔《普通语言学手稿》，于秀英译，商务印书馆2020年版，第136—163页。

第四章 索绪尔"第三次普通语言学教程"论析

在时间之外	联系时间
符号的任意性	1.非自由（不可变性）
因此，自由	2.变化（某种程度的可变性）①

号事实：时间上的连续性和时间上的变化相依为伴〉。"②

索绪尔对这一章进行总结时，首先用图4.4（b）进行说明："当我们从言语行为中除去只属于言语的一切时，剩下的可以准确地称做语言。然而，这只是包括心理的要素，语言＝概念和符号。然而，这只是除了社会事实以外的语言，是非现实的（因为只包含它的现实的一部分）为了使一种语言存在，就必须有使用语言的说话大众。在我看来，语言是恰好存在于集体心智里的东西……采用这样的图式，语言是实用的。"③ 索绪尔进一步论述，"如果我们有时间而没有说话的大众，也许就不会有外部的〈变化〉影响；有说话的大众而没有时间：我们刚刚看到，除非时间的涉入，语言的社会力量将不会起作用。〈采用下边的图式［指图4.4（c）——笔者注］即加入时间轴线，我们涉及全部的现实〉"。④ 从中可以看出，索绪尔最后得出关于语言与时间和说话的社会大众之间完整的关系，是有一个逐步推进的论证过程的，即：

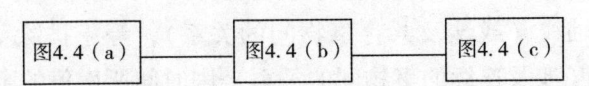

图4.4（a） → 图4.4（b） → 图4.4（c）

而在沙·巴利等编辑的通行本《普通语言学教程》第116页上的图示，是忠实地体现了索绪尔的思想的完整图示。

认为语言处于时间之中、处于使用语言的大众之中，具有社会性，

---

① 德·索绪尔：《1910—1911索绪尔第三度讲授普通语言学教程》，张绍杰译，湖南教育出版社2001年版，第106—107页。
② 德·索绪尔：《1910—1911索绪尔第三度讲授普通语言学教程》，张绍杰译，湖南教育出版社2001年版，第110页。
③ 德·索绪尔：《1910—1911索绪尔第三度讲授普通语言学教程》，张绍杰译，湖南教育出版社2001年版，第110—111页。
④ 德·索绪尔：《1910—1911索绪尔第三度讲授普通语言学教程》，张绍杰译，湖南教育出版社2001年版，第111页。

是语言符号具有连续性或稳定性的外部条件，同样也是语言符号具有可变性或变异性的外部条件，这个外部条件，与"符号的第一性原则"或符号的内在基础——任意性——相互作用，形成了可变性与不变性这一表面看起来相互对立的现象，索绪尔用二律背反展现了语言理论辩证法的美感。

（六）共时态、历时态与两种语言学

对《第四章（插入前一章后） 静态语言学和历史语言学，语言学的二重性》，索绪尔首先说明"本章是前一章的〈直接〉继续，〈将表明我们在后面进行讨论所依据的一般基础〉。人们可能对何时介绍时间的概念，以及它所带来的结果犹豫不决（现在我们早些介绍），〈因此插入了这两章〉"。[①] 而前一章，即补充进来的"第三章应插入的标题是：符号的不变性和可变性"[②]，这样这一章就成了"第四章"；而"插入这两章"的目的，是为了阐述时间对语言的影响。

索绪尔认为，"很少有语言学家相信，时间问题会滋生特殊问题；很少把时间问题看做是中心十字路口，在这个十字路口上，我们必须决定是跟随时间还是跳出时间"[③]，我们不能同时研究价值系统本身和跨越时间的价值系统……如能完全标明事物所处的两条轴线，也是会有益处的：同时轴线（或涉及共存事物间的关系），等于排除了时间因素，和连续轴线（涉及连续的事物间的关系）因时间所增值的事物。

"当涉及研究价值的学科，这种区分便成了需要"，而"当涉及〈在第三层面〉价值系统（任意的价值）〈像符号学那样任意确定的价值〉时，区分这两条轴线的需要达到了最大的程度"，因为语言符号"每一价值都将依赖于邻近的价值，同时，即使从先验的观点来看，既然要发生变化，导致关系的转变，如果混淆时代的话，我们怎样才能

[①] 德·索绪尔：《1910—1911 索绪尔第三度讲授普通语言学教程》，张绍杰译，湖南教育出版社 2001 年版，第 112 页。

[②] 德·索绪尔：《1910—1911 索绪尔第三度讲授普通语言学教程》，张绍杰译，湖南教育出版社 2001 年版，第 103 页。

[③] 德·索绪尔：《1910—1911 索绪尔第三度讲授普通语言学教程》，张绍杰译，湖南教育出版社 2001 年版，第 112 页。

第四章 索绪尔"第三次普通语言学教程"论析

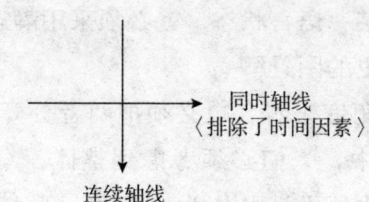

```
         │
         │
         │────────→ 同时轴线
         │        〈排除了时间因素〉
         │
         ↓
       连续轴线
  〈在纵向的轴线上，存在因时间而增值的事物〉
```

图 4.5　共时态与历时态关系图示

〈公正地〉判断要素呢?〈价值和同时性是同义词〉","语言学必须一分为二,〈当涉及〉价值系统时,存在着一种由事物的本质所创造的不可调和的二重性"。① 也就是说,语言符号的任意性这种符号的本质,决定了语言符号的价值只能依赖于要素具有同时性的系统。"存在着保持平衡(要素的固定平衡和处在某种关系的价值)的静态事实〈(个别语言)〉,这些要素必然是同时性的〈共存的〉,并且构成了共时事实;我们研究的是共存的要素,不是连续的事实",② 导致两者根本分离的还有一种最简单的观察:"如果从说话人的观点来看:跨越时间的事实的顺序是不存在的,摆在说话人面前的是一种状态"③,"人们从来就是依靠语言的状态进行言谈的"④,"对于说话的大众,呈现要素的图景即是现实,不是鬼魂,不是幻影"⑤;"同样,为了理解这一状态,语言学家本身应破除那些探求什么是历时的,什么导致了时间中某一状态产生的观念,除非采用忽视起源的观点,否则他无法进入到说话人的意识之中"⑥,"语

---

① 德·索绪尔:《1910—1911 索绪尔第三度讲授普通语言学教程》,张绍杰译,湖南教育出版社 2001 年版,第 113—114 页。
② 德·索绪尔:《1910—1911 索绪尔第三度讲授普通语言学教程》,张绍杰译,湖南教育出版社 2001 年版,第 116—117 页。
③ 德·索绪尔:《1910—1911 索绪尔第三度讲授普通语言学教程》,张绍杰译,湖南教育出版社 2001 年版,第 117 页。
④ 德·索绪尔:《1910—1911 索绪尔第三度讲授普通语言学教程》,张绍杰译,湖南教育出版社 2001 年版,第 126 页。
⑤ 德·索绪尔:《1910—1911 索绪尔第三度讲授普通语言学教程》,张绍杰译,湖南教育出版社 2001 年版,第 137 页。
⑥ 德·索绪尔:《1910—1911 索绪尔第三度讲授普通语言学教程》,张绍杰译,湖南教育出版社 2001 年版,第 117 页。

言学家若要理解某一语言状态,就必须采用静态的图景,放弃阻碍和限制他的历时或历史的图景"①。

从语言学的角度来看,也必须把两者分开:"(1)语言是一个系统;在任何系统中,人们必须考虑到整体,〈即什么构成一个系统〉,〈确切地说〉变化从不涉及作为〈完整〉整体的系统";"(2)两个连续事实间的联系不像共存事实间的联系一样属于相同的类别";"(3)由于构成一种语言的符号是复杂的,要同时研究两条轴线是不可能的";"(4)人们不能忘记语言符号是任意性的这条根本原则,构成语言的价值是任意的"。② 这样,"语言学遇到了第二个十字路口……我们应研究共时事实还是历时事实?(事实上,有两个学科)我们不能混淆这两种方法。既然在第一个路口存在语言和言语的选择问题,所以在这里要补充说明一点:〈语言中〉一切历时的东西都产生于言语之中,语言中任何变化的基本原理都只有通过言语才能产生,每一种变化都要经过相当数目的个人(试探性)的试验,这些变化只有被集体所接受时才能成为语言的事实","语言中每一种变化,每一演化的事实,都开始于言语事实。不容质疑,演化事实处在有关语言研究的主流之外"。③

区分了静态和演化,索绪尔进一步区分了两种语言学:"静态语言学研究同一集体意识所感知到的(而且任何个人的意识都可能表现出相同的集体意识——我们每个人都有内部语言)〈要素间〉共存的逻辑和心理关系,并且它们构成系统","而演化语言学研究连续要素间的关系,这些要素一个代替另一个,不从属于一个集体意识,彼此间不构成系统"。④

---

① 德·索绪尔:《1910—1911 索绪尔第三度讲授普通语言学教程》,张绍杰译,湖南教育出版社 2001 年版,第 137 页。

② 德·索绪尔:《1910—1911 索绪尔第三度讲授普通语言学教程》,张绍杰译,湖南教育出版社 2001 年版,第 118 页。

③ 德·索绪尔:《1910—1911 索绪尔第三度讲授普通语言学教程》,张绍杰译,湖南教育出版社 2001 年版,第 130 页。

④ 德·索绪尔:《1910—1911 索绪尔第三度讲授普通语言学教程》,张绍杰译,湖南教育出版社 2001 年版,第 132 页。

第四章 索绪尔"第三次普通语言学教程"论析

索绪尔在博杜恩区别语言的静态与动态或演化的基础上,从三个方面论证语言学就是共时的语言状态研究:第一,语言符号具有任意性,语言符号的价值依赖于共存要素之间的相互关系,因此只能是共时的和系统的,而变化是历时和在系统之外的,因此不属于语言系统本身;第二,说话者意识中只有共时的语言状态,他们依据这种语言状态说话;第三,变化产生于言语,自然也不在语言之内,所以"演化事实处在语言研究的主流之外"。甚至可以进一步推论,索绪尔认为演化语言学或历时语言学不在语言学之内,而属于"言语学"。因为在下一章《静态语言学》笔记中的第一句话就是——"许多包含在普通语言学里的问题,更确切地说属于静态语言学。"①

(七)静态语言学:语法——组合与联想

笔记版《1910—1911 索绪尔第三度讲授普通语言学教程》第 137 页,只用黑体字单独一行列出"静态语言学"而没有标章数,时间标有"6 月 23 日"、"6 月 27 日"和"6 月 30 日"。在沙·巴利等编辑的通行版《普通语言学教程》中,这部分内容被列为《第二编 共时语言学》的《第五章 句段关系和联想关系》,而在第二次普通语言学教程(《普通语言学导论》)中,这部分内容对应着《第十三讲 意段组群与联想组群》和《第十四讲 意段理论与联想理论》两次课。

索绪尔认为,"静态语言学可以把许多包含在普通语言学里的内容纳入它的研究范围",因为,"只有通过语言状态,普遍语法中发现的关系和差别才能确立起来","静态语言学的独特之处是研究关系和价值"。② 关系是语言要素之间的东西,而价值则是体现在要素身上的关系,它们都存在于语言状态之中。索绪尔把词当作语言系统的现成要素,"我们把语词作为一个系统的要素,而且把语词作为系统的要素是必要的。语言中的每一个词恰巧都与其他词发生关系","任何时候只

---

① 德·索绪尔:《1910—1911 索绪尔第三度讲授普通语言学教程》,张绍杰译,湖南教育出版社 2001 年版,第 137 页。
② 德·索绪尔:《1910—1911 索绪尔第三度讲授普通语言学教程》,张绍杰译,湖南教育出版社 2001 年版,第 138 页。

有与其他相似的单位有关系,一个词的价值才能存在。词语间的关系〈和差别〉是遵循两种秩序,在两种完全不同的领域展现出来的:每个领域生成一定秩序的价值";① 一种是组合配合和组合关系,一种是联想配合和联想系列,前者是先后出现并按顺序相接的两个或几个单位的结合,后者是"通过与语言中存在的其他要素构成的心理联系。……将无意识地在心智中特别能唤起具有某种共性的诸多词的概念"②,联想系列"有时基于意义和形式的双重一致性,有时完全基于形式〈或意义〉,这些相关关系可以被看做同这些词一起存在于大脑之中。任何词〈通过联想〉都可唤起可能与其相似的一切",联想系列"不是以它们在链条中的位置为基础";③ "以组合方式围绕一个词出现的,是其前后成分,即语境,而以联想方式围绕一个词的,不出现在语境中,它们源于心智〈(由心智联结,无空间的概念)〉","前者为在场的安排,后者为不在场的安排";④ "由心智与在场的词发生联想所形成的词的关系的总和产生了虚拟系列,这是由记忆形成的系列,与两个在场的单位形成的链条组合体相对立,后者是与虚拟系列相对立的真实系列,并产生其他关系"⑤;"在言语外部,具有共性的词语之间在记忆中建立起来的联想形成不同的组别、系列、类族,它们之间确立起不同的关系〈但属于同一范畴〉:即联想关系。在言语内部,词语从属于一种独立于联想关系而基于它们自身的联结而确立的关系,即我们所说的组合关系"⑥。这样,词语既处于与其他词语的组合关系之中,又处于与能够在心理上唤起另外一些词语的联想关系之中。

---

① 德·索绪尔:《1910—1911 索绪尔第三度讲授普通语言学教程》,张绍杰译,湖南教育出版社 2001 年版,第 140 页。
② 德·索绪尔:《1910—1911 索绪尔第三度讲授普通语言学教程》,张绍杰译,湖南教育出版社 2001 年版,第 141 页。
③ 德·索绪尔:《1910—1911 索绪尔第三度讲授普通语言学教程》,张绍杰译,湖南教育出版社 2001 年版,第 143 页。
④ 德·索绪尔:《1910—1911 索绪尔第三度讲授普通语言学教程》,张绍杰译,湖南教育出版社 2001 年版,第 143—144 页。
⑤ 德·索绪尔:《1910—1911 索绪尔第三度讲授普通语言学教程》,张绍杰译,湖南教育出版社 2001 年版,第 146 页。
⑥ 德·索绪尔:《1910—1911 索绪尔第三度讲授普通语言学教程》,张绍杰译,湖南教育出版社 2001 年版,第 145 页。

第四章 索绪尔"第三次普通语言学教程"论析

在这一章结束前,索绪尔把词这种具体单位上升到"要素",并说明了逻辑的出发点:"有必要把词作为系统中的要素来考虑。我们一旦用要素〈替代了词〉,这就意味着考虑到要素与要素间的关系(唤起与其他词相互联结的概念)";"为了建构系统,我们不能从词即要素出发,这样做会使人认为,要素具有预先给定的绝对价值……相反,我们必须从〈系统〉即从相互联结的整体出发;这个整体可能要分解成具体的要素"。① 这样,索绪尔顺理成章地导入了下一章。

(八)系统:要素的价值和词语的意义

在《第五章[原文如此]要素的价值和词的意义,两者如何巧合与区分》中,索绪尔论述了价值和意义的问题。

索绪尔说,"哪里有要素,哪里就有价值,价值的概念有机地隐含在要素的概念之中,我们总难以把这两个概念分开","价值当然是意义的成分,但重要的是避免把意义看成是价值以外的其他什么东西","要认识到意义依赖于价值又不同于价值,也许是语言学中最微妙的问题之一"(索绪尔图示如图 4.6),并解释说:"意义是听觉形象的对等物,而不是别的什么东西。"② 而价值要有两个构成成分:"价值是由(1)可交换的非类似物所决定,这可以用箭头↑标明;并且(2)由可

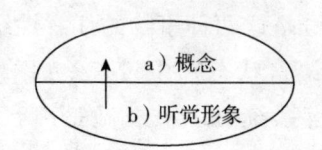

a)概念
b)听觉形象

<箭头表示意义是听觉形象的对等物>

图 4.6 听觉形象与概念关系图示

资料来源:德·索绪尔:《1910—1911 索绪尔第三度讲授普通语言学教程》,张绍杰译,湖南教育出版社 2001 年版,第 147 页。

---

① 德·索绪尔:《1910—1911 索绪尔第三度讲授普通语言学教程》,张绍杰译,湖南教育出版社 2001 年版,第 146 页。
② 德·索绪尔:《1910—1911 索绪尔第三度讲授普通语言学教程》,张绍杰译,湖南教育出版社 2001 年版,第 148 页。

比较的类似物所决定←→",①这样,价值同时是一事物(非类似物)的对等物,也是另一事物(类似物)的对等物,这样"作为听觉形象对等物的意义和作为共存对等物的意义合二为一","如果只考虑可交换的要素,我们决不能发现一个词的意义","〈要素从属的〉系统是价值的来源之一,词的意义等于可比要素与其对立的可交换的概念之和","一个词的价值无法得到确定,除非依靠限定它的共存要素的协助:词的含义只有靠围绕它的成分的协助才能确定(词的含义是价值),依靠以组合方式围绕它的成分,或以联想方式围绕它的成分。我们必须从外部、从系统和共存要素出发来探究语词";②"一个要素的意义取决于某一邻近要素的在场或不在场","系统导致要素的产生,要素导致了价值的生成,〈那么,我们将认识到,意义是由围绕它的成分决定的〉"③。

语言是由概念和听觉形象构成的符号系统,但在语言之前,并没有预先存在的"a)全部建立起来的并且彼此都很清晰的概念,和b)表达概念的符号(即听觉形象——笔者注)",④离开了语言,思想是一团无定形的星云,同时也没有预先限定了的清晰的声音单位,两种没有任何联系的事物由于心智的作用相互结合,依靠听觉形象的差别思想分割为不同的概念,依靠与概念的结合,声音变成了清晰的彼此相互区别的听觉形象,由于语言符号是这两种事物的任意性结合,任意性这一最高原则,决定"语言(即语言状态)中只有差别","只有符号间的差别在起作用","整个语言系统可以被看做是声音差别和概念差别的结合","只有通过符号间的差别,才有可能给符号以功能、价值"。⑤任

---

① 德·索绪尔:《1910—1911 索绪尔第三度讲授普通语言学教程》,张绍杰译,湖南教育出版社 2001 年版,第 148 页。

② 德·索绪尔:《1910—1911 索绪尔第三度讲授普通语言学教程》,张绍杰译,湖南教育出版社 2001 年版,第 148—149 页。

③ 德·索绪尔:《1910—1911 索绪尔第三度讲授普通语言学教程》,张绍杰译,湖南教育出版社 2001 年版,第 150 页。

④ 德·索绪尔:《1910—1911 索绪尔第三度讲授普通语言学教程》,张绍杰译,湖南教育出版社 2001 年版,第 151 页。

⑤ 德·索绪尔:《1910—1911 索绪尔第三度讲授普通语言学教程》,张绍杰译,湖南教育出版社 2001 年版,第 155—156 页。

第四章 索绪尔"第三次普通语言学教程"论析

意性是消极的,差别也是消极的、负性的,但由任意性和彼此差别所构成的符号却具有积极的价值,这个价值具有相对性,因为它取决于能指与所指之间联系的任意性;这个价值也因此取决于该要素与其他要素的相互区别、相互对立所形成的相互关系,取决于语言符号系统,而这种相互关系,这种系统,又体现为要素之间的组合关系和联想关系,组合关系和联想关系"都可以看做是对任意性的限制"[①]。

对于语言符号而言,任意性是自由的起点,但同时也是自由的终点,语言符号、语言符号系统和语言学理论体系,在这里构成了一个完美的回环。从这一角度来看,沙·巴利等编辑的通行版《教程》中的"事实上,价值仍然完全是相对而言的,因此,观念和声音的联系根本是任意的"[②],实际上误解了索绪尔的意思,颠倒了逻辑上的因果关系。

至此,索绪尔完成了他所补充的语言学任务的第三项:界定语言自身。这是索绪尔对现代语言学的最大贡献。

四 结语

从上述对索绪尔第三次普通语言学教程的评析中可以看出,索绪尔在授课中,不仅有知识、原理阐述的层次渐进,还有授课期间新的理论思考、补充,以及对理论体系构架的调整,过程性非常突出。从沙·巴利等编辑出版的通行本《普通语言学教程》的目录来看,除了把第一部分"个别语言"后移变为倒数第二编,即《第四编 地理语言学》,破坏了索绪尔理论阐述的逻辑顺序,在第二部分"语言"部分基本上是按索绪尔补充调整的顺序安排的,除了(1)把最后一章《要素的价值和词的意义》前移,调整到"具体实体"之后;(2)把"抽象实体"调到《第二编 共时语言学》的最后,作为它的最后一章。其中的课程笔记中《要素的价值和词的意义》的阐述,不同于沙·巴利等编辑出版的通行本中第157—196页的《第四章 语言的价值》:笔记

[①] 德·索绪尔:《1910—1911索绪尔第三度讲授普通语言学教程》,张绍杰译,湖南教育出版社2001年版,第156页。

[②] 德·索绪尔:《普通语言学教程》,高名凯译,商务印书馆1996年版,第157—158页。

版始终是从语言符号的整体即词语或要素的角度来阐述价值的，而通行版则把概念、物质形式和符号做了区分后再分别做以说明的，这样看起来更加细致一些，但却忽略了一点：索绪尔讲的"价值"，是语言符号的价值，是隶属语言系统的语言要素整体的价值，单独的听觉形象或能指，单独的概念或所指，是没有价值的。

第五章　从《普通语言学手稿》看索绪尔的语言学思想

从语言学史的角度来看，现代语言学是与索绪尔的名字联系在一起的。自沙·巴利等根据听课学生笔记整理的索绪尔《普通语言学教程》1916 年出版后，其中所阐述的基本原理、基本概念，不仅深刻地影响了语言学的发展历程，也为其他人文学科所吸收、借鉴，20 世纪 50 年代以后，在人类学家列维-斯特劳斯、文学理论家罗兰·巴尔特等的推动下，以法国为中心，形成结构主义思潮，结构主义、符号学遂成为人文学科的研究范式。

以往的索绪尔研究材料，在 20 世纪主要有四部分：（1）出版的著作，即索绪尔生前发表的数量不多的几篇论文，包括索绪尔的博士学位论文《论梵语绝对属格的用法》（1880）和著名的《论印欧语元音的原始系统》（1878）；（2）讲座记录（如关于音节的讲座）和一些札记；（3）沙·巴利等根据学生听课笔记整理出版的《普通语言学教程》（法文版，1916/中文版，1980）；（4）当年听课的学生孔斯坦丹 1958 年赠给大学图书馆、1993 年被整理出版的索绪尔最后一次（1910—1911）普通语言学课程的笔记（中文版，2001/2002）。1996 年，由于索绪尔故居维修，在夹墙中发现了索绪尔在与学生谈话时提到的写过但找不到的关于普通语言学的书稿以及一些札记，这些文献被称为"橘园手稿"。1996 年发现的新材料，加上以前所收集的一些材料，经西蒙·布凯和鲁道尔夫·恩格勒编辑，2002 年出版了法文版《普通语言学手稿》（中文版，2011/2020），成为出自索绪尔本人笔下较全面反映其普通语言学思想的文本，在语言学史上有重要的价值。

《普通语言学手稿》包括四个部分：（1）《论语言的二元本质》；（2）词条与格言；（3）普通语言学的其他文稿；（4）普通语言学备课笔记。其中第一部分是未完成的书稿，书名是索绪尔拟定的，其余三部分，有 1996 年新发现的材料，也有恩格勒《索绪尔〈普通语言学教程〉校勘》（法文版，1968—1974）使用过的材料。以下分五个方面，阐述《普通语言学手稿》中所反映的索绪尔的普通语言学思想。本文 [ ] 内的文字是该书编辑者根据内容补充拟定的标题；我们以于秀英 2020 年的商务版译本为依据，有时为了更好地理解，也会对比于秀英 2011 年南京大学版译本（即第一版），如作为语言基本单位的词语，2020 年商务版都译作"字"，而在 2011 年南京大学版中译作"语词"、"词语"或"词"，语言学界通常认为作为语言的基本单位是词而不是字，因此本章采用南京大学版的译法并做脚注说明。

一 1891 年 11 月的三次讲座：对语言认识的宏观阐述

1891 年，34 岁的索绪尔离开了学习、工作十年的巴黎高等研究院，回到家乡瑞士首都的日内瓦大学任非专任教授（副教授）。到日内瓦大学后，索绪尔在该年 11 月份做过三次关于普通语言学的讲座。这三次讲座涉及语言学五个重要问题：（1）对语言在人类社会的重要性和语言学独立性的认识；（2）语言一般研究与具体研究的关系及具体研究的重要性；（3）语言是历史现象；（4）语言在时间上的连续性与变易性；（5）在空间上的连续性与离散性。这三次讲座稿收入《普通语言学手稿》中的第三部分"普通语言学的其他文稿"[1] 中。这三次讲座，可以看作索绪尔正面阐述自己普通语言学理论的开端。

在第一次讲座中，索绪尔首先宣布"从今天起一门新课程诞生了，它代表新的研究范畴"，这就是印欧语言学。尽管高度赞扬了皮克特（Adolphe Picter，1799－1875）[2] 将语言研究的成果用于史前研究，但

---

[1] 德·索绪尔：《普通语言学手稿》，于秀英译，商务印书馆 2020 年版，第 136—163 页。

[2] 根据索绪尔《青少年和求学时代回忆录》，皮克特是索绪尔外祖父的朋友，语言古生物学的创始人。其别墅与索绪尔外祖父别墅相邻，所以索绪尔去外祖父家时常常见到皮克特。参见本书第十三章。

第五章 从《普通语言学手稿》看索绪尔的语言学思想

索绪尔认为语言学有其固有的研究对象与存在价值，"在整个思想体系中这门科学所占据的地位，与其研究对象所具有的重要性成正比"；① 而语言是人类的能力，是人类不同于其他物种的区别性特征，是人类构成社会和自身进化发展的基本条件："言语一方面曾是集体活动最神奇的原动力，另一方面也是个人受教育的手段，否则个体或人类，永远不可能渴求向任何方向发展其天赋才能。"② 关于语言研究，索绪尔首先阐述了具体研究与一般研究的关系。索绪尔认为，语言（langue）和言语活动（langage）是一回事，一个是具体现象，一个是一般化的东西，研究言语活动而不研究具体语言显而易见的现象，是没有意义的，而研究具体语言却忘了它们是被言语活动理念普遍法则所支配的，则失去了真正的科学基础；索绪尔认为，"最细微的现象也可能是最有说服力的证据，因此，唯有最极端的个案研究才能够有益于最极端的普遍研究。那些涉及地球上所有民族语的语言学家……从未使人对语言的了解更为深化"，真正使人对语言认识深刻的，是研究具体语言或语言分支的语言学家，如罗曼语言学家卡斯东·帕里斯、保尔·梅耶，日耳曼语言学家赫尔曼·保罗，斯拉夫语言学家博杜恩·库尔德内等学者，"语言活动的研究和诸类语言的研究，或某个语支或语族的研究，它们之间都是密不可分的"。③ 其次，索绪尔认为，语言科学是一门历史科学，因为第一，"语言中的一切都是历史的，也就是说，它是历史的对象，而不是抽象分析的对象；它是由事实，而不是由法则组成的。言语活动中的一切……其实是偶然的和完全意外的"；④ 第二，"每种语言自身都有其永恒发展演化的历史，皆由一连串语言事件构成，……这些事件一般全然独立于外部所发生的一切"，⑤ 也就是属于后来《普通语言学教程》课程中所说的内部语言学的研究内容；第三，作为历史现象，语言是人类的一种行为，不仅与个体有关，更与群体亦即社会相关。把语言看作人

---

① 德·索绪尔：《普通语言学手稿》，于秀英译，商务印书馆2020年版，第137页。
② 德·索绪尔：《普通语言学手稿》，于秀英译，商务印书馆2020年版，第138页。
③ 德·索绪尔：《普通语言学手稿》，于秀英译，商务印书馆2020年版，第139—140页。
④ 德·索绪尔：《普通语言学手稿》，于秀英译，商务印书馆2020年版，第141页。
⑤ 德·索绪尔：《普通语言学手稿》，于秀英译，商务印书馆2020年版，第142页。

类行为的历史现象，导出两个必然的观点："语言在时间长河中分支；在空间范围内分化而呈现多样性。在两个不同时间上所取的语言与它本身是不同一的；在两个有一定距离的地方所取的语言也是不同一的。"① 前者导致语言在时间上的二元对立，即语言时间上的连续性与变易性，后者导致了语言在空间上的二元对立，即语言在空间上的连续性与离散性。

接着，索绪尔论述了语言在时间上的连续性。索绪尔认为，"第一个使语言有部历史的，就是它在**时间中的连续性**这一根本事实"，"这一**连续性**或强制的**不间断性**的基本和本质的原则，是人类语言传播的第一法则或第一个特点"，② 这种连续性不会因为革命、社会动荡和宗教等原因而被打断，没有哪一天记录着一种语言的诞生，或一种语言的死亡，"任何地方都从未有一种全新的民族语言产生或诞生于先前的民族语"，③ 也没有哪一个民族社会前一天说某一种语言，而第二天改说另外一种语言；索绪尔未点名地批判了施莱赫尔把语言看作自然现象的语言观。在《达尔文理论与语言学》中，喜爱园艺又接受达尔文进化论的施莱赫尔认为："语言是自然有机体，其产生不以人们的意志为转移；语言根据确定的规律成长起来，不断发展，逐渐衰老，最终走向死亡。我们通常称为'生命'的一系列现象，也见于语言之中"，"借用植物学家和动物学家的表达，我们把一些语言看做一个属的若干种，即，它们是某一共同的基础语言的子语言，子语是通过渐变从基础语中产生出来的。像达尔文对动植物种类的渊源关系所做的描述那样，我们也可以用一些谱系树来描绘已知的语言"。④ 索绪尔说得很干脆："语言不是有机体"，不是植物，没有生命，"它自身不会死亡，也不会衰老，也不会成长"，"语言不会自然地寿终正寝。它只能死于强暴"，或者通过暴力彻底根除使用这种语言的民族，或者通过强制推行一种有书面语的新的属于更强大民族的语言，语言不会因完成使命而死于内部枯竭，

---

① 德·索绪尔：《普通语言学手稿》，于秀英译，商务印书馆 2020 年版，第 143 页。
② 德·索绪尔：《普通语言学手稿》，于秀英译，商务印书馆 2020 年版，第 143—144 页。
③ 德·索绪尔：《普通语言学手稿》，于秀英译，商务印书馆 2020 年版，第 145 页。
④ 奥古斯特·施莱赫尔：《达尔文理论与语言学》，姚小平译，《方言》2008 年第 4 期。

语言是不可枯竭的。① 因为语言是历史现象，具有时间上的连续性，"语言不是在时间中被限定和定义的存在；……所以人们接受一个开始时，另一个就在某个地方结束了，其实这是任意的"，② 法语和拉丁语、现代德语和古日耳曼语，不过是一种任意划分的结果，同时，也不能认为某种语言比另一种语言更古老。

索绪尔第二次讲座的主题，是阐述语言在时间上的变易性。索绪尔首先以勃古斯拉夫斯基个人以连续20年每月1日、15日拍照的480张同形相片展中相邻相片人物完全一样，而相隔时间越长变化越大，对比第一张相片与第480张相片则判若两人为例，说明同一事物在时间中的变化。索绪尔认为，"语言的变易性和连续性，这两个原则并非矛盾，而是密切相关的"，作为处于时间中的事物，语言的内部从未平衡过，语言变化是永恒的，"一种语言若无意外、残暴的事件，没有强大的外力来消灭它，那么一旦给定，就会在时间的长河中无休止地演变着"，③ 没有母语也没有子语，不会出现新的语言，书面语、官方语言的约束，也不会阻止语言的发展，鲜活生动的语言成分浮在僵化语言成分的表面，语言不断悄然地变化着。语言的变化表现为语音的变化和类比性的变化，前者属于生理物理层面，是无意识的，它"盲目地影响到语言的所有形式"，④ 后者属于心理和精神层面，是有意识的；类比不是凭空的创造，不是例外，因为"每一创新皆为语言先前状态提供的一种新的应用而已"⑤。

在第三次讲座开始时，索绪尔首先继续第一次讲座中关于语言连续性的话题，认为"从未发生过一种语言取代另一种语言的现象；例如法语取代了拉丁语，其实，两种语言所谓的交替，只是由于我们喜欢给同一民族语赋予两个名字而已，而任意地使其成为时间长河中的两个东西"，⑥ 但这两个名称的连续性会影响人们的观念，其实这种现象就像

---

① 德·索绪尔：《普通语言学手稿》，于秀英译，商务印书馆2020年版，第145—146页。
② 德·索绪尔：《普通语言学手稿》，于秀英译，商务印书馆2020年版，第147页。
③ 德·索绪尔：《普通语言学手稿》，于秀英译，商务印书馆2020年版，第149页。
④ 德·索绪尔：《普通语言学手稿》，于秀英译，商务印书馆2020年版，第155页。
⑤ 德·索绪尔：《普通语言学手稿》，于秀英译，商务印书馆2020年版，第152页。
⑥ 德·索绪尔：《普通语言学手稿》，于秀英译，商务印书馆2020年版，第156页。

同一条大街，只不过是人们分段后给予两个不同的名称，完全是任意和约定俗成的。至此，索绪尔把前两次讲座关于语言与时间关系的论述归结为两个普遍原理：(1) 语言在时间中的绝对连续性，(2) 语言在时间中连续的变化；然后转入与时间因素相关的地理因素。

索绪尔认为，在一定的时期内，如果同种语言分布在一定范围的区域，比如在方圆1000法国古里内，100年、200年或者500年后，就不可避免地发生变化，在此区域的不同点上，一个成分A就会变成B′、B″、B‴；不仅如此，一般所说的某种语言实际上也是该地域多种方言中的一种，"一种方言作为文学语言，或者作为官方语言、贸易语言而获得优越的地位，得以走进文学的殿堂，而其他方言则被视作形式不定、面目可憎的土语"，处于被侵蚀的地位，比如"罗马方言因政治、文学的原因，最终排除了古意大利语其他同样合理的语言形式"，"官方法语仅代表一地区的方言，即巴黎和西岱岛"。① 因为有着地理上的连续性，实际上也不存在界限分明的统一方言，只有某种语言现象的方言特征，"语言现象的地理区域，可以完美地在地图上画出来，然而，着手来界定方言这一统一体的界限，绝对是一种幻想且白费力……每一地区种种现象的偶然迭合的结果则形成特征的总和，构成这一地区的方言"，"观察地理连续性规律，我们发现，如果从任一地方出发去某个地方，方言永远悄然变化着，……离开家乡越远，他听到的方言俚语，较之故乡的，差别越大，以致最后，他干脆听不懂别人说什么了"，所以"语言曾经不是时间中确定的概念，也不是［空间］确定的概念"；② 而一种语言不同于另一种语言，"必然发生地理上的分离"亦即"地理上绝对的不连续性"，③ 或者属于过渡地区某种语言或方言的消亡，或者由于民族迁徙而导致原有地理连续性的中断。也就是说，语言的差异，来自语言原来就具有的历史差异、空间分布导致的发展的不一致性，以及地理联系的中断。

从以上的综述中可以看出，早在1891年时，索绪尔已从时间和空

---

① 德·索绪尔：《普通语言学手稿》，于秀英译，商务印书馆2020年版，第159—160页。
② 德·索绪尔：《普通语言学手稿》，于秀英译，商务印书馆2020年版，第162—163页。
③ 德·索绪尔：《普通语言学手稿》，于秀英译，商务印书馆2020年版，第161页。

第五章　从《普通语言学手稿》看索绪尔的语言学思想

间的角度，形成了对语言的宏观认识的普通语言学观点，索绪尔否定了比较语法学大家施莱赫尔把语言看作自然有机体以及用谱系树来解释语言分歧的理论，而以语言在时间上的连续性与绝对变易性为纵轴，以语言在空间上的连续性与分离性为横轴，对语言的差异性进行更为科学合理的解释。这种认识，最终也体现在他生命最后几年的"普通语言学教程"课程中。

二　其他普通语言学文稿：语言理论的专题思考

（一）符号学思想的重要来源：关于惠特尼的述评

美国语言学家惠特尼是索绪尔符号学思想的最重要来源。在《普通语言学手稿》中，有两篇文献专门论述惠特尼，而其他语言学家都没有这种待遇。一篇是编入"普通语言学的其他文稿"部分的长文《关于惠特尼一文的注释》，一篇是编入"普通语言学备课笔记"部分的《第二次教程注释（1908—1909）：惠特尼》。

《关于惠特尼一文的注释》是索绪尔应美国哲学学会之邀所写的纪念惠特尼的未完成的文稿，文中高度评价了惠特尼对语言学的贡献。索绪尔认为，惠特尼的贡献在于：第一，"他虽未写过什么，以表明他打算从事比较语法学的研究，可他却影响了比较语法的所有的研究领域，其他学者则不然"，[1] 因为他"从比较语法中归纳出的高明且普遍的观点"[2]；第二，"也是他第一个采纳了归纳法"来研究言语活动[3]，在另外一篇文稿中，索绪尔说得更明确："自惠特尼从事科学研究以来，远在任何学派打算夺取这面大旗之前，就认为语言研究不可能基于其他基础，而只能基于对现象的观察"[4]；第三，惠特尼对语音学的贡献；第四，认为语言学是二元的；第五，惠特尼认为"语言是人类的社会建制。这改变了语言学的方向"；[5] 第六，认为其他建制是基于事物的自

---

[1] 德·索绪尔：《普通语言学手稿》，于秀英译，商务印书馆2020年版，第197页。
[2] 德·索绪尔：《普通语言学手稿》，于秀英译，商务印书馆2020年版，第206页。
[3] 德·索绪尔：《普通语言学手稿》，于秀英译，商务印书馆2020年版，第197页。
[4] 德·索绪尔：《普通语言学手稿》，于秀英译，商务印书馆2020年版，第227页。
[5] 德·索绪尔：《普通语言学手稿》，于秀英译，商务印书馆2020年版，第203页。

然关系之上的，而"语言与文字却不是建立在事物的自然关系上"，无论何时都无任何关系，具有任意性；① 第七，"人们以声音，就如以姿势或其他手段，为其思想的符号，之所以用声音，因为更为方便"②。

在符号学方面，美国语言学家惠特尼是索绪尔的先驱。他是索绪尔在高名凯译本《普通语言学教程》中提及 5 次之多的语言学家（后附索引标为 3 次），而且有 4 次都是肯定性的评价。在《普通语言学教程》中索绪尔列出惠特尼的观点是：（1）发出第一次冲击：提出疑问"语言生命的条件究竟是什么"；③（2）"语言是一种社会制度，跟其他一切社会制度一样"；（3）之所以使用发音器官做语言的工具，只是出于偶然，只是为了方便起见：人类本来也可以选择手势，使用视觉形象，而不使用音响形象；（4）语言是一种约定俗成的东西，人们同意使用什么符号，这符号的性质是无关轻重的；④（5）"很正确地强调符号有任意性质，从而把语言学置于它的真正轴线上"⑤。这些论点，只有第三点索绪尔不以为然。可见语言符号任意性、约定性、社会性这些符号学的思想火花都来自惠特尼。正如语言共时态、历时态的思想来自博杜恩·德·库尔德内一样，索绪尔的思想也不是空穴来风，其中既包括这种吸收、借鉴，也包括改造、创造、整合，索绪尔在惠特尼的基础之上，把任意性看作符号以及语言符号的"第一原则"和基础，认为符号的社会性、系统性、可变性和不变性都是在这一基础上衍生出来的性质和特征，最后创造出一个超越其他语言学家、成为现代语言学基础、符号学最重要理论来源的语言符号学体系。

（二）关于语言和语言学

关于语言和语言学，有四篇文稿：[言语活动——语言——言语]、[语言的特点]、[关于设立文体学讲席的报告] 和《有关话语的注释》。

---

① 德·索绪尔：《普通语言学手稿》，于秀英译，商务印书馆 2020 年版，第 204 页。
② 德·索绪尔：《普通语言学手稿》，于秀英译，商务印书馆 2020 年版，第 207 页。
③ 德·索绪尔：《普通语言学教程》，高名凯译，商务印书馆 1996 年版，第 23—24 页。
④ 德·索绪尔：《普通语言学教程》，高名凯译，商务印书馆 1996 年版，第 31 页。
⑤ 德·索绪尔：《普通语言学教程》，高名凯译，商务印书馆 1996 年版，第 113 页。

索绪尔认为，在个体中考察语言是错误的，因为"自然赋予我们人体器官发出一**连续音**的能力，而并未赋予我们**清晰的语言**。语言是一个社会事实。人会说话，但在其社群里，他才能运用器官——而且，也只是在与人打交道时，他才感到有此需要。他完全依赖于这个社群；所属的种族对他倒无所谓。就此而言，人只有融入环境才是完整的人"①，首先，语言是社会现象，人具有社会性，因为社群不同，尽管都有发音器官，却可以使用不同的语言，而这与个体的种族特征无关，比如作为移民国家，美国的黑人也都使用英语。语言尽管可以与风俗习惯相比，但它"却与个体的一个特别、天赋的器官（口——笔者注）相符"，其次，"语言的目的是使人理解……语言的存在是社会的特性"。②因此，言语活动在人类社群中是必然的存在，同时语言也具有绝对连续性，这种社会性和连续性保证语言不会中断，所以任何无意识的首创是不可能的，任何有意识的首创都是无意义的，不可想象的，也无一先例。

语言与言语相对，"语言仅为话语而创造"，③语言是"被动的沉积"，而言语是"活动的力量和诸种现象真正的起源"，两者是相容的；"语言学，我敢说，它是宏大的。尤其是它包括两部分：一个更接近语言，被动的沉积，另一个更接近言语，活动的力量和诸种现象真正的起源，这些现象随后在言语活动的另一半中逐渐被发现。这两个［　］并非不相容"④。

（三）静态和动态

专门论述静态和动态的文稿有四篇，标作［语音事实意味着两个时代］、［静态和动态。关于普通语言学注释1—2］和［事件、状态、类比］（［　］内标题为编者所加）。索绪尔认为，"语言中每发生一起'事件'无论大小，结果显然都是，在事件后所用的词项之状态不再与

---

① 德·索绪尔：《普通语言学手稿》，于秀英译，商务印书馆2020年版，第169页.
② 德·索绪尔：《普通语言学手稿》，于秀英译，商务印书馆2020年版，第170页.
③ 德·索绪尔：《普通语言学手稿》，于秀英译，商务印书馆2020年版，第268页.
④ 德·索绪尔：《普通语言学手稿》，于秀英译，商务印书馆2020年版，第267页.

前面的状态相同",① "事件是状态之因";"事件"与"状态"相比,"状态"是最重要的,"语言中的意旨力属于状态,唯一属于状态。另外,语言除此'意旨力'之外,可能不再是一种存在,无论这种存在是怎样的",② "语言中存在着**第一**个可能触及的对象,绝对有某个对象,不过这对象先于分析……是把两个词项联系到一起的一种关系,此外,这种关系绝对是任意的一种",③ "语法＝特定共时,只有归于特定共时的理念时,才成为一个清晰的观念",④ "所有以某种方式指向意义的,反过来说,皆是静态的",⑤ "语言……真正的形象表达是:$a-b-c$,外在于任何实际的关系",⑥ "有两个东西要把握,语言种种**事件**和语言种种系统。没有任何系统是靠事件而存在,无论在哪个级别上都是如此。系统意味着稳定,静态的概念。反过来,其固有范畴所获得的事件总和并不构成一个系统;至多看到一定的共同的偏离,但并不作为一简单价值在其间引发事件"⑦。语言是符号系统,语言符号之间的关系是共时,语法是共时表意的,符号的意指性也是共时静态的,系统是共时的,历时的事件不构成系统,也与价值无关,价值是关系,是系统的产物。对语言的这种认识,必然导致把事件与状态、动态与静态,或者说历时态与共时态区别开来。因此,"我们只有四条原则:第一,应当**区别**事件和状态。第二,应当使之**相对立**。第三,应当使之**分离**,而且以绝对的方式……第四,也是最后一条原则:任何其他归类方式都是无益的,没有什么能给予理念"。⑧ 在其他文稿中,索绪尔更明确地把语法形式、形态、语法结构和类推,看作静态的共时现象。

从索绪尔的论述可以看出,他对动态和静态的认识尽管来自博杜恩,但他的思考更进一步,把这种区分和特别强调语言共时态以及对语

---

① 德·索绪尔:《普通语言学手稿》,于秀英译,商务印书馆2020年版,第215页。
② 德·索绪尔:《普通语言学手稿》,于秀英译,商务印书馆2020年版,第218页。
③ 德·索绪尔:《普通语言学手稿》,于秀英译,商务印书馆2020年版,第220页。
④ 德·索绪尔:《普通语言学手稿》,于秀英译,商务印书馆2020年版,第221页。
⑤ 德·索绪尔:《普通语言学手稿》,于秀英译,商务印书馆2020年版,第225页。
⑥ 德·索绪尔:《普通语言学手稿》,于秀英译,商务印书馆2020年版,第223页。
⑦ 德·索绪尔:《普通语言学手稿》,于秀英译,商务印书馆2020年版,第261页。
⑧ 德·索绪尔:《普通语言学手稿》,于秀英译,商务印书馆2020年版,第222页。

言系统性的理解联系到一起，更深刻地揭示了语言的本质，为从整体上建设科学系统的语言学理论做好了准备。

（四）关于语音学和音位学

这部分内容共有七篇，共 25 页。其中方括号内标有"音位学"的有三篇，分别是：1［音位学1］，6a［音位学2］，6b［音位学3］；其他四篇，分别是：14a［论发分节音］，14b［内爆破+外爆破］，14c［音节理论（1897?）］，14d［音位学注解；开口度；音节理论（1897?）］。

索绪尔根据开口大小把一般所谓的元音、辅音分为 0—5 个开口度共六类音；根据音节中发音的闭合与打开分作内爆破和外爆破两类，把由内爆破到外爆破的过渡看作音节的分界，认为"当希腊人区别其不可模仿的字母表的字母时，你们以为他们进行了一番研究吗？不。他们只不过觉得听起来 l 不同于 r，而 r 不同于 s 而已"；"我们为了语言而随时启用我们的器官。我们怎么听，就怎么说。是的，先生们，从来不是以别的方式，恐怕只是根据声音的印象，不仅是所接收到的印象，而且是我们精神所接收到的印象，这是唯一支配我们发音的印象，印象支配一切，只需考虑印象，便能知道它将被实施，不过，我重复这一点，发出确定的语音单位，印象是必需的。（当然，这符合语言首先是社会事实这一特性）"。[1]"唯有听觉印象有价值，最好的证明是，生理学家绝不可能在听觉预先提供的单位之外来区别声音变化中的单位"[2]，"发音单位是时间的切分，同时被互为对应的生理事实和听觉事实所标识，如此一来，一旦引入只基于纯听觉的区分，或引入只基于纯肌肉动作的区分，我们就离开了语音领域"[3]，这就意味着进入语言的领域。某个音 X，既是听觉形象 X 也是生理动作 X，"**发音**的既**与机械**的相对立，也与听觉的相对立"[4]。索绪尔还用一个图示加以说明[5]（见图5.1）。

---

[1] 德·索绪尔：《普通语言学手稿》，于秀英译，商务印书馆 2020 年版，第 240 页。
[2] 德·索绪尔：《普通语言学手稿》，于秀英译，商务印书馆 2020 年版，第 241 页。
[3] 德·索绪尔：《普通语言学手稿》，于秀英译，商务印书馆 2020 年版，第 242 页。
[4] 德·索绪尔：《普通语言学手稿》，于秀英译，商务印书馆 2020 年版，第 243 页。
[5] 德·索绪尔：《普通语言学手稿》，于秀英译，南京大学出版社 2011 年版，第 216 页。

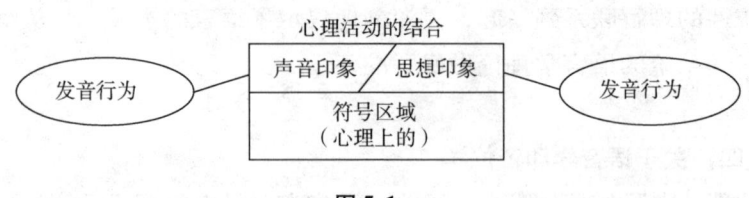

```
           心理活动的结合
          ┌─────────────────┐
          │ 声音印象 / 思想印象 │
 发音行为 ─│                 │─ 发音行为
          │    符号区域      │
          │   （心理上的）    │
          └─────────────────┘
```

图 5.1

索绪尔解释说："显然，发音是一个必需的手段，但就其自身而言，同海上的信号，同准备把旗子染成绿、红、黑等颜色的染匠的行为是一样的，并非是本质的。"① "极为重要的书写失语与布卡（现在一般译为'布洛卡'或'布洛卡区'——笔者注）的失语相吻合，这意味着音素的单位在大脑里。"② 按索绪尔的观点，发音行为是处于语言之外的，构成语言符号的是听觉印象和概念（受系统制约的），两者都是心理的，因此语言符号是心理现象，语言符号学以及符号学属于社会心理学。索绪尔还认为，"语音不是以孤立状态一代代地传播；语音只是在词语中存在、存活和演变着"，③ "语言只有作为符号才有语音的意识"④。

沙·巴利等编辑的《普通语言学教程》，在《绪论》之后又分作《第一章　音位的种类》和《第二章　语链中的音位》两章的《附录　音位学原理》，共有 31 页。原编者注明这个附录"利用了德·索绪尔于 1897 年所作的关于《音节理论》的速记记录"，⑤ 此外编者还根据叶斯伯森《语音学读本》补充了发音器官图示和文字说明。特别值得注意的是，这部分附录对区别、关系、系统的论述，将音位看成系统的产物、看成"音种"的认识，给人以深刻的印象："在任何情况下，我们都要为所研究的语言整理出一个音位系统……事实上，任何语言都有一定数量的区别得很清楚的音位。这个系统才是语言学家唯一关心的现实，而书写符号不过是它的形象"，⑥ 而"音位是听觉印

---

① 德·索绪尔：《普通语言学手稿》，于秀英译，商务印书馆 2020 年版，第 241 页。
② 德·索绪尔：《普通语言学手稿》，于秀英译，商务印书馆 2020 年版，第 169 页。
③ 德·索绪尔：《普通语言学手稿》，于秀英译，商务印书馆 2020 年版，第 171 页。
④ 德·索绪尔：《普通语言学手稿》，于秀英译，商务印书馆 2020 年版，第 173 页。
⑤ 德·索绪尔：《普通语言学教程》，高名凯译，商务印书馆 1996 年版，第 67 页。
⑥ 德·索绪尔：《普通语言学教程》，高名凯译，商务印书馆 1996 年版，第 62 页。

第五章　从《普通语言学手稿》看索绪尔的语言学思想

象和发音动作的总和，听见的单位和说出的单位的总和，它们是相互制约的"，① "如果只注重表示区别的特征，……那么我们可以说有一个一般的 t，即 T 音种"，② "要把音位加以分类，知道音位是怎么构成的，远不如知道什么使它们彼此区别那么重要。对分类来说，消极因素可能比积极因素更为重要"，③ "只有当两个或几个要素牵连在一种内部依存关系里的时候，语音科学才成为可贵，因为一个要素的变异要受另一个要素变异的限制"，因此"要建立一门把这些组合看做代数方程式的音位学"④。相比较而言，作为《普通语言学教程》附录的《音位学原理》表述更为清晰，概念更为明确。

从《1910—1911 索绪尔第三度讲授普通语言学教程》来看，这部分内容也被索绪尔纳入自己最后一次课程的讲授中，⑤⑥ 而不是像某些学者所认为的那样，⑦ 是沙·巴利等编辑者硬性塞入《普通语言学教程》的。

（五）关于符号、语言符号以及符号学

这部分内容有四篇文稿：2 ［符号］、19 ［符号学］、15a ［语言学中，我们所面对的属于哪类质体？］和 15b ［关于质体的思考］。在前一篇文稿中索绪尔说，符号"它就在我们的头脑里，其性质（是物质的还是非物质的，都不重要）是复杂的。既不由 A 亦非由 a 组成，而是由 a/b 的结合所构成，排除了 A 或者把 a 和 b 分开来看都找不到符号"，⑧ 认为符号是心理的，由两部分构成。在《符号学》中，主要论述语言符号。索绪尔首先提出"符号学"这一学科，并把语言学归入符号学，"符号学，也就是说关于符号的科学：即研究用不可或缺的约

---

① 德·索绪尔：《普通语言学教程》，高名凯译，商务印书馆 1996 年版，第 69 页。
② 德·索绪尔：《普通语言学教程》，高名凯译，商务印书馆 1996 年版，第 70 页。
③ 德·索绪尔：《普通语言学教程》，高名凯译，商务印书馆 1996 年版，第 72 页。
④ 德·索绪尔：《普通语言学教程》，高名凯译，商务印书馆 1996 年版，第 81—82 页。
⑤ 德·索绪尔：《普通语言学教程》，高名凯译，商务印书馆 1996 年版，第 72 页。
⑥ 见索绪尔《1910—1911 索绪尔第三度讲授普通语言学教程》，张绍杰译，湖南教育出版社 2001 年版，第 56 页中部"我们因此不应忘记"以下至第 72 页。也参见本书第二章。
⑦ 参见信德麟《索绪尔〈普通语言学札记〉俄文本评介》，《国外语言学》1993 年第 4 期；申小龙《〈普通语言学教程〉精读》，复旦大学出版社 2005 年版，第 32 页。
⑧ 德·索绪尔：《普通语言学手稿》，于秀英译，商务印书馆 2020 年版，第 127 页。

· 115 ·

定系统来表达思想时所出现的现象。……其实语言学不是别的，就是符号学"；语言处于时间之中，具有社会性和承传性："'语言'符号系统大概是唯一必须时时面对时间考验的，语言系统不仅简单地由邻人之间的共识所建立，而且父子相传，由强制性的传统所建立。"① 索绪尔集中地论述语言符号：

  1°在语言学中，不能随心所欲运用各种不同的观点，只有两个由对象本身决定的强制性观点（共时的和元时的）。
  2°对于语言学现象，要素和特征永远是一回事。这是语言的特点，凡符号系统，其构成成分便是其区别所在。
  3°任何语言现象都是关系，除了关系，别无他物。
  4°任何语言现象都是以两个词项为前提，它们可以是连续的或共时的。
  5°语言质体无专属的物质基础；因差异而存在是其属性，作为代词的"它们"无论出现在哪儿，所指的仅为某种差异。
  6°任何在同时代词项之间起作用的法则都无强制性意义。②

  索绪尔还认为，"语言首要且普遍的特点是靠差别存活，唯有差别。差别不可能弱化，不是说在某时刻引入某个肯定的词项就能达到弱化的目的。第二个特点是，就差别本身存在的状态而言，我们每时每刻所进行的差别游戏却被严格地限制在一定的范围之内。30 或 40 个要素"。③ 语言符号不是物质的，而是以相互区别（差别）为特征，彼此相互对立、相互联系构成系统；语言符号系统是共时的关系的产物，这种共时的规律不具有强制性；同时，用以构成差别的要素的数量又是极其有限的，一般在三四十个左右。这有限的三四十个构成语言符号相互差别的要素，就是现代语言学中的音位，音位的作用就是构成语言符号之间的区别。由此可见，索绪尔对音位的认识，不仅是在语言系统内予

---

① 德·索绪尔：《普通语言学手稿》，于秀英译，商务印书馆 2020 年版，第 256 页。
② 德·索绪尔：《普通语言学手稿》，于秀英译，商务印书馆 2020 年版，第 257 页。
③ 德·索绪尔：《普通语言学手稿》，于秀英译，商务印书馆 2020 年版，第 258 页。

以考虑的,而且明确了音位对语言符号的作用,这种认识实际上直接启发了后学关于语言二层性的理解。在有限的篇幅内,索绪尔对语言符号进行了深刻的反思,揭示了语言符号的本质。这种认识后来体现在通行版《普通语言学教程》中对语言符号的认识。

(六)关于语法或语法学

这部分内容有三篇文稿:《形态学》、[评诸科学语法所流行的区分]和《前缀或介词》。

索绪尔对语音学和形态学进行了区分:"**每当考虑不同时代的同一形式,这是在搞语音学研究,——而每当考虑同一个时期的不同形式**时,则是在搞形态学研究","定义:形态学是研究与部分概念相符的语音单位,及其组成的科学——语音学则是研究语音单位根据生理和声学的特点而建立的科学","为了对每个符号定义,界定并规定起作用,形态学绝对需要参照同一体系的其他符号"。① 形态学"真实的标准,某种程度上就是说话主体所意识到的;一切都是他们所能意识到的,也只能是他们所意识到的。然而,在任何语言状态中,说话主体意识到的都是形态学单位——也就是有意义的单位——低于词的单位",② "形态学从来不能把几个不同的时代组合在一起并混同起来,应当在每个时代内部分别考察,否则就会把语音事实和形态学事实混为一谈"③。从中可以看出,在索绪尔眼中,语音学是研究同一个形式不同时代的语音变化和从生理、音响角度来研究语音的,而形态学则以同一时代形式间的相互关系,亦即以系统背景下的不同形式之间的相互关系为研究对象,这个形式是与概念相联系的,也就是说,形态学是研究同一时间平面中不同符号之间的相互关系,包括构成词语的词根、词缀之类最小的符号;这些单位是处于同一时代说话者所能意识到的小于词的单位,即现在一般所说的语素——起构词作用的语素,而对语言的运用,人们却总

---

① 德·索绪尔:《普通语言学手稿》,于秀英译,商务印书馆2020年版,第172—173页。
② 德·索绪尔:《普通语言学手稿》,于秀英译,南京大学出版社2011年版,第154页。该书2020年商务版175页把这句话中的"词"译作"字"。
③ 德·索绪尔:《普通语言学手稿》,于秀英译,商务印书馆2020年版,第177页。

是从现成的词出发进行的。"现成词总是基本单位。而这并不妨碍我们同语言学家一样,无意识地对词进行着同样的分析。"①

语言创造不是个别的、孤立的,"语言须借助同时出现的全部形式以达到创造",②"语言历来无法凭空创建一种形式。新形式的要素永远是从已有的形素中获取。然而,由于这已有的是由词形,而非后缀、词根等组成,为了新的组合,总是先有隐秘的分解过程",③语言从现成的词中汲取词根、词缀等理念,"形态学家的工作总是能通过语言形式的分解来体现"④。

三 词条与格言:普通语言学思想的火花

这部分包括"新的词条"、"旧词条"和"格言"三部分,共有19页,占正文总页数322页的5.9%。前两部分始于"词条"这一词语;其中"新的词条"是1996年新发现的材料,标题下用括号标"1996年日内瓦图书馆藏",每则词条上有编者用方括号标出所拟的小题目,共有小题目6个,包含16个"词条";"旧的词条"标题下用括号标"恩格勒1968—1974校勘本",是恩格勒校勘本使用过的词条,共有69个"词条",没有拟小标题。"词条"有的长些,相当于对某个问题的论述,有的短些,是一两句话,而有的仅仅是一个图示。第三部分"格言",也用圆括号标有"恩格勒1968—1974校勘本",每条用罗马数字标序,共有6条。

在"新的词条"部分,索绪尔认为,"语言是人们的交流手段,它是**社会性的**",⑤对语言起源的研究是徒劳无益的;语言中所有的变易,都是在说话活动中产生的,作为主体的人从来不对语言宝库加以修正。索绪尔把语言符号看作一个整体,认为作为语言载体的不是一般的语

---

① 德·索绪尔:《普通语言学手稿》,于秀英译,南京大学出版社2011年版,第163页。该书2020年商务版第185页把这句话中的"词"译作"字"。
② 德·索绪尔:《普通语言学手稿》,于秀英译,商务印书馆2020年版,第182页。
③ 德·索绪尔:《普通语言学手稿》,于秀英译,商务印书馆2020年版,第183页。该书2011年南京大学版第162页将这里的"形素"译作"词形"。
④ 德·索绪尔:《普通语言学手稿》,于秀英译,商务印书馆2020年版,第187页。
⑤ 德·索绪尔:《普通语言学手稿》,于秀英译,商务印书馆2020年版,第100页。

音，而是词语的语音，"词语与其义的结合之外，什么都不存在"，"只有在它唤起意义时它才是词语"①，所以把符号形式与意义相对立是一种错觉，因为它们是同一概念的两个形式，意义没有符号就无以存在，反过来也是一样，"如剪一张纸，不能不损坏正反两面"②。把构成符号的两个部分比作一张纸的两面不能分开这个比喻，也出现在后来沙·巴利等根据学生课程笔记整理出版的《普通语言学教程》中。③

在"旧的词条"部分，对于语言符号两面的论述占了很大篇幅。索绪尔专门创造了术语"义素"和"形素"来表示语言符号相互依存同时又与其他事物相互独立的两个方面。aposème 这个术语在 2011 年的第一版中没有翻译，在 2020 年商务版中译者将其译作"形素"以与"义素"（parasème）相对。"形素是义素的声音外壳，而非意义的外壳"，"**形式**用来表示形素，义素以及共时义素的物质部分"，④ "不能把随便一种语音程式 – bd – 称作形素，而只有某个时刻曾有一个义素体的语音形式才可称作形素"⑤。索绪尔没有直接给"义素"下定义，而是通过与符号的比较来说明"义素"：

> 词条。义素这一新的术语与符号一词的不同或胜于符号的地方。
> 1° 符号可以是非声音的，义素亦然。
> 符号可以是＝直接的姿势，也就是说在系统和约定之外。
> 义素＝1°约定的符号
> 2°属于一个系统的（也是约定的）符号
> 因此可以说：
> 义素＝具有不同特点的符号，这些特点被看成构成语言（声音或其他的）符号的特点。

---

① 德·索绪尔：《普通语言学手稿》，于秀英译，南京大学出版社 2011 年版，第 79 页。该书 2020 年商务版第 185 页把这两句话中的两个"词"都译作"字"。
② 德·索绪尔：《普通语言学手稿》，于秀英译，商务印书馆 2020 年版，第 103 页。
③ 德·索绪尔：《普通语言学教程》，高名凯译，商务印书馆 1996 年版，第 158 页。
④ 德·索绪尔：《普通语言学手稿》，于秀英译，商务印书馆 2020 年版，第 108 页。
⑤ 德·索绪尔：《普通语言学手稿》，于秀英译，商务印书馆 2020 年版，第 110 页。

……它是代表符号的整体，也就是符号和意义被统一于一体。①

从索绪尔自己的这种直接说明来看，"义素"也是符号，只不过是具有约定性和系统性的符号。但实际上，这里索绪尔所使用的"符号"仅仅是指符号的载体，而不是本身承载内容的符号；而"义素"则是指作为整体符号的内容部分，这个"内容"，不是"意义"或所指对象，而是作为受到约定和系统性限制并作为"形素"对立面的东西，aposème（形素）和 parasème（义素）的共同词根 sème 表明它们是一体的两面的性质。所以，不仅"义素"不是"意义"，而且"形素"也不是符号简单的语音形式，"任何形素都是在一给定的时点取用的，在语言中如此取用的事实就使它获得了如形素的名称，而非简单的一连续语音，尤其是它被前面的时代以及后来的时代所限定"②，"意义之外没有形态，……形式之外谈不上意义"，③语言不是固定的，形素不同了，义素也就不同了。同时，作为"属于一个系统的（也是约定的）符号"，义素不是孤立的，而与周边义素"具有连带关系"，④义素从一个时代到另一个时代是否同一，取决于这种周边义素的共时连带关系。正因为如此，所以"语言的普遍规则是强制性的"，而"特定的共时规则，是非强制性的"。⑤索绪尔认为，只有"明白了符号的二元性，才能真正掌握符号"。⑥

"形素"和"义素"，在第三次讲授普通语言学教程中，被索绪尔用另外一对术语"能指"和"所指"来取代，因为专用"符号"指称"能指""所指"构成的整体，"所指"的内涵明确，不像"义素"这样纠结。

四　普通语言学备课笔记：纳入教学的成熟思想

这部分共有 50 页，也如其他三部分，分作"新资料（1996 年日内

---

① 德·索绪尔：《普通语言学手稿》，于秀英译，商务印书馆 2020 年版，第 107—108 页。
② 德·索绪尔：《普通语言学手稿》，于秀英译，商务印书馆 2020 年版，第 110 页。
③ 德·索绪尔：《普通语言学手稿》，于秀英译，商务印书馆 2020 年版，第 111 页。
④ 德·索绪尔：《普通语言学手稿》，于秀英译，商务印书馆 2020 年版，第 107—108 页。
⑤ 德·索绪尔：《普通语言学手稿》，于秀英译，商务印书馆 2020 年版，第 107 页。
⑥ 德·索绪尔：《普通语言学手稿》，于秀英译，商务印书馆 2020 年版，第 117 页。

第五章 从《普通语言学手稿》看索绪尔的语言学思想

瓦大学图书馆藏)"和"旧资料(恩格勒 1968—1974 年校勘本)";其中"新资料"有八篇,共 9 页;"旧资料"有十一篇,是对三次教程的注释:第一次教程注释一篇,第二次教程注释三篇,第三次教程注释七篇,有 33 页之多。

从观点的角度来看,"新资料"部分提及四个观点:(1)语言单位的无形性;(2)符号的社会性;(3)价值的社会性;(4)语言的多样性与时间和地理上的不连续性的关系。

语言单位不是由它的物质形式决定的,就像法郎的价值不是由铸造它的金属决定的一样,语言符号作为一种心理社会现象,与它的载体的物质性无关。索绪尔认为,"符号系统一旦成为集体的财富,无论它本身是什么符号,无论它源自什么,都具备两个特点:1. 不能在集体之外对之加以评价","因为符号系统在属于集体那一刻起,就不再有什么可以保证的了……都将由集体来继续统驭符号和概念的关系";"2. 在[ ]时,只需取这社会产品足矣","语言,或者是任何其他符号系统,都不是处于制造厂房里的船舶,而是将要驶入大海的那艘。以为凭借能准确知晓其构件的多少,知道它的内部构造,就知道其驶入大海的航线,那是不可能的","可以肯定地说,船之为船,只有海上的那艘才有意义","唯有成为集体的符号系统,才配用符号一名,也才是符号系统。因为符号系统的整个生命条件自此刻起是如此不同于在集体之外所构成的一切","真正意义的符号系统之于集体,一如船舶之于大海。它并非为了理解自己,而是为了人与人之间的相互理解而建立的。……社会集体性及其法则,为其内在的而非外在的一个要素"。① 因为符号系统以及语言符号系统是社会的,所以"语言首先是一个**价值系统**,这确定了其在现象领域中的地位,……社会性是价值的缔造者,这说明价值既不存在于集体**之前**,亦不存在于集体**之外**,既不在它分解的要素中,也不存在于个体之中"。② 价值不是孤立地存在的,也不能存在于个体中;社会性也就是系统性,价值,语言单位,不取决于自身的构成,而只能存在于彼此相互关系构成的系统之中。所以,语言

---

① 德·索绪尔:《普通语言学手稿》,于秀英译,商务印书馆 2020 年版,第 274—276 页。
② 德·索绪尔:《普通语言学手稿》,于秀英译,商务印书馆 2020 年版,第 276—277 页。

单位具有无形性。

"旧资料"中，[第一次教程注释（1907）]区分语音学研究与生理学研究。三篇[第二次教程注释]谈了"二元性"、"惠特尼"和"凯尔特语"，"惠特尼"是用较长篇幅引用惠特尼《东方学和语言学研究》，阐述了惠特尼对印欧语言学在语言学中的地位的认识，认为其他语系语言研究都应该借鉴参考印欧语系语言学研究的成果，因为印欧系语言具有更为复杂的类型、变化最多、研究最深入。"第二次教程注释"部分，最值得注意的是索绪尔提出语言的3对二元对立：（1）符号的心理的两个方面，"即能指与所指的结合"①；（2）个体/大众，"语言，自在之物，与大众不相干的符号系统，然而却与大众息息相关"，"语言是社会性的，不然就不存在，语言首先得到集体的接受和认可，以便对个体精神施加影响"；（3）语言和言语，"语言是为社会服务的，它不取决个体。个体的是言语的：a）一切发音的；b）一切组合的——一切意愿的，都是二元性的"：

<pre>
    言语 | 语言
  个人的意愿 | 社会的被动性②
</pre>

表面上看，第二对二元对立与第三对二元对立是重复的，实际上则不然：第二对二元对立"个体/大众"，说的是语言的社会性和对个体的强制性，而第三对对立——语言和言语的对立，则是着眼于被动性的工具和交际主体对这种工具的运用行为；而这种对立的区分，实际上是提出两种语言学的问题，就是沙·巴利等编辑的《普通语言学教程》中所说的"语言的语言学"和"言语的语言学"。

而第三次教程注释所占的五分之三强的大篇幅注释补充，照应了《普通语言学教程》编辑者沙·巴利和阿·薛施蔼在该书第一版"序"

---

① 引号内为原编者所加内容。"能指""所指"是索绪尔在第三次课程结束前不久（1911年5月下旬）才提出的。

② 德·索绪尔：《普通语言学手稿》，于秀英译，商务印书馆2020年版，第284页。

第五章　从《普通语言学手稿》看索绪尔的语言学思想

中认为"德·索绪尔是一个不断革新的人"[①]的评价，反映了索绪尔晚年对普通语言学的思考。这七篇文稿的内容分别是："课程分段与地理语言学""听觉链条分析""名物度数集""质体和切分时段""符号的任意性和词项概念""符号变异的必然性；共时和历时""语言学的价值"。这些内容，在索绪尔语言学理论中占有重要的地位。

在［第三次教程注释（1910—1911）：课程分段与地理语言学］中，索绪尔将课程内容分作三段，"前两部分的名称，区别只在单、复数上：第一部分：诸语言，第二部分：语言。事实上，这一区分足以表明这两部分内容上的差异。一个是另一个的普遍化"，[②]也就是说，语言是各种民族语言的普遍化。"**诸语言**，这是地球表面所提供给语言学家的具体对象，而**语言**则可为语言学家的研究课题，是语言学家对诸语言整体在时空上进行观察所得到的。"[③]语言在地理上具有不同类别和不同程度的多样性，这是第一个要注意到的事实。相似性意味着亲缘性，可以进行谱系分类；语言空间的多样性总是与时间上的变动相符，是在一片连续的地理上形成的。"绝对固定不变之例没有。有的是语言在时间上变动不居的原则"，[④]而这一点常常被文学语言所遮蔽："文学语言一旦在某地成功形成，就相对地不可变化了。"[⑤]"时间，即便缩小至空间上一点，也将产生变动。相反，空间若没有时间，就无法产生任何变动。地理上的差别仅是变易在时间上的投射。"[⑥]没有一个确定地点能表明一种语言的开始，另一种语言的结束；没有过渡，可能是因为中间地区方言消亡了。在任何地理上连续形成的人群中，语言的变异是同时存在且目的相反的因素作用的结果，一个是乡土根性的力量，一个是交际的力量；它们实际上不过是作用相反的内向的与外向的交际作用而已。"变异不过是连续性的一种形式，而正是由于这同一事实符号继续演变着，最终发生变异"，"总的事实只能通过能指所指之间——或许变异在能指中，或许在

[①] 德·索绪尔：《普通语言学教程》，高名凯译，商务印书馆1996年版，第13页。
[②] 德·索绪尔：《普通语言学手稿》，于秀英译，商务印书馆2020年版，第291页。
[③] 德·索绪尔：《普通语言学手稿》，于秀英译，商务印书馆2020年版，第292页。
[④] 德·索绪尔：《普通语言学手稿》，于秀英译，商务印书馆2020年版，第296页。
[⑤] 德·索绪尔：《普通语言学手稿》，于秀英译，商务印书馆2020年版，第297页。
[⑥] 德·索绪尔：《普通语言学手稿》，于秀英译，商务印书馆2020年版，第297页。

所指中——总的关系移动来可靠地反映"。① 任何遭受时间作用的事物都会变化，但"时间问题对语言学构成了特殊的条件，引发了特别困难，提出固有问题，甚至成为一个中心问题，从而可把语言学分为两门学科"。② 这样形成了语言科学的二元性："一个就自身所取的价值系统（或一个时刻的），一个根据时间的价值系统"，"在构成符号的结合中，开始什么也没有，只有两个价值，互为其根的价值（符号任意性）"，③ "言语活动中，语言通过言语得以显现，语言处在说话的大众的灵魂中，言语则不然"；"但与社会心理事实组合的时间介入时，此时，我们感到语言并非自由的；说话的大众×时间。定义：当从言语活动中去除只是**言语**的部分，剩下的可确切地称为**语言**，恰好只包含心理活动词项，概念与符号之间的心理节点，而言语则不然。那只是于其社会现实外所取的并非现实的语言，因为要有语言，就得有运用语言的言说的大众。语言栖于集体灵魂之中"，④ "语言不是自由的，因为连续性原则或者与先前时代的无限的连带关系。连续性包含了价值偏移的变异的事实"⑤。

　　索绪尔的这些思考，导致索绪尔最后一次普通语言学教程课程不同于前两次的面貌，在《绪论》语言学史后的正课，直接以语言的地理上的连续性开篇，而后导入"诸语言""语言"，加重了关于语言符号任意性、价值、变异的论述，这样对语言本体的阐述就更加完整、深刻，因此，第三次普通语言学教程课程的讲授，代表索绪尔普通语言学理论体系的成熟。

五　《论语言的二元本质》：索绪尔的语言哲学

　　在《普通语言学手稿》中，第一部分内容是索绪尔自己拟好题目的一部未完成书稿《论语言的二元本质》，一共76页，这就是1996年

---

① 德·索绪尔：《普通语言学手稿》，于秀英译，商务印书馆2020年版，第316页。
② 德·索绪尔：《普通语言学手稿》，于秀英译，商务印书馆2020年版，第317页。
③ 德·索绪尔：《普通语言学手稿》，于秀英译，商务印书馆2020年版，第319页。
④ 德·索绪尔：《普通语言学手稿》，于秀英译，商务印书馆2020年版，第320页。
⑤ 德·索绪尔：《普通语言学手稿》，于秀英译，商务印书馆2020年版，第321页。

第五章 从《普通语言学手稿》看索绪尔的语言学思想

修葺索绪尔故居时在夹墙中发现的所谓"橘园手稿",也就是索绪尔对自己学生提起的曾经写过的书稿,一部"探讨语词（mot）,作为语词科学（science des mots）的主要扰乱者的语词"① 的书。在第四部分"普通语言学备课笔记"中的"第二次教程注释（1908—1909）：二元性"中,索绪尔说："语言可以还原为五六个二元性,或成对的东西。"②不过接下来提到了二元对立是三种：（1）语言的心理的两个方面,能指/所指；（2）个体/大众；（3）语言/言语。③ 联系 1891 年在日内瓦大学所做的三次普通语言学讲座,还可以概括出：（4）诸语言/抽象语言；（5）时间上的连续性/变易性；（6）地理上的连续性/分散性,以及其他文稿中所提及的第七个对立：事件/状态,抑或：历时/共时。有人说索绪尔是二元对立大师,一点也不为过。不过,在"第二次教程注释（1908—1909）：二元性"中索绪尔只列出了三种二元对立,并不是索绪尔的一时疏忽：这三种二元对立,实际上可以看作语言本体处于核心地位的二元对立。而最为根本的,是语言符号本身的二元对立,即第三次课程后期提出的"能指"与"所指"的二元对立,以及此符号与彼符号的对立,后者确定了语言符号本身,并由此导致语言符号系统性。这是语言最本质、最核心的部分。在通行版《普通语言学教程》中,索绪尔认为语言学的任务是：

（a）对一切能够得到的语言进行描写并整理出它们的历史,那就是,整理出各语系的历史,尽可能重建每个语系的母语；

（b）寻求在一切语言中永恒地普遍地起作用的力量,整理出能够概括一切历史特殊现象的一般规律；

（c）确定自己的界限和定义。④

---

① 德·索绪尔《普通语言学手稿》,于秀英译,南京大学出版社 2011 年版,第 6 页。于秀英译 2020 年商务版《普通语言学手稿》第 16 页将 mot 译作"字"。
② 德·索绪尔：《普通语言学手稿》,于秀英译,商务印书馆 2020 年版,第 283—284 页。
③ 德·索绪尔：《普通语言学手稿》,于秀英译,商务印书馆 2020 年版,第 283—284 页。
④ 德·索绪尔：《普通语言学教程》,高名凯译,商务印书馆 1996 年版,第 26 页。

而"能指/所指""个体/大众""语言/言语"这三个二元对立，尤其是最核心的"能指/所指"二元对立与语言符号单位本身说清楚了，语言学的第三项任务，即确定语言的"界限和定义"，也就是弄清语言是什么这个语言学的核心任务，也就完成了大部分。索绪尔的《论语言的二元本质》，就是主要探讨语言符号能指与所指二元对立和语言符号单位自身确定（价值）的一部独立书稿，从相对于其他文稿的分量，就可以看出索绪尔对这两个问题所下的功夫之深，用情之专。弄清语言学的对象是什么，亦即语言是什么，这是语言学最基本的前提。这是索绪尔对前学批评的主要着眼点，更是索绪尔语言理论大厦的基础与核心，同时也奠定了现代语言学的基本理论体系。

（一）语言质体：由形式差异和由此形成的意义差异构成的负性统一体

学科的对象是该学科最重要的核心概念。语言学与其他学科不同，语言学的对象不是现成地摆在研究者的眼前，需要从异质的纷繁复杂的言语交际活动中把它区分出来：明确学科的研究对象，是语言学科学研究的最基本的前提。《论语言的二元本质》就是从二元对立角度来分析，价值、对立、差异、负性、同一性、空、无实质性、关系、系统等概念，无一不是指向语言符号或语言单位这个语言学的核心对象。这部未完成的书稿，可以看作索绪尔对语言符号学的系统研究，这种对本体、存在和关系的探索，毫无疑问，具有语言观和方法论性质，是索绪尔语言学的哲学，或者说是索绪尔的语言哲学。不过，因为写作时间的原因，在这部书稿中，还没有使用"能指""所指"这对对立的术语，"能指"和"所指"这对术语，还是索绪尔在第三次也就是最后一次教程中，在所有课程已过大半的1911年5月19日（7月14号结束），在第五章课程中对前两章进行补充时，才提出来的；[①] 而书稿中的"符号"也不是指作为整体的符号，而是指符号的形式，亦即后来的"能指"；这个意思有时也用"形式"来指称。

索绪尔认为，"没有语言质体可以是给定的，可即刻通过感官而给

[①] 德·索绪尔：《1910—1911索绪尔第三度讲授普通语言学教程》，张绍杰译，湖南教育出版社2001年版，第101—102页。

第五章 从《普通语言学手稿》看索绪尔的语言学思想

定的；没有任何质体可以独立存在于与之结合的概念之外"①，"永远无法在语言中发现个体，即就自身所确定的存在"，② 因为语言学的对象是复杂的，而且这种复杂性中并不具备自然单位；有什么样的观点，就可以确定什么样的个体单位；"在语言中，有必要区分两种现象：一个属于内在的意识现象，一个是可以直接把握的外在现象"。③ 因为单一的现象无从构成语言单位，所以对语言单位的确定，要根据语言的同一性，而语言的同一性，就意味着两种异质要素的结合：

> 语言现象的二元论存在于下述二元性中：即作为声音的声音和作为符号的声音，前者是物理现象（客观的），后者是物理－精神现象（主观的），但绝对不是语音之"物理"与意义之"精神"的对立。有一个领域，内在的精神领域，符号及意义存在其中，相互依存，无法分离；还有一领域，外部的领域，那里只有"符号"，但却化为一个连续的音波，我们只能将其命名为声音形象。④

索绪尔区分了物理的声音和作为符号的声音，认为意义与作为意义载体的符号，都存在于内在的精神领域，但它们是异质的；而体现在外部领域的，是符号（作为意义的对立面和载体）的外化——声音形象，"声音形象得自于概念，得自于符号功能"，⑤ "声音形象被引入到所谓的语言的符号游戏中来，从此，它就变成形式"，⑥ "语言学上只存在着意识所知觉到的，即如其所是或变成符号"⑦。作为声音形象的构成部分，"语言中**语音的在场**是人们所能想象而不可还原的要素"，它只有与其他语音相互对立时才有价值，亦即这种语音在场的一种"**相关性的呈现**"，⑧ 是相对的

---

① 德·索绪尔：《普通语言学手稿》，于秀英译，商务印书馆2020年版，第24页。
② 德·索绪尔：《普通语言学手稿》，于秀英译，商务印书馆2020年版，第27页。
③ 德·索绪尔：《普通语言学手稿》，于秀英译，商务印书馆2020年版，第21页。
④ 德·索绪尔：《普通语言学手稿》，于秀英译，商务印书馆2020年版，第25页。
⑤ 德·索绪尔：《普通语言学手稿》，于秀英译，商务印书馆2020年版，第25页。
⑥ 德·索绪尔：《普通语言学手稿》，于秀英译，商务印书馆2020年版，第43页。
⑦ 德·索绪尔：《普通语言学手稿》，于秀英译，商务印书馆2020年版，第51页。
⑧ 德·索绪尔：《普通语言学手稿》，于秀英译，商务印书馆2020年版，第29页。

或相互的价值,纯粹的语音不属于语言,"声音方面的质体不是语言的质体"①。所以,"在言语活动中,无论从哪个角度切入,根本没有以其自身界定和确定的个体","所获得的任何一个单位都不再只是一个单位",②因为单位(个体)是由相互之间的关系来确定的。

 索绪尔认为,语言形式的价值、意义、功能或用法,是同义的;"一个语言系统(形态系统),一个信号系统,首先是由不同的价值构成的",要使一个形式作为形式,必须有两个恒定的条件:"1°这一形式不能脱离同时出现的其他对立形式。2°这一形式不与其意义相分离。"③ 因为形式与其意义相对,才是其意义的形式,否则不称其为形式;同时,形式也是与其他形式相互区别、相互对立的产物,单独存在之物是不能构成形式的。因此,"不能借助形式所代表的声音形象来定义形式是什么;——更不能借助声音形象所蕴含的意义对之下定义",因为形式与意义是不同质的东西,"必须用普遍的复杂事实来作为首要事实,这一事实是由两个相反的事实组成的:即声音形象的普遍差异,以及附着于其上的意义的普遍差异";④ 形式"既不是任何一种范畴,也不是一个简单范畴的某种**肯定**的质体,而是**复杂且相反**的质体:得之于与其他形式的不同"⑤,形式体现为彼此之间的差异,亦即不同,"**形式**这种存在,除了用法之外,全然是虚空的"⑥。因此,"语言建立在一定量的可识别的差异或者对立之上,而相对词项的每一绝对价值则无关紧要,它可以变动很大,语言状态却不会因此被打破",⑦ 因为语言单位的同一性,是依据彼此之间的差异,亦即相互对立来确定的:同一性,不过是差异性的另一面而已。

 索绪尔认为,"1°符号只根据其意义而存在;2°意义只根据符号而

---

① 德·索绪尔:《普通语言学手稿》,于秀英译,商务印书馆2020年版,第37页。
② 德·索绪尔:《普通语言学手稿》,于秀英译,商务印书馆2020年版,第31页。
③ 德·索绪尔:《普通语言学手稿》,于秀英译,商务印书馆2020年版,第33页。
④ 德·索绪尔:《普通语言学手稿》,于秀英译,商务印书馆2020年版,第34页。
⑤ 德·索绪尔:《普通语言学手稿》,于秀英译,商务印书馆2020年版,第41页。
⑥ 德·索绪尔:《普通语言学手稿》,于秀英译,商务印书馆2020年版,第36页。
⑦ 德·索绪尔:《普通语言学手稿》,于秀英译,南京大学出版社2011年版,第24页。2020年版《普通语言学手稿》第42页将这句话中的"而相对词项的每一绝对价值则无关紧要"译作"而相对词项的每一绝对音值则无关紧要"。

第五章　从《普通语言学手稿》看索绪尔的语言学思想

存在；3°符号和意义只根据符号之间的差异而存在",① 语言符号的两面是互相确定的，具有双面性，缺少其一就不能构成符号，在《普通语言学教程》中，索绪尔曾把声音（音响形象/声音形象/听觉形象——笔者注）与思想（概念/观念——笔者注）比作一张纸的正反两面，不可能切开正面而不同时切开反面，来说明符号（符号的形式，即能指——笔者注）与意义的一体性；② 符号是差异或者对立抑或关系的产物：（1）形式与意义的关系；（2）形式与形式的关系（表现为差异或对立）；（3）意义与另一意义的关系（表现为由形式而形成的差异或对立），"意义只是表达形式价值的一种方式，这一形式的价值，在每时每刻，都完全取决于与其共存的形式"③。所以，"形式与意义是一回事，而且形式是四项的"，④ 四个对立项关系如图 5.2 所示。

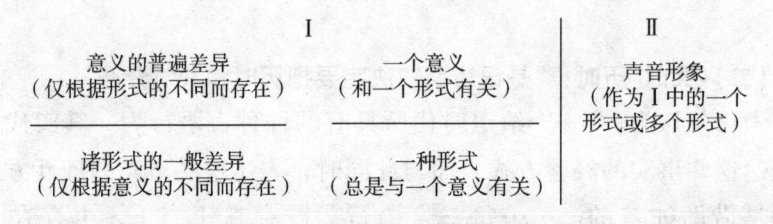

I		II
意义的普遍差异 （仅根据形式的不同而存在）	一个意义 （和一个形式有关）	声音形象 （作为 I 中的一个 形式或多个形式）
诸形式的一般差异 （仅根据意义的不同而存在）	一种形式 （总是与一个意义有关）	

图 5.2　四个对立项关系示意

对这四个对立项，索绪尔解释道："任何形式都不仅与一个概念相对应，任何意义也不仅与一个符号相对应。……事实上，只有一些形式上的差异和一些意义上的差异；另一方面，这些不同范畴的每一个（因此自身已是相反的东西）正是靠了与别的结合才作为差异而存在。"⑤

这个四个对立项关系示意图说明，一个意义必然是一个形式的意义，一个形式必然是代表一个意义的形式；根据形式而不同的意义间不仅具有普遍的对立与差异，也与根据意义不同而存在的形式的对立与差

---

① 德·索绪尔：《普通语言学手稿》，于秀英译，商务印书馆 2020 年版，第 42 页。
② 德·索绪尔：《普通语言学教程》，高名凯译，商务印书馆 1996 年版，第 158 页。
③ 德·索绪尔：《普通语言学手稿》，于秀英译，商务印书馆 2020 年版，第 47 页。
④ 德·索绪尔：《普通语言学手稿》，于秀英译，商务印书馆 2020 年版，第 48 页。
⑤ 德·索绪尔：《普通语言学手稿》，于秀英译，商务印书馆 2020 年版，第 48 页。

异相互依存，而这些相互关联、相互对立，通过声音形象这种负载意义的形式间的差异而体现。因此，无论是形式还是意义，都不是靠自身，而是靠形式与其他形式之间，意义与其他意义之间，彼此之间的相互对立、相互差别，来彼此规定的，从而所构成的整体——语言符号——也是在与其他语言符号彼此之间的相互对立、相互区别中来确定自身的，它不是由它本身是什么，而是由它不是什么——亦即"负性"——来决定自身价值的，所以索绪尔把语言符号看作"负性统一体"，或"无实质性"。索绪尔的这个图示以及解释，深刻地阐明符号形式与意义的一体性、差异或对立的复杂性，这是对语言符号系统性的最好说明。因此，"处于符号的世界还是意义的世界，其实是一回事"，①"说**符号**，就等于说**意义**；说**意义**就等于说**符号**"②。

（二）共时/历时："是语言事实决定要把历时和共时分开"

索绪尔认为，"一个给定时代所具有的种种言语行为，**其实代表一种**表达这些事实的**经验**方式，而与此同时，表达这些事实的理性方式则专一是借助**往昔**的。……每一言语行为既存在于当下，也存在于过去"。③ 这样，语言就存在于现实的状态和过去的历史，或者共时与历时两个方面，但"存在着科学的，而且与每种语言状态自身都相关的研究；这种研究不仅不需要历史观点的介入，而且根本不取决于历史的观点。一开始就要系统地排除任何成见和任何历史观念，如排除历史术语一样"，因为语言"系统完全独立于历史而运作"。④ 首先，语法是系统的，"语法是对确定的**语言状态**进行的分析"，⑤ 语法是语言共时状态的产物，某一个形式的语音形象与以前的差异如某个音的脱落，是一种历史事件，但只是在共时的语言状态中，由于它与其他形式的差异或对立，才赋予了这一形式的某种价值。其次，音位也是系统的，作为声音

---

① 德·索绪尔：《普通语言学手稿》，于秀英译，商务印书馆2020年版，第33页。
② 德·索绪尔：《普通语言学手稿》，于秀英译，商务印书馆2020年版，第50页。
③ 德·索绪尔：《普通语言学手稿》，于秀英译，商务印书馆2020年版，第51页。
④ 德·索绪尔：《普通语言学手稿》，于秀英译，商务印书馆2020年版，第51—52页。
⑤ 德·索绪尔：《普通语言学手稿》，于秀英译，商务印书馆2020年版，第51页。

形象的构成部分,说某个音 a 是某个音,完全是由于同时还有其他的音 b、c 等的存在,a 正是由于与 b 和 c 等的差异、对立而体现自身价值的,这样的 a 等就不是物理性的自身而是与 b、c 等相对的关系的产物,所以才存在"语音波动现象"(fluctuation),① 这是一种发音上的自由度,允许发 a 时存在一定的变异,发成 a′、a″、a‴等,只要不发成 b、c 等就可以,顶多会给人一种不大自然的感觉,这样的 a 就不再属于物理的音响性质,"在一给定时刻所考虑的系统中,显然没有什么可以是**语音**的",② "所谓的语音规则,只要确定于给定的语言状态,它在任何方面与**形态学**的原则都无区别,实际上是纯粹形态学的",③ 而物理性的实体性(或实质性)的语音,是在语言系统之外的。

索绪尔认为,"某种语言符号之所以能够存在,因为有其他符号存在,这是一个最起码的事实",④ "**符号**和**概念**……须完全遵守瞬时,只是**瞬时**而已。这属于形态学、句法学、同义词等领域",⑤ 索绪尔把语言系统与海军信号旗系统相比较,认为海军的信号旗有两种性质的存在:第一种是作为红色或蓝色的布料,第二种是把它当作一个符号,是表示某种意义的一种存在;在后者中,一是含有依附于其上的某种意思,二是它作为代表某种意思的符号,不是由于自身的颜色,而是:(1)它与同一时刻出现的其他符号的差异;(2)它与本可以出现在其位置上、与其同时存在的但此时此刻并未出现的其他符号的差异。除了"这两个相反要素之外,如果问符号的肯定的存在是在哪儿,我们立刻看到它不具有任何肯定的"东西⑥。因此,"任何语言符号脱离了与其他符号相对立的关系,都不曾有过哪怕是瞬时的自足的存在",⑦ "的确唯有周边的符号才能确定每一符号的价值和存在……可见,必须忘记词

---

① 德·索绪尔:《普通语言学手稿》,于秀英译,商务印书馆 2020 年版,第 42、79 页。
② 德·索绪尔:《普通语言学手稿》,于秀英译,商务印书馆 2020 年版,第 68 页。
③ 德·索绪尔:《普通语言学手稿》,于秀英译,商务印书馆 2020 年版,第 66 页。
④ 德·索绪尔:《普通语言学手稿》,于秀英译,商务印书馆 2020 年版,第 54 页。
⑤ 德·索绪尔:《普通语言学手稿》,于秀英译,商务印书馆 2020 年版,第 60 页。
⑥ 德·索绪尔:《普通语言学手稿》,于秀英译,商务印书馆 2020 年版,第 61 页。
⑦ 德·索绪尔:《普通语言学手稿》,于秀英译,商务印书馆 2020 年版,第 73 页。

源学的内容或回溯的情况，这些意识中没有的东西"，① "正如象棋博弈，在游戏之外问王后、卒子、象、骑士是什么，那会是个很蠢的问题"②。

正因为如此，索绪尔得出了如下结论："要对永远瞬时的'语言'存在与注定是时间中传承的'语言'存在加以绝对的分离，我们认为没有比这一点更为必要的了。事实上，语言中的一切往往因其**传承**的偶发事件所致，但并不意味着可用传承的研究来取代语言的研究；……每一时刻都有两个全然有别的范畴：一个是语言，另一个则是这一语言的传承"，③ 因此，"是**语言事实**决定要把历时和共时的观点分开"，④ "**在每个时代**，只有**相对立，相对的价值**"⑤；而"只要说出**语言**或**言语活动**一词，不能不首先注意到**语言**跟**语言的传承**之间可能会发生的混淆"，⑥ 但是"永远把**连续**的或回溯性的，与瞬时或当下，直接或普遍的混为一谈，这种混淆是一种灾难"⑦。

在语言学史上，从学术渊源角度来看，最早提出语言具有静态与动态两个方面的是波兰—俄国语言学家博杜恩·德·库尔德内，索绪尔无疑接受了这一观念，但索绪尔却主张摒弃历时而专门致力于共时研究，其理论前提是对语言符号的认识，"（'历史句法'）这门'科学'并无真正的科学基础"⑧，"**语言状态**给语言学家的研究只提供唯一的一个中心对象：形式与寓于形式中的概念之间的关系"⑨；认为语言符号的确定取决于形式的差别、意义的差别以及这种差别的对立统一。语言符号彼此之间的差别、对立，必然导致语言符号的系统性，差异、对立只能源于形式、意义和语言符号存在的共时性或状态性，因此对语言符号系统的研究必须排除历史因素和历史观念的干扰。这是索绪尔的高明之处：他对博杜恩的静态、动态对立的认识，不仅有术语的改造——用有共同词根而又

---

① 德·索绪尔：《普通语言学手稿》，于秀英译，商务印书馆2020年版，第75页。
② 德·索绪尔：《普通语言学手稿》，于秀英译，商务印书馆2020年版，第74页。
③ 德·索绪尔：《普通语言学手稿》，于秀英译，商务印书馆2020年版，第61页。
④ 德·索绪尔：《普通语言学手稿》，于秀英译，商务印书馆2020年版，第73页。
⑤ 德·索绪尔：《普通语言学手稿》，于秀英译，商务印书馆2020年版，第74页。
⑥ 德·索绪尔：《普通语言学手稿》，于秀英译，商务印书馆2020年版，第95页。
⑦ 德·索绪尔：《普通语言学手稿》，于秀英译，商务印书馆2020年版，第56页。
⑧ 德·索绪尔：《普通语言学手稿》，于秀英译，商务印书馆2020年版，第93页。
⑨ 德·索绪尔：《普通语言学手稿》，于秀英译，商务印书馆2020年版，第94页。

彼此对立的"共时""历时"来代替博杜恩的术语,这不仅仅是吸收和整合,① 更有基于对语言符号本身认识而形成的对语言共时态的理解,这个理解就是,只有共时的,才是语言系统本身的;只有共时语言学,才是对语言符号系统本体的研究。此外,在《普通语言学教程》中,索绪尔还从说话者意识之中只存在语言状态,和语言自身两个角度,来说明语言共时态实际上就是语言符号系统本身。② 语言学史上,雅柯布森③、高名凯④、徐思益⑤等语言学家认为索绪尔割裂了语言共时态和历时态、割裂了共时语言学和历时语言学,是没有道理的。

(三) 语言单位的确定:负性原则、差异、空、价值、系统

索绪尔认为,"语言要素并非什么别的东西,不过是一个根据某种约定与系统其他要素相对且具有价值的构件而已";⑥ "从根本上讲,语言建立在差异之上","语言本质上仅依据相对立关系,仅依据一套全然相反的价值而存在,只因其相互对照而存在","负的原理其实就是语言的机制"⑦。语言学所面对的对象,除了与其他对象的差异以外,没有自身的现实性,没有任何存在的物质实体性(或实质性)基础,存在的只是词项之间的差异,而且差异只是以相反的方式存在(即不是什么);"至于这些'差异'——语言由其构成——,它们什么也不代表,倘若没有赋予其意义的话,在当下甚至没有意义:要么它们是各种形式的差异(这一差异什么也不是),要么是精神所感知的各种形式

---

① 李葆嘉先生认为索绪尔对共时、历时的认识,也只是接受博杜恩的说法并整合到自己的理论框架之中,见李葆嘉、邱雪玫《现代语言学理论形成的群体模式考察》(《外语教学与研究》2013年第3期);李葆嘉、叶蓓蕾《索绪尔〈教程〉与博杜恩理论的比对》(《南开语言学刊》2018年第2期)。

② 聂志平:《论语言共时态和历时态的区分》,《兰州大学学报》(社会科学版)1990年第3期;又见《语言文字学》1990年第9期。

③ 罗曼·雅柯布森:《雅柯布森文集》,钱军、王力译,湖南教育出版社2001年版,第43、50—51、80—81、121—122页。

④ 高名凯:《德·索绪尔和他的〈普通语言学教程〉》,《高名凯语言学论文集》,商务印书馆1990年版,第712页。

⑤ 徐思益:《论语言的共时性和历史性》,《新疆大学学报》(哲学社会科学版)1980年第1期。

⑥ 德·索绪尔:《普通语言学手稿》,于秀英译,商务印书馆2020年版,第74页。

⑦ 德·索绪尔:《普通语言学手稿》,于秀英译,商务印书馆2020年版,第78—79页。

的差异（这已经有点意义，但在语言中还不算什么），要么是由复杂的关系游戏和最终的平衡所导致的各种各样的**差异**。所以，独立的'正'的词项亦不存在，唯有**差异**。进而言之，差异是形式与感知意义结合的结果"，① 所谓的"负性"，是指语言符号不是由其本身的性质从正面亦即由它是什么来确定的，而是由语言符号彼此之间的关系——体现为差异、不同，体现为彼此的对立——从反面，亦即它不是什么来确定的，物质性或实体性（实质性）的事实与语言毫不相关：在语言中"词项差异是由词项之间的关系所确定的，无此种差异，词项就是虚空的、不确定的"②；所以符号"从来都只是以负的方式，通过同时呈现的其他符号而被界定"，③ 因此"无论是以何种观点来考察语言的本质，语言都不建立在绝对或正的价值体系上，而在于相关或相反的价值，仅靠其相对作用而存在"，④ 这样确定下来的语言符号只能具有相对性而不具有实体性（实质性）："由于没有任何单位是建立于它物之上，而只是建立于**差异**之上，单位其实总是想象的，唯有差异存在。"⑤ 相对于物质性或实体性（实质性），这种依据语言符号彼此之间的相互对立所形成的差异，是一种彼此依赖的相互关系，具有非物质性或非实体性，就是相对于"实"的"虚"，相对于"物"的"空"，相对于"正"的"负"。正是因为如此，"呈现、缺席或者连续形式具有同等意义，这就是说每一符号都时时地绝对地具有某种价值，无法预见，且取决于周边的符号"，"零符号在产生之时与带正号的符号完全是一回事"。⑥ 索绪尔甚至用箴言式的话语做这样的概括："**存在**，什么都**不存在**"，"这个**是**那个"。⑦

索绪尔关于差异、负性原则、空、价值、零符号这些概念或原理的论述，其抽象程度和论证方式，是纯哲学性的，理解起来有些费力气。相比之下，作为课堂讲述，则显得生动好懂些。比如，说到价值，索绪

---

① 德·索绪尔：《普通语言学手稿》，于秀英译，商务印书馆2020年版，第73页。
② 德·索绪尔：《普通语言学手稿》，于秀英译，商务印书馆2020年版，第71页。
③ 德·索绪尔：《普通语言学手稿》，于秀英译，商务印书馆2020年版，第86页。
④ 德·索绪尔：《普通语言学手稿》，于秀英译，商务印书馆2020年版，第88页。
⑤ 德·索绪尔：《普通语言学手稿》，于秀英译，商务印书馆2020年版，第91页。
⑥ 德·索绪尔：《普通语言学手稿》，于秀英译，商务印书馆2020年版，第75—76页。
⑦ 德·索绪尔：《普通语言学手稿》，于秀英译，商务印书馆2020年版，第89页。

尔用5法郎价值的判定做比喻来说明："（1）能交换一定数量的不同的东西，例如面包；（2）能与同一币制（美元等等）相比"；进而引到语言符号的价值上来："同样，一个词可以跟某种不同东西即观念交换；也可以跟某种同性质的东西即另外一个词相比。"① 价值不是实体性的，而是相互关系的产物，是系统的产物。一百元人民币的价值，肯定不取决于印刷一百元所用的特殊纸张和油墨，而取决于一百元人民币在人民币面值序列中的地位，取决于它的购买力，取决于它相对于英镑或美元等的相互比值；中国象棋中的"象"虽然用这个字形，但它的意思明显不同于作为汉语中表示"哺乳动物，是陆地上现存最大的动物，耳朵大，鼻子长圆筒形，能蜷曲，多有一对长而大的门牙伸出口外，全身的毛很稀疏，皮很厚，吃嫩叶和野菜等。生活在我国云南南部、印度、非洲等热带地区。有的可驯养来驮运货物"② 的词语的书写符号，在象棋中的"象"，它的意义或价值，只取决于它在象棋中与"车""马"等棋子的不同，取决于它的位置和走法，因此它才会与对方棋子中意义或价值相同但写法不同的"相"是同一种棋子符号。索绪尔真是极其高明的教师，举例贴切，深入浅出。《普通语言学教程》中所举的例子都很高明，即便是有不同意见，语言学家们都对索绪尔的比喻赞叹不已。"深入"，就是像《论语言的二元本质》这样索绪尔写作的著作和文章，"浅出"，就是索绪尔在教学活动中对自己以及整合在自己语言学理论体系中的基本原理和基本概念的形象化阐释，这两者的结合，就是即便仅仅作为课程笔记整理出来的《普通语言学教程》，也有着远远超出一般语言学著作的深刻。

（四）结语

索绪尔把语言看作符号系统，并深刻地阐述了语言符号的性质，它构成了索绪尔语言理论的基础与核心，也是现代语言学的理论基础，我们把它称作"语言符号学"。索绪尔语言理论广为人知并深刻地影响了现代语言学，以前主要是靠根据学生听课笔记编辑出版的《普通语言

---

① 德·索绪尔：《普通语言学教程》，高名凯译，商务印书馆1996年版，第161页。
② 中国社会科学院语言研究所词典编辑室：《现代汉语词典》（第7版），商务印书馆2016年版，第1434页。

学教程》。但索绪尔对语言的深入思考，却远在20世纪初期讲授"普通语言学教程"之前。索绪尔语言哲学思想的形成，应该以本书分析的这部大约写作于1894年①的未完成书稿《论语言的二元本质》为标志。这部书稿是索绪尔集中思考语言理论问题的结果，它是20多年后出版的《普通语言学教程》（1916）中片段式的精彩理论阐述的来源。如果《普通语言学教程》中的某些表述还会让人感到有些突兀费解，那么《论语言的二元本质》对问题的阐述则更加系统全面，索绪尔用一系列对立统一的"二元性"，深刻地剖析了语言符号的本质，所形成的关于语言符号的系统性认识——语言符号学，处处闪耀着辩证法的光辉。② 正是由于有这种哲学的眼光，即便是吸收、整合前辈或时贤的理论观点，但在索绪尔的语言学理论体系中却条理贯通、浑然一体，被赋予了新的生命，这正是索绪尔的伟大之处。

---

① 《普通语言学手稿》未标《论语言的二元本质》的写作时间。这一点是中山大学屠友祥先生电子邮件告知的，谨致谢意。
② 这一点也佐证了32年前在索绪尔研究资料比较少的时期笔者一篇论文中的一个说法："索绪尔对语言系统的理解带有很深的去掉了那层'神秘外壳'的黑格尔辩证法的胎记"，见聂志平《语言：语法系统　句段关系和联想关系——索绪尔语法思想初探》，载《齐齐哈尔师范学院学报》（哲学社会科学版）1990年第5期，又载中国人民大学报刊复印资料《语言文字学》1990年第11期；也见赵蓉晖编《索绪尔研究在中国》，商务印书馆2005年版，第295—297页；也见本书第九章。

第六章 《普通语言学教程》中的语言符号学思想

> 符号学，就目前意义讲，至少对我们这些欧洲人来说，它来自索绪尔。
>
> ——罗兰·巴尔特①

一 符号与语言符号

"语言是一种表达观念的符号系统，因此，可以比之于文字、聋哑人的字母、象征仪式、礼节形式、军用信号等等。它只是这些系统中最重要的。因此，我们可以设想有一门研究社会生活中符号生命的科学；它将构成社会心理学的一部分，因而也是普通心理学的一部分；我们管它叫符号学。它将告诉我们符号是由什么构成的，受什么规律支配。……语言学不过是这门一般科学的一部分，将来符号学发现的规律也可以应用于语言学"，"语言学家的任务是要确定究竟是什么使得语言在全部符号事实中成为一个特殊的系统"，"如果我们能够在各门科学中第一次为语言学指定一个地位，那是因为我们已把它归属于符号学"。② "语言的问题，主要是符号学的问题"。③ 索绪尔一方面以语言作为解剖的标本，建立了自己的符号学理论，成为符号学的创始人；另一方面，把

---

① 罗兰·巴尔特：《符号学原理》，王东亮等译，生活·读书·新知三联书店1999年版，第1页。
② 德·索绪尔：《普通语言学教程》，高名凯译，商务印书馆1996年版，第37—38页。
③ 德·索绪尔：《普通语言学教程》，高名凯译，商务印书馆1996年版，第39页。

语言定位在符号上,从符号学角度全面地阐述了语言的基本特征,从而掀开了语言学史上的崭新一页:一般理解现代语言学是建立在对语言系统性的理解之上的,实际上,不把语言定位为符号,语言的系统性就无从提起;只有这样认识,才可以理解为什么索绪尔会集现代语言学和符号学创始人这两种身份于一身的真正原因。而他的根基,则在符号学。作为对人类一种基本的社会性行为方式的解释,索绪尔以语言为标本的符号学,或可以称为语言符号学,为其他人文学科提供了一种范式,确立了索绪尔在人类思想史上的大师地位。

认为语言是一种表示思想或观念的符号,认为语言具有社会性,语言符号具有任意性,是约定俗成的;认为语言是一个符号系统,认为应该区分静态和动态两种语言状态,并不是索绪尔的专利,作为前辈的美国语言学家惠特尼,作为同时代的波兰—俄国语言学家的博杜恩·德·库尔德内和他的波兰籍学生克鲁舍夫斯基,均在索绪尔之前提出了这些观念,所以《普通语言学教程》传到苏联时,语言学界认为没有多少新意,谢尔巴院士说:"1923年,当我们在列宁格勒收到索绪尔的《教程》一书时,使我们感到惊讶的是,索绪尔与我们所熟悉的原理在许多地方是相同的。"[1]

但为什么是索绪尔奠定了现代语言学和符号学的基础,而不是别人呢?这是因为索绪尔开创了语言符号学。

索绪尔从符号的具体表现形式之一——语言符号——开始自己的论述。他认为,语言是一种表达观念的符号系统;他用图6.1来说明语言符号,"可以把它定位在循环中听觉形象和概念相结合的那确定的部分"[2],"语言符号联结的不是事物和名称,而是概念和音响形象。后者不是物理的声音,纯粹的物质的东西,而是这声音的心理印迹,我们的感觉给我们证明的声音表象","因此语言符号是一

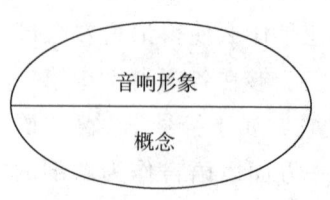

图6.1 语言符号构成图示

---

[1] 转引自戚雨村《索绪尔在世界和中国》,载《现代语言学的特点和发展趋势》,上海外语教育出版社1997年版,第55页。

[2] 德·索绪尔:《普通语言学教程》,高名凯译,商务印书馆1996年版,第36页。

种两面的心理实体";概念和音响形象构成的整体就是语言符号;为什么是"音响形象"而不是具体的某个音呢?"我们试观察一下自己的言语活动,就可以清楚地看到音响形象的心理性质:我们不动嘴唇,不动舌头,就能自言自语,或在心里默念一首诗。那是因为语言中的词对我们来说都是一些音响形象。"① 在后来的讲课中,他又用"能指"和"所指"两个术语来代替音响形象和概念,使构成符号这两个方面的术语更具有对立统一性,同时也使对语言符号的论述具有了更加广泛的意义。符号图示如图6.2。

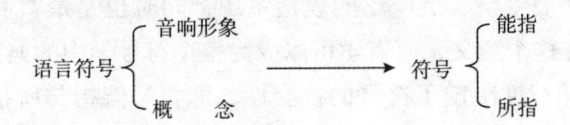

语言符号 { 音响形象 / 概念 } —→ 符号 { 能指 / 所指 }

图 6.2　从语言符号上升为一般符号

"能指"是符号的存在形式,"所指"是符号的意义或内容。能指时常被看作符号本身,实际上只有当它相对于所指,即处于符号这个整体之中作为所指的对立面,它才能作为符号的形式代表符号。"语言还可以比作一张纸:思想是正面,声音是反面。我们不能切开正面而不同时切开反面,同样,在语言里,我们不能使声音离开思想,也不能使思想离开声音。"② 那种认为符号只有单面性的观点,是没有看到符号之所以为符号的真正内涵。

接着索绪尔论述了符号的性质。"第一个原则:符号的任意性"(小标题),能指与所指之间没有自然或必然的联系,不能由能指推断所指,也不能由所指推断能指,能指与所指之间的关系具有任意性。"能指和所指的联系是任意的,或者,因为我们所说的符号是指能指和所指相联结所产生的整体,我们可以更简单地说:语言符号是任意的。"③ 任意性是符号的本质属性。根据学生的笔记,索绪尔反复强调这条原则

---

① 德·索绪尔:《普通语言学教程》,高名凯译,商务印书馆1996年版,第101页。
② 德·索绪尔:《普通语言学教程》,高名凯译,商务印书馆1996年版,第101页。
③ 德·索绪尔:《普通语言学教程》,高名凯译,商务印书馆1996年版,第158页。

的重要："这条真理在按等级排列的位置中处于最顶端。人们只能一点一点地认识到，无数不同现象只不过是支流细节，都是这条真理的存在而引起的。"① 索绪尔把任意性作为符号的第一原则，一方面划定了符号的范围，把以图像指示性的标志和内容与形式"有一点自然联系的根基"的象征或征候排除于符号之外；另一方面将对符号的认识引入了更加深刻的逻辑空间："事实上，整个语言系统都是以符号任意性的不合理原则为基础的"②，"这个原则支配着整个语言的语言学，它的后果是不胜枚举的"，"完全任意的符号比其他符号更能实现符号方式的理想；这就是为什么语言这种最复杂、最广泛的表达系统，同时也是最富有特点的表达系统。正是在这个意义，语言学可以成为整个符号学中的典范"③。

符号的任意性决定了符号的社会性，即符号能指与所指之间的联系是社会人为建立起来的，这个符号只要在社会中被使用，就对使用者有一种制约性，或者说符号的能指与所指之间的联系是约定俗成的："语言是一种社会制度"，④"符号在本质上是社会的"，⑤"能指对它的表示的观念来说，看起来是自由选择的，相反，对使用它的语言社会来说，却不是自由的，而是强制的。……人们对语言说：'您选择罢！'但是随即加上一句：'您必须选择这个符号，不能选择别的'"⑥。"要有语言，必须有说话的大众。在任何时候，同表面看来相反，语言都离不开社会事实而存在，因为它是一种符号现象。它的社会性质就是它的内在的特性之一。"⑦ 不仅语言符号如此，"事实上，一个社会所接受的任何表达手段，原则上都是以集体的习惯，或者同样可以说，以约定俗成为基础的"⑧。在第二次讲课，索绪尔还说：建立符号系统"是为集体，而非为个体所设，一如船舶为大海而造那样"⑨。

---

① J. 卡勒：《索绪尔》，张景智译，中国社会科学出版社1989年版，第21页。
② 德·索绪尔：《普通语言学教程》，高名凯译，商务印书馆1996年版，第184页。
③ 德·索绪尔：《普通语言学教程》，高名凯译，商务印书馆1996年版，第103页。
④ 德·索绪尔：《普通语言学教程》，高名凯译，商务印书馆1996年版，第37页。
⑤ 德·索绪尔：《普通语言学教程》，高名凯译，商务印书馆1996年版，第39页。
⑥ 德·索绪尔：《普通语言学教程》，高名凯译，商务印书馆1996年版，第107页。
⑦ 德·索绪尔：《普通语言学教程》，高名凯译，商务印书馆1996年版，第115页。
⑧ 德·索绪尔：《普通语言学教程》，高名凯译，商务印书馆1996年版，第103页。
⑨ 德·索绪尔：《普通语言学导论》，于秀英译，商务印书馆2020年版，第35页。

第六章 《普通语言学教程》中的语言符号学思想

符号的任意性决定了符号的系统性。因为能指与所指之间没有必然性，或者说它们之间的关系是任意性的，所以符号的价值（或者说它是什么）只能由彼此间的相互关系决定。"声音是一种物质要素，它本身不可能属于语言。它对于语言只是次要的东西，语言所使用的材料。……语言的能指更是这样；它在实质上不是声音的而是无形的——不是由它的物质，而是由它的音响形象和其他任何音响形象的差别构成的。"①"语言中只有差别。……就拿所指或能指来说，语言不可能有先于语言系统而存在的观念或声音，而只有由这系统发出的观念差别和声音差别。一个符号所包含的观念或声音物质不如围绕着它的符号所包含的那么重要。可以证明这一点的是：不必触动意义或声音，一个要素的价值可以只因为另一个相邻的要素发生变化而改变。……语言系统是一系列声音差别和一系列观念差别的结合，……语言制度的特性正是要维持这两类差别的平行。"② 化用一下索绪尔的比喻来说明。中国象棋的棋子可以用木头、象牙、玻璃、塑料等材料制作，子目有"将""士""象""车""马""卒""炮"等，作为棋子的"马"的意义或所指就不再是汉语中"马"这个词所指的意思，它只是非"将"、非"士"、非"相"、非"车"、非"卒"、非"炮"，是在它们之外的另外一个子目，初始状态下它的位置处于"车"和"象"之间，它的走法是以"日"形移动，可以过河，这就是它的意义。或者说它的意义或所指不是正面由它是什么，而是由反面即它不是什么规定的。作为这个符号的载体，它可以是上述材料，也可以是其他的什么，比如这个棋子丢了，我们可以用一个瓶盖儿来代替它，只要它处在象棋这个系统中，处于与其他棋子的对立中，按"马"的走法来走，它就可以被看作"马"。因此，是象棋这个系统决定了棋子"马"是什么。对于符号来说，因为它是任意的，所以它只能是系统的。因为能指与所指之间没有必然的联系，所以能指和所指只能在与其他符号的能指和所指的相互关系中，同时，符号本身也只能在与其他符号的相互关系中，以相互对立、相互区别的方式来确定自己——

---

① 德·索绪尔：《普通语言学教程》，高名凯译，商务印书馆1996年版，第165页。
② 德·索绪尔：《普通语言学教程》，高名凯译，商务印书馆1996年版，第167页。

它不是别的符号的能指和所指，而只是自己这个符号的能指和所指，这个符号不是其他符号而只是它自身，符号不是依靠自己的正面性质，而是依靠自己负面的特点——它不是什么——来规定自己是什么，"任意和表示差别是两个相关的素质"①。所以符号只能是系统的，而不可能是其他的什么。语言符号也是这样。"物质的符号对表达观念来说并不是必不可少的；语言可以满足于有无的对立。例如在这里，人们之所以知道有属格复数的 žen，只是因为它既不是 žena，又不是 ženu，或者其他任何形式。像属格复数这样一个特殊的观念竟至采用零符号"②，"语言是一个系统，它的任何部分都可以而且应该从它们共时的连带关系方面去加以考虑"③，"在语言里，每项要素都由于它同其他各项要素对立才能有它的价值"④。"正如下棋的玩艺完全是在于各种棋子的组合一样，语言的特征就在于它是一种完全以具体单位的对立为基础的系统"，⑤ "语言机构整个是在同一性和差别性上面打转，后者只是前者的相对面"⑥。"在像语言这样的符号系统中，各个要素是按照一定的规则互相保持平衡的，同一性的概念常与价值的概念融合在一起，反过来也是一样。因此，简言之，价值的概念就包含着单位、具体实体和现实性的概念。"⑦ 差别、对立确立了同一性，确立了价值，确定了符号单位，"单位没有任何特别的声音性质，我们可能给它下的唯一定义是：在语链中排除前后的要素，作为某一概念的能指的一段音响"⑧。这种思想与恩格斯的观点是一致的："在有机化学中，一个物体的意义以及它的名称，不再仅仅是由它的构成决定的，更多地是由它所隶属的系列中的位置来决定。"⑨ 是符合唯物辩

---

① 德·索绪尔：《普通语言学教程》，高名凯译，商务印书馆1996年版，第164页。
② 德·索绪尔：《普通语言学教程》，高名凯译，商务印书馆1996年版，第126页。
③ 德·索绪尔：《普通语言学教程》，高名凯译，商务印书馆1996年版，第127页。
④ 德·索绪尔：《普通语言学教程》，高名凯译，商务印书馆1996年版，第128页。
⑤ 德·索绪尔：《普通语言学教程》，高名凯译，商务印书馆1996年版，第151页。
⑥ 德·索绪尔：《普通语言学教程》，高名凯译，商务印书馆1996年版，第153页。
⑦ 德·索绪尔：《普通语言学教程》，高名凯译，商务印书馆1996年版，第156页。
⑧ 德·索绪尔：《普通语言学教程》，高名凯译，商务印书馆1996年版，第147—148页。
⑨ 弗·恩格斯：《自然辩证法》，中共中央马克思恩格斯列宁斯大林著作编译局编译，人民出版社1971年版，第270页。

第六章 《普通语言学教程》中的语言符号学思想

证法思想的。① 有的前辈学者认为索绪尔的系统思想来自格式塔理论，是忽视了格式塔理论产生的时间，并且没有看到符号任意性原则对系统性的意义。②

任意性、社会性和系统性，形成了不同的语言和属于同一种语言的不同方言，形成了它们各自的语音系统、语义系统和语法系统。

语言符号的系统性具体体现在句段关系和联想关系上。这两种关系现在一般称为"组合关系"和"聚合关系"。语言符号的"第二个原则"是"能指的线条性特征"（小标题）。"能指属听觉性质，只在时间上展开，而且具有借自时间的特征：（a）它体现一个长度，（b）这个长度只能在一个向度上测定：它是一条线"；"这个原则显而易见的，……然而这是一个基本原则，它的后果是数之不尽的；它的重要性与第一条规律（指任意性——笔者注）不相上下。语言的整个机构都取决于它"。③ "在语言状态中，一切都是以关系为基础的"，"语言各项要素间的关系和差别都是在两个不同的范围内展开的，每个范围都会产生一类价值"；"一方面，在话语中，各个词，由于它们是连接在一起的，彼此结成了以语言线条性为基础的关系，排除了同时发出两个要素的可能性。这些要素一个挨着一个排列在言语的链条上。这些以长度为支柱的结合可以称为句段"，"一个要素在句段中只是由于它跟前一个或后一个，或前后两个要素相对立才取得它的价值"；"另一方面，在话语之外，各个有某种共同点的词会在人们的记忆里联合起来，构成具有各种关系的集合"，"它们不是以长度为支柱的；它们的所在地是在人们的脑子里"；"句段关系是在现场的：它以两个或几个在现实的系列中出现的要素为基础。相反，联想关系却把不在现场的要素联合成潜在的记忆系列"。④

---

① 聂志平：《语言：语法系统 句段关系和联想关系——索绪尔语法思想初探》，《齐齐哈尔师范学院学报》（哲学社会科学版）1990年第5期。又载中国人民大学报刊复印资料《语言文字学》1990年第11期；也见赵蓉晖编《索绪尔研究在中国》，商务印书馆2005年版，第295—297页；也见本书第九章。
② 聂志平：《有关〈普通语言学教程〉中的三个问题》，《大庆高等专科学校学报》1998年第3期。
③ 德·索绪尔：《普通语言学教程》，高名凯译，商务印书馆1996年版，第106页。
④ 德·索绪尔：《普通语言学教程》，高名凯译，商务印书馆1996年版，第170—171页。

"联想关系"后来被叶姆斯列夫换成没有心理学色彩的"聚合关系"。句段关系和联想关系是相互依赖的,"空间上的配合可以帮助联想配合的建立,而联想配合又是分析句段各部分所必需的"。① 具体的语言符号是语言符号系统中,处于句段关系和联想关系这两种一横一纵关系上的节点,"任何构成语言状态的要素都可以归结为句段理论和联想理论"。② 索绪尔主张用句段关系和联想关系来取代传统语法学中形态学、句法学、词汇学的分立。语言符号系统具有句段关系和联想关系两种纵横交错的关系,已经为失语症研究所证实。③

句段关系和联想关系的理论,是将语言最小单位确定为语素、"分布与替换"理论、句法场理论和语法分析中的语义特征分析法的理论基础,也开词汇语义学语义场理论的先河:"在同一种语言内部,所有表达相邻近观念的词都是相互限制着的"④,"实际上,观念唤起的不是一个形式,而是整个潜在的系统"。⑤ 它不仅可以用于语法分析,也可以用于语音、词汇、语义、修辞等其他语言层面,因此具有更高层次的概括性。它是语言共时研究的基础,也为基于共时研究的历时研究提供了依据。索绪尔还用建筑的梁柱之间的关系和不同的建筑样式、风格之间的关系来比喻句段关系和联想关系,将符号学的论述引入建筑学。雅柯布森把这种思想用于诗歌等文学形式的分析,开结构主义文学研究先河;巴尔特进一步将这两种关系应用于对服装、膳食、家俱等不同领域的分析,将符号学引入一个更为广阔的空间。

因此,语言不是"一种分类命名集",不是一盘散沙,语言不仅是一种符号,而且是一种符号系统。"语言是一个纯粹的价值系统,除它的各项要素的暂时状态以外并不决定于任何东西";⑥ "语言是形式(即

---

① 德·索绪尔:《普通语言学教程》,高名凯译,商务印书馆1996年版,第178页。
② 德·索绪尔:《普通语言学教程》,高名凯译,商务印书馆1996年版,第188—189页。
③ 著名语言学家雅柯布森1962年发表过这方面的研究成果《两种语言形态与两种失语症》。神经语言学创始人A. P. 卢利亚在《神经语言学》(1975)(中文本,赵吉生、卫志强译,北京大学出版社1987年版)中,将大脑损伤造成的言语形成障碍分作两类:"言语形成的组合性装置障碍"和"言语形成的聚合性装置障碍"。
④ 德·索绪尔:《普通语言学教程》,高名凯译,商务印书馆1996年版,第161—162页。
⑤ 德·索绪尔:《普通语言学教程》,高名凯译,商务印书馆1996年版,第180页。
⑥ 德·索绪尔:《普通语言学教程》,高名凯译,商务印书馆1996年版,第118页。

关系——笔者注）而不是实体"①。索绪尔使人们对符号、对语言符号的认识，发生了革命性的改变。

由于符号具有任意性，就不存在哪个能指代表哪个所指是否合理的问题，因此就没有必要改变原有联系的必要，符号具有不变性或稳定性："符号的任意性本身实际上使语言避开一切旨在使它发生变化的尝试。"②"它同社会大众的生活结成一体"，"这些社会力量是因时间而起作用的。语言之所以有稳固的性质，不仅是因为它被绑在集体的镇石上，而且因为它是处在时间之中"。③ 语言为社会大众每天所使用，人不可能外在于语言、外在于时间，因而人不可能对语言进行改制。"一方面，语言处在大众之中，同时又处在时间之中，谁也不能对它有任何的改变；另一方面，语言符号的任意性在理论上又使人们在声音材料和观念之间有建立任何关系的自由"："语言根本无力抵抗那些随时促使所指和能指的关系发生转移的因素。这就是符号任意性的后果之一。"④ 同样由于符号的任意性，由于能指与所指没有必然的联系，所以它们彼此间的联系可以发生转移，符号又具有可变性。这样就构成了一对哲学上的二律背反：**符号的可变性与不变性都是由符号的任意性、社会性和时间决定的**。"符号在时间上的连续性与在时间上的变化性相连，这就是普通符号学的一个原则。"⑤ 最根本的是任意性。但"要是单从时间方面考虑，没有说话的大众——假设有一人孤零零地活上几个世纪——那么我们也许看不到有什么变化；时间会对它不起作用。反过来，要是只考虑说话的大众，没有时间，我们就将看不见社会力量对语言发生作用的效果"。⑥ 索绪尔对语言的理解，见图6.3。

综上所述，语言符号的性质可以仿照国内一个现成的政治术语表述为：**一个中心，四个基本点。一个中心——任意性；四个基本点——社**

---

① 德·索绪尔：《普通语言学教程》，高名凯译，商务印书馆1996年版，第169页。这里是采用索振羽先生的说法。高名凯原译本也将现此处的"实质"译作"实体"。
② 德·索绪尔：《普通语言学教程》，高名凯译，商务印书馆1996年版，第109页。
③ 德·索绪尔：《普通语言学教程》，高名凯译，商务印书馆1996年版，第111页。
④ 德·索绪尔：《普通语言学教程》，高名凯译，商务印书馆1996年版，第113—114页。
⑤ 德·索绪尔：《普通语言学教程》，高名凯译，商务印书馆1996年版，第114页。
⑥ 德·索绪尔：《普通语言学教程》，高名凯译，商务印书馆1996年版，第116页。

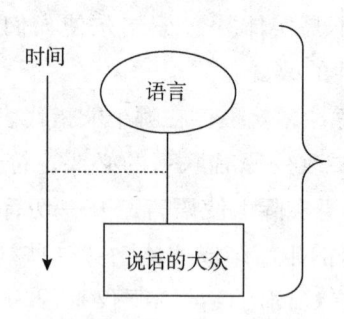

图 6.3　语言与时间和说话的大众（社会）之间的关系图示

会性、系统性、可变性、不变性（可变性和不变性蕴含着时间）。

语言符号还具有**线条性**。

索绪尔的语言符号学理论真正体现了唯物辩证法的原则。马克思在《资本论》第一卷中说："物的名称对于物的本性来说完全是外在的。即使我知道一个人的名字叫雅各，我对他还是一点不了解。"① "语言是人类最重要的交际手段"，② 具有社会性；事物普遍处于相互联系、相互作用之中；物质是运动的，运动是绝对的，静止是相对的；运动是在时间之中进行的。

索绪尔实在是一个唯物辩证法的大师。他使对语言符号的认识进入了一种具有美感的哲学境界，以至于罗兰·巴尔特甚至主张将符号学归入语言学。③

二　符合逻辑的必然结果

索绪尔认为，"如果我们能够在各门科学中第一次为语言学指定一个地位，那是因为我们把它归结为符号学"。④ 建立了完整系统的语言

---

① 《资本论》（第二版）第一卷，中共中央马克思恩格斯列宁斯大林著作编译局编译，人民出版社 2004 年版，第 121 页。

② 弗·伊·列宁：《论民族自决权》，见《列宁选集》第二卷，中共中央马克思恩格斯列宁斯大林著作编译局编译，人民出版社 1995 年版，第 370 页。

③ 罗兰·巴尔特：《符号学原理》，王东亮等译，生活·读书·新知三联书店 1999 年版，第 3 页。

④ 德·索绪尔：《普通语言学教程》，高名凯译，商务印书馆 1996 年版，第 38 页。

第六章 《普通语言学教程》中的语言符号学思想

符号学，将语言界定为以任意性为基石的用于社会交际的符号系统后，索绪尔以二分对立法进行了一系列区分，如层层剥笋一般，使语言这种人类应用范围最广的交际符号系统的面貌呈现在人们面前。

索绪尔从符号学角度出发，将语言界定为以任意性为基石的用于社会交际的符号系统，必然导致以下情况。

（一）语言、言语的区分

语言、言语的区分，是建立在把语言定位在符号系统的基础之上的，这不仅是一种方法论的考虑。

索绪尔认为，言语活动是性质复杂的，同时跨物理、生理、心理、个人和社会几个领域，是不确定的；而语言则是言语活动的一个确定的部分，是同质的，语言是一种用于社会交际的符号系统，"在这系统里，符号的两个部分都是心理的"；"可以把它定位在循环中（交际过程的说—听循环——笔者注）听觉形象和概念相联结的那确定的部分。它是言语活动的社会部分，个人以外的东西；个人独自不能创造语言，也不能改变语言；它只凭社会成员间通过一种契约而存在。另一方面，个人必须通过一个见习期才能懂得它的运用；儿童只能一点一滴地掌握它。它是一种很明确的东西，一个人即使丧失了使用言语的能力，只要能理解听到的声音符号，还算保持着语言"。[①] 语言"是通过言语实践存放在某一社会集团全体成员中的宝库，一个潜存在每一个人脑子里，或者说得更确切些，潜存在一群人脑子里的语法体系；因为在任何人的脑子里，语言都是不完备的，它只有在集体中才能完全存在"，"它是个人被动地记录下来的产物"。[②] 索绪尔的理解包括这样几个意思：语言是符号；具有社会性和对个人的制约性；人不是天生掌握语言，要经过后天学习；语言是内在于社会集体成员大脑中的一个符号体系；个人所掌握的语言是不完备的；语言和语言使用，在某种情况下是可以分离的。在另一处，索绪尔又说："语言以许多储存于每个人脑子里的印记的形式存在于集体中，

[①] 德·索绪尔：《普通语言学教程》，高名凯译，商务印书馆1996年版，第36页。
[②] 德·索绪尔：《普通语言学教程》，高名凯译，商务印书馆1996年版，第35页。

有点像把同样的词典分发给每个人使用。所以，语言是每个人都具有的东西，同时对任何人又都是共同的，而且是在储存人的意志之外的。语言的这种存在方式可表以如下的公式：1＋1＋1＋……＝1（集体模型）。"①

排除概念的混用，从索绪尔对语言、言语关系的论述来看，言语就是说话；它包括"说"这种行为，和这种行为的结果"话"，是说话者对语言的使用和所形成的结果。②"个人永远是它的主人"，它"是个人的意志和智能的行为"，它包括"（1）说话者赖以运用语言规则表达他的个人思想的组合；（2）使他有可能把这些组合表露出来的心理·物理机构"。③"它是人们所说的话的总和"，"所以在言语中没有任何东西是集体的，它的表现是个人的和暂时的。在这里只有许多特殊情况的总和，其公式如下：$(1＋1'＋1''＋1'''……)$"。④

索绪尔认为，语言和言语"是紧密联系而且互为前提的：要言语为人所理解，并产生它的一切效果，必须有语言；但要使语言能够建立，也必须有言语。从历史上看，言语的事实总是在前的。如果人们不是先在言语行为中碰到观念和词语形象的联结，他怎么会进行这种联结呢？另一方面，我们总是听见别人说话才学会自己的母语的；它要经过无数次的经验，才能存储在我们的脑子里。最后，促使语言演变的是言语：听别人说话所获得的印象改变着我们的语言习惯。由此可见，语言和言语是互相依存的；语言既是言语的工具，又是言语的产物"。⑤ 他把语言比喻成交响乐，而把与之相对的演奏分开。用交响乐的乐章和演奏来比喻语言和言语，是非常贴切的。

语言是一个用于社会交际的音义结合的符号系统，言语是个人对这个作为工具的符号系统的使用。语言和言语的区别，是把语言定位成社

---

① 德·索绪尔：《普通语言学教程》，高名凯译，商务印书馆1996年版，第41页。
② 聂志平：《异质中的同质区分——论索绪尔语言理论中言语、语言的区分及正确理解》，《兰州大学学报》（社会科学版）1987年第4期；又载中国人民大学报刊复印资料《语言文字学》1988年第1期。参见本书第七章。
③ 德·索绪尔：《普通语言学教程》，高名凯译，商务印书馆1996年版，第35页。
④ 德·索绪尔：《普通语言学教程》，高名凯译，商务印书馆1996年版，第42页。
⑤ 德·索绪尔：《普通语言学教程》，高名凯译，商务印书馆1996年版，第41页。

会用于交际的符号系统的必然结果。

（二）语言共时态和历时态的区分、共时语言学和历时语言学的区分

为什么认识到语言是处于时间之中具有连续性的，又要区分共时态和历时态呢？对于语言共时态和历时态的区分，索绪尔是从语言符号本身的性质和它的功能两个角度来认识的。① 从本身的性质角度看，因为语言是一种音义结合的符号，能指和所指之间没有自然联系，具有任意性，所以只能在相互对立、相互区别中规定自己的性质或价值，所以具有系统性；"因为语言是一个纯粹的价值系统，除了它的各项要素暂时状态以外并不决定于任何东西"。② 所以语言是共时态的，"语言是一个系统，它的任何部分都可以而且应该从它们的共时连带关系方面去加以考虑"。③ 语言的共时态是指语言的一个相对稳定状态。语言的历时态是指语言要素在时间上的演化。索绪尔对语言的共时态和历时态，用数学中的坐标来说明。他又用树木的纵切面和横切面来比喻："纵断面表明构成植物的纤维本身，横断面表明这些纤维在特定平面上的集结。"④ 在说明语言的演变（历时态）时，索绪尔说，语言的变化正如下棋，各个棋子暂时的状态好比语言的共时态，我们动了某个棋子，就会形成棋子之间新的对立，亦即形成了新的状态、新的系统，但下棋的规则并没有变，变化的仅仅是个别的棋子；"一个棋子的移动跟前后的平衡是绝对不同的两回事。所起的变化不属于这两个状态中的任何一个；可是只有状态（共时的——笔者注）是重要的"。⑤ 从交际功能角度看，"对说话者来说，它们（语言事实——笔者注）在时间上的连续是不存在的。摆在他面前的是一种状态"⑥，"言语从来就是只依靠一种语言状态工作的，介于各状态间的变化，在有关状态中

---

① 聂志平：《论语言共时态和历时态的区分》，《兰州大学学报》（社会科学版）1990年第3期，又载中国人民大学报刊复印资料《语言文字学》1990年第11期。也参见本书第十章。
② 德·索绪尔：《普通语言学教程》，高名凯译，商务印书馆1996年版，第118页。
③ 德·索绪尔：《普通语言学教程》，高名凯译，商务印书馆1996年版，第127页。
④ 德·索绪尔：《普通语言学教程》，高名凯译，商务印书馆1996年版，第128页。
⑤ 德·索绪尔：《普通语言学教程》，高名凯译，商务印书馆1996年版，第129页。
⑥ 德·索绪尔：《普通语言学教程》，高名凯译，商务印书馆1996年版，第120页。

没有任何地位"①。

与此相应,他区分了共时语言学和历时语言学:"共时语言学研究同一个集体意识感觉到的各项同时存在并构成系统的要素间的逻辑关系和心理关系";"历时语言学,相反地,研究各项不是同一个集体意识所感觉到的相连续要素间的关系,这些要素一个代替一个,彼此间不构成系统"。② 索绪尔特别强调共时研究;因为在他的理论体系中,与言语相对的实际上是语言的共时态,这实质上就是他所理解的语言。③ 也正是基于这种观点,索绪尔认为语言学家研究语言本身,必须排除历时,才能把语言系统描写清楚:"语言学家要了解这种状态,必须把产生这种状态的一切置之度外,不管历时态。他要排除过去,才能深入到说话者的意识(即语言——笔者注)中去",④"如果他置身于历时的展望,那么他所看到的就不再是语言,而是一系列改变语言的事件"⑤。

(三)语言内部要素和外部要素的区分,内部语言学和外部语言学的区分,语言的语言学和言语的语言学的区分

这是不言自明的。"语言是一个系统,它只知道自己固有的秩序。……一切与系统和规则有关的都是内部的",⑥ 而"一切跟语言的组织、语言的系统无关的东西"⑦ 都是语言的外部要素。对前者的研究是内部语言学,亦即狭义的,研究符合索绪尔对语言定义的语言学;对后者的研究是外部语言学。它包括"语言学和民族学的一切接触点,语言史和种族史或文化史之间可能存在的一切关系","语言和政治史的关系","语言和各种制度如教会、学校的关系","凡与语言在地理上的扩展和方言分裂有关的一切","都属于外部语言学"。⑧ 用现在的观点来看,

---

① 德·索绪尔:《普通语言学教程》,高名凯译,商务印书馆1996年版,第129页。
② 德·索绪尔:《普通语言学教程》,高名凯译,商务印书馆1996年版,第143页。
③ 聂志平:《论语言共时态和历时态的区分》,《兰州大学学报》(社会科学版)1990年第3期,又载中国人民大学报刊复印资料《语言文字学》1990年第11期。也参见本书第十章。
④ 德·索绪尔:《普通语言学教程》,高名凯译,商务印书馆1996年版,第120页。
⑤ 德·索绪尔:《普通语言学教程》,高名凯译,商务印书馆1996年版,第130页。
⑥ 德·索绪尔:《普通语言学教程》,高名凯译,商务印书馆1996年版,第46页。
⑦ 德·索绪尔:《普通语言学教程》,高名凯译,商务印书馆1996年版,第43页。
⑧ 德·索绪尔:《普通语言学教程》,高名凯译,商务印书馆1996年版,第43—44页。

第六章 《普通语言学教程》中的语言符号学思想

索绪尔的外部语言学，实际包括了现代意义上大社会语言学和文化语言学。这应该是索绪尔的卓识。而他说"外部语言学可以把各种细节一件件地堆积起来而不致感到被系统的老虎钳钳住"①，则对系统的理解有些狭隘，是属于"小"系统的理解。虽然没有明确说出语言的语言学和言语的语言学的定义，但从索绪尔本人对语言和言语的理解来看，语言的语言学，应该是以语言符号系统本身为研究对象；言语的语言学以言语——对语言的运用——作为研究对象。前者是严格意义上的语言学，或狭义的语言学；后者是广义的语言学。

有些学者认为索绪尔的这种区分和对内部语言学、语言的语言学的强调，忽视或把外部语言学、言语的语言学排除在语言研究之外，实在是一种求全责备。索绪尔确定了语言的性质，划分了不同的研究范围，以他自己对语言和语言学（内部的、语言的）的理解，为现代语言学奠定了理论基础，这种贡献是无人可比的。而且，在开设普通语言学教程课程的同时，"索绪尔在换音造词和'尼伯龙根之歌'等语言现象的研究方面倾注了大量精力，充分证明他对语言学外部研究的兴趣是十分浓烈的"②。这其实也是索绪尔将他的语言符号学思想引入文学研究领域，进行更大范围的符号学研究的一种尝试。索绪尔强调语言本身的研究，但并不主张不研究言语，他曾答应学生将来开设"言语语言学"，但天未假其年，开设了三次普通语言学教程课程后，1913年2月，56岁的他因喉癌离开了人世。但就在他去世的前一年，他还向他任教的日内瓦大学提交了一份《关于成立修辞学教研室的报告》，以便开展言语的研究。他说："语言学研究的领域是十分宽广的，其研究领域由两部分组成，一部分接近语言，是消极的储备；另一部分则接近言语，是一种积极的能量。言语是随后逐渐渗透到言语活动另一部分中去的那些现象的真正源泉。（一个系里有）两个教研室完全不是多余的。"③

---

① 德·索绪尔：《普通语言学教程》，高名凯译，商务印书馆1996年版，第46页。
② 徐志民：《欧美语言学简史》，学林出版社1990年版，第150页。
③ 戚雨村：《索绪尔研究的新发现》，载《现代语言学的特点和发展趋势》，上海外语教育出版社1997年版，第45页。

(四) 索绪尔奠定了音位学的基础

在《普通语言学教程》中，"音位"这个词确实有时也表示"音素"的意思，但它也表示现代音位的概念。索绪尔说："事实上，任何语言都有一定数量的区别得很清楚的音位。这个系统才是语言学家唯一关心的现实"，①"任何语言都有一整套音位，它们的总数是完全确定的"②。尽管他也从正面确定过音位："我们分割语链最先得出的单位都是由 b（听觉拍子）和 b'（发音拍子）构成的，我们管它叫音位。音位是听觉印象和发音动作的总和，听见的单位和说出的单位的总和，它们是互相制约的"；但他还认为："一个不能再行缩减的片段 t，却可以在时间以外抽象地加以考虑。如果只注意表示区别的特征，而不顾依存于时间上连续的一切，那么我们可以说有一个一般的 t，即 T 音种"，"如果不顾那些无关轻重的音响上的细微色彩，上述音种的数目并不是无限的"③。实际上，索绪尔这个具有"表示区别的特征"的"音种"，就是他理论体系中的音位："要把音位加以分类，知道音位怎么构成，远不如知道什么使它们彼此区别那么重要"④，"在词里，重要的不是声音本身，而是使这个词区别于其他一切词的声音上的差别，因为带有意义的正是这些差别"⑤；语言的能指"在实质上不是声音的而是无形的——不是由它的物质，而是由它的音响形象和其他任何音响形象的差别构成的。这一原则是基本的，我们可以把它应用于语言的一切物质要素，包括音位在内。每种语言都是在音响要素的系统的基础上构成它的词的。每个要素都是界限分明的单位，它们的数目是完全确定的。它们的特点并不像大家所设想的那样在于它们自己的积极的素质，而只是因为它们彼此间不相混淆。音位首先就是一些对立的、相关的、消极的实体。可作证明的是，说话者在使各个声音仍能互相区别的限度内享有发音上的自

---

① 德·索绪尔:《普通语言学教程》，高名凯译，商务印书馆1996年版，第62页。着重号为笔者所加。
② 德·索绪尔:《普通语言学教程》，高名凯译，商务印书馆1996年版，第309页。
③ 德·索绪尔:《普通语言学教程》，高名凯译，商务印书馆1996年版，第69—70页。
④ 德·索绪尔:《普通语言学教程》，高名凯译，商务印书馆1996年版，第72页。
⑤ 德·索绪尔:《普通语言学教程》，高名凯译，商务印书馆1996年版，第164页。

第六章 《普通语言学教程》中的语言符号学思想

由。例如法语的 r 按一般习惯是一个小舌音，但并不妨碍许多人把它发成舌尖颤音，语言并不因此而受到扰乱。语言只要求有区别，而不像大家所设想的那样要求声音有不变的素质"①；"认识一种语言的声音单位，不一定非确定它们的正面的性质不可。我们应该把它们看作表示区别的实体，它们的特性就是彼此不相混淆。这是最主要的，所以我们可以用数字或任何符号来表示我们所要重建的语言的声音要素"②。

这样，索绪尔的音位概念，就从"听觉印象和与发音动作的总和"，过渡到抽象的一般的舍弃"那些无关轻重的音响上的细微色彩"，只"表示区别的特征"的"音种"，到"首先就是一些对立的、相关的、消极的实体"的音位，在系统内以对立区别为特征的音位，区别创造了价值，规定了意义或内涵：它不是别的什么，所以它只能是它自己。作为语言学大师的索绪尔实现了音位从心理观点向现代音位学的过渡。

我们认为，索绪尔对音位这个概念的理解，包括了现代音位学概念的基本内涵：系统的，对立/区别的，抽象的或一般的，数量确定的。正因为如此，索绪尔不仅从基本理论上，而且从对音位的具体认识上，为音位学奠定了基础。③

---

① 德·索绪尔：《普通语言学教程》，高名凯译，商务印书馆 1996 年版，第 165—166 页。
② 德·索绪尔：《普通语言学教程》，高名凯译，商务印书馆 1996 年版，第 309 页。
③ 聂志平：《有关〈普通语言学教程〉中的三个问题》，《大庆高等专科学校学报》1998 年第 3 期。

第七章　关于语言和言语

一　异质中的同质区分——论索绪尔语言理论中言语、语言的区分及正确理解

索绪尔语言理论建立的基础，最根本的是语言和言语、言语活动的区分；它开创了整个一个时代的语言学。如果没有这种区分，我们将面临一堆异质的、杂乱无章的东西而茫然不知所措。尽管在其后的各国语言学家，大都同意将这三者区别开来，但对于索绪尔的区分及界说的看法很不一致，至今仍众说纷纭。

对待这个问题的看法，综括一下，大致有以下四种。

1. 认为这种区分没有什么意义，是一种想当然的东西。

2. 表面上看来是继承索绪尔的观点，但实际上又将其推向极端，把语言定义为一种完全超出言语观念的东西，一种抽象得稀薄了的模式。代表人物为丹麦哥本哈根学派的叶姆斯列夫（Louis Hjelmslev, 1899–1965）。

3. 承认言语与语言的区分，但与索绪尔有着不同的理解。他们认为，语言和言语是一般和特殊、抽象和具体相对立的东西；语言是言语得以运用并达到交际目的的根据（或工具），言语是语言得以存在的基础：语言是规则系统，而言语则是这个规则系统的运用与产物；语言存在于言语之中。

4. 依据索绪尔的区分，又掺入了威廉·冯·洪堡特（Wilhelm von Humboeldt, 1767–1835）及哲学上的理性主义的观点，提出了一种全新的解释：

语言 { 语言能力
　　　 语言运用

第七章　关于语言和言语

这是转换生成语法学创始人诺姆·乔姆斯基（Noam Chmosky, 1928 - ）的认识。

现在一般人多同意第三种看法，不过，持第四种看法的人也日益增多。

持有第三种看法的人承认索绪尔区分的意义，但对其界说则采取了批判的态度。如果从他们的一贯着眼点来看，则索绪尔区分的实质在于：

$$言语活动（langage）\begin{cases}语言（langue）\\言语（parole）\end{cases}$$

言语活动是人们使用语言的行为的总和，它是异质的，同时跨几个领域；言语活动中有个人的一面，又有社会的一面，没有这一面就无从设想另一面。语言和言语活动不能混为一谈，它只是言语活动中的一个确定的部分，而且当然是一个主要的部分，它是言语机能的社会产物，又是社会集团为了使个人有可能行使这机能所采取的一套必不可少的规约；"我们可以把它定位在循环中听觉形象和概念相联结的那确定的部分。它是言语活动的社会部分，个人以外的东西：个人本身不创造语言，也不能改变语言：它只凭社会的成员间通过的一种契约而存在"，[①]"语言以许多储存于每个人脑子里的印迹的形式存在于集体中，有点像把同样的词典分发给每个人使用。所以，语言是每个人都具有的东西，同时对任何人又都是共同的，而且是储存在人的意志之外。语言的这种存在方式可表以如下的公式：1 + 1 + 1 + …… = 1（集体模型）"。[②]

而言语，"个人永远是它的主人，我们管它叫言语"，"……言语却是个人的意志和智能的行为……"，[③]"它是人们所说的话的总和，其中包括：（a）以说话人的意志为转移的个人的组合；（b）实现这些组合所必需的同样是与意志有关的发音行为"。所以在言语中没有任何东西是集体的：它的表现是个人的和暂时的。在这里只有许多特殊情况的总

[①]　德·索绪尔：《普通语言学教程》，高名凯译，商务印书馆1996年版，第36页。
[②]　德·索绪尔：《普通语言学教程》，高名凯译，商务印书馆1996年版，第41页。
[③]　德·索绪尔：《普通语言学教程》，高名凯译，商务印书馆1996年版，第35页。

和，其公式如下：

$$1 + 1' + 1'' + 1''' \cdots\cdots ①$$

"因此，言语活动的研究就包含着两部分：一部分是主要的，它以实质上是社会的、不依赖于个人的语言为研究对象，这种研究纯粹是心理的；另一部分是次要的，它以言语活动的个人部分，即言语，其中包括发音，为研究对象，它是心理·物理的。"②

持第三种观点的人，据此就认为索绪尔割裂了语言与言语的关系，并在社会性上把它们对立起来，而且对语言的定义又是唯心的和机械主义的。他们又认为，索绪尔对语言的认识，与他在后面所说的，"要使言语为人所理解，并产生它的一切效果，必须有语言；但是要使语言能够建立，也必须有言语"，③存在着根本的矛盾，是他们所谓的"索绪尔式的矛盾"之一。

如果将索绪尔《普通语言学教程》的语言学思想作以整体的考察，是否也能得出同样的结论呢？

我们的回答是否定的。

一般说来，如果不时时刻刻地将概念的名称与内涵联系在一起，就难免出现它们间关系的转移，或者叫作不自觉地偷换概念的现象。作为现代语言学奠基者的索绪尔，虽以思想的博大精深而著称于世，但在某些细节的表达上的不甚周密也是难免的；在沙·巴利等根据学生听课笔记编辑出版的这部《普通语言学教程》中，语言和言语、言语活动的区分与界说的不甚明了，便是最为突出的例证之一。这种不明确，为后来理论界埋下了纷争的种子，成为现在这几派不同理解的直接起因。

但是，这种表达上的不甚周密，不足以妨碍我们认识问题的实质：我们只要不囿于概念的名称，而将索绪尔的语言理论看作一个有机的整体，或者用索绪尔自己的术语：系统，在概念与概念的相互对立、相互

---

① 德·索绪尔：《普通语言学教程》，高名凯译，商务印书馆1996年版，第42页。
② 德·索绪尔：《普通语言学教程》，高名凯译，商务印书馆1996年版，第41页。
③ 德·索绪尔：《普通语言学教程》，高名凯译，商务印书馆1996年版，第41页。

第七章　关于语言和言语

联系中去理解、确定概念的内涵，那么，一切都会明确起来的：孤立的概念无从确立自己的内涵。实际上，在索绪尔语言理论中，从概念的内涵来看，他的言语的含义除了与社会性的语言相对以外，多与他的言语活动的含义相等同，一方面，索绪尔将言语活动看作一种活动，一种行为，而将言语看作人们说话的总和，这种行为所产生的结果；另一方面，索绪尔也将言语看作一种行为，它是个人言语行为的总和，也是整个社会集团所有的人运用语言规约——语法系统——进行交际的活动的总和。① 这样，索绪尔所谓的言语便有了作为一种行为或活动的结果的静态事实及作为一种行为或活动的动态事实两种意义，它是一种因语言机能的运用，通过某种内在的规约（潜在的语法系统——语言习惯的总和：语言）而进行的交际行为及体现了这种内在规约的静态事实——行为的结果或产物——的总和。中国著名语言学家高名凯先生也把言语看作人们说话和所说的话的总和，他的这种理解，既有行为（活动）的意义在内，又有行为（活动）的结果或产物的意义在内，他实际上也是把两者加合起来了。② 苏联科学院院士斯米尔尼茨基（А. И. См-ирницкий，1903 – 1954）在对索绪尔的批判中，分出了言语（作为一种行为或活动的）、言语作品，并特别指出："语言乃是言语的一个组成部分，并且是最重要的组成部分"，③ 也是看到了这一点。如依我们的分析来看，他们在本质上并没有摆脱索绪尔的理论的影响，而是不自觉地接受了被他们大批特批的后者的思想，而又因囿于概念的名称，没有从整体上把握住索绪尔的理论框架而对索绪尔产生了误解。

澄清了这一误会以后，我们不妨将索绪尔的区分在保留原义及理论体系的完整性的前提下，作以下的术语调整：

---

① 许国璋先生认为言语这个译名不够精确也不够合理，建议把 langage 译成"群体言语"，把 parole 译成"个体言语"，如用在我们这里，则"个体言语"指前者，"群体言语"指后者，我们认为许先生这里有点儿误解了索绪尔的意思。参见许国璋《关于索绪尔的两本书》，载《国外语言学》1983 年第 1 期。

② 高名凯：《语言论》，科学出版社 1963 年版，第 87—88 页。

③ 斯米尔尼茨基：《语言存在的客观性》，胡明扬译，中国科学院语言研究所辑：《语言学论文选译》第五辑，中华书局 1950 年版，第 121 页。

$$\text{言语}\begin{cases}\text{语言}\\\text{主体行为的个人特征}\end{cases}$$

在这里，我们将索绪尔包含在言语中与语言相对的部分改为"主体行为的个人特征"，而将他的表示行为意义的言语与言语活动合并，并用一般人所理解的言语（这种认识本质上就是从索绪尔语言理论中来的，只是人们没有意识到而已）来概括其意义。我们认为，这种认识更符合索绪尔语言理论的实际，它可以避免因误解而引起一系列的不必要的争执。

只有这样理解，才能真正地认识到，"要使言语为人所理解，并产生它的一切效果，必须有语言"，并不与"它们是两种绝不相同的东西"及"在言语中没有任何东西是集体的，它的表观是个人的和暂时的"相矛盾；因为前后两者的内涵并不一致，个人的言语中如果不包含任何共同的东西在内，那么，个人既不能理解别人也不能被人所理解，而语言也就变成子虚乌有了。

应该再作一点说明的是，索绪尔所说的言语活动（或如我们所说的，作为一种行为或活动的言语），仅指利用语言符号系统所进行的交际交流和情感的自我表现的活动，而不包括其他方式，如身势、表情等信息传递。所以，这个包括在言语之内的超语言成分——主体行为的个人特征，也仅指作为一般性的交际工具——语言符号系统——之外的东西，它是语言这个社会的交际工具在被运用时所打上的个人的印迹，而不像后来的学者们所理解的那么宽泛；他们所理解的言语活动或言语，几乎包括了整个活动：语言符号的和非语言符号的，这样一来，所谓的超语言成分的范围也不能不增大了。[①]

我们自认为将索绪尔的术语加以调整并不违背《普通语言学教程》的原意，还可以从其他几个方面得到证明。

关于语言，索绪尔有这样一个明确的定义：

[①] R. R. K. 哈特曼、F. C. 斯托克：《语言与语言学词典》，黄长著等译，上海辞书出版社1981年版，第325页，"言语活动"条。在有些论著里，"超语言成分"（因素、特征等）专指言语交际中的伴随表义因素，如身势、表情等，这里不再列举。

第七章　关于语言和言语

这是通过言语实践存放在某一社会集团全体成员中的宝库，一个潜存在每一个人的脑子里，或者说得更确切些，潜存在一群人的脑子里的语法体系。①

对于语言这套交际工具或内在规约的获得，我们应该特别注意索绪尔所谓的"言语实践"的观点。在另一处，索绪尔又说："我们总是听见别人说话才学会自己的母语的；它要经过无数次的经验，才能储存在我们的脑子里。最后，促使语言演变的是言语，听见别人说话所获得的印象改变着我们的语言习惯。由此可见，语言和言语是互相依存的；语言既是言语的工具，又是言语的产物。"② 在这个问题上，索绪尔的内在语法说不应被看作唯心主义的，而许多语言学家对于这点的指责无疑是错误的；因为在这里他已经认识到了言语实践的第一性，因而在语言获得方面与其理论的继承者之一，典型的语言理性主义者乔姆斯基有着本质的区别（关于这一点，我们下面还要谈到）。

如果语言不存在于言语之中，人们就不可能学会语言、学会说话。这个道理是显而易见的，在此我们只要注意一下索绪尔自己的话就够了。

$$\text{作为言语}\begin{cases}\text{语言}\\\text{主体行为的个人特征}\end{cases}$$

另一点证明的，是索绪尔对句子这个单位的所属的认识。既然前面索绪尔曾给言语下了"人们所说的话的总和"这样一个定义，而"话"无非就是一个个具体的句子，那么照这个逻辑，句子理所当然地是言语的单位了；然而又是这样：语言＝全部的语言习惯·规则系统＝语法＝句段关系＋联想关系，句段关系以句段为其具体表现，全部句段＝全部句子＝言语，这样就形成了一种重叠的现象——"在句段的领域内，作为集体习惯标志的语言事实和决定于个人自由的言语事实之间并没有截然的分界。"③ 在句段中，词、结构关系，以及一切按正规的形式构成

---

① 德·索绪尔：《普通语言学教程》，高名凯译，商务印书馆1996年版，第35页。
② 德·索绪尔：《普通语言学教程》，高名凯译，商务印书馆1996年版，第41页。
③ 德·索绪尔：《普通语言学教程》，高名凯译，商务印书馆1996年版，第174页。

的句段类型，都应该认为属于语言的，而不是属于言语的。标准的言语单位却又体现着一般的规约——语法系统：语言；具体中体现（表现）着一般，一般只能存在于具体之中：语言蕴含在言语之中，这就是辩证法。

再一点证明。索绪尔在说明言语活动时曾有这样的一个说明，即"在任何时候，言语活动既包含一个已定的系统，又包含着一种演变；在任何时候，它都是现行制度和过去的产物"，[①] 而在论述语言的发展或演变时又说，一切都在言语中萌芽，并通过言语进入语言，言语的事实是在前的；"任何变化，在普遍使用之前，无不由若干个人最先发出，……这个形式（指言语事实——笔者注）一再重复，为社会所接受，就变成了语言的事实"[②]，"听别人说话所获得的印象改变着我们的语言习惯"[③]。对于索绪尔的这个思想，他的嫡传弟子、《普通语言学教程》的编印者沙·巴利和阿·薛施蔼在"原编者注"里作了如下的阐发："一种新的用法总是从一系列个人的事实开始的。我们可以认为作者不承认这些事实具有语法事实的性质，因为一个孤立的行为必然跟语言及其只决定于全部集体习惯的系统无关。只要这些事实属于言语，它们就只是一些利用已有系统的特殊而完全偶然的方式。"[④] 我们认为，原编者并没有完全把握住索绪尔的思想。这种误解，是与后来人们的形而上学的理解相一致的。

于此，我们首先要加以说明的是，这里的个人是掌握着语法规则的个人，而不是一个个无知觉、无思维能力的自然物；因此，他的言语必然不自觉地受那个潜存于他大脑中的语法规则（语言）的控制，而所谓的创新也就不能与规则绝缘。我们认为，创新并不是凭空的、无原则的创新，而是利用已有的规则和材料的创新，是一个以一个或几个形式为模型的类比创新，索绪尔也是这样认为的，在类比中，一切都是共时的和语法的，"要我们意识和理解到各形式间的关系"，尽管"作为类

[①] 德·索绪尔：《普通语言学教程》，高名凯译，商务印书馆1996年版，第29页。
[②] 德·索绪尔：《普通语言学教程》，高名凯译，商务印书馆1996年版，第141页。
[③] 德·索绪尔：《普通语言学教程》，高名凯译，商务印书馆1996年版，第41页。
[④] 德·索绪尔：《普通语言学教程》，高名凯译，商务印书馆1996年版，第198页。

比结果的创造,首先只能是属于言语的;它是孤立的说话者的偶然的产物",但也"只有这个结果是属于言语的","所以类比再一次教导我们要把语言和言语分开","在任何创造之前都应该对语言的宝库中所储存的材料作一番不自觉的比较,在这个宝库中,各个能产的形式是按照它们的句段关系和联想关系排列好了的"。① 从这里我们也可以抓住这一点:言语并非完全是个人的,于其中有一般性的规约,这些规约是社会性的,是偶然的表象之后的必然之物。因此,索绪尔所谓的"个人的事实"中的"个人",仅指语言的行为主体是个人的,也仅在这一点上他是与语言的社会性相对立的;个人的言语行为要受语言规则系统的制约。所以,"类比创新都是表面上的,而不是实实在在的。语言好像一件袍子,上面缀满了从本身剪下来的布料制成的补丁"。②

既然作者自己都承认这种最孤立的说话者的最偶然的创新,都不可避免地受制于语言材料和语言规则,我们还有什么理由再认为他在割裂语言与言语的关系,把语言看作完全超越了个人的东西呢?

索绪尔将语言和言语区分开来,第一次把语言明确为一个表示观念的符号系统,一个共时态的价值系统。他认为,在这个系统中,各种要素在同一时间平面上(相对的)以相互区别、相互对立、相互联系、相互作用来确立自身的存在或价值,"物质的符号对于表达观念来说,并不是必不可少的;语言可以满足于有无的对立",③ 因而重要的不是要素本身,而是要素间的关系,即对立:"语言是形式(亦即关系——笔者注)而不是实质。"④ 这个符号系统又是共时态的,人们正是利用它进行社会集团内部的交际交流的:在交际中,"言语从来就是只依靠一种语言状态进行工作的,介于各状态间的变化,在有关状态中没有任何地位",⑤ "语言是一个纯粹的价值系统,除了它的各项要素的暂时状态以外并不决定于任何东西",⑥ "语言是一个系统,它的任何部分都可

---

① 德·索绪尔:《普通语言学教程》,高名凯译,商务印书馆 1996 年版,第 232—233 页。
② 德·索绪尔:《普通语言学教程》,高名凯译,商务印书馆 1996 年版,第 241 页。
③ 德·索绪尔:《普通语言学教程》,高名凯译,商务印书馆 1996 年版,第 126 页。
④ 德·索绪尔:《普通语言学教程》,高名凯译,商务印书馆 1996 年版,第 169 页。
⑤ 德·索绪尔:《普通语言学教程》,高名凯译,商务印书馆 1996 年版,第 129 页。
⑥ 德·索绪尔:《普通语言学教程》,高名凯译,商务印书馆 1996 年版,第 118 页。

以而且应该从它们共时的连带关系方面去加以考虑"①。

这样看来,实际上严格意义上的语言,在索绪尔那里只是指语言的共时态,而广义的语言的概念则像他所明确的那样:

$$语言\begin{cases}共时态\\历时态\end{cases}$$

既包含着状态又包含着演化(或发展)。这是为什么索绪尔特别强调语言共时态研究的真正原因。关于这一点,我们将另作专文论述,暂不多言。索绪尔是从内部结构和外部的交际功能两个方面来认识语言的,因而深刻地揭示了语言的本质,并明确了语言的社会性这一特质,在语言学史上有着划时代的重大意义。

在索绪尔以前,也曾有人意识到对语言、言语应予以区分。普通语言学的奠基者洪堡特就认为:语言是把有限手段作无限使用的一种活动,是个人精神的外现,"语言为句子和言语规定的只是进行调整的图式,使这些可以按照说话人的意志因人而异",② 而将语言和言语作了不甚明了的区分。后来的青年语法学派也将语言看作个人精神的创造活动。他们都看到了语言的个人运用的一面,而没有看到或没有明确地看到社会对语言的个人运用的制约性。另外,他们都将语言看作一种能力,一种活动,而将其所产生的结果看作消极的事实,——斯米尔尼茨基把"言语作品"独立出去,也许就是受这种认识的影响。这种思想,到20世纪五六十年代,为美国语言学家乔姆斯基融入理性主义的理解而发扬光大。他又作了一种新的解释:

$$语言\begin{cases}语言能力\\语言运用\end{cases}$$

他认为,语言能力是天赋的,人们学会说话,只不过是内在的语言能力被外在的语言所"催化"而已。与他们相比,索绪尔的看法显得更唯

---

① 德·索绪尔:《普通语言学教程》,高名凯译,商务印书馆1996年版,第127页。

② 威廉·冯·洪堡特:《论爪哇岛上的卡维语·前言:论人类语言结构的差异及其对人类精神发展的影响》。本书转引自 H. A. 康德拉绍夫《语言学说史》,杨余森译,武汉大学出版社1985年版,第57—58页。

第七章　关于语言和言语

物、更辩证一些。尽管他将语言看作一种潜在的语法系统——生成和理解言语（句子）的语言规则的总和，但并没有将这种规则看作天赋的或遗传的，而特别强调"通过言语实践"而储存在人们的头脑中，它是经过话语中的一般规则的接受、抽象而内化的，它体现在言语之中。此外，索绪尔尽管也从生理学的角度上承认语言能力的存在，但他所谓的语言能力，仅仅是指运用语言符号的能力，"在各种器官的运用上面有一种更一般的机能，指挥各种符号的机能，它恰恰就是语言机能"，而且，"人们说话的机能——不管是天赋的或非天赋的——只有借助于集体所创造和提供的工具（指语言——笔者注）才能运用"。[1]

洪堡特和青年语法学派及乔姆斯基只将语言看作一种动态的事实或活动[2]，忽视了它静态的一面，即作为规则系统的一面。而索绪尔则是兼顾的。根据我们对索绪尔的言语活动、言语和语言的辨别，可以得出进一步的结论：当言语表现为人们说话的总和，亦即一种静态的事实时，语言即语法系统作为体现在言语中的规则系统而存在；如果言语作为一种行为，亦即言语活动时，语言则体现为一种潜存于人的大脑中的对这种活动起约束作用的语法系统，或一种创造活动的规约，也可以借用一下乔姆斯基的术语：语言能力；而这时索绪尔的言语则就大体上相当于乔姆斯基的"语言运用"了——我们应该看到，乔姆斯基的这种区分，根本的框架还是索绪尔的成分居多。索绪尔的语言或语法系统，就是这动与静、潜在与实现的辩证统一。我们相信，这个结论仍旧是在索绪尔语言理论的整体框架之内作出的。

一点补白：

索绪尔的语言学理论对中国语言学界有着巨大而深刻的影响，他的理论在中国的最初传播可以追溯到 20 世纪 30 年代初。中国语言学界早期对索绪尔理论只限于零星的介绍。1959—1964 年的关于"语言"和"言语"的讨论，虽然重心在言语有无阶级性的问

---

[1] 德·索绪尔：《普通语言学教程》，高名凯译，商务印书馆 1996 年版，第 32 页。
[2] 诺姆·乔姆斯基：《句法理论要略》（1964），李逊永译，中文油印本，复旦大学中文系，1981 年。

· 163 ·

题上，但关于语言与言语的区分也占有一定的比重，尽管大家尽可能地避开索绪尔这个名字。在那场讨论中，尽管大家都企图用辩证唯物主义原理来理解这个语言学中的重要问题，但由于那个时代的风气和中国普通语言学处于初创时期的幼稚，而多将辩证唯物主义庸俗化地塞到语言学中，所以取得的成就并不是很大。学术空气正常化以后，从发表的若干篇关于索绪尔语言理论的论文来看，对于语言和言语的认识大多属于本文中所列举的第三种看法，但对于索绪尔自己的区分评价，仍停留在过去的水平上。这如果从我们的观点看，则不过是因没有把索绪尔的语言理论当作一个有机的整体来把握，而作断章取义的理解的结果，但由于本文的性质及篇幅的局限，更为详细的批判，以及语言、言语的区分对现代语言学的影响的论述，只好放弃了。

[附记：这是笔者的处女作，读研期间发表于《兰州大学学报》（社会科学版）1987年第4期，后为中国人民大学报刊复印资料《语言文字学》1988年第1期全文复印，并被《中国语文》作为重要文献收目。该文是由笔者本科毕业论文（1986年6月）的一部分修改而成，以论文原貌的形式放在这里（注释采用原注释，只对所引文献版本和格式做了调整），以纪念在兰州大学中文系的7年求学生涯。]

二 语言、言语和言语的语言学或言语学

区分语言和言语，是索绪尔在《普通语言学教程》中提出来的，它是现代语言学的一个基本的立足点，也是引起很多争论的一个语言学基本理论问题。

（一）国内语言学界关于语言、言语区分争论

1959—1964年，中国语言学界曾就语言和言语有无阶级性的问题进行了广泛的讨论，其中语言和言语的区分以及具体所指，也是讨论的主要内容之一。在讨论中形成四种观点：①认为言语是人们对语言的具体运用（言语行为）以及通过运用所形成的"言语作品"和可能形成的特殊的表达形式的系统（言语方言），言语具有阶级性，语言和言语的关系是语言存在于言语之中；②把言语分为广义和狭义两

类,广义言语包括言语活动、言语过程和言语作品,狭义的言语是言语作品的表达形式,狭义的言语没有阶级性,语言和言语是一般和个别的关系;③认为言语是人们使用语言的产物,言语有阶级性,语言和言语的关系是"原材料"和"构成体"之间的关系;④认为言语是人们运用语言的活动,言语有阶级性,语言和言语之间是工具和工具的使用方式之间的关系。①

中国语言学者关于语言、言语的认识,受苏联语言学家斯米尔尼茨基院士的《语言存在的客观性》② 一文一定的影响。在该文中,斯米尔尼茨基将言语作为一种行为与言语作品(说出来的话语)区分开来,认为存在于大脑之中的是语言知识,主张用言语的概念取代索绪尔的言语活动,认为言语中包括语言和超语言的剩余成分,语言客观地存在于言语作品之中。

在语言学概论教材中,多数教材将言语看作对语言的运用,包括活动和所产生的话语两部分内容,也有少数把言语看作人们交际时所说的具体句子,如李兆同、徐思益主编《语言学导论》:"我们把某人为了某种目的而说出的具体句子叫做言语。句子是言语的基本单位";③ 对语言和言语的关系,基本上理解为工具和对工具的运用,或工具和运用工具所产生的结果的关系。这个问题,在教科书体系中,争论不大。

在对索绪尔关于语言和言语关系的认识上,从20世纪50年代到80年代,是比较一致的。方光焘先生认为,"不能把个人的言语和社会的语言对立起来。纯粹的个人的言语是不存在的。我们不承认有个人的言语存在,即使有的话,也不会被人理解,它已经失去了言语的资格。索绪尔不注意一般和个别的统一,把一般和个别完全对立起来了","索绪尔取消了语言的物质性"。④ 高名凯先生认为,"德·索绪尔虽然正确

---

① 上海教育出版社编:《语言和言语问题讨论集》,上海教育出版社1963年版。
② 斯米尔尼茨基:《语言存在的客观性》,胡明扬译,中国科学院语言研究所辑:《语言学论文选译》第五辑,中华书局1950年版,第113—140页。
③ 李兆同、徐思益主编:《语言学导论》,新疆人民出版社1981年版,第8页。
④ 方光焘:《评索绪尔的语言和言语的区分》(1959),《方光焘语言学论文集》,商务印书馆1997年版,第489页。

地指出语言和言语的区别，但是他把语言和言语在社会性的问题上对立起来，把语言的物质外壳（语音）排斥于语言之外"，"不能把言语行为看成是个人现象"，"语言存在于言语之中，语言的语音也具体地存在于言语的发音中"。[①] 陈秀珠的《评索绪尔的语言观》[②] 也持相同的观点。我们不同意这种观点。我们认为索绪尔语言理论有很强的系统性，后人关于语言和言语关系认识的分歧，来源于《普通语言学教程》概念使用的不一致，索绪尔论述语言和言语关系中的"言语"，相当于索绪尔自己的"言语活动"，因此索绪尔并没有把语言和言语对立起来，关于两者之间关系的论述是正确的（见本章第一部分《异质中的同质区分》）。

1994年，范晓教授在《汉语学习》上发表《语言、言语和话语》，认为言语是一种行为，说（或写）出的句子叫话语，"话语是由两个互相依存的部分组成的，一个部分是话语内容，也就是言语者表达的思想内容；另一个部分是话语形式，也就是言语者借以表达思想的形式，这种形式就是语言，这是一种现实的、具体的语言，是族语的个别形态，是族语存在的形式"，语言是话语的形式，是语言学研究的对象；认为如果用"言语"来指言语活动和言语作品（话语），就像把"生产"和"产品"合为"生产"一样不合理，违反了科学术语单义性的原则，并批评了王希杰把句子分为语言的句子和言语的句子的观点。[③] 范晓教授的观点引起争鸣，王希杰教授[④] 和岑运强教授相继发表文章谈这个问题。其中岑运强教授从1994年到2000年，前后发表三篇论文，依据索绪尔语言理论对范晓教授的观点进行了批评，并阐述了对索绪尔提出的"言语的语言学"的认识。[⑤]

---

① 高名凯：《德·索绪尔和他的〈普通语言学教程〉》（1963），《高名凯语言学论文集》，商务印书馆1990年版，第653—654页。

② 陈秀珠：《评索绪尔的语言观》，载《语文论丛》第一辑，上海教育出版社1981年版，第10—20页。

③ 范晓：《语言、言语和话语》，《汉语学习》1994年第2期。

④ 王希杰：《语言和言语问题值得进一步研究》，《汉语学习》1994年第5期。

⑤ 岑运强：《语言和言语、语言的语言学和言语的语言学》，《汉语学习》1994年第4期；《再谈语言和言语、语言的语言学和言语的语言学》，《安吉师专学报》（哲学社会科学版）1996年第3期；《言语的语言学的界定、内容及其研究的方法》，《北京师范大学学报》（人文社会科学版）2000年第4期。

第七章　关于语言和言语

语言和言语的区分，是现代语言学的一个基本理论问题，它的影响，是全方位的。汉语语法学史上，词无定类的观点，实际上就是没有区别语言和言语的一种表现；而在学术空气开始正常化的 1979 年，吕叔湘先生出版《汉语语法分析问题》①、吕冀平先生发表《两个平面，两种性质：词组和句子的分析》②，指出词、词组是语言的静态的备用单位，句子是语言的动态的使用单位，它们具有不同的性质。这种观念，其实就是现在语言学区分语言和言语的理论在汉语语法学界的反映，它引起了语法观的变化。在 1983 年，王希杰教授发表《语言的语法分析和言语的语法分析》③一文，对这一问题做了进一步的论述。所以，有理由这样认为，语言具体研究领域的进步，是与语言理论基本原理的指导作用分不开的。

（二）再论索绪尔对语言、言语的区分

在第三次普通语言学教程课程中的 1911 年 4 月 28 日讲课时，④索绪尔用图 7.1 总结性地说明言语活动、语言和言语之间的关系：

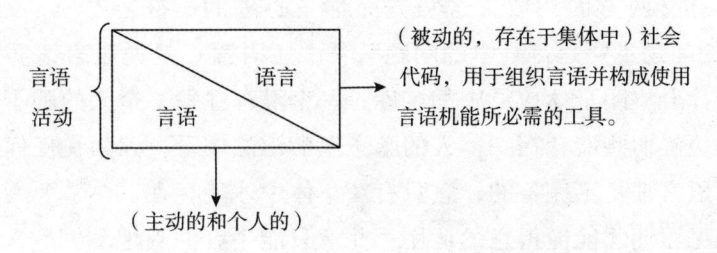

图 7.1　言语活动、语言、言语关系图示

索绪尔认为，"言语包括：（1）一般以言语的产生（发音等）为目的的机能的使用；（2）也包括为表达个人思想的个人对语言代码的

---

① 吕叔湘：《汉语语法分析问题》，商务印书馆 1979 年版。
② 吕冀平：《两个平面，两种性质：词组和句子的分析》，《学习与探索》1979 年第 4 期。
③ 王希杰：《语言的语法分析和言语的语法分析》，《南京大学学报》（哲学·人文科学·社会科学）1983 年第 4 期，又载中国语文杂志社编《语法研究和探索》（二），北京大学出版社 1984 年版，第 3—10 页。
④ 德·索绪尔：《1910—1911 索绪尔第三度讲授普通语言学教程》，张绍杰译，湖南教育出版社 2001 年版，第 77 页。

使用"。

这种说明,证明了我们在前一部分对语言和言语区分的理解。

但对于言语的理解,我们还应该回到索绪尔自己的理解上来。

在1916年由其同事和弟子编辑出版的《普通语言学教程》中,索绪尔认为,"言语活动有个人的一面,又有社会的一面;没有这一面就无从设想另一面","在任何时候,言语活动既包含一个已定的系统,又包含一种演变;在任何时候,它都是现行制度和过去的产物"。[①] "语言和言语活动不能混为一谈;它只是言语活动的一个确定的部分,……它既是言语机能的社会产物,又是社会集团为了使个人有可能行使这机能所采用的一整套必不可少的规约。"[②] "语言不是说话者的一种功能,它是个人被动地记录下来的产物;它从来不需要什么深思熟虑",[③] "它是言语活动的社会部分,个人以外的东西;个人独立不能创造语言,也不能改变语言;它只凭社会的成员间通过一种契约而存在"[④]。语言是一种社会制度,是约定俗成的表达观念的符号系统,这种符号是由音响形象和意义两方面构成,这两方面都是心理的;符号本质是社会的,"语言的问题主要是符号学的问题"。[⑤] "(语言)是通过言语实践存放在某一社会集团全体成员中的宝库,一个潜存在每一个人的脑子里,或者说得更确切些潜存在一群人的脑子里的语法体系;因为在任何人的脑子里,语言都是不完备的,它只有在集体中才能存在。"[⑥] "个人必须通过一个见习期才能懂得它的运用;儿童只能一点一滴地掌握它",[⑦] "语言以许多储存于每个人脑子里的印迹的形式存在于集体中,有点像把同样的词典分发给每个人使用。所以,语言是每个人都具有的东西,同时对任何人又都是共同的,而且是储存在人的意志之外的。语言的这种存

---

① 德·索绪尔:《普通语言学教程》,高名凯译,商务印书馆1996年版,第29页。
② 德·索绪尔:《普通语言学教程》,高名凯译,商务印书馆1996年版,第30页。
③ 德·索绪尔:《普通语言学教程》,高名凯译,商务印书馆1996年版,第35页。
④ 德·索绪尔:《普通语言学教程》,高名凯译,商务印书馆1996年版,第36页。
⑤ 德·索绪尔:《普通语言学教程》,高名凯译,商务印书馆1996年版,第39页。
⑥ 德·索绪尔:《普通语言学教程》,高名凯译,商务印书馆1996年版,第35页。
⑦ 德·索绪尔:《普通语言学教程》,高名凯译,商务印书馆1996年版,第36页。

第七章 关于语言和言语

在方式可表以如下的公式：$1+1+1+\cdots\cdots=1$（集体模型）"。①

"凡从说话者的联想中枢到听者的耳朵的一切，都属于主动部分"，"在脑子里的心理部分中，凡属主动的一切［$c\rightarrow i$（概念到音响形象）——笔者注］都可以称为执行的部分"，"执行永远不是由集体，而是由个人进行的。个人永远是它的主人；我们管它叫言语"，"言语却是个人的意志和智能的行为，其中应该区别开：（1）说话者赖以运用语言规则表达他的个人思想的组合；（2）使他有可能把这些组合表露出来的心理·物理机构"。② 言语"是人们所说的话的总和，其中包括：（a）以说话人的意志为转移的个人的组合；（b）实现这些组合所必需的同样是与意志有关的发音行为"；"所以在言语中没有任何东西是集体的；它的表现是个人的和暂时的。在这里只有许多特殊情况的总和，其公式如下：$(1+1'+1''+1'''\cdots\cdots)$"。③ 因此，索绪尔认为，"把语言和言语分开，我们一下子就把（1）什么是社会的，什么是个人的；（2）什么是主要的，什么是从属的和多少是偶然的分开来了"。④

关于语言和言语的关系，索绪尔认为它们"是紧密联系而且互为前提的：要言语为人所理解，并产生它的一切效果，必须有语言；但是要使语言能够建立，也必须有言语。从历史上看，言语的事实总是在前的。……我们总是听见别人说话才学会自己的母语的；……最后，促使语言演变的是言语：听别人说话所获得的印象改变着我们的语言习惯。由此可见，语言和言语是互相依存的；语言既是言语的工具，又是言语的产物"。⑤ 索绪尔还用交响乐和演奏来比喻两者之间的关系。

从以上引述中，我们可以看到，索绪尔的"言语"所包含的内容，是有差异的：（1）个人使用语言进行交际的行为，它是由个人执行的，作为行为主体的个人说什么和怎样说，不必与其他人商量，这个"言

---

① 德·索绪尔：《普通语言学教程》，高名凯译，商务印书馆1996年版，第41页。
② 德·索绪尔：《普通语言学教程》，高名凯译，商务印书馆1996年版，第34—35页。
③ 德·索绪尔：《普通语言学教程》，高名凯译，商务印书馆1996年版，第42页。
④ 德·索绪尔：《普通语言学教程》，高名凯译，商务印书馆1996年版，第35页。
⑤ 德·索绪尔：《普通语言学教程》，高名凯译，商务印书馆1996年版，第41页。

语"是与作为工具的语言相对的,这个"言语"可以记作"言语 A",它"没有任何东西是集体的;它的表现是个人的和暂时的",这是纯粹个人角度的东西;(2)在社会中人们使用语言彼此进行交际的活动,可以记作"言语 B";(3)"人们所说的话的总和",可以记作"言语 C"。"言语 B"和"言语 C",就是索绪尔论述语言和言语关系中的"言语"。"言语 C"和"言语 B"之和,就是我们现在一般理解的言语:对语言的使用和所形成的话语。这个言语,是包含着语言(语言要素和结构关系)的,因此,儿童通过听别人说话,通过"言语实践",学会母语,把语言储存在自己的大脑中;"一切变化都是在言语中萌芽的"[1],新形式首先出现在个人的言语中,"听别人说话所获得的印象改变着我们的语言习惯",只有它被人们所接受并使用,才算进入语言系统。而在言语中创造新形式的个人,是掌握语言的人,创新的材料和规则,仍然来自语言系统本身,所以,"语言好像一件袍子,上面缀满了从本身剪下来的布料制成的补丁"[2]。

综上,我们可以把索绪尔的"言语",理解为两个:①从执行者角度与作为交际工具的语言符号系统相对的,作为个人行为的言语;②作为语言的客观外在的存在地的人们对语言使用和所产生的话语的总和的言语(如图 7.2)。

$$\text{言语活动}\begin{cases}\text{语言}\\\text{言语①}\end{cases}\qquad\text{言语②}\begin{cases}\text{语言}\\\text{言语主体的个人特征}\end{cases}$$

图 7.2

其中"言语①"是"作为个人行为的言语",而"言语②"就是我们所理解的言语:"人们使用语言进行交际的行为和这种行为的结果——话语——的总和",这也是索绪尔在论述语言和言语关系时所使用的关于言语的概念。从这个角度理解语言和言语,认为在社会性这个问题上将语言和言语对立起来的"索绪尔式矛盾"之一,是不存在的。

---

[1] 德·索绪尔:《普通语言学教程》,高名凯译,商务印书馆1996年版,第141页。
[2] 德·索绪尔:《普通语言学教程》,高名凯译,商务印书馆1996年版,第241页。

这也是索绪尔语言、言语尽管遭到很多人批判，但在现代语言学中对这个问题的论述，仍然摆脱不了索绪尔的真正原因。

对于语言和言语的关系，我们认为：（1）语言和言语，是工具和对工具的使用的关系；（2）作为语言的构成成分，音位、词语和语法，包含在言语中，是体现在具体中的一般。我们不同意范晓教授认为语言是话语的形式的观点。

作为现代语言学理论基本术语的言语，在内涵上应该具有自己的明确性和使用习惯的一贯性，因此，我们坚持来自索绪尔的、目前为中国语言学界一般理解的"言语"的含义，不同意只用"言语"专指动作行为意义，而把它作为"话语"的意义排除在外的观点。

我们认为，索绪尔语言理论的核心，是语言符号学。把语言理解为以任意性为基石的符号系统，是索绪尔理论的出发点和最后的归宿。因此，我们同意 J. 卡勒在《索绪尔》中的理解："区分语言系统和言语，是符号的任意性和语言的同一性所引起的必然结果。"① 这也是索绪尔从系统角度区分现代音位学意义的音位和它的发音，从而为音位学奠定理论基础的原因。② 也正因为如此，索绪尔才将发音归结为言语，而将语言符号的能指即音响印象看作心理的（抽象的——莫罗③）。

有些学者在解释语言发展演化的原因时，引进有序异质说，批判索绪尔语言、言语的区分和把语言看作同质的符号系统的观点，主张将结构、变异、有序、目标结合起来解释语言的演化。④ 如果不把语言看作一种基于任意性、用于交际的符号系统，就不会有语言与言语的区分，就不会有语言学今天的进步。有序异质变异说看到的是，某个或某些阶层的人说成 A_1，某个年龄层次的人说成 A_2，某个小社会群体的人说成

---

① J. 卡勒：《索绪尔》，张景智译，中国社会科学出版社 1989 年版，第 40 页。
② 聂志平：《有关〈普通语言学教程〉中的三个问题》，《大庆高等专科学校学报》1998 年第 3 期。
③ 莫罗：《索绪尔〈普通语言学教程〉评注本序言》，陈振尧译，《国外语言学》1984 年第 4 期。
④ 参见徐通锵先生的相关论文以及《语言论——语义型语言的结构原理和研究方法》的第一编第二章《语言的结构原理》中的《变异和动态的语言结构》《结构关联和语言的自组织性》两节（徐通锵：《语言论——语义型语言的结构原理和研究方法》，东北师范大学出版社 1997 年版，第 68—92 页）。

A_3，等等；但在社会交际的人群中，对 A_1、A_2、A_3 等都做共同的理解：即把 A_1、A_2、A_3 看成一个单位 A。如果把语言看作一种用于交际的符号系统，就意味着做这样一种归纳或抽象，也就意味着把 A_1、A_2、A_3 等看作 A 的具体表现形式。A 是抽象的"类"或"型"，而 A_1、A_2、A_3 则是 A 的"成员"或"例"；A 是属于语言的，A_1、A_2、A_3 则是属于言语的。语言要素是抽象的、一般性的，言语要素是具体性的、个别性的——"语言可以说是一种只有复杂项的代数。"① 索绪尔认为语言的演变出自言语，"听别人说话所获得的印象改变着我们的语言习惯"②，"这个形式一再重复，为社会所接受，就变成了语言的事实。但不是任何言语创新都能同样成功，只要它们还是个人的，我们就没有考虑的必要，因为我们研究的是语言"③。"任何东西不经过在言语中试验是不会进入语言的；一切演化的现象都可以在个人的范围内找到它们的根子"。④ 如果我们承认语言要素和言语要素之间存在这种抽象的、一般性的与具体性的、个别性的关系，类与成员之间的关系，比较明了的是音位与音素的关系，高名凯先生正是在这个基础上确立全面地区分"位"与"素"的观点⑤，那么也就应该承认，语言的抽象已经蕴含了言语的社会变异，也自然蕴含了时间；这样，无论是"结构—有序状态的变异—结构"，还是"旧结构—无序变异—有序变异—无序变异—新结构"，只能是一种理论或逻辑的顺序，而不是真正的时间的顺序。

有些学者认为索绪尔的这种区分和对语言的语言学的强调，忽视或把言语的语言学排除在语言研究之外，实在是一种求全责备。索绪尔确定了语言的性质，划分了不同的研究范围，以他自己对语言和语言学（内部的、语言的）的理解，为现代语言学奠定了理论基础，这种贡献是无人可比的。索绪尔强调语言本身的研究，但并不主张不研究言语，他曾答应学生将来开设"言语语言学"，但天未假其年，开设了三次普

---

① 德·索绪尔：《普通语言学教程》，高名凯译，商务印书馆1996年版，第169页。
② 德·索绪尔：《普通语言学教程》，高名凯译，商务印书馆1996年版，第41页。
③ 德·索绪尔：《普通语言学教程》，高名凯译，商务印书馆1996年版，第141页。
④ 德·索绪尔：《普通语言学教程》，高名凯译，商务印书馆1996年版，第237页。
⑤ 参见高名凯《语言论》第二部分《语言系统的内部结构》（高名凯：《语言论》，科学出版社1963年版）。

第七章　关于语言和言语

通语言学课程后，1913年2月，56岁的索绪尔因喉癌离开了人世。而就在去世的前一年，他还向日内瓦大学提交了《关于成立修辞学教研室的报告》，他说："语言学研究的领域是十分宽广的，其研究领域由两部分组成，一部分接近语言，是消极的储备；另一部分则接近言语，是一种积极的能量。言语是随后逐渐渗透到言语活动另一部分（指语言——校者）中去的那些现象的真正源泉。（一个系里有）两个教研室完全不是多余的。"① 我们认为，索绪尔充分地考虑到个人对语言的使用和社会制约与接纳的关系；语言与言语的区分，是建立在符号任意性、系统性和社会性基础之上的，是颠扑不破的真理；徐通锵先生等的有序异质变异说并不是对索绪尔建立在语言符号学基础上的语言/言语区分的反对，而只是从索绪尔划分出来却没有充分涉足的另一个领域，对索绪尔学说的补充。真理并不需要对立才有价值。

（三）关于言语的语言学或言语学

区分了语言和言语，索绪尔进一步区分了对两者的研究领域："言语活动的研究就包含着两个部分：一部分是主要的，它以实质上是社会的、不依赖于个人的语言为研究对象，这种研究纯粹是心理的；另一部分是次要的，它以言语活动的个人部分，即言语，包括发音，为研究对象，它是心理·物理的。"② 索绪尔提出了一对对立的术语：语言的语言学和言语的语言学。在自己的课程中，索绪尔建立了语言的语言学理论体系，但他并不是否定言语的语言学研究，所以不仅第三次普通语言学教程课程的说明中包括了言语部分的研究，而且还在临终前，提出了建立修辞学教研室的报告。

语言的语言学，是以作为交际代码的语言符号系统为研究对象的，是"就语言和为语言而研究的语言"③。这应该是比较明了的。那么言

---

①　德·索绪尔：《关于成立修辞学教研室的报告》，张学曾译，伍铁平校，《修辞学习》1992年第3期。于秀英翻译的索绪尔《普通语言学手稿》（商务印书馆2020年版）将该报告译为《关于设立文体学讲席的报告》，见《普通语言学手稿》第266—267页。
②　德·索绪尔：《普通语言学教程》，高名凯译，商务印书馆1996年版，第41页。
③　德·索绪尔：《普通语言学教程》，高名凯译，商务印书馆1996年版，第323页。

语的语言学，或言语学呢？自然是以言语为对象；如按我们上面的分析，就是以个人使用语言进行交际的行为为研究对象，以人们使用语言的交际活动为研究对象，以人们交际时传递信息的载体——话语——作为研究对象。我们认为，这三者是三位一体的，具有统一性：作为个人的行为，它包含了集体的某些共性，因为作为主体的个人，毕竟是存在于社会中的个人；而作为整个社会对语言的使用活动，也必然是由个人来实现的；话语是语言使用的外在表现形式，没有话语，言语活动就失去了客观性和外在性。

在专门讨论言语的语言学的论著方面，我们仅查到岑运强先生的一篇论文《言语的语言学的界定、内容及其研究的方法》。岑运强认为，广义的言语的语言学"目前还没有统一的疆界，但以下的内容应该值得充分注意"：（1）社会语言学和文化语言学；（2）心理语言学；（3）应用语言学；（4）神经语言学与病理语言学；（5）语用学；（6）言语交际学；（7）言语修辞学；（8）话语分析；（9）篇章语法；（10）戏剧、广播艺术及广告语言；（11）句法、语义、语用三个平面理论；（12）言语评论学。[①] 岑先生的观点对我们具有一定的启发性。但我们觉得，文化语言学还是应该看作索绪尔所说的外部语言学；三平面理论还是着眼于从话语中抽象出来的作为类型的句子作为研究对象，因此还应该看作语言学范畴；应用语言学内部比较纷杂，应该区别对待，不应该笼统地看作言语语言学或言语学的范畴；语用学是一种符号学的分类法，与修辞学有部分重叠，所以不应该与言语修辞学并列；伍铁平《语言和文化评论集》这类语言学学术评论，应该看作作为语言的语言学的普通语言学的分支。

从研究的角度来看，我们主张依据目前语言学的一般分类，把言语语言学或言语学分为本体研究、应用研究和交叉研究三大类。

（1）本体研究：以言语本体为研究对象。它从言语的个别主体、社会群体、表达、理解风格以及完整的表达等方面来研究言语活动和话语。可以把言语本体研究或言语学分为个体言语学和一般言语学、交际（表

[①] 岑运强：《言语的语言学的界定、内容及其研究的方法》，《北京师范大学学报》（人文社会科学版）2000年第4期，又载中国人民大学报刊复印资料《语言文字学》2000年第11期。

达）言语学、理解言语学、修辞言语学、风格言语学、篇章言语学等。

个体言语学：研究有较大影响的行为主体的言语活动和言语作品，如"鲁迅作品言语研究""毛泽东的言语艺术"等。

一般言语学：研究社会群体的言语活动，它的着眼点是言语活动和言语作品的共性和整体性特点。

交际言语学：从言语的主体、对象、动机、语境等角度研究言语交际活动的一般规律，如刘焕辉主编的《言语交际学基本原理》①等。

理解言语学：从言语交际对象的理解角度研究言语，总结言语理解的规律。

修辞言语学：即现在一般理解的修辞学，如依比较广义的理解，从以适应语境提高言语表达效果为目的的有意识地调整言语的活动角度来理解，那么它部分地包括了言语交际学的内容；如果从较为狭义的角度，即陈望道的积极修辞学的角度来理解，那么，它就应该看作以辞格和辞趣角度提高表达效果的美辞学。

风格言语学：以言语主体和言语作品的整体特色作为研究对象。

篇章言语学：它包括现在的话语分析和篇章语言学的内容。它研究完整的言语作品中话语衔接、照应、连贯、指代等结构规律和意思表达的逻辑规律。

（2）应用研究：它运用言语学的基本理论和研究成果阐述、解决其他领域有关的言语问题。它包括教学言语学、写作言语学、矫正言语学、规范言语学、刑侦言语学、表演言语学、播音言语学、演讲言语学、辩论言语学、谈判言语学、广告言语学、宣传言语学、礼仪言语学、主持人言语学、公务员言语学等。简单列举如下。

教学言语学：以教学中的教师的言语作为研究对象，分析不同教学目的的言语活动特点、规律，帮助教师提高言语表达能力。

写作言语学：说明各种文体的写作规律，帮助言语行为主体提高写作能力的科学。

矫正言语学：探求矫正口吃或克服因生理原因而造成的言语障碍的

---

① 刘焕辉主编：《言语交际学基本原理》，江西教育出版社1997年版。

方法。

规范言语学：依据社会言语交际习惯，从社会一般对言语活动的评价角度，建立一种规范体系，纠正言语错误，匡谬正俗。

刑侦言语学：根据言语主体的言语表现，如言语发音特点、行文风格、笔迹等，探求犯罪线索或证据的应用性言语科学。

……

（3）交叉研究：用其他学科的方法来研究言语。有言语社会学、言语心理学、言语生理学、言语神经学、言语统计学、言语声学等。

言语社会学：即一般所谓的社会语言学，用社会学方法研究社会上不同群体的言语活动特点。

言语心理学：研究说话和理解别人说话时的心理过程等。

言语生理学：研究言语发音和接受、感知的生理基础，即一般所谓的生理语音学。这是根据索绪尔的理解划分的。

言语神经学：研究言语活动的大脑机制，分析言语失调的神经病理原因。

言语统计学：用数学统计学原理，利用计算机分析言语现象。

言语声学：利用电子物理仪器，分析言语主体的声学特征，为电子技术开发服务。

在研究方法上，岑运强主张言语的语言学应该：（1）联系语境来研究；（2）重视动态研究；（3）侧重异质地研究；（4）侧重研究语言的变异。[①]

我们认为，言语的语言学应该联系语境来研究是必然的；言语既然是使用语言进行交际或表达的行为和所形成的话语，那么，它必然取决于言语主体的言语动机；必然取决于言语主体根据言语对象的特点、言语主体的社会以及交际角色所形成的与言语对象的关系，决定于具体的时间、地点以及前后话语这些语境因素对言语的调整，必然反映了言语主体的心理特征；言语由于是由个人进行的，带有主体性，同时，它作为人的一种行为，还受社会的制约，受制于一定的社会行为规范，只有

[①] 岑运强：《言语的语言学的界定、内容及其研究的方法》，《北京师范大学学报》（人文社会科学版）2000年第4期，又载中国人民大学报刊复印资料《语言文字学》2000年第11期。

第七章 关于语言和言语

将具体的言语放到一定的言语社会规范之中，才能对它作出评价。因此，我们认为，言语的语言学或言语学，在研究方法上，除了语境以外，还应该侧重话语本身的功能，侧重言语动机，侧重言语心理，侧重社会的言语规范。

我们认为，以索绪尔《普通语言学教程》出版为诞生标志的现代语言学，经过近一百年的发展，随着对语言本体研究的深入，对语言运用的研究也取得了相当大的进展，许多学科的基本理论已经比较完善，而其中对文学语言言语技巧的研究——修辞学，又有很悠久的历史，所以，索绪尔所划分出来的"言语的语言学"，应该确定它自己的位置，并得到更为完善的发展。在言语的语言学或言语学的三个大的研究方面，应该加强基本理论研究，扩大并加深应用研究，使言语的语言学或言语学真正走进社会的言语交际活动，为提高人们的言语技能服务。

第八章　关于语言符号的任意性问题

一　论语言符号的任意性和理据性

现代语言学是建立在索绪尔《普通语言学教程》所阐述的语言学理论基础之上的。而其整个理论的基石，则是语言符号的任意性："事实上，整个语言系统都是以符号任意性的不合理原则为基础的。"① 在语言学史上，除少数语言学家外，一般都承认语言符号的任意性。李葆嘉先生1994年连续发表两篇文章，批评索绪尔的任意性观点，认为语言符号不是任意的，而是可论证的，"索绪尔的语言符号任意性原则实际上是个虚伪的原则"，这个命题"在实践上没有任何意义"。② 我们不同意李先生的观点。

（一）关于语言符号任意性的三个失误

索绪尔说，语言符号是一种两面的心理实体，一方面是概念，另一方面是音响形象，"语言符号联结的不是事物和名称，而是概念和音响形象"。③ 李先生认为，语言符号首先是事物与名称的关系，这个事物可以概念化移入人脑，但事物≠概念，这个名称可以变成音响形象潜入心灵，但名称≠音响形象；索绪尔撇开（法语中）现实的具有历史继承性与系统性的音义结合关系，对所指和能指的关系不加历史地探讨，而以"任意性"一言以蔽之，是索绪尔任意性论证中的第一个失误。

---

① 德·索绪尔：《普通语言学教程》，高名凯译，商务印书馆1996年版，第184页。
② 李葆嘉：《论索绪尔符号任意性原则的失误与复归》，《语言文字应用》1994年第3期，又载《语言文字学》1994年第10期。
③ 德·索绪尔：《普通语言学教程》，高名凯译，商务印书馆1996年版，第101页。

第八章　关于语言符号的任意性问题

而以不同语言系统之间能指和所指结合关系的差别来证明同一语言系统之内能指和所指结合关系的任意性，是索绪尔任意性论证中的第二个失误。索绪尔的任意性＝没有内在的关系＝没有自然联系＝不可论证；索绪尔认为真正的拟声词为数甚少，并有一定程度的任意性，一旦引入语言就或多或少卷入其他词所经受的语音演变、形态演变的旋涡，"这显然可以证明，它们已经失去了它们原有的某些特征，披上了一般语言符号的不可论证的特性"①。李先生认为，索绪尔用共时的比例掩盖历时的溯源，在模仿的近似性与任意性之间画等号，把符号的历时演变性与符号的不可论证性混为一谈，是索绪尔任意性论证中的第三个失误。李先生认为，"从根本上说，语言符号的论证性问题是个历时语言学问题，索绪尔总是从共时语言学的截面研究来混淆或掩盖语言符号可论证性的历时追溯"。②

　　这实际上是一种误解。索绪尔认为，符号是所指和能指之间的相互关系，如图 8.1（a）所示；或者说，能指和所指构成的整体叫符号，如图 8.1（b）所示。

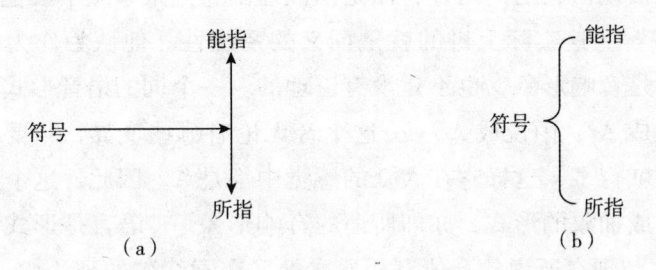

图 8.1

　　其实无论哪一种说法说的都是一回事。在符号中，能指是符号的物质形式，所指是符号的内容；能指和所指之间没有内在的与自然的联系，不能由能指推出所指，也不能由所指推出能指："能指和所指的联系是任意的，或者，因为我们所说的符号是指能指和所指相联结所产生

---

① 德·索绪尔：《普通语言学教程》，高名凯译，商务印书馆 1996 年版，第 105 页。
② 李葆嘉：《论索绪尔符号任意性原则的失误与复归》，《语言文字应用》1994 年第 3 期，又载《语言文字学》1994 年第 10 期。

· 179 ·

的整体，我们可以更简单地说：语言符号是任意的。"① 它们之所以能够被称为能指或所指，只是因为它们彼此之间有一种符号关系。作为一种物质形式，能指常常担负起符号的功能，被看作符号。名称是事物的符号。在语言中，词便是一种语言符号。它以语音作为物质载体，以词义作为内容；换句话说，它是以语音为能指，以词义为所指。语言学界一般都认为，词义是一定社会集体对现实现象和精神现象的概括反映及相应的主观评价，它本身有很强的民族性或系统性。词语具有指称功能，但是以词语整体作为名称（符号）的。这在语言学中基本是常识性的知识。因此李先生说索绪尔的观点不对，语言符号联系的是实物和名称，实在是有些不通。当然，索绪尔对词义的认识还没有现在这么深刻，但他认识到语言的系统性，因此他在后面又说概念和由系统发出的价值实际是等值的，"在同一种语言内部，所有表达相邻近的观念的词都是互相限制着的"②，"不是预先规定了的观念，而是系统发出的价值。我们说价值与概念相当，言外之意是指后者纯粹是表示差别的，它们不是积极地由它们的内容，而是消极地由它们跟系统中其他要素的关系确定的"③。这实际上讲的就是词义的系统性。他认为作为能指的不是声音而是音响形象，也不是没有道理的。一个词的语音形式，甲说成 A_1，乙说成 A_2，丙说成 A_3……这个音无论有哪些变异，只要不与其他的音相混就行了，这样它在大众的感觉中都是 A。因此，这个 A 不过是一个一般或抽象的形式，亦即所谓的音响形象。"语言是形式而不是实体。"④ 这与现在所说的音位有相通之处。在索绪尔的理论中，心理的，不过是一般的或抽象的一个代名词而已。⑤ 从这个角度说语言符号当然是一种心理两面实体。

语音与词义是两种性质不同的事物，不能由语音推知词义，因此

---

① 德·索绪尔：《普通语言学教程》，高名凯译，商务印书馆 1996 年版，第 102 页。
② 德·索绪尔：《普通语言学教程》，高名凯译，商务印书馆 1996 年版，第 161—162 页。
③ 德·索绪尔：《普通语言学教程》，高名凯译，商务印书馆 1996 年版，第 163 页。
④ 德·索绪尔：《普通语言学教程》，高名凯译，商务印书馆 1996 年版，第 169 页，"实体"译作"实质"。
⑤ 莫罗：《索绪尔〈普通语言学教程〉评注本序言》，陈振尧译，《国外语言学》1983 年第 4 期。

第八章　关于语言符号的任意性问题

掌握语言必须经过学习。正是因为语言符号音、义之间不具有自然联系，或者说具有任意性，所以不同的民族语言才具有不同的约定性，形成不同的语言系统。所以索绪尔通过不同的语言系统能指、所指关系的差异来证明语言符号的任意性，这在论证方法上是没有什么可以指责的。在一种语言内部，由于语言的发展，词的语音形式也会发生变化；如果音义之间有自然的联系的话，那么，音义间的关系就不应该发生变化、就不会有语言的发展了。所谓拟声词问题，不过有三类情况：第一种是对自然声音的模仿，如"叮当、哗啦、乒乓"等；第二类是人高兴、痛苦、惊惧时所发出的声音，亦即感叹词；第三类是根据事物的声音特征给事物命名，如汉语中的"鸡、鸭、鸦、鹅、猫、羊"之类。无疑，只靠这些词是不能承担起交际的使命的，它们不是语言的基本构成成分。不同的语言有不同的感叹词系统，因此可以认为，感叹词有象征的成分，但也有社会约定俗成的成分；第三类拟声命名，确实有可论证性，但这类词在一种语言中的数量是微乎其微的，而且它们随着语言的发展改变读音。这说明这种可论证性实际上是置于任意性之下的命题。

（二）关于相对任意性或可论证性：任意性真的向可论证性复归了吗？

索绪尔认为："符号任意性的基本原则并不妨碍我们在每种语言中把根本任意的，即不能论证的，同相对任意的区别开来。只有一部分符号是绝对任意的；别的符号中却有一种现象可以使我们看到任意性虽不能取消，却有程度的差别：符号可能是相对地可以论证的"，"法语 ving '二十'是不可论证的，而 dix-neuf '十九'却不是在同等程度上不能论证，因为它会使人想起它赖以构成的要素和其他跟它有联系的要素，例如 dix'十'，neuf'九'……"，"句段的分析越是容易，次单位的意义越是明显，那么，论证性就总越完备"。[①] "相对地可论证的概念包括：（1）把某一要素加以分析，从而得出一种句段关系；（2）唤起一个或几个别的要素，从而得出一种联想关系。任何要素都要借助于机构才

[①] 德·索绪尔：《普通语言学教程》，高名凯译，商务印书馆1996年版，第181—182页。

能表达某种观念。到现在为止，单位在我们看来都是价值，即系统的要素，而且我们特别从它们的对立方面去考虑；现在我们承认它们有连带关系，包括联想方面的和句段方面的，正是这些关系限制着任意性。"①
李先生认为：索绪尔偷换概念，把任意性区分为绝对任意性与相对任意性，又说明相对任意性＝相对可论证性，从而把可论证性纳入不可论证性，是任意性原则向可论证原则靠拢的第一步。索绪尔认为，许多拉丁语中可以论证的符号，到了现代法语中都不能论证了，"在数以百计例子里都可以看到这种转移"，说明"已恢复到作为语言符号主要条件的绝对任意性"。② 绝对任意性是可论证性的丧失，是索绪尔任意性原则向可论证性原则回归了第二步。索绪尔认为"在一种语言内部，整个演化运动的标志可能就是不断地由论证性过渡到任意性和由任意性过渡到可论证性；这种往返变化的结果往往会使这两类符号的比例发生很大的变动"。③ 李先生认为，把语言内部演化运动的标志阐述为不断地由论证性过渡到任意性和由任意性过渡到可论证性，则是任意性原则向论证性原则的全面复归。

尽管在索绪尔的理论中，任意性＝没有内在联系＝没有自然联系＝不可论证性，但可论证性＝相对任意性≠有内在联系≠有自然联系；在其理论系统中，不可论证性并不是可论证性的反概念，相对任意性也不是绝对任意性的反概念，尽管"绝对""相对"是一对反义词。只要把概念放到理论体系中，从概念与概念的相互联系、相互区别中加以考察，这种概念的误用是显而易见的。索绪尔语言理论中概念使用的不统一，在语言、言语、言语活动的区分中表现得也比较明显。④ 概念使用的不统一，给其理论带来一些混乱，也为后来语言学埋下了纷争种子。实际上，可论证性只有在拟声词中是指能指与所指的关系的，此外仅指复合语言符号与其下位构成符号间或语言符号与语言符号间的关系是有

---

① 德·索绪尔：《普通语言学教程》，高名凯译，商务印书馆1996年版，第183页。
② 德·索绪尔：《普通语言学教程》，高名凯译，商务印书馆1996年版，第185页。
③ 德·索绪尔：《普通语言学教程》，高名凯译，商务印书馆1996年版，第185页。
④ 聂志平：《异质中的同质区分——论索绪尔语言理论中言语、语言的区分及正确理解》，《兰州大学学报》（社会科学版）1987年第4期；又载《语言文字学》1988年第1期。也参见本书第七章。

理据性的（见图 8.2）。

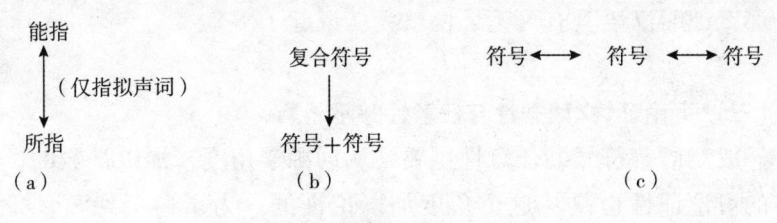

```
能指                    复合符号        符号 ⟷ 符号 ⟷ 符号
↕ （仅指拟声词）          ↓
所指                    符号+符号
（a）                   （b）                    （c）
```

图 8.2

或者说，索绪尔所说的相对任意性或可论证性是指图 8.2（b）、图 8.2（c）的所示内容。而这与符号能指与所指关系的任意性是两个层次的东西。因此，"回归的第一步"是不成立的。此外，说法语中的某个词来源于拉丁语中的某个词，讲的是历史渊源，而且是语言系统中语言符号与语言符号之间的渊源关系，是属于图 8.2（c）所示的内容，而不是前文（一）中符号构成中图示的能指与所指间的关系。因此，可论证性的丧失≠绝对任意性；"恢复到"只是索绪尔一个比喻性或不确切的说法："回归了第二步"也不能成立。至于第三点，则有望文生义之嫌。索绪尔所说的两个过渡，其先后次序并没有逻辑意义。复合的语言符号与构成其的下位符号之间的关系以及甲符号与乙符号之间的关系的可论证性，随着时间的推移而变得模糊，看不出原来的联系；没有可论证性的符号，通过某种关系构成可论证性的复合符号——两种趋势的交叠，显示了语言的演化。笔者认为这个理解可能接近索绪尔的意思。而李先生认为"索绪尔依据'不可论证性达到最高点的语言是比较着重于词汇的，降到最低点的语言是比较着重语法的'这一前提，断言'超等词汇的典型是汉语'，因此汉语是不可论证性达到最高点的语言"是不正确的，汉语也具有可论证性。[1] 在这里，词汇是与语法对举的。那么，索绪尔这句话里的"不可论证性"是不是从表现语法关系的语法形式角度来讲的？因为在普通语言学创始人洪堡特那里就已经认识到汉语没有形态变化，只是通过词语的顺序来表示语法意义，索绪尔这里是不是就汉语没有外在显现的词形变化特征而言的？因为只有从

---

[1] 李葆嘉：《论索绪尔符号任意性原则的失误与复归》，《语言文字应用》1994 年第 3 期。

这个角度，才有可能说汉语是"超等词汇的典型"。如果应该这样理解，那么证明汉语具有可论证性就无从说起了。

（三）可论证性/理据性与任意性并不矛盾

一般对语言符号的任意性主要是从词源学角度来加以批驳的，语言符号的可论证性也是从这个角度加以论证的。为了避免纠葛，我们把"可论证性"换个说法：理据性。

理据性是指给事物命名要有一定的根据，反映在名称上是事物的名称具有可理解性。客观世界中的事物本身可以分成若干部分或若干属性，那么，给事物起名字的时候，就可以根据它的某些属性或某些部分，在该民族语言系统中寻找能表示这些属性或部分的词或语素，把它们组合起来作为这个事物的名字。比如，有一种事物，它是以电作为能源，起制冷、冻结作用，形状是长方体的像个箱子，因此把能代表这些性质的词或语素组合起来称呼它：电冰箱。这便是图8.2所示的可论证性。任何一种语言中都有大量这种具有理据性的词语。因为语言具有这种理据性，说本族语的人对词语——特别是复合词——的理解、使用一般来说才没有什么负担，即使是从来没有听过或看过的词语，从词语的表面构成也可以大概明白它是什么意思。这种理据性给语言带来了可理解性。

给事物命名还有另一种理据性。客观事物不是孤立的，而是互相联系的。甲事物在属性或特征上，或某一属性、某一特征上，与另一个乙事物相同或相近，那么，给甲事物起名字就可以用乙事物的名字。如：

巠：水脉；

径：狭窄的道路，小路；

茎：植物根以上的部分；

经：织物上纵向的线；

颈：脖子；

胫：小腿；

……

这些事物都因细长而得名，又因表示不同类的事物，添加上不同的

第八章 关于语言符号的任意性问题

义类符号，而形成字形上的分化。因词义分化而形成同源新词的现象，也属于这一类：

北 [＊pək] ←背 [＊puək]
半 [＊puən] ←分 [＊piuən]
评 [＊bieng] ←平 [＊bieng]

宫室坐北朝南，于是以"所背"为"北"；"分"，本来是"一分为二"，所以有"半"义；"平"，就是"正"，"不偏不倚地给以评议"，就是"评"。① 这就是所说的词的"内部形式"。它不过反映了事物之间的相互联系和语言符号之间的相互联系的一种对应。由于词语具有指称功能，为了相互区别，或者在词的语音形式上，或是在词的书写形式——字形——上形成分化，这就是源词和滋生词之间的关系。这样的一组词叫词族，或同源词。而从词语相互关系角度研究词语产生的原因的，便是词源学。这种理据性，实际就是前文中图 8.2（c）所示的内容。语言学界对任意性的批评主要是从这种理据性入手的。

实际上，前文中的图 8.2（b）和图 8.2（c）的内容可以合为一类，就语言符号系统本身来说，理据性体现了语言符号与语言符号之间的关系，而任意性则反映了符号内部能指与所指之间的关系。任意性与理据性的对比图示如图 8.3。

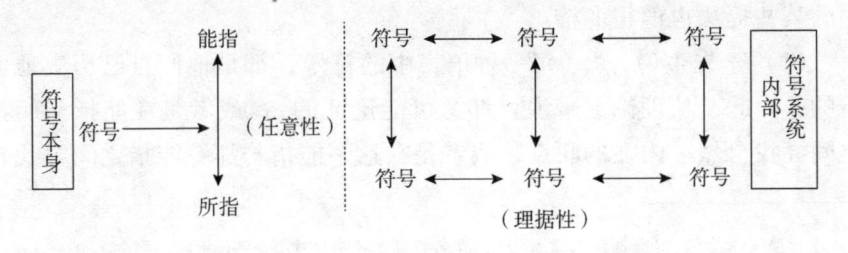

图 8.3

---

① 王力：《同源字典》，商务印书馆 1982 年版，转引自石安石《语言符号的任意性和可论证性》，《语文研究》1989 年第 4 期。

因此，任意性和理据性或可论证性是两个层次的东西，不可同日而语。理据性不能推翻任意性，从构成符号的成分即能指与其所指以及复合符号整体能指与其所指之间的关系，仍是没有内在的自然联系，仍是任意的。理据性一方面反映了事物之间的联系性，另一方面，更主要的是反映了语言符号的系统性，语言符号的可理解性。语言中的新质要素是在旧质要素基础上形成的，"语言好像一件袍子，上面缀满了从本身剪下来的布料制成的补丁"。① 理据性，"所谓内部形式的可论证性乃是语言中新的音义结合体与固有的音义结合体之间的历史联系可以论证，并不是音义之间的自然联系可以论证"。② 语言符号的理据性不过是说本族语的人（在掌握了该语言符号系统之后）对语言符号的理解，这种理解是在接受这个符号系统后形成的，是历史的产物，是在任意性基础上，由社会、历史约定俗成的结果。正是因为语言符号具有理据性，才形成语言符号为其他人工符号所没有的可理解性。所以，索绪尔说："事实上任何社会，现在或过去，都只知道语言是从前代继承来的产物而照样加以接受"，"一定的语言状态始终是历史因素的产物"；③"语言始终是前一个时代的遗产"，"因为符号是任意的，所以它除了传统的规律之外不知道有别的规律；因为它是建立在传统的基础之上的，所以它可能是任意的"④。这绝不是循环论证。

（四）余论

李葆嘉先生另一篇文章《论语言的可论证性、论证模式及其价值》⑤中的某些提法也值得商榷。

（1）李先生说，"（每一种语言中的符号，都是他们自己历史地创造的，因此，从理论上来说，都是可能论证的。）或者是在能指与所指之间寻找自然、内在的联系，或者是在这一能指与那一能指之间寻找句

---

① 德·索绪尔：《普通语言学教程》，高名凯译，商务印书馆1996年版，第241页。
② 石安石：《语言符号的任意性和可论证性》，《语文研究》1989年第4期。
③ 德·索绪尔：《普通语言学教程》，高名凯译，商务印书馆1996年版，第108页。
④ 德·索绪尔：《普通语言学教程》，高名凯译，商务印书馆1996年版，第111页。
⑤ 李葆嘉：《论语言符号的可论证性、论证模式及其价值》，《江苏教育学院学报》（社会科学版）1994年第2期，又载中国人民大学报刊复印资料《语言文字学》1994年第6期。

第八章 关于语言符号的任意性问题

段关系中的可切分和可联想关系中的可类比","……间接论证模式，就能指和能指之间，用同一义类中的这一能指来说明那一能指被确定的原因，其基础就是这两个能指的各自所指相互间有某种命名依据上的共通之处"，"依据第二模式的间接论证，在能指与能指或名与名之间系源……"在这里，笔者觉得李先生没有很好地理解索绪尔关于符号的经典概念，而把符号这一关系整体理解为其局部的物质形式——能指了，他认为任意性不正确，可能与这种理解有关。布达哥夫认为语言符号是单面的，也是没有认识到这一点。①

（2）在"根词可论证性的类比证明"一节里，李先生根据英文字母"A"的来源，认为"基于这一系统内的有理性符号转入另一系统内成为无理性符号这一事实，我们有把握说，所有根词原初都是可论证的"。得出这个结论，李先生有两个论据：a）"在汉字系统内，古今文字的演变表明符号的发展呈现由象征性向非象征性过渡的趋势。以'刀'为例，说明如下：（1）刀，兵也。象形造字，能指和所指之间有自然联系；（2）刃，刃坚也，象刀有刃之形，指事造字，有自然联系"，"表明视觉符号系统中的基本符号是可以追溯论证的。因此，据此类比推断，听觉能指中的根词也是可以追溯论证的"。接着，他从语言的起源来讲根词的可论证性：b）"这种原始的混沌语言必然受制于当时人们的认知系统。有什么样的神经系统就有什么样的思维；思维的基本材料是通过感觉器官把外界刺激转换而成的、神经系统中的某种感觉形态即表象系统。而思维的基本规律就是保持思维的材料、过程、结果与物质存在必须趋同的组合同构律。在这一规律的支配下，听觉表象总是力图使语音和语义尽可能产生同构，因此'象声'不仅是认识事物的基本途径，而且是语言产生的基本原则"；"象形和象声是人类符号能力的两大渊源"。②

笔者觉得这个证明是不成立的。有理性的符号从一个系统转入另一个系统就变成无理性的，作为一种语言系统中的根词，没有系统间的转

---

① 布达哥夫：《符号——意义——事物（现象）》，石安石译，《国外语言学》1981年第1期。
② 李葆嘉：《论语言符号的可论证性、论证模式及其价值》，《江苏教育学院学报》（社会科学版）1994年第2期，又载中国人民大学报刊复印资料《语言文字学》1994年第6期。

移，怎么能"有把握地说"它们原初都是可论证的呢？表义文字来源于图画记事，亦即所谓的象形。因此，这种文字与其对象之间确实有内在的自然的联系。但这种象形字并不是文字的全部。听觉符号与视觉符号是两种性质不同的符号，又如何能"据此推断"听觉能指中的根词也可以追溯论证的呢？李先生大概也觉得说不大通了，于是把话扯到语言起源上，谈起玄来了。从上面所引的话来看，作者把终极原因归结为语言起源的摹声说。忽略了语言的社会属性，忽略了语言作为交际工具的功能，忽略了具有创造符号能力是人作为一个物种与其他动物的进化上的根本区别，而用18世纪赫尔德的"摹声说"来解释语言的起源，实在不能叫人满意。李先生最终也没有通过"类比证明"来证明根词的可论证性。根词的可论证性只是一个空洞的假说。

二　对某些批评的反驳

对语言符号或符号的任意性，索绪尔说得很明白，能指与所指之间没有自然或必然的联系，不能由能指推断所指，也不能由所指推断能指，能指与所指之间的关系具有任意性，"能指和所指的联系是任意的，或者，因为我们所说的符号是指能指和所指相联结所产生的整体，我们可以更简单地说：语言符号是任意的"。[①] 他又用了一个词语"不可论证的"来指这种情况，以便与拟声词、感叹词和 dix-neuf（法语，十九。dix，十；neuf，九）之类的词语现象相对，而后者是"相对可以论证的"。索绪尔还用了一对术语"绝对任意性""相对任意性"来说明这种对立。除了一般单纯词、拟声词、感叹词、合成词以外，还有一种现象，就是同源词。王力先生在《汉语词汇史》中是这样解释同源词的："同源字，是指同一来源的字。汉语是单音节语，因此，同源字也是同源词。同源字必须是语音相同或相近，同时意义相同或相近。"[②] 王力先生举例如"buə 倍、buə 培、buə 陪：'倍'有增加的意义，'培'是在庄稼上加土，'陪'是在土丘上加土。'倍、培、陪'三字同源"。[③]

[①] 德·索绪尔：《普通语言学教程》，高名凯译，商务印书馆1996年版，第102页。
[②] 王力：《王力文集》（第十一卷），山东教育出版社1990年版，第515页。
[③] 王力：《王力文集》（第十一卷），山东教育出版社1990年版，第524页。

第八章 关于语言符号的任意性问题

根据索绪尔的理解，再补充进去对同源词的认识，我们可以把前文图示加以合并补充，形成图 8.4。

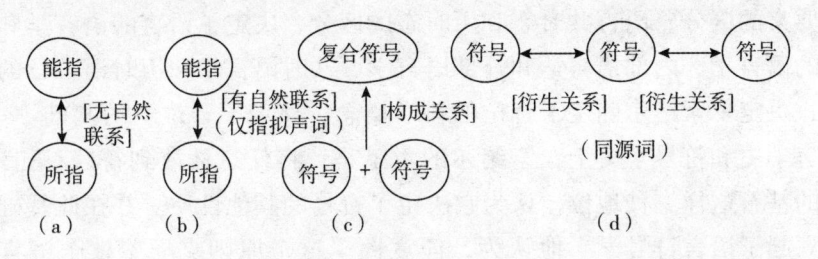

```
  能指         能指         复合符号     符号 ↔ 符号 ↔ 符号
   ↕           ↕             ↑
[无自然     [有自然联系]    [构成关系]    [衍生关系][衍生关系]
 联系]      （仅指拟声词）                  （同源词）
   ↕           ↕
  所指         所指         符号 + 符号
  (a)         (b)            (c)              (d)
```

图 8.4

我们认为，索绪尔所说的绝对任意性、不可论证性，或一般表述的任意性，指图 8.1 的内容，而相对任意性或可论证性是指图 8.4（b）、图 8.4（c）和图 8.4（d）所示的内容。可见任意性与可论证性，实际不是同一个角度的问题，不处于同一个层次上。如果撇开拟声词，用一个与可论证性等义的理据性来与任意性相对立，那么，任意性是指符号中能指与所指的相互关系，而理据性，则是指符号与符号之间的相互关系，亦即不同层级符号中下级符号与上级符号之间的构成关系，和同层级中符号与符号之间的衍生关系。符号的任意性与理据性，一个是符号本身的问题，一个是符号系统内部的问题，两者处于不同层面，并不构成对立或矛盾关系。所以任意性的原理，是颠扑不破的。

任意性是符号的本质属性，是语言符号/符号的"第一个原则"（小标题）。从学生的笔记来看，索绪尔反复强调这条原则的重要性："这条真理在按等级排列的位置中处于最顶端。人们只能一点一点地认识到，无数不同现象只不过是支流细节，都是这条真理的存在而引起的。"[①] 索绪尔把任意性作为符号的第一原则，一方面划定了符号的范围，把以图像指示性的标志和内容与形式"有一点自然联系的根基"的象征或征候排除于符号之外；另一方面将对符号的认识引入了更加深刻的逻辑空间："事实上，整个语言系统都是以符号任意性的不合理原

---

① 引自 J. 卡勒《索绪尔》，张景智译，中国社会科学出版社 1989 年版，第 21 页。

则为基础的",① 语言符号的任意性决定了语言的社会性（约定性）、系统性、不变性、可变性，决定了语言与言语的区分、语言内部要素和外部要素的区分、语言共时态和历时态的区分，决定了语言的语言学和言语的语言学、内部语言学和外部语言学、共时语言学和历时语言学的区分，决定了索绪尔确定了音位的科学概念，奠定了音位学的基础。② 在语言学史和符号学史上，索绪尔的贡献是，将任意性放到符号/语言符号的基石这样一种地位，认为它决定了符号的其他性质。并在此基础上建立起了语言符号学。他认为，任意性"这个原则支配着整个语言的语言学，它的后果是不胜枚举的"，"完全任意的符号比其他符号更能实现符号方式的理想；这就是为什么语言这种最复杂、最广泛的表达系统，同时也是最富有特点的表达系统。正是在这个意义，语言学可以成为整个符号学中的典范"。③

在国外，除了少数语言学家外，一般都同意语言符号具有任意性。国内从事语言理论研究的学者一般也是承认任意性的，留学法国、较早接受和传播索绪尔理论并为中国普通语言学作出较大贡献的方光焘、高名凯先生，也是接受任意性的。1994年李葆嘉先生连续发表两篇论文④对索绪尔的任意性原则进行批判，他认为索绪尔的任意性有三个失误：（1）撇开（法语）现实的具有历史继承性与系统性的音义结合关系，对所指和能指的关系不加以历史地探讨，而"任意性"一言以蔽之；（2）以不同语言系统之间能指和所指结合关系的差别来证明同一个语言系统之内能指和所指结合关系的任意性；（3）索绪尔对拟声词的解释，是用共时的比例掩盖历时的溯源，在模仿的近似性与任意性之间画等号，把符号的历时演变与符号的不可论证性混为一谈。李先生的观点

---

① 德·索绪尔：《普通语言学教程》，高名凯译，商务印书馆1996年版，第184页。
② 聂志平：《索绪尔〈普通语言学教程〉中的语言符号学思想》，《浙江师范大学学报》（社会科学版）2001年第6期。
③ 德·索绪尔：《普通语言学教程》，高名凯译，商务印书馆1980年版，第103页。
④ 李葆嘉：《论索绪尔符号任意性原则的失误与复归》，《语言文字应用》1994年第3期，又载中国人民大学报刊复印资料《语言文字学》1994年第10期；《论语言符号的可论证性、论证模式及其价值》，《江苏教育学院学报》（社会科学版）1994年第2期，又载中国人民大学报刊复印资料《语言文字学》1994年第6期。

第八章 关于语言符号的任意性问题

引起了一些争论,索振羽先生①以及笔者②都从索绪尔语言理论体系出发对李文进行了批驳。

在《语言本质的再认识》③一文中,王希杰先生对李葆嘉先生的观点表示赞同。他认为李先生的观点"是对语言本质的再认识,重建新语言观的一个有益的探索"。王先生认为,"语言符号系统同客观的物理世界(包括精神世界、心理世界)之间,并不是绝对任意的,一方面它受物理世界的大系统的制约,受人类认识能力的制约,受人类发音能力和极限的制约,……用什么样的音响材料,同什么样的概念或语义内容相结合,这受多种制约,不可能是绝对任意的;另一方面,语言符号并不直接同客观物理世界接轨,它们是通过人类的文化世界相联系的,换句话说,有什么样的文化,便有什么样的语言符号系统,音响同概念(语义内容)的组合,也不是绝对完全任意、偶然的,而是一定民族文化选择的结果"。王先生说的第一层意思,与索绪尔的任意性并不站在同一角度,所以不能构成对任意性的反驳:索绪尔的任意性是指符号自身,王先生说的是语言与物理世界。另外,语言不决定于种族,不决定于地理因素,不决定于人的生理因素,这应该是基本的共识,那么依前面王先生的说法,语言就只能"受人类认识能力的制约",那么,必然的结论就是,语言的不同,取决于人类认识能力的不同了。王先生自己能接受这个推论吗?王先生的第二层意思是文化决定语言,这是个大而化之的说法,本身无以证明,同时,说音响同概念(语义内容)的组合取决于民族文化选择,并不能证明语言符号音与义之间有必然的或自然的联系。

许国璋先生的《语言符号的任意性问题——语言哲学探索之一》④

---

①　索振羽:《索绪尔的语言符号任意性原则是正确的》,《语言文字应用》1995年第2期,又载中国人民大学报刊复印资料《语言文字学》1995年第9期。

②　聂志平:《论语言符号的任意性和理据性——与李葆嘉先生商榷》,《学术交流》1997年第3期。

③　王希杰:《语言本质的再认识》,《云梦学刊》1994年第4期,又载《语言文字学》1995年第4期。

④　许国璋:《语言符号的任意性问题——语言哲学探索之一》,《外语教学与研究》1988年第3期,又载《许国璋论语言》,外语教学与研究出版社1991年版,第20—40页。

· 191 ·

是在外语学者中有相当大影响的论文。许先生的论文有几点应该注意：（1）许先生认为语言是（人类）理性的行为，语言和事物之间不存在自然联系，"只有'人为的联系'，人为的联系即是受语言和社会双重制约的联系，是理性的联系，不是任意的联系"，[1] 认为索绪尔的"能指←任意性→所指"的模式是粗疏的，主张将之修改为"符号→语言制约和社会制约→所指"[2]；（2）母语使用者不会感到任意性，初学外语的学生最容易感到语言的任意性，"不论是学母语或学外语，任意性只是心理适应过程中的一种暂时现象，不适应就觉得不可捉摸，适应了就觉得理应如此。在这个意义上，任意性是可以改变的，不是客观存在的一种语言特征"，[3] "任意性的概念是懂得语言合理性的人所创造的，正如'中古世纪'一词的专横与蒙昧的蕴含是文艺复兴时期人文学者笔下所赋予的一样"[4]；（3）"原始时期的语言符号有任意性，部落社会时期是约定俗成的，文明社会时期是立意的。如果说语言有任意性的话，那也只限于原始时期，在此之后就不是任意的了"[5]。

我们可这样理解，（1）能指和所指之间因为没有自然联系，所以只能是人为地建立起它们之间的联系，这种联系是受语言系统和社会的制约的，这是对的。但语言系统和社会的制约，是建立在任意性之上的，最根本的是任意性，在真理的序列中，它是排在最顶端的，"这个原则是头等重要的"，它支配着符号，支配着语言，也"支配着整个语言的语言学"。[6] 而且许先生的补充修正，并没有超出索绪尔的认识。另外，许先生没有用"能指"而用"符号"作为与"所指"相对的一

---

[1] 许国璋：《语言符号的任意性问题——语言哲学探索之一》，载《许国璋论语言》，外语教学与研究出版社1991年版，第35—36页。

[2] 许国璋：《语言符号的任意性问题——语言哲学探索之一》，载《许国璋论语言》，外语教学与研究出版社1991年版，第23—26页。

[3] 许国璋：《语言符号的任意性问题——语言哲学探索之一》，载《许国璋论语言》，外语教学与研究出版社1991年版，第31页。

[4] 许国璋：《语言符号的任意性问题——语言哲学探索之一》，载《许国璋论语言》，外语教学与研究出版社1991年版，第29页。

[5] 许国璋：《语言符号的任意性问题——语言哲学探索之一》，载《许国璋论语言》，外语教学与研究出版社1991年版，第32页。

[6] 德·索绪尔：《普通语言学教程》，高名凯译，商务印书馆1996年版，第103页。

端，或是疏忽，或是把符号理解成单面的东西了。（2）许先生通过外语学习与母语的对比的说明，实际上是把任意性化解为"不可捉摸"，化解为"随意性"，而与"合理性"相对，这才会有"任意性是可以改变的"说法；许先生最后把任意性归结为某些人主观虚拟的产物。任意性是指能指和所指之间没有自然或必然的联系，它不因是否掌握语言而有所改变。许先生的论证不能成立。（3）作为人类最重要的交际工具，语言的这种功能没有因处于不同的时代而改变，语言的符号性质也没有因此而发生变化，只要语言还是符号，那么，语言符号能指和所指之间的关系，就仍然是没有自然或必然联系的，就仍然是任意性的。除非我们能够证明"原始时期的语言"不是语言，而只有"部落社会时期"和"文明社会时期"的语言才能叫"语言"。另外，有谁又能说清什么叫"原始时期的语言"？很多人注意到许先生这篇文章的第一点，而没有注意到许先生怎样以自己的严密逻辑否定了语言符号的任意性原则。

第九章 索绪尔的语法思想：句段关系与联想关系

一 价值、系统与辩证法

在语言学史上，德·索绪尔以自己的《普通语言学教程》开辟了人们对语言认识的新纪元。他的一系列深邃的思考奠定了现代语言学的基础，举凡其后的各派语言学的发展无不带着这位大师的思想烙印，足以见其影响之深。索绪尔语言学理论传到中国已多年，中国许多著名的语言学家都在不同程度上接受了他的思想，但由于各种原因，对索绪尔语言理论的理解仍有许多偏颇。我们希望能立足于《普通语言学教程》，较为全面地把握这位大师的思想，显示出其真知所在。

索绪尔语言理论的基石，是语言符号学。在此基础上，索绪尔区分了语言、言语和言语活动，把语言看作表达观念的符号系统，看作一个共时态的价值系统，一个由对立、区别构成的关系网络，并进一步区分开了语言的共时态、历时态及相应的共时语言学和历时语言学，并将语言系统之外的部分以外部语言学称之，使之与对系统本身的研究——内部语言学相对。

实质上，索绪尔对语言学最大的贡献是使人们明白了语言是什么，并规定了语言学的任务。索绪尔将语言看作一个表达观念的共时态价值系统，深刻地揭示了语言的本质特征。在阐明语言符号的特性后，索绪尔便将我们引入他理论最引人入胜的天地——共时态的价值系统。所谓的系统，一般认为有三个特征：（1）整体性，即它的各个要素处于相互联系、相互对立而又相互作用的关系之中，共同构成一个与外界相对独立的整体，整体并不等于各部分之和；（2）自调性，亦即由于要素间的这种相互联系、相互作用，从而形成了系统自身的运动，或者说，

第九章 索绪尔的语法思想：句段关系与联想关系

在系统本身潜存着使自己发生变化的基因；（3）整个系统的发展、变化是有规律可循的，或称为转换的有规律性。① 也许有人会提出反驳，说这就是皮亚杰对结构（系统）的理解，而索绪尔的原意，是在他那里的系统是一个静态的东西，根据是索绪尔将变化排斥于系统之外。这实际是只抓住作者只言片语不放的误解。关于这个问题，我们另有所论述。② 我们要作以补充的是系统的另一个重要特点，即共时性。这本应该是一个不言自明的问题：尽管整个系统处于不断变化之中，但系统内部的各个要素是共存的，即处于同一时间平面，否则就无所谓相互对立、相互联系，也就不能构成整个系统了。

语言是个共时态的价值系统，在这个系统中，每个要素都处于相互对立、相互联系、相互作用之中，每个要素都是这个关系网上的结。正是这个系统或关系网，使每个要素都不能以孤立的原子的身份存在，它们的性质不再是由自身的历史和物质性决定，而是处于整个系统的约束之下，关系决定了要素自身的性质或价值。这种观点与恩格斯的看法基本一致："在有机化学中，一个物体的意义以及它的名称，不再仅仅是由它的构成来决定的，而更多地是由它所隶属的系列中的位置来决定。"③ 而那种认为符号的价值决定于自身的性质，索绪尔的理解是唯心主义的"外因决定论"或"环境决定论"在语言学中的反映的观点，④ 则是对唯物辩证法作了庸俗化曲解的结果。

语言符号的任意性决定了语言符号（或语言）的系统性，因为符号的形式与内容之间没有必然的联系，所以符号的价值（或者它是什么）只能由彼此间的相互关系决定。相互联系、相互作用包含着不同、对立，抑或区别，没有对立或区别，就无所谓联系，而只能是自身的同一。反过来，区别、对立的存在，正是由于它们处于共同的系统或联系（关系）

---

① 皮亚杰：《结构主义》，倪连生、王琳译，商务印书馆1985年版，第4—12页。
② 聂志平：《论语言共时态和历时态的区分》，《兰州大学学报》（社会科学版）1990年第3期；中国人民大学报刊复印资料《语言文字学》1990年第9期。也见本书第十章。
③ 弗·恩格斯：《自然辩证法》，中共中央马克思恩格斯列宁斯大林著作编译局编译，人民出版社1971年版，第270页。
④ 高名凯：《德·索绪尔和他的〈普通语言学教程〉》，载《语言学论丛》第六辑，商务印书馆1980年版，第180页。也见《高明凯语言学论文集》，商务印书馆1990年版，第709页。

中才有可能。联系之外无所谓对立与区别，联系是区别与对立的联系，区别、对立是联系的区别与对立，它们是辩证的统一体。在这个统一体中，区别或对立是显现的，而联系是潜在的；或者换一种说法：差别（区别、对立）是联系的根本特征。如果要素没有处于这样一种辩证统一的关系之中，就不能形成一个系统，而只能作为单一的要素而存在。索绪尔把语言看作一个价值系统，从而彻底否定了将语言看作一个分类命名集的形而上学的原子论观点。他将概念与意义或价值区别开来，把后者看作语言系统的产物，澄清了人们认识上的混乱。正因为这种关系或差别（区别、对立）决定了要素的价值，所以说，差别创造了个体要素自身的特征，也创造了个体的价值。浅白一点说，就是语言符号的价值，不是从正面，即它是什么规定的，而是从反面，即它不是什么规定的。因此，"在语言学里，自然的资料没有什么地位"，① 语言就是这样一个系统，重要的不是要素本身，而是要素间的关系，即对立："物质的符号对表达观念来说并不是必不可少的；语言可以满足于有无的对立"，② 语言只要求差别，"语言是形式（亦即关系——笔者注）而不是实体"③。

从以上的论述中，我们可以看到索绪尔对语言系统的理解带有很深的去掉了那层"神秘外壳"的黑格尔辩证法的胎记。20 世纪 30 年代国外有位语言学家曾认为索绪尔从另一个方面发现了与马克思主义唯物辩证法相同的东西。这个相同的东西，从我们的观点来看，实际上就是在对语言的研究中，发现了与黑格尔辩证法"合理内核"相一致的语言本身的辩证法。与马克思发现资本主义生产自身的辩证法一样，我们不能想象，一个影响一个多世纪的哲学家会对语言学巨匠无足轻重。我们许多语言学家或是由于受 20 世纪四五十年代苏联语言学家的影响，或是自身认识上的原因，对索绪尔将语言看作一个由对立、区别构成的关系网络的观点颇有微词，认为他否定了实体（符号）的作用，而仅将实体看作关系的一个支点，无足轻重。这实际上是一方面没有认识到科

---

① 德·索绪尔：《普通语言学教程》，高名凯译，商务印书馆 1996 年版，第 119 页。
② 德·索绪尔：《普通语言学教程》，高名凯译，商务印书馆 1996 年版，第 126 页。
③ 德·索绪尔：《普通语言学教程》，高名凯译，商务印书馆 1996 年版，第 169 页，把"实体"译作"实质"。

学的抽象特点，另一方面又将唯物辩证法作了庸俗化理解的结果。

二 语言：语法系统 句段关系和联想关系

这样，索绪尔便将语法系统看作语言系统的全部，"在语言状态中，一切都是以关系为基础的"，①"语法是把语言当作表达手段的系统来研究的，所谓'语法的'，就是指共时的和表示意义的"②。从这里，我们应该把握两点：第一，语法是语言的结构规则，抑或关系，正是由于它的存在，语言才能完成其交际使命，从而作为人类的一种主要交际工具而存在；第二，语法是共时的，即一种状态，"言语从来就是只依靠一种语言状态进行工作的，介于各状态间的变化，在有关的状态中没有任何地位"③。这实际是一种广义的对语法的解释。

而狭义的语法的范围，一般来看，是与分为形态学与句法学的传统语法学的看法大体相当的。传统语法的形态学是研究构词及词形变化规则的，而句法则是对组词成句规则的研究。这种语言观，产生于以词的形态变化作为表示句法关系的手段的印欧系语言的研究中，尽管有其区分的合理性、教学的方便性，但作为一种理论，则缺乏普遍性，并且在一定程度上忽视并割裂了词法与句法的有机联系，将词形变化看作孤立的现象。而索绪尔的语法观则突破了这些局限，将形态学、句法学、词汇学结合在一起，用"句段关系"和"联想关系"统括之。语言要素间的关系具体表现在句段关系和联想关系上，在这个纵横交错的关系网中确定自己的价值。

索绪尔是这样阐述自己的语法思想的。"在语言状态中，一切都以关系为基础"，"一方面，在话语中，各个词，由于它们是连接在一起的，彼此结成了以语言的线条性为基础的关系，排除了同时发出两个要素的可能性。这些要素一个挨着一个排列在言语的链条上面。这些以长度为支柱的结合可以称为句段"④，"另一方面，在话语之外，各个有某

---

① 德·索绪尔：《普通语言学教程》，高名凯译，商务印书馆1996年版，第170页。
② 德·索绪尔：《普通语言学教程》，高名凯译，商务印书馆1996年版，第186页。
③ 德·索绪尔：《普通语言学教程》，高名凯译，商务印书馆1996年版，第129页。
④ 德·索绪尔：《普通语言学教程》，高名凯译，商务印书馆1996年版，第170页。

种共同点的词会在人们的记忆里联合起来，构成具有各种关系的集合"，"它们不是以长度为支柱的；它们的所在地是在人们的脑子里，它们是属于每个人的内部语言宝藏的一部分，我们管它们叫联想关系"；"句段关系是在现场的；它以两个或几个在现实的系列中出现的要素为基础。相反，联想关系却把不在现场的要素联合成潜在的记忆系列"①。

一般认为，提出句段关系与联想关系是索绪尔对现代语言学的一大贡献，"是现代语言学静态分析的基本原则，也给现代语言学的静态分析法奠定了科学的基础。现代各国语言学家之如何从言语材料中分析出各个语言要素或语言成分，都是依照联结关系和结构关系（亦即联想关系和句段关系——笔者注）之间的相互作用来进行的"。② 这个关系原则后来被美国描写语言学修改发展成"分布—替换"理论，称为组合关系和聚合关系，有人因此将两者等同起来。实际上，索绪尔的句段关系与联想关系的所指范围，远远大于后来结构主义语法学的组合关系与聚合关系。聚合关系实际上仅仅包括有共同形式特征的语言单位的类聚，而它仅是索绪尔联想关系中的一类。

索绪尔的联想关系，是包括具有共同特点的要素所构成的系统，"由心理联想构成的集合并不限于把呈现某种共同点的要素拉在一起，心理还抓住每个场合把要素联系在一起的种种关系的性质，从而有多少种关系，就造成多少个联想系列"。③ 依照索绪尔的看法，这个系统基本上可以分成三个部分，"有时是意义和形式上都有共同性，有时只有形式或意义有共同性"。④ 根据这种认识，我们可以将索绪尔的联想关系系统明确为这样三个部分：

（1）形式或功能上有共同性，包括音位特征上的类聚，构词形态与构形形态的类聚及具有语法同一性的语法单位的类聚（词类）；

（2）语义·词汇上的类聚——意义上有共同性；

---

① 德·索绪尔：《普通语言学教程》，高名凯译，商务印书馆1996年版，第171页。
② 高名凯：《德·索绪尔和他的〈普通语言学教程〉》，载《语言学论丛》第六辑，商务印书馆1980年版，第178页。也见《高名凯语言学论文集》，商务印书馆1990年版，第702页。
③ 德·索绪尔：《普通语言学教程》，高名凯译，商务印书馆1996年版，第174页。
④ 德·索绪尔：《普通语言学教程》，高名凯译，商务印书馆1996年版，第174—175页。

第九章　索绪尔的语法思想：句段关系与联想关系

（3）言语表达上的类聚——形式、意义上都有共同性。

我们说索绪尔的"联想关系"与后来结构主义语法学的"聚合关系"有交叉之处，就是指第一类类聚。由于索绪尔把语言单位看作"音—义"（心理上的）结合体并把句段关系和联想关系看作语法的全部。把构词部件和构形部件看作联想系列的一个小类，在句段关系和联想关系中解释构词法和构形法，所以他这个认识成了结构主义语法学把语素作为语言最小和最基本单位思想的实际渊源。第二个类聚，我们仍旧可以用索绪尔的系统思想来认识。"在同一种语言内部，所有表达相邻近观念的词都是相互限制着的"，① 在语义·词汇类聚中，各个要素由于语义上的相似或相同而聚集为一个集合，确切点说，应该是构成一个语义·词汇系统，这个系统的每一个要素的意义都是相互对立、相互制约的，每个要素的价值（意义）都决定于这种关系，决定于系统中其他要素与之的关系，决定于系统的整体制约性。在自己的理论中，索绪尔将意义或价值与概念区别开来，在这里我们还可以再做这样一点补充：概念是人认识成果的概括，属于思维或认识论范畴，而意义则是交际所传达的内容，属于语言范围。尽管语言表现了思维，或者说"语言是思想的直接现实"②，但语言有自己的独立性，它们分属于不同的系统。而且，如依索绪尔的思想，则属于具体学科的概念也构成一个科学系统，它们也不是孤立的，而是彼此限定、相互制约的。这是一点题外话。正是由于这种语义·词汇的系统性，所以，"实际上，观念唤起的不是一个形式，而是整个潜在的系统，有了这个系统，人们才能获得构成符号所必需的对立"③，每个要素不过是体现这种关系的一个实在的节点。这种语义·词汇系统的思想，可以认为是特里尔语义场理论的先声。我们离析索绪尔的联想关系而得到的第三个系统，不妨可以称为一种同义手段的类聚。这样，语法意义相同、词汇意义或整体语义相同或相近的要素或成分就构成了一个特殊的系统，而我们组织话语或形成现

---

① 德·索绪尔：《普通语言学教程》，高名凯译，商务印书馆1996年版，第161—162页。
② 卡尔·马克思：《德意志意识形态》，见《马克思恩格斯全集》第三卷，中共中央马克思恩格斯列宁斯大林著作编译局译，人民出版社1960年版，第525页。
③ 德·索绪尔：《普通语言学教程》，高名凯译，商务印书馆1996年版，第180页。

实的，具有交际功能的句段所做的词语及表达形式（或方式）的选择，则不过是一种同义手段的选择，属言语表达或一般所谓的语用范围。

在这里，我们把离析索绪尔的联想关系放在前面，是为了更好地理解索绪尔的句段关系与后来的组合关系有什么区别，抓住这位大师语法思想的实质。"语言机构整个是在同一性和差别性上面打转的，后者只是前者的相对面",[①] 根据这个认识，则联想关系所根据的"共同点"，就不是很随意的共同点，而是作者所谓的"共时的同一性"[②] 的原则——潜在的语法规则系统的重要的一部分，是对言语进行不自觉的切分的结果，它们构成"每个人的内部语言宝藏的一部分"。这样，句段关系和联想关系则是现实的与潜在的，应用的或动态的与备用的或静态的关系，句段不过是将可能变为现实而已。既然联想关系依我们所分析的，有着不同于纯语法的丰富内容，那么句段关系也不能如我们以往所理解的那么简单。实际上结构主义语法学对组合关系的理解只是我们这里的句段关系的一部分，即与联想关系中第一个类聚相应的部分，在索绪尔那里，句段关系并不是抽象得很纯粹的语法关系，而且还包括了考虑到语义、语法范畴结合的可能性的语义·语法关系，另外，如依索绪尔的看法，即把句段看作既是言语单位又是语言单位，那么句段关系还应包括仅从直接成分来看是非连续的，但仍作线性排列，服从于言语环境的交际需要及内在信息的语言表达需要的更高一层的句段关系。这样，如依我们的理解，与联想关系的三个类聚相对的句段关系实际上也可以分为以下三个部分。

（1）纯语法的或只是形式类组合所形成的句段关系，如现代汉语中可以有"名＋动""动＋名"，可以有"介＋名"，在句子中可以有"副＋名＋……"，但不能有"名＋介""名＋副"等。它是整个句段关系中最高一层的抽象。

（2）语义·语法组合式的句段关系，或次范畴搭配所形成的句段关系，如动词能与时态助词组合，但并不是每一小类动词都能与每个时态助词组合，"死、开始、看见"等动词就不能与"着"组合，因为这

[①] 德·索绪尔：《普通语言学教程》，高名凯译，商务印书馆1996年版，第153页。
[②] 德·索绪尔：《普通语言学教程》，高名凯译，商务印书馆1996年版，第152页。

类动词表示瞬间完成意义,与表示持续意义的"着"相斥;A 式"台上坐着主席团",B 式"台上唱着戏",从表面上看 A 式、B 式都是"名(处所)+动+着+名",但 A 式能变成 C 式:"主席团在台上坐着",而 B 式则不能。其原因在于能进 A 式的动词,如"附、坐、挂、蹲、躺"等具有"附着"义,而能进入 B 式的动词没有,所以不具有能进入 C 式句段关系的能力,再如,"没/没有、不"是表示否定的副词,但"不"可以与时态助词"了"共现,而"没/没有"则不能:

我不去~~我不去了
我没去~~*我没去了

这也反映了次范畴对搭配的影响。

(3)与言语环境及语义表达相适应的结构调整的一般规则。如果说前两种句段关系是较为严格的结构关系的话,那么这第三种句段关系则是一种松散的、表现着交际功能的句段关系。

我们要作以说明的是,第一类句段关系由于是纯形式类搭配或纯语法的,不考虑语义·语法范畴搭配的可能与否,所以在(1)中"我没去了"符合"名+副+动+助"的结构形式,也是合理的。第二类句段关系实际上是将语言要素看作意义与功能的统一体,语言要素的搭配就不仅仅是形式类或功能类最抽象或纯语法的结合了,正是考虑到语法次范畴对选择的制约性,所以这类句段关系只能产生合理的或被说本族语的人所接受的句段,上面所举的"我没去了"由于第二类句段关系而在语法系统中被排除。从这种思想来看,它实际上与后来波尔齐希的句法场理论是一致的,后者与前者似也有渊源关系。至于第三类,一般是不把它放在语法中的,但我们如果把眼光放宽一些,将凡是一般性的、合乎规律的东西都看作存在于特殊的、具体的言语中规则性或"法"的成分,那么就没有什么说不通了。在我们汉语语法的研究中,许多时候是将这三个层面的东西混在一起的,于是便有了"述语和宾语之间的关系是说不完的"、"这件事我知道"与"我知道这件事"、"慢慢地我走到他的跟前"与"我慢慢地走到他的跟前"是不同的结构类型的说法等。曾有人尝试着对这种语法现象作新的解释，提出"语法三平面说"①，也就是说看到了这种混乱，尽管其探索性的理论解释也未必能叫人感到满意。如果用我们划出来的第三类句段关系来解释后两类情况，似乎能更方便一些，它们似乎可以认为是一种适应交际或言语环境的需要而作的结构上的调整。许多人强调语序固定是汉语的一大特点，而只用这个原则来分析汉语的句子，就难免会有许多牵强之处。实际上，作为句子组成部分的词组或短语内部的词序一般是固定的，而句子的组成成分——词组或短语——的顺序则没有那么严格的限制。就拿"我知道这件事"这个关系简单的句段来说，如果作为句子，则既可以说"我知道这件事"，也可以说"这件事我知道"，依语境的不同有不同的选择，但作为句子的一个组成部分则不能有这种位移：

　　当我知道这件事的时候，他已经走了。～～*当这件事我知道的时候，他已经走了。

　　他听说我知道这件事，就派人来找我。～～? 他听说这件事我知道，就派人来找我。（不大说）

在这里，"词序不固定"与"词序固定"并不因此构成对立，它们是不同层面的东西。尽管这种现象可以归入言语范围之内，但它并不是个人对语言随意使用的结果，而是作为一般的原则而出现的。既然"语法是把语言当作表达手段的系统来研究的"②，那么我们把上述现象也纳入语法之中也并不过分。索绪尔曾认为句段既是语言的单位也是言语的单位，"我们必须承认，在句段领域内，作为集体习惯标志的语言事实和决定于个人自由的言语事实之间并没有截然分界"。③ 实现了交际功能，一般的事实就特殊化了，在这里我们不妨将第三种句段关系看作与言语交际或言语环境相适应的结构关系的选择，或相同的表义手段的选

---

　　① 胡裕树、范晓：《试论语法研究的三个平面》，《新疆师范大学学报》（哲学社会科学版）1982年第2期。
　　② 德·索绪尔：《普通语言学教程》，高名凯译，商务印书馆1996年版，第186页。
　　③ 德·索绪尔：《普通语言学教程》，高名凯译，商务印书馆1996年版，第174页。

择，看作言语—语言的一体化，看作交际功能和语言结构的融合。如果把句段关系的第一类和第三类各为一端，那么第二类就成了两者的过渡，这样，整个语法系统的面貌就清晰了，一个兼融静态及静态向动态过渡的立体关系网络便清楚地呈现在我们面前：语法是语言的运用手段。

我们大体上从内部分析完了索绪尔的语法系统，再回过头来看看他的价值理论。价值是语言系统的产物，同时，"语言各项要素间的关系和差别都是在两个不同的范围内展开的，每个范围都会产生出一类价值；它们相当于我们心理活动的两种形式，二者都是语言的生命所不可缺少的"[1]，这里所谓的两个范围，便是句段关系和联想关系。首先，在句段或实现了的言语事实中，要素的价值决定于句段内前后要素的连带关系，决定于它在句段中的位置，亦即它的价值受限于句段关系。其次，要素处于由联想关系所形成的系统中，它的价值又是系统中其他要素与之关系的产物，决定于整个系统对要素的制约性。这样看来，要素的价值仿佛也应该有两个：一个是在句段关系中实现的，一个是在联想系列或类聚系统中规定的。而实质上，它们则是具体与一般、现实与潜在、应用或动态与备用或静态的关系，是辩证统一的。语言要素的价值便是这种辩证的统一的结果。我们可以拿上海话与北京话中都有的"吃"做比较。北京话中的"吃"只能与表示固体食物的词语搭配，而上海话中的"吃"的对象除了固体食物以外，还包括流体食物、液体饮料（如"吃粥""吃水""吃酒"等），甚至还有气体（如"吃烟"等）。之所以有这种词语搭配方面的不同，是因为北京话在"吃"系列中还有"喝""吸"，各有分工，而上海话这些搭配只由"吃"来承担，因此上海话中的"吃"在语义系列中所占的位置宽于北京话中的"吃"[2]，应用（或组合）范围也广于后者，两者的价值也自然不一样。

三　争议与辨析

从语言学史的角度来看，最早提出类似组合关系、联想关系的学者是克鲁舍夫斯基。在1883年的博士学位论文《语言学概论》中，克鲁

---

[1] 德·索绪尔：《普通语言学教程》，高名凯译，商务印书馆1996年版，第170页。
[2] 叶蜚声、徐通锵：《语言学纲要》，北京大学出版社1980年版，第147页。

舍夫斯基借用英国学者的联想理论来解释语言现象，他认为，"如果由于类比性联想规律词语在我们大脑中形成系统或者词族的话，那么由于邻接性联想规律的存在，这些词语就会构成系列"，"语言中一切旧的内容主要依赖于重建，依赖于邻接性联想。与此同时，一切新的东西都依赖于创作，依赖于类比性联想。从一定角度看，我们认为，语言发展的过程实际上是类比性联想决定的进步力量与邻接性联想决定的保守力量之间的不懈对抗"。[①] 索绪尔接受了这一思想，把它从心理学的框架中解放出来，完全落实到对语言各个子系统以及各个层面的语言现象的分析上，并创造了两个相对的术语"句段关系"和"联想关系"来代替它们，把它们看作语言符号系统性的具体体现，使它们成为自己语言理论大厦的一个有机组成部分，因此也成为现代语言学和符号学的一对基本概念。句段关系和联想关系，使语言的系统性落到了实处，也使语言符号的价值不再空灵。这也成为索绪尔对现代语言学和符号学的一大贡献。

许多语言学家都很赞成索绪尔句段关系与联想关系的区分，但又反对把它看作语法的全部，认为索绪尔对语法的这种认识混淆了形态学、句法学、词汇学的界限。[②] 我们不同意这种看法。我们认为：索绪尔这种思想是从整体的联系上认识语言的结果。依我们的理解，形态不过是语言中各种结构关系或结构方式由于语言自身的习惯而在其发展过程中被凝固到词身上的一种表现而已，它是僵化的结构关系或句法关系，或者说是结构关系在词身上的缩影。换个角度来说，词（语言单位）只有处在与其他成分结合而发生结构关系时，才能有形态变化，否则就无所谓形态，孤立的形态学是不存在的。而且，形态丰富的语言中的各种变格表、变位表只能是先贤们对语言结构本身分析、研究、归纳的结果，而不可能是预先存在的东西，而研究、分析的依据只能是语言单位的不同位置或分布，只能根据其在整体中与其他单位的结合能力（功

---

① 转引自博杜恩·德·库尔德内《尼古拉·克鲁舍夫斯基，他的生活及科学著作》，载《普通语言学论文选集》（上），杨衍春译，广西师范大学出版社2012年版，第126页。

② 这是一般观点。在国内语言学界提出这种观点最著名的代表是高名凯先生。见其《语法理论》，商务印书馆1960年版；《语言论》，科学出版社1963年版。

第九章 索绪尔的语法思想:句段关系与联想关系

能),否则就会面对着一堆杂质的东西而茫然不知所措;正如苏联科学院院士谢尔巴所说的那样:"我们未必是由于'桌子''狗熊'有语尾变化而认为它们是名词,相反地,正是因为它们是名词,我们才使它们有语尾变化。我认为,词在句中的功能永远是理解最有决定性的因素。"① 只不过是作为屈折语代表的印欧语言有不同形态变化的成类的语言单位与它们在句法结构中的功能大体相当,才给人制造了一种假象,似乎是形态决定了它们自身的功能,而传统的教学语法系统又使这种假象巩固下来。传统语法学一方面由于研究对象的限制——拘于有形态变化的语言,一方面由于被这种假象所蒙蔽,才将形态与句法割裂开来,将形态学与句法学看作截然对立的东西。尽管这种区分有一定的合理性与教学上的便利性,但作为一种理论来说,则既缺乏科学性又无普遍的指导性。索绪尔正是看到了这个问题的本质才大胆地打破了这一传统模式,创造了一种新的语法观。他认为,"形式和功能是有连带关系的,要把它们分开虽不能说没有可能,却是很困难的",因此,"在语言学上,形态学没有真正和独立自主的对象;它不能构成一门与句法分立的学科"。② 而至于将词汇学与语法学统一,则是一方面将构词法放到句段关系与联想关系纵横交叉的坐标点上来考虑,得出构词不过是连带关系以及与同类成分替换的结果的结论;另一方面又看到了语言中某些用形态变化表现的语法关系也可以用词汇来表现,两者具有相同的功能。因此,这种统一具有更大的概括性。所以,最后索绪尔归结道:"任何构成语言状态的要素都可以归结为句段理论和联想理论","每一事实应该都可以这样归入它的句段方面或联想方面,全部语法材料也应该安排在它的两个自然的轴线上面"。③

顺便再提一下中国著名语言学家高名凯先生对这个问题的看法。在自己的著作中,高先生除了像其他学者一样指责索绪尔混淆了形态学、句法学和词汇学的界限外,还有两种自相矛盾的认识。在较早出版的

---

① Л. В. 谢尔巴:《论俄语词类》自注。中译本选译了第一段《论词类》,载中国语文杂志社《汉语的词类问题》(第二集),中华书局1956年版。引文见该书第194页。
② 德·索绪尔:《普通语言学教程》,高名凯译,商务印书馆1996年版,第187页。
③ 德·索绪尔:《普通语言学教程》,高名凯译,商务印书馆1996年版,第188—189页。

《语法理论》中，阐述了索绪尔的句段关系和联想关系以后，他说："德·索绪尔这种取消语法和语音、词汇的区别的企图是不正确的。他所说的潜存的记忆是另一回事，和语法内部的分门别类无关，因为语言的事实都和人的记忆有关，这个问题只说明了语言和记忆的关系，并不能说明语言内部的不同现象。正是因为这个道理，德·索绪尔所理解的'语法'事实上只等于他所说的语丛关系（亦即后来译的句段关系——笔者注），换言之，德·索绪尔企图拿语丛的结构去说明所有的语法结构，包括词法和句法。"① 而在翻译完索绪尔的《普通语言学教程》后所作的长篇评介《德·索绪尔和他的〈普通语言学教程〉》中，又认为"语言以类聚性为其结构特点，言语以线条性为其结构特点，语言是词汇系统和语法系统以及作为它们的组成要素的语音系统和语义系统的总和，言语则是人们运用语言的表达手段和超语言的表达手段及其所组成的言辞的总和，德·索绪尔在许多地方都把语言和言语的区别模糊起来了（例如没有区别语言中的结构段和言语中的结构段）"。② 这就孤立地去认识了索绪尔的句段关系和联想关系，割裂了其间的辩证统一的关系。

---

① 高名凯：《语法理论》，商务印书馆1960年版，第68页。
② 高名凯：《德·索绪尔和他的〈普通语言学教程〉》，载《语言学论丛》第六辑，商务印书馆1980年版，第178页。也见《高名凯语言学论文集》，商务印书馆1900年版，第707页。

第十章　关于语言共时态和历时态的区分

一　共时、历时以及共时语言学和历时语言学的区分

在《普通语言学教程》中，索绪尔明确地将语言作为一种共时的表示观念的符号系统而与自身的发展状态区别开来，提出了语言的共时态与历时态的区分，并阐明了它们各自的特点，从而将自己定义的内部语言学又一分为二：共时语言学、历时语言学。

从语言学史的角度来看，最早意识到应将语言的共时态和历时态区别开并大体上确定其名称的，应该是俄国著名语言学家博杜恩·德·库尔德内（И. А. Бодуэн де Куртенэ，1845－1929）。他和索绪尔有过一些学术交往，以书信往来的形式探讨过语言学问题。现代语言学的奠基者索绪尔也是一位卓越的历史比较语言学家，他深知历史比较语言学的缺陷所在，因而也在探索一条与以往截然不同的道路，这就使他和库尔德内的学术思想更为接近。[①] 但正是由于有了索绪尔，人们才真正认识到了两者区分的重要性，并因而更进一步认识了语言自身。

索绪尔认为，语言符号系统由于自身的性质和功能，在时间上是连续的或演化的，"绝对的不变性是不存在的"；[②] 由于同样的原因，语言又有稳定性的一面，并因而确立了语言及语言研究的坐标轴理论，如图10.1所示。对于图10.1，他作了这样的说明："1）同时轴线（AB），它涉及同时存在的事物间的关系，一切时间的干预都要从这里排除出

[①] 从哲学渊源上看，库尔德内和索绪尔似乎都接受了实证主义哲学创始人奥古斯特·孔德（1798—1857）把社会学分为社会静力学和社会动力学的影响。19世纪下半叶实证主义风靡法国，与孔德的社会学和实证主义有联系的涂尔干等人的著作在这一时期有很大影响，心理社会学观点成了语言学家著作的主导倾向。

[②] 德·索绪尔：《普通语言学教程》，高名凯译，商务印书馆1996年版，第194页。

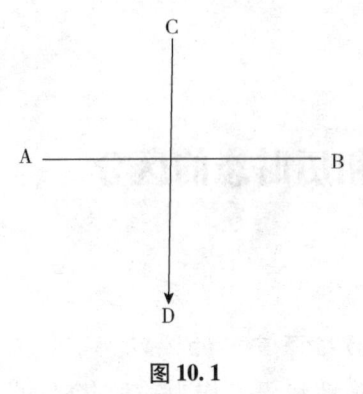

去；2）连续轴线（CD），在这条轴线上，人们一次只能考虑一样事物，但是第一轴线的一切事物及其变化都位于这条轴线上。"① 为了说明自己的观点，索绪尔又用树干的纵切面和横切面作了一个形象化的比喻，并指出它们是不同的"图景"：② "纵断面表明构成植物的纤维本身，横断面表明这些纤维在特定平面上的集结。但是后者究竟不同于前者，因为它可以使人看到各纤维间某些从纵的平面上永远不能理解的关系。"③

图 10.1

  这样，相应地也就确立了对象的两个研究平面，即横的或静态的平面与纵的或动态的平面："有关语言学的静态方面的一切都是共时的，有关演化的一切都是历时的"④，"共时语言学研究同一个集体意识感觉到的各项同时存在并构成系统的要素间的逻辑关系和心理关系"，"历时语言学，相反地，研究各项不是同一个集体意识所感觉到的相连续要素间的关系，这些要素一个代替一个，彼此间不构成系统"⑤。通俗一点说，共时语言学研究某一时间（严格地说，应该是时段）平面内相对稳定的各项要素间的关系，这些要素是作为交际工具而被运用的符号系统的成员；历时语言学研究各要素的前后相续或发展、演化，这些要素并不处于同一时间平面（时段）之内，因而不构成系统："历时事实是个别的；引起系统变动的事件不仅与系统无关，而且是孤立的，彼此不构成系统"⑥，是在系统之外发生的，但要素发生变化会导致系统（语言）"从一个平衡过渡到另一个平衡"⑦。所以，索绪尔认为："共时

---

  ① 德·索绪尔：《普通语言学教程》，高名凯译，商务印书馆1996年版，第118页。
  ② 这里是采用北京大学中文系语言学理论教研室教授索振羽先生的说法。"图景"高名凯译本第128页译作"展望"。
  ③ 德·索绪尔：《普通语言学教程》，高名凯译，商务印书馆1996年版，第128页。
  ④ 德·索绪尔：《普通语言学教程》，高名凯译，商务印书馆1996年版，第119页。
  ⑤ 德·索绪尔：《普通语言学教程》，高名凯译，商务印书馆1996年版，第143页。
  ⑥ 德·索绪尔：《普通语言学教程》，高名凯译，商务印书馆1980年版，第136页。
  ⑦ 德·索绪尔：《普通语言学教程》，高名凯译，商务印书馆1980年版，第128页。

第十章 关于语言共时态和历时态的区分

'现象'和历时'现象'毫无相同之处,一个是同时要素间的关系,一个是一个要素在时间上代替了另一个要素,是一种事件",[1] 因而语言共时态与历时态有着本质的区别,共时语言学与历时语言学因对象的不同,并因对象不同而造成的研究方法的不同,而成为两门各有其特点的不同学科。

索绪尔的语言共时态和历时态及相应两种语言学的区分意义是重大的。但世界上许多语言学家对此看法不一。一般都承认这种区分,但又认为他在理论上割裂了语言状态与演化或发展之间的联系,同时也将共时语言学与历时语言学对立起来了,因而陷入了历史虚无主义;另外,认为要素的变化是在要素间相互联系、相互作用的前提下而发生的,索绪尔则认为这种变化是在系统之外独立进行的,因而是错误的。

我们认为,索绪尔对语言学最大的贡献是明确了语言是什么,并揭示了它的本质。尽管语言长河川流不息,变化、发展是绝对的,但它也有相对稳定的一面。它的演化及稳定性的一面都是由于交际的需要:"要有语言,必须有说话的大众。"[2] 索绪尔从语言功能的角度抓住了语言社会性这一本质特征,从而使自己的学说远远超出了自己那个时代的语言学。此外,这种认识又是以言语与语言的科学区分为基础的。语言是一种表达观念的符号系统,是"使一个人能够了解和被人了解的全部语言习惯"[3],"它既是言语机能的社会产物,又是社会集团为了使个人有可能行使这机能所采用的一套必不可少的规约"[4]。而索绪尔的言语则包括两个方面的内容:一是指运用语言进行交际的行为或活动;一是指这种行为或活动的结果,或话语的集合。语言是言语的工具,言语是人对语言的运用;语言要素和言语要素是一般和个别的关系:语言存在言语之中。[5] 有些学者看到索绪尔在对"语言"这一概念的说明中用

---

[1] 德·索绪尔:《普通语言学教程》,高名凯译,商务印书馆1980年版,第131页。
[2] 德·索绪尔:《普通语言学教程》,高名凯译,商务印书馆1980年版,第115页。
[3] 德·索绪尔:《普通语言学教程》,高名凯译,商务印书馆1980年版,第115页。
[4] 德·索绪尔:《普通语言学教程》,高名凯译,商务印书馆1980年版,第30页。
[5] 聂志平:《异质中的同质区分——论索绪尔语言理论中言语、语言的区分及正确理解》,《兰州大学学报》(社会科学版)1987年第4期;中国人民大学报刊复印资料《语言文字学》1988年第1期。也见本书第七章。

了几次"社会的""心理的"一类字眼儿,就认为索绪尔的思想是与青年语法学派的个人心理主义相对的社会心理主义的,① 实在是没有考虑到那个时代背景,没有抓住索绪尔理论实质的一种望文生义的误解。实际上,"心理的"在索氏理论体系中,不过是"内化的"、"一般的"或"抽象的"带有那个时代特色的代名词而已。②

索绪尔的语言共时态与历时态的区分,是他将语言与言语加以区分的必然结果,同时,这种区分又从另一个角度明确了语言是什么。我们看到,在社会生活中,人们正是利用语言这个共时态的价值系统进行交际的:"对说话者来说,它们(指语言事实——笔者注)在时间上的连续是不存在的,摆在他面前的是一种状态"③,"言语从来就是只依靠一种语言状态进行工作的,介于各状态间的变化,在有关状态中没有任何地位"(着重号为笔者所加)④,因为"语言是一个纯粹的价值系统,除它的各项要素的暂时状态以外并不决定于任何东西"⑤。因此,索绪尔所说的语言共时态,实际上就是他的"语言"或"语言系统",而所谓的语言历时态则指这个系统的演化或发展。在这里,索绪尔从功能、系统的角度,将事物自身与它的发展过程明确地区分开了。索绪尔尽管没有明确指出语言的存在只是由于人的社会性交际的需要,但正如我们前面所分析的那样,实际上他已经从功能角度抓住了语言的这一特质:由于交际的需要,语言体现为一个共时态的价值系统,表现出稳定性或不变性;同样是由于交际的需要,这个符号系统随着社会的发展而从一个平衡过渡到另一个平衡,这又表现为语言的可变性或发展。这也可以看作语言的二律背反。历时语言学就是沿着发展的顺序研究这一系列前后相续的事件之间的关系,这些事件不处于同一时间(时段)平面上,变

---

① 国内持此说者有岑麒祥、高名凯先生等。参见岑麒祥《语言学史概要》(北京大学出版社1988年版,第273页)、高名凯《德·索绪尔和他的〈普通语言学教程〉》(《高名凯语言学论文集》,商务印书馆1990年版,第623—667页)。

② 莫罗:《索绪尔〈普通语言学教程〉评注本序言》,陈振尧译,《国外语言学》1983年第4期。

③ 德·索绪尔:《普通语言学教程》,高名凯译,商务印书馆1980年版,第120页。

④ 德·索绪尔:《普通语言学教程》,高名凯译,商务印书馆1980年版,第129页。

⑤ 德·索绪尔:《普通语言学教程》,高名凯译,商务印书馆1980年版,第118页。

第十章 关于语言共时态和历时态的区分

化既不在甲系统中,也不在乙系统中,因而是在系统之外进行的,它不会涉及整个系统;它又形成了一个新的状态或系统。因此,作为一个用于交际的符号系统,语言体现了自身的发展变化,但它绝不是这种发展变化本身:"语言状态无异就是历史现实性在某一时期的投影。"①

任何科学的分科都是以不同的事实作为研究对象的结果。我们从以上的分析中可以看到,首先,语言共时态和历时态是两种根本不同的现象:一个是关系网络,是系统,另一个是要素在时间上的前后相续,是一种"事件"。其次,两种语言学的图景不同,所用的研究方法及研究范围都各不相同,两者有关的概念不可归并。因此,这种区分在方法论上是正确的。但如果仅把这种区分看作一种本着科学抽象的原则而舍弃杂质的"方法论手段"②,而没有看到它与语言、言语的区分是一个有机整体,那还远远没有认识到这种区分的深刻意义所在。我们认为,语言共时态和历时态、共时语言学与历时语言学的分立是非常科学的,它在明确对象的基础上,又进一步明确了语言及科学的语言学自身。

二 批评与反驳

从在时间上与索绪尔相去不远并宣称索绪尔语言理论为其理论来源之一的布拉格学派开始,就一直有语言学家对索绪尔语言共时态和历时态、共时语言学和历时语言学的区分和理解持有异议,认为他将这两种状态和两种语言学彼此对立起来是错误的,历时的演变与系统无关的观点也是错误的。以前许多语言学家在批判索绪尔将语言共时态与历时态看作对立或不同的事实的观点时,常常好像是在阐述一条公理似的,都认为语言是历史发展的结果,因而对语言共时态的研究也少不了历史的说明。这种论调从表面上看是那么合情合理,而实际上则似是而非。它最根本的错误也一如索绪尔以前的语言学家那样,没有弄清语言到底是什么。历史的说明仅能讲清来源,有助于认清事物的性质,但它并不能证明共时态或语言本身是什么。所以,我们分析语言还必须从语言本身,亦即从语言共时态入手:"语言学家要了解这种状态,必须把产生

---

① 德·索绪尔:《普通语言学教程》,高名凯译,商务印书馆1996年版,第127页。
② 徐思益:《论语言的共时性和历时性》,《新疆大学学报》(社会科学版)1980年第1期。

这种状态的一切置之度外，不管历时态。他要排除过去，才能深入到说话者的意识中去。"①

　　索绪尔在说明语言的演变时，又举了下棋的例子。他说，语言的变化正如下棋，各个棋子暂时的静止状态好比语言的共时态，我们动了某个棋子，就会形成棋子间新的对立，亦即形成了新的状态、新的系统，但下棋的规则并没有变，变化的仅仅是个别的棋子；"一个棋子的移动跟前后的平衡是绝对不同的两回事。所起的变化不属于这两个状态中的任何一个；可是只有状态是重要的"。② 历时语言学就是以这个"动"为研究对象，并比较研究属于这两个状态的变动了的事实。许国璋先生在评价索绪尔所用的这个比喻时说："我感到……说得不够清楚。我觉得历时和共时，不如用棋的起源（印度还是波斯）和棋的着法加以对比更为清楚。"③ 这实际上是一种误解，没有真正把握住语言共时态和历时态区分的本质：历时态并不是从起源角度讲的，而着法也不因时间而有所改变。

　　下面我们来推究一下中外学者对索绪尔这个理论一般认识的第二个评价。认为要素的价值不取决于自身的性质，而取决于周围要素与之所形成的相互关系的索绪尔，竟真的认为要素的变化是孤立的而与周围要素的相互作用无关吗？我们认为这个假设是不能成立的。首先，"语言中凡属历时的，都只是出自言语"④，就已经指出了这种认识的错误。它可以从两个方面来理解：只有语言运用或言语活动，亦即言语交际，才形成了语言自身的演化；其次，言语作为言语活动的结果，即一句句的话，是以链条形式出现的前后相续的符号系列，在这里，一切都以句段关系为基础。正因为要素处于前后要素的相互联系、相互作用之中，其变化才有可能。索绪尔在论述语音演变及另一种语言变化形式黏合时，也是把它们放在句段（句段关系）中加以考察的。所以，认为索绪尔把要素的变化看作孤立发生的看法是错误的。

---

　　① 德·索绪尔：《普通语言学教程》，高名凯译，商务印书馆1996年版，第120页。
　　② 德·索绪尔：《普通语言学教程》，高名凯译，商务印书馆1996年版，第129页。
　　③ 许国璋：《关于索绪尔的两本书》，《国外语言学》1983年第1期。
　　④ 这里是采用北京大学中文系语言学理论教研室教授索振羽先生的说法。"出自"高名凯译本第141页译作"由于"。

第十章 关于语言共时态和历时态的区分

有些学者比较喜欢引证某种语言语音要素在词中受前后其他语音影响而发生变化的事实来批驳索绪尔，① 这实际上是抓住索绪尔一两句话断章取义而产生的误解。作为一个精通历史比较语言学并在语音领域有过重大贡献的索绪尔，竟然连这个都看不到吗？这是绝对不可能的。在《语链中的音位》那一章中，索绪尔说过："只有当两个或几个要素牵连在一种内部依存关系里的时候，语音科学才成为可贵，因为一个要素的变异要受另一个要素变异的限制"，"一个二元组合就包含一定数量互相制约的机械的和音响的要素，其中一个发生变异，会对其他要素产生必然的，可以预测得到的反响"。② 在论述语音演变时，索绪尔认为："发生变化的不是音种，而是在某些环境、重音等等条件下出现的音位"③，接着又更为明确地将语音演化分为"自发的变化"与"结合的变化"两类："由内在原因产生的是自发的变化，由一个或几个别的音位引起的是结合的变化"，后者如德语 gasti 变成 gesti④。这样，前面提到的对索绪尔的诘难就不攻自破了。而从全书的整个理论体系来看，索绪尔认为变化是在系统之外孤立进行的，与系统无关，是与他用系统专指共时态相一致的。变化或要素交替这样一种"事件"，既不在甲系统之中，也不在乙系统之中进行，而且变化始于言语，因而只能在系统之外进行了。但绝不是说变化的原因也与系统无涉或不存在于系统之中，而是恰恰相反，不幸的是后来的学者们将这两种不同的东西混淆了。单就论点本身，索绪尔无疑是正确的，但遗憾的是，索绪尔的认识没能再深入一步。

我们知道，现代汉语中的 [tɕ]、[tɕ']、[ɕ] 来自中古的见系和精系，分化条件是齐撮两呼。从音理的角度来看，这是一个同化（腭化）的事实。这似乎是极明了的了；但它是否这个分化的真正原因呢？我们有所怀疑。所谓的原因，仅仅是与其结果相对而言的；如果无此结果，便也无所谓原因。是否在所有的汉语方言中，中古齐撮两呼的见系和精系都发生了变化呢？是否在同一条件下，见、精两系都变成了 [tɕ]、

---

① 几乎所有涉及这个问题的学者都喜欢从这个角度来论证。也参见前列徐思益先生的论文。
② 德·索绪尔：《普通语言学教程》，高名凯译，商务印书馆1980年版，第81—83页。
③ 德·索绪尔：《普通语言学教程》，高名凯译，商务印书馆1980年版，第200页。
④ 德·索绪尔：《普通语言学教程》，高名凯译，商务印书馆1980年版，第201—202页。

· 213 ·

[tɕ′]、[ɕ] 呢？显然不是，它仅存在于汉民族共同语及某些方言之中。因此，说见、精两系在齐撮两呼前变成 [tɕ]、[tɕ′]、[ɕ] 是由于后面 [i]、[y] 的同化作用的解释，显然是不能叫人满意的。我们可以换个角度来加以说明，我们似乎可以说，见、精两系的声母辅音在后面的主要元音高化所导致的介音 [i]、[y] 产生的情况下而变成 [tɕ]、[tɕ′]、[ɕ] 的，但这样一来，就要承认元音演变是在先的事实。那么，我们为什么不能倒过来，说后面的元音的变化（或介音的产生）是因为前面的辅音发音部位的前移或后退，发音方法的或变或不变而变成 [tɕ]、[tɕ′]、[ɕ] 所引起的呢？我们既然有理由那么说，又何尝不可以这么说？而且还有一个问题：元音高化又是怎样产生的？现代历史比较语言学提出推链式音变和拉链式音变两种元音演化模式，但仍然没有解决元音变化原因这个问题。既然先变后变（元音、辅音）之说难以证伪，那么还可以认为元音变化与辅音变化是同步或同时进行的，但如果我们再追问一句：为什么它们原来是好好的，既不同化也不异化成另外的音，后来却又要这样变化呢？问题仍旧无从解说。

因此，将所谓的音理应用到解决语音演变的原因这个问题上，它便显得那么苍白、浅薄，它力图将语音变化归结为生理的或机械的原因，但仍旧没有说清这个"为什么"，它仅满足于实现了的具体的作为表层的言语的语音说明，而没有进行深入其本质的推究，亦即没有做整体的或语音系统（音位系统）的考察，因而无法解释这种演化的内在动力或真正原因是什么。我们知道，上古汉语中没有声母 [tɕ]、[tɕ′]、[ɕ]，到了南北朝，照系字由舌面前塞音 [ȶ]、[ȶ′]、[ȡ] 转化为 [tɕ]、[tɕ′]、[ɕ]，到了唐代，知系字由 [t]、[t′]、[d] 的二、三等转化为 [ȶ]、[ȶ′]、[ȡ]，补照系之空；到了宋代，知系字又由 [ȶ]、[ȶ′]、[ȡ] 转化为 [tɕ]、[tɕ′]、[ɕ]，与照系合流；到了元代，部分照系字转化为 [tʂ]、[tʂ′]、[ʂ]，到了明代，全部知照系字都转化为 [tʂ]、[tʂ′]、[ʂ]；这时，[tɕ]、[tɕ′]、[ɕ] 的位置又空出来了，由见、精两系的齐撮两呼字变成而补之。① 只有从语音系统的角度作宏观

---

① 王力：《汉语语音史》，中国社会科学出版社 1985 年版，第 605 页。

第十章　关于语言共时态和历时态的区分

考察，才能大体上弄清这种演化的真正原因所在：语音系统中需要有[tɕ]、[tɕ′]、[ɕ]这一系列音与其他系列的音相对以保持自身的平衡，而原来的这一系列的音又转化成别的音了，这样就需要其他系列的音再分化出[tɕ]、[tɕ′]、[ɕ]来恢复原来的被破坏的平衡。而哪一系列的音分化出[tɕ]、[tɕ′]、[ɕ]来，则由那个系列的音的自身特点及与什么音结合来决定，但它仅为语音的演化提供了一种可能，是一种外部条件，而不是演化的真正的、内部的原因。演化的内在动力或原因来自系统的内部，来自系统内部的自我调整。演化的方向在语言自身则是一种"沿流"，有着自己的自然趋向，但它对人来说则是盲目的，不可掌握的，人不可能从语言的现状推知它的将来。

另外，还有一种认识需要澄清。索绪尔认为，语言变化出自言语，言语的事实是在前的，"任何变化，在普遍使用之前，无不由个人最先发出"，"这个形式一再重复，为社会所接受，就变成了语言的事实"。[1] 索绪尔这个看法也常遭到人们的误解，仿佛索绪尔将演化看作个人的事实，是在系统之外进行的。连《普通语言学教程》的编者也有这种误解。[2] 实际上，言语尽管是由个人进行的，但这里的个人不再是白板一块，而是经过言语实践而掌握了语言规则或语法系统的个人，他的言语活动不自觉地受控于他大脑中的语法规则，其创新也就不能与系统无关，创新并不是无原则的创新，而是利用已有规则和材料的创新，是以一个或几个形式为模型的类比创新。索绪尔也是这样看待这种语言演化形式的："类比形式就是以一个或几个其他形式为模型，按照一定规则构成的形式。"[3] "在类比中，一切都是语法的"，尽管"作为类比结果的创造，首先只能是属于言语的；它是孤立的说话者的偶然产物"，[4] 意识和理解到各形式间的关系是属于语法（语言系统）的，而只有这个创造的成果在没被全社会接受之前，才是属于言语的，"类比创新都是表面上的，而不是实实在在的。语言好像一件袍子，上面缀满了从本

---

[1] 德·索绪尔：《普通语言学教程》，高名凯译，商务印书馆1980年版，第141页。
[2] 德·索绪尔：《普通语言学教程》，高名凯译，商务印书馆1980年版，第198页附注。
[3] 德·索绪尔：《普通语言学教程》，高名凯译，商务印书馆1980年版，第226页。
[4] 德·索绪尔：《普通语言学教程》，高名凯译，商务印书馆1980年版，第232页。

身剪下来的布料制成的补丁"①。

　　徐思益先生曾引用古代汉语中不一定表示复数,并有"懑、瞒、门、每"等不同写法的"们",在五四以后,在印欧语的影响下,在翻译作品中逐渐普遍使用并形成现代汉语中表示复数的语法范畴这样一种观念,来证明"要素的交替会影响到系统的改变"。② 但它实际上根本没有证明徐先生想要证明的东西。首先,假如真有这种情况,我们倒觉得这样的解释似乎更合理一些:由于汉语自身的发展及受印欧语的影响,五四以后现代汉语语法体系发生了一定的变化,形成了新的状态,产生了一些新的关系对立、新的语法范畴;系统的变化使某些词的用法及字形发生转移或趋于统一,而不是相反。其次,这是不是要素的交替,还很值得怀疑:这若干字用于同一种用法,仅是一种依音借字。再次,这种认识也不符合汉语史的实际。汉语史研究中更能为大家所接受的观点是:唐宋之际口语中已有表示复数之词"m-",因方言的不同而分为有鼻韵尾与无鼻韵尾两系;"北宋时通用'懑',亦用'们',南宋始有'们'。其后南方通语沿用不变。金人始用'每',元人因之。明以后'们'字复申其势力于北方,取'每'而代之"。③ 尽管也有学者认为这些字有时也"简单地作为人称代词和某些指人名词(特别是有关人伦方面)的词尾"④,但我们发现这种情况除12世纪极个别金、元人曲词的少数作品外,王力、吕叔湘两位先生举例仅限于《五代史评话》一书,而且多为"人称代词+们",而此书"曹君直跋推为宋刊,并云'或出南渡小说家所为',然观其用语,显出北方,时代当为金、元之际;使此假设近于事实,则曹跋所云'每于宋讳,不能尽避',亦即更易为说矣"⑤。而时间相若的《大

---

①　德·索绪尔:《普通语言学教程》,高名凯译,商务印书馆1980年版,第241页。
②　徐思益:《论语言的共时性和历时性》,《新疆大学学报》(社会科学版)1980年第1期。
③　吕叔湘:《释您,俺,咱,喒,附论们字》,见《汉语语法论文集》(增订本),商务印书馆1984年版,第26页。
④　王力:《汉语史稿》,中华书局1980年版,第273页;《汉语语法史》,商务印书馆1989年版,第54页。
⑤　吕叔湘:《释您,俺,咱,喒,附论们字》,见《汉语语法论文集》(增订本),商务印书馆1984年版,第2页。

宋宣和遗事》则没有这种现象,所以,我们可以把它看作汉语发展过程中由于语言混杂而产生的一股逆流,它没过多久就被原来有着无比强大生命力的发展洪流所吞没。依此可以推论,汉语中复数观念的形成,可以上推到唐宋之际,而且以较为一致的语音形式为其标志,代表这个语音形式的字,明代以后在白话作品中统一为"们"并延续至今,而绝不像徐先生所推断的那样。最后,"们"是否有作为复数范畴的语法标志的资格,还值得怀疑。语法范畴或同类语法意义的聚合,应该有一致的和较为明确的语法标志(形式)为其外在表现,而且对同类语法事实具有普遍性,而"们"不具备这些特征:汉语中,单复数对立不明显;"们"缺乏强制性、普遍性,除人称代词以外,普通话中只放在表人名词或词组后,而且不是非有不可;"们"与数量词组无一致性关系:

　　*三个同学们

另外,它的出现还受音节数目的限制,一般不出现在单音节名词之后。

三　语言＝共时态的价值系统

　　从索绪尔对语言共时态与历时态、共时语言学与历时语言学的论述,再加上他关于语言是个共时态的价值系统的认识,我们可以这样认为,索绪尔语言这个概念,严格说来,有广义、狭义之分。广义的语言概念的内涵由两方面的因素构成:状态与演化。因而对它的研究也就不能不分为两个部门:共时语言学、历时语言学。而狭义的语言概念首先是从语言的功能的角度来考虑的,即作为一种交际工具,由于这种性质,才使语言自身表现为一个共时态的价值系统,一个由"表达观念的符号"构成的,以对立、区别与联系为特征的关系网络。也只有这个才是语言学真正的研究对象:"对于语言学家来说也是这样:如果他置身于历时的展望,那么他所看到的就不再是语言,而是一系列改变语言的事件"[①],

---

[①] 德·索绪尔:《普通语言学教程》,高名凯译,商务印书馆1996年版,第130页。

"语言是一个纯粹的价值系统,除它的各项要素的暂时状态以外并不决定于任何东西"①,"语言是一个系统,它的任何部分都可以而且应该从它们共时的连带关系方面去加以考虑"②。对于语言的这种认识,即狭义的语言=广义的语言的共时态,是索绪尔为什么特别强调语言共时态研究的真正原因。狭义的语言学只以这个共时态的价值系统为自己的研究对象。如果根据我们刚才所谓的狭义的语言和语言学的观点,再根据索绪尔的历时语言学研究变化了的言语事实的观点,则完全可将前面所说的历时语言学划入索绪尔只提出名称而未进一步确定其范围的言语的语言学中,它不仅包括言语中与语言系统相关但又外在于后者的一切要素,而且也应包括语言从一种状态(即我们所谓的狭义语言:语言系统)到另一种状态的演化的研究,这样仍旧不违背索绪尔(确切点说,是《普通语言学教程》)的根本思想:"语言学的唯一的,真正的对象是就语言和为语言而研究的语言。"③

在语言学史上,最早区分语言静态与动态的是博杜恩·德·库尔德内。博杜恩首先在 1871 年《有关语言学和语言的若干一般性见解》一文中从语音角度区分了静态与动态:"语音的第一生理部分和第二形态部分是研究和分析在某一时间语言状态下的音素规律和生存条件(音素的静态);第三部分是历史部分,分析和研究在一段时间内音素规律和发展条件(音素的动态)。"④索绪尔在同博杜恩的学术交往中接受了博杜恩提出的语言静态与动态区分理论,但很明显,索绪尔对动态、静态的区分的认识与博杜恩并不完全一致,索绪尔自创的术语"共时""历时""共时语言学""历时语言学",实际上也是索绪尔为了表明自己对这一问题不同理解的一种表现。而最大的差异是,索绪尔对静态的认识,是与他对语言的认识结合在一起的。索绪尔以语言符号实现价值的相互差异、相互对立的相互关系这种系统性为基础,来认识语言的静

---

① 德·索绪尔:《普通语言学教程》,高名凯译,商务印书馆 1996 年版,第 118 页。
② 德·索绪尔:《普通语言学教程》,高名凯译,商务印书馆 1996 年版,第 127 页。
③ 德·索绪尔:《普通语言学教程》,高名凯译,商务印书馆 1996 年版,第 323 页。
④ 博杜恩·德·库尔德内:《普通语言学论文选集》(上),杨衍春译,广西师范大学出版社 2012 年版,第 28 页。

第十章 关于语言共时态和历时态的区分

态与动态,而存在于说话主体意识中的语言,也必然只能是共时的。我们认为,索绪尔的语言系统,必然只能是共时态的,研究语言,必然只能是研究语言的共时态。严格地区分共时语言学和历时语言学,强调共时语言学研究,是索绪尔对语言认识的必然结果。

区分语言共时态和历时态,索绪尔是着眼于语言符号本身的性质——任意性,以及由此而来的系统性、社会性或约定性——和语言的交际功能两个角度,所得出的必然结果。由于语言符号具有任意性,所以符号的性质或价值只能在相互对立、相互区别中确定,所以,语言只能是系统的,所以语言系统必然是共时的:"因为语言是一个纯粹的价值系统,除它的各项要素的暂时状态以外并不决定于任何东西"①,"语言是一个系统,它的任何部分都可以而且应该从它们共时的连带关系方面去加以考虑"②。同时,从功能角度看,"对于说话者来说,它们在时间上的连续性是不存在的。摆在他面前的是一种状态"③,"因为对于说话的大众来说,它是真正的、唯一的现实性"④,"言语从来就是只依靠一种语言状态工作的,介于各状态间的变化,在有关状态中没有任何地位"⑤。

此外,认为索绪尔对语言的认识是将时间排除在语言之外,是无时间、无空间的,⑥ 也是对索绪尔的误解。索绪尔认为,由于符号具有任意性,就不存在哪个能指代表哪个所指是否合理的问题,因此就没有必要改变原有联系的必要,符号具有不变性或稳定性:"符号的任意性本身实际上使语言避开一切旨在使它发生变化的尝试。"⑦ "它同社会大众的生活结成一体","这些社会力量是因时间而起作用的。语言之所以有稳固的性质,不仅是因为它被绑在集体的镇石上,而且因为它是处在时间之中"⑧。语言为社会大众每天所使用,人不可能外在于语言,外

---

① 德·索绪尔:《普通语言学教程》,高名凯译,商务印书馆1996年版,第118页。
② 德·索绪尔:《普通语言学教程》,高名凯译,商务印书馆1996年版,第127页。
③ 德·索绪尔:《普通语言学教程》,高名凯译,商务印书馆1996年版,第120页。
④ 德·索绪尔:《普通语言学教程》,高名凯译,商务印书馆1996年版,第130页。
⑤ 德·索绪尔:《普通语言学教程》,高名凯译,商务印书馆1996年版,第129页。
⑥ 陈保亚:《论语言研究的泛时观念》,《思想战线》1991年第1期;也见陈保亚《语言文化论》,云南大学出版社1993年版,第222页。
⑦ 德·索绪尔:《普通语言学教程》,高名凯译,商务印书馆1996年版,第109页。
⑧ 德·索绪尔:《普通语言学教程》,高名凯译,商务印书馆1996年版,第111页。

在于时间，因而人不可能对语言进行改制。"一方面，语言处在大众之中，同时又处在时间之中，谁也不能对它有任何的改变；另一方面，语言符号的任意性在理论上又使人们在声音材料观念中间有建立任何关系的自由"①，"语言根本无力抵抗那些随时促使所指和能指的关系发生转移的因素。这就是符号任意性的后果之一"②。同样由于符号的任意性，能指与所指没有必然的联系，所以它们彼此间的联系可以发生转移，符号又具有可变性。这样就构成了一对哲学上的二律背反：**符号的可变性与不变性都是由符号的任意性、社会性和时间决定的**。在这里，索绪尔展现了自己作为一个思想大师的风貌："符号在时间上的连续性与在时间上的变化性相连，这就是普通符号学的一个原则。"③ 最根本的是任意性。但"要是单从时间方面考虑，没有说话的大众——假设有一人孤零零地活上几个世纪——那么我们也许看不到有什么变化；时间会对它不起作用。反过来，要是只考虑说话的大众，没有时间，我们就将看不见社会力量对语言发生作用的效果"。④ 索绪尔对语言的理解，见图10.2。

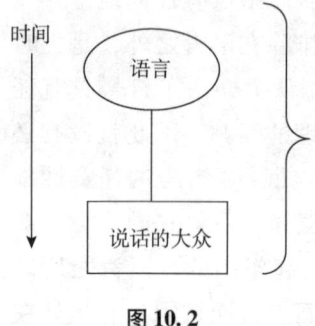

他对符号性质的认识可以仿照国内一个现成的政治术语表述为：**一个中心，四个基本点。一个中心——任意性；四个基本点——社会性、系统性、不变性、可变性（不变性和可变性蕴含着时间）**。⑤ 与其他符号相比，语言符号的特殊性是还具有线条性。

图 10.2

"造成语言的分歧的正是历时事实的继起以及它们在空间的增值"。⑥ 这一句话，甚至可以看成语言学的经典名言。索绪尔并不像某些学者所认为的那样，是把语言放到时间与空间之外的，某些学者

---

① 德·索绪尔：《普通语言学教程》，高名凯译，商务印书馆1996年版，第113—114页。
② 德·索绪尔：《普通语言学教程》，高名凯译，商务印书馆1996年版，第113页。
③ 德·索绪尔：《普通语言学教程》，高名凯译，商务印书馆1996年版，第114页。
④ 德·索绪尔：《普通语言学教程》，高名凯译，商务印书馆1996年版，第116页。
⑤ 聂志平：《索绪尔〈普通语言学教程〉中的语言符号学思想》，《浙江师范大学学报》（社会科学版）2001年第6期。也见本书第六章。
⑥ 德·索绪尔：《普通语言学教程》，高名凯译，商务印书馆1996年版，第131页。

第十章　关于语言共时态和历时态的区分

认为共时中有历时，历时中有共时，建立了所谓的"泛时语言学"①，也并没有超越索绪尔对语言的认识。我们认为，作为一个卓越的历史语言学家和普通语言学家，索绪尔是将语言放到社会（空间）和时间两维空间来考虑的，在他的理论中，充分展现了唯物辩证法的思考方式。

---

① 陈保亚：《论语言研究的泛时观念》，《思想战线》1991年第1期；也见陈保亚《语言文化论》，云南大学出版社1993年版，第222页。

第十一章 索绪尔的语言符号发展演变理论

一 索绪尔轻视历史（历时）语言学吗？

费尔迪南·德·索绪尔是现代语言学和符号学理论的主要奠基者，被看作20世纪思想大师之一。一般语言学史著述介绍索绪尔理论，往往都是从语言和言语的区分、语言共时态和历时态以及共时语言学与历时语言学的区分、内部语言学与外部语言学的区分、语言是个表达观念的符号系统、句段关系与联想关系等几个方面来介绍，而不涉及索绪尔关于语言发展演变的有关论述。或许相关研究者认为，索绪尔《普通语言学教程》中关于语言发展演变的内容意义不是很大，索绪尔语言理论的精华在《绪论》、《一般原则》和《共时语言学》三部分，这种认识也反映在小松·英辅和罗伊·哈里斯根据孔斯坦丹笔记编辑出版、被认为体现索绪尔晚年更成熟的语言学思想的《1910—1911索绪尔第三度讲授普通语言学教程》（以下简称"笔记版《教程》"，有张绍杰、屠友祥两个中文译本，2001/2002）中。

从整块内容来看，该书没有沙·巴利等编辑1916年出版的《普通语言学教程》（以下简称"通行版《教程》"，高名凯译本，1980）中《第三编 历时语言学》（共72页）、《第五编 回顾语言学的问题结论》（共28页），跟历时语言学有关的这两编合计100页，以及作为《绪论》附录的《音位学原理》三部分。从完全按照时间展开的授课的自然顺序编辑的"第三次教程"中，我们了解到，索绪尔第三次普通语言学教程开始于1910年10月28日，结束于1911年7月4日，持续了9个月，每周周二、周五有课，其中从1910年12月23日（周五）到1911年4月21日（周五），一共有17周的时间，第三

第十一章　索绪尔的语言符号发展演变理论

本（部分）至第六本，至少有 3 本半笔记——占全部笔记的 1/3 强，没有收入"第三度教程"。这 17 周时间，如按上课计算，应该有 35 次课，但这期间是否有假期，情况不详。沙·巴利等编辑的教程正文有 306 页，小松·英辅和罗伊·哈里斯根据孔斯坦丹笔记编辑出版的笔记版《教程》计有 32 次课、中译本共有 157 页，后者缺少部分的主体，就包括前者中文译本有 100 页之多的索绪尔关于历史语言学的论述。

从通行版《教程》中我们看到，在语言观方面，索绪尔对历史比较语言学基本持否定态度，认为"这个学派虽曾有过开辟一块丰饶的新田地的无可争辩的功绩，但还没有做到建成一门真正的语言科学。它从来没有费工夫去探索清楚它的研究对象的性质"，[1] "比较语法在它的研究中（而且只限于印欧系语言的研究），从来不过问它所做的比较究竟意味着什么，它所发现的关系有什么意义。它完全是比较的，而不是历史的"[2]，直到青年语法学派，才"把比较所获得的一切成果都置于历史的展望之下，从而使各种事实联成自然的顺序"[3]。索绪尔区分了语言的共时态和历时态以及相应的共时语言学和历时语言学，强调语言的共时研究，他认为"共时'现象'和历时'现象'毫无共同之处：一个是同时要素间的关系，一个是一个要素在时间上代替另一个要素，是一种事件"[4]，语言的共时态是一个共时的价值系统，"对于说话的大众来说，它是真正的、唯一的现实性。对于语言学家来说也是这样：如果他置身于历时的展望，那么他看到的就不是语言，而是一系列改变语言的事件"[5]，要素的发展演变是在系统之外的，"历时事实是个别的；引起系统变动的事件不仅与系统无关，而且是孤立的，彼此不构成系统"[6]，因此，共时语言学与历时语言学有着不同的方法。索绪尔这种理论被布拉格学派认为割裂了语言共时态和历时态，割

---

[1] 德·索绪尔：《普通语言学教程》，高名凯译，商务印书馆 1996 年版，第 21 页。
[2] 德·索绪尔：《普通语言学教程》，高名凯译，商务印书馆 1996 年版，第 22 页。
[3] 德·索绪尔：《普通语言学教程》，高名凯译，商务印书馆 1996 年版，第 25 页。
[4] 德·索绪尔：《普通语言学教程》，高名凯译，商务印书馆 1996 年版，第 131 页。
[5] 德·索绪尔：《普通语言学教程》，高名凯译，商务印书馆 1996 年版，第 130 页。
[6] 德·索绪尔：《普通语言学教程》，高名凯译，商务印书馆 1996 年版，第 136 页。

裂了共时语言学和历时语言学，中国著名语言学家岑麒祥[①]、高名凯[②]等认为反历史主义，关于要素演变不在系统之内也遭到理论语言学家徐思益[③]的批判。

　　实际上，索绪尔批评历史比较语言学，强调语言学家要弄清语言系统的面貌必须排除历时的干扰而从语言的共时态着手，认为语言要素演变是在系统之外进行的等观点，是其语言符号学理论的正常推演，因为语言符号具有任意性，所以它只能是系统的；而系统的构成要素必须是同时存在的，否则不会有相互对立、相互区别的相互关系；与言语相对的语言，只能是一个共时态的价值系统，对于说话——言语——的民众，这种共时态的符号系统是唯一可依靠的工具。尽管引起很多语言学家的误解，但并不能因此说明索绪尔对语言的理解是将其演变排除在外，进而把对语言历史演变的研究排除在语言学之外。因为在自己的理论中，索绪尔不仅把"对一切能够得到的语言进行描写并整理出它们的历史"列为语言学任务的第一条，[④] 在从言语活动中区分语言和言语时，认为与言语相对的语言既包括共时态又包括历时态，把语言学分作共时语言学和历时语言学，并且明确地说："语言的发展构成语言学的主要部分"[⑤] ——这句话在通行版中被编者遗漏或删去，用虽经过删减但中译本仍有100页、占沙·巴利版教程1/3的篇幅来专门论述语言的具体发展演变问题——即便是在最后一次课程这部分内容没有被编入第三次教程的笔记，也占1/3强，这足以说明，认为索绪尔轻视甚至否定语言的历史研究的观点，是错误的。

　　从索绪尔语言理论体系来看，我们可以毫不犹豫地说，语言符号的发展演变，是索绪尔语言符号学的有机组成部分，没有这部分内容，索绪尔的语言符号学是不完整的。

---

　　① 岑麒祥：《语言学史概要》，北京大学出版社1988年版，第273页。
　　② 高名凯：《德·索绪尔和他的〈普通语言学教程〉》（1963），载《高名凯语言学论文集》，商务印书馆1990年版，第623—667页。
　　③ 徐思益：《论语言的共时性和历时性》，《新疆大学学报》（哲学社会科学版）1980年第1期。
　　④ 德·索绪尔：《普通语言学教程》，高名凯译，商务印书馆1996年版，第26页。
　　⑤ 恩格勒：《索绪尔〈普通语言学教程〉评注本》，第452页，转引自戚雨村《索绪尔研究的新发现》，见戚雨村《现代语言学的特点和发展趋势》，上海外语教育出版社1997年版，第47页。

第十一章 索绪尔的语言符号发展演变理论

二 语言符号为什么会发展演变

我们认为,索绪尔理论的根本、核心是语言符号学:[①] 索绪尔从符号角度来认识语言,把语言看作表达观念的符号系统,建立了系统的语言符号学理论,为现代语言学奠定了基础;同时又通过对语言符号这种应用最广泛、系统最复杂的符号的解析,建立了自己的符号学体系,成为符号学的一个重要来源,影响极其深远,使自己进入20世纪思想大师行列。

毋庸讳言,在符号学方面,美国语言学家惠特尼是索绪尔的先驱。他是索绪尔在自己的教程中提及次数最多——5次(通行版教程后附索引标为3次),而且有4次基本上都是肯定的语言学家。索绪尔列出惠特尼的观点是:(1)发出第一次冲击:提出疑问"语言生命的条件究竟是什么";[②](2)"语言是一种社会制度,跟其他一切社会制度一样";(3)使用发音器官做语言的工具只是出于偶然;(4)语言是一种约定俗成的东西,人们同意使用什么符号,这符号的性质是无足轻重的;[③](5)"很正确地强调符号有任意性质,从而把语言学置于它的真正轴线上"[④]。这些论点,只有第三点索绪尔不以为然。可见语言符号任意性、约定性、社会性这些符号学的思想火花都来自惠特尼。正如语言共时态、历时态的思想来自博杜恩·德·库尔德内一样,索绪尔的思想也不是空穴来风,其中既包括这种吸收、借鉴,也包括改造、创造、整合,最后创造出一个超越其他语言学家、成为现代语言学基础、符号学最重要理论来源的语言符号学体系。

索绪尔把任意性看作语言符号"第一个原则",虽说与"第二个原则:能指的线条性"相对,但这个"第一原则"绝不仅仅是排序的"第一",而是逻辑的第一,亦即根本、基础,因为"这个原则支配着整个语言的语言学,它的后果是不胜枚举的"[⑤]。索绪尔把符号看作由

[①] 聂志平:《索绪尔〈普通语言学教程〉中的语言符号学思想》,《浙江师范大学学报》(社会科学版)2001年第6期。也见本书第六章。
[②] 德·索绪尔:《普通语言学教程》,高名凯译,商务印书馆1996年版,第23—24页。
[③] 德·索绪尔:《普通语言学教程》,高名凯译,商务印书馆1996年版,第31页。
[④] 德·索绪尔:《普通语言学教程》,高名凯译,商务印书馆1996年版,第113页。
[⑤] 德·索绪尔:《普通语言学教程》,高名凯译,商务印书馆1996年版,第103页。

能指（符号的形式）和所指（符号的内容）构成的整体，能指与所指之间没有相似性或必然联系，这就是任意性。任意性使符号与象征等区别开来，使作为一种"社会制度"的语言符号与其他社会制度区别开来，也构成了狭义符号学与广义符号学的根本区别。作为语言符号，能指是音响形象，所指是概念，这两方面都是心理的。因为符号是任意的，所以语言符号只能是由一系列音响形象的差别和一系列的概念的差别构成，这样构成符号的是符号之间的对立或差别，"任意和表示差别是两个相关联的素质"，① 语言符号是语言系统，是语言符号彼此间相互关系的产物，"语言像任何符号一样，使一个符号区别于其他符号的一切，就构成了该符号"，"语言可以说是一种只有复杂项的代数"，"语言是形式而不是实体"②。因此，符号的任意性决定了符号的系统性，这样建立起能指与所指之间的联系，只能是受系统制约的社会约定；任意性决定语言符号以及一般符号的社会性，"要有语言，必须有说话的大众。在任何时候，同表面看来相反，语言都不能离开社会事实而存在，因为它是一种符号现象。它的社会性质就是它内在的特性之一"③；"符号在本质上是社会的"④。依据符号的这种社会性，索绪尔区分了语言和言语，认为语言是言语活动的社会部分，个人以外的东西，是心理的，而言语是言语活动中的个人部分，是心理·物理的。此外，我们还认为，源自任意性的系统性与社会约定性，反过来又制约着语言符号的任意性，使语言符号表现出一定的理据性，亦即索绪尔所谓的"相对可论证性"。

　　语言符号的任意性，也决定了语言符号的不变性（稳定）与可变性（发展演变）。因为符号是任意的，所以没有哪个能指代表哪个所指合理与不合理的问题，也就没有必要改变能指与所指原有的联系；同

---

① 德·索绪尔：《普通语言学教程》，高名凯译，商务印书馆1996年版，第164页。
② 德·索绪尔：《普通语言学教程》，高名凯译，商务印书馆1996年版，第168—169页。通行版译作"语言是形式而不是实质"。因为汉语中"实质"表示的是"本质"这种抽象的含义，所以我们接受"实体"这种译法。高名凯先生最初也是译作"实体"的，见高名凯1963年原拟为《普通语言学教程》写的长篇序言《德·索绪尔和他的〈普通语言学教程〉》。
③ 德·索绪尔：《普通语言学教程》，高名凯译，商务印书馆1996年版，第115页。
④ 德·索绪尔：《普通语言学教程》，高名凯译，商务印书馆1996年版，第39页。

第十一章　索绪尔的语言符号发展演变理论

时，同样是由于能指与所指关系的任意性，两者之间的关系又存在着改变的可能，"符号的任意性本身实际上使语言避开一切旨在使它发生变化的尝试"①，同时，"语言根本无力抵抗那些随时促使所指和能指的关系发生转移的因素。这就是符号任意性的后果之一"②。

索绪尔对惠特尼强调语言符号的任意性给予了很高的评价，认为他"把语言学置于它的真正的轴线上"③，但索绪尔没有止于此，而是更进一步，不仅把任意性看作语言符号以及一般符号的最根本的原则，区别了符号与非符号，认为它决定了语言符号（以及一般符号）的系统性、社会性、约定性、可变性与不变性，也把任意性原则看作语言学的最高原则，解释了语言符号以及一般符号特点之间的逻辑关系，构建了完整科学的语言符号学理论体系，成就了自己作为现代语言学和现代符号学理论奠基者的崇高地位。对这一点，索绪尔很自负："符号的任意性原则没有人反对。但是发现真理往往比为这真理派定一个适当的地位来得容易。上边说的这个原则支配着整个语言的语言学，它的后果是不胜枚举的。"④ 在教程中，索绪尔还表现出另外一种自负，就是把语言学归属于符号学："如果我们能够在各门科学中第一次为语言学指定一个地位，那是因为我们已把它归属于符号学。"⑤ 此言不虚，我们认为索绪尔对自己的评价从语言学史角度来看，是正确的。

索绪尔用图 11.1，来全面说明语言与相关要素之间的关系。

索绪尔认为，语言处于大众之中，语言也处于时间之中，"离开了时间，语言现实性就不完备，任何结论都无法作出"。⑥ "语言之所以有稳固的性质，不仅因为它被绑在集体的镇石上，而且因为它处于时间之中"，"时间保证了语言的连续性"又"使语言符号或快或慢地发生着变化"。⑦ 社会性与时间性是结合在一起的，"要是单从时间方面考虑语

---

① 德·索绪尔：《普通语言学教程》，高名凯译，商务印书馆 1996 年版，第 109 页。
② 德·索绪尔：《普通语言学教程》，高名凯译，商务印书馆 1996 年版，第 113 页。
③ 德·索绪尔：《普通语言学教程》，高名凯译，商务印书馆 1996 年版，第 113 页。
④ 德·索绪尔：《普通语言学教程》，高名凯译，商务印书馆 1996 年版，第 103 页。
⑤ 德·索绪尔：《普通语言学教程》，高名凯译，商务印书馆 1996 年版，第 38 页。
⑥ 德·索绪尔：《普通语言学教程》，高名凯译，商务印书馆 1996 年版，第 116 页。
⑦ 德·索绪尔：《普通语言学教程》，高名凯译，商务印书馆 1996 年版，第 111 页。

· 227 ·

言，没有说话的大众，——假设有一个人孤零零地活上几个世纪——那么我们也许看不到有什么变化；时间会对它起作用。反过来，要是只考虑说话的大众，没有时间，我们就看不到社会力量对语言发生作用的效果"。①

由此可见，语言符号稳定（不变性）与发展演变（可变性）的内在基础是符号的任意性，而其外部条件，是处于时间之中、处于社会之中的，亦即时间性与社会性。语言符号的社会性因时间而发生作用，因此泛时性是不存在的。时间性与社会性的结合，形成的语言的连续性，语言符号历史承传的稳定性与变化性，是这种连续性的必然结果："符号正因为是连续的，所以总是处在变化的状态中。在整个变化中，总是旧有材料的保持占优势；对过去的不忠实只是相对的。所以，变化的原则是建立在连续性原则的基础上的。"②

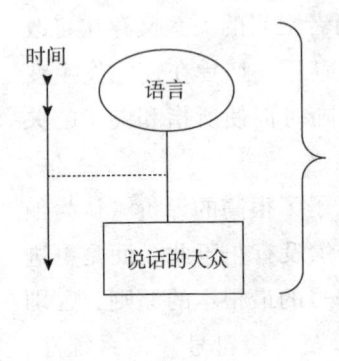

图 11.1

而语言符号可变性与不变性的实现，是通过语言运用亦即言语，通过语言交际来实现的。

索绪尔认为，处于社会群体中的个人的语言运用导致了语言的演变，"语言中凡属历时的，都只是出自言语。一切变化都是在言语中萌芽的。任何变化，在普遍使用之前，无不由若干个人最先发出"，"这是一个言语的事实。这个形式一再重复，为社会所接受，就变成了语言的事实。但不是任何的言语创新都能同样成功，只要它们还是个人的，我们就没有考虑的必要，因为我们研究的是语言。只有等到它们为集体所接受，才进入我们的观察范围"，"在一个演化事实之前，总是在言语的范围内先有一个或毋宁说许多个类似的事实"，"在任何创新的历史上，我们都可以看到两个不同的时期：（1）出现于个人的时期；（2）外表虽然相同，但已为集体所采纳，变成了语言事实的时期"。③ 索绪尔是从理论

---

① 德·索绪尔：《普通语言学教程》，高名凯译，商务印书馆1996年版，第116页。
② 德·索绪尔：《普通语言学教程》，高名凯译，商务印书馆1996年版，第112页。
③ 德·索绪尔：《普通语言学教程》，高名凯译，商务印书馆1996年版，第141—142页。

第十一章 索绪尔的语言符号发展演变理论

的高度来论述这个问题的，如果更准确点，应该是语言运用中产生个人变异，以及个人言语变异为言语社团所接受，成为社会化的语言现象，才形成语言符号的演变的。

索绪尔认为，语言事实的传播，"每个人类的集体中都有两种力量同时朝着相反的方向不断起作用：一方面是分立主义的精神，'乡土根性'；另一方面是造就人与人之间交往的'交际'的力量"：分立主义的精神——"'乡土根性'会使人深居简出"，"使一个狭小的语言共同体始终忠于它自己的传统"，而"交际却使他们不能不互相沟通"。[①] 实际上，索绪尔所说的"乡土根性"，只不过是一个小的语言社团成员向心的内向型交际，新产生的语言成分不至于流传到其他地区，长期分立，会形成语言的分化；而与"乡土根性"相对的交际，则是小语言社团成员与其他语言社团成员间的外向型交际，使某些语言事实传播出去。所以，语言的分化与语言的接近以至于统一，都是由于同一种行为——社会性的语言交际——促成的。所以，索绪尔又说："语言的扩张和内聚都要依靠交际"[②]，同样是由于交际，不仅方言没有自然的界限，语言也没有自然的界限，它们构成一个区域性的连续统。不仅如此，社会性的语言交际需要语言符号能指与所指之间的联系具有稳定性，否则通过语言传递信息的行为就不能达成它的效果；同时，处于时间之中的这种社会性的交际，也会使语言产生变异。因此，即便是人工语言，如世界语、手语，甚至程序语言，只要进入民众的使用，都会发生变化。

因此，可以这样说，语言符号的发展演变，内在的最根本的原因，是语言符号的任意性；语言演变的外部原因，是语言符号的时间性和社会性；而发展演变的动力，则是语言运用，亦即言语，是语言交际。

三 语言符号怎样发展演变

索绪尔所理解的语言符号的变化，是指"能指与所指关系的转

[①] 德·索绪尔：《普通语言学教程》，高名凯译，商务印书馆1996年版，第287页。
[②] 德·索绪尔：《普通语言学教程》，高名凯译，商务印书馆1996年版，第287页。

移"；① 这大概是因为索绪尔把语言符号看作能指与所指构成的整体。所以，"在一种语言内部，整个演化运动的标志可能就是不断地由论证性过渡到任意性和由任意性过渡到论证性；这种往返变化的结果往往会使这两类符号的比例发生很大的变动"。② 这样，某种语言就可能由于发展演变而不会固定地属于某种语言类型，比如属于屈折语印欧语系的某种语言，会由于形态成分的减少而趋向于分析性语言，这方面最为突出的例子就是现代英语。尽管索绪尔认为，"语音变化不影响到词，而只影响到音。发生变化的是音位"③，但它的后果会使含有这个音位的词的语音形式发生变化，会使词的复合结构消失，会隔断语言要素语法上的联系，所以，语音变化也是语言符号演变的一部分。索绪尔认为，语言的变化是绝对的，语言的各个部分都会发生或快或慢的变化。

索绪尔把语言符号发展演变分作四种类型：语音变化、类比、流俗词源和黏合。

（一）语音变化

1. 语音变化的原因

索绪尔列举了语言学史上关于语音变化原因的七种说法：①人种原因，即人种不同发音器官会有差异，影响发音；②对土壤和气候情况的适应；③省力率，用一次发音代替量词发音，用比较方便的发音代替困难的发音，相当于现在一般所说的经济原则；④幼年所受的语音教育；⑤民族在某一时期的政治情况；⑥先居民族的语言底层；⑦风尚变化。④ 索绪尔进行逐个分析、评论，认为都不能对语音演变做出合理的解释，因为"历史事件应该有一个决定的原因"⑤，而上列关于语音演变的说法，都可以找到另外的解释。

---

① 德·索绪尔：《普通语言学教程》，高名凯译，商务印书馆1996年版，第112页。
② 德·索绪尔：《普通语言学教程》，高名凯译，商务印书馆1996年版，第185页。
③ 德·索绪尔：《普通语言学教程》，高名凯译，商务印书馆1996年版，第199页。
④ 德·索绪尔：《普通语言学教程》，高名凯译，商务印书馆1996年版，第205—211页。
⑤ 德·索绪尔：《普通语言学教程》，高名凯译，商务印书馆1996年版，第209页。

2. 语音变化的类型

索绪尔认为语音现象不是绝对的，而是同一定的条件相联系，具有时间性和空间性，"任何语音变化，不管它扩张的地域多么宽广，都只限于一定的时间和一定的地区。没有一个变化是任何时候和任何地点都发生的；它只是历时地存在着"，① 他否定把语音变化分为绝对的变化和条件的变化，而是把语音变化分作自发的变化和结合的变化两个类型："由内在的原因产生的是自发的变化，由一个或几个别的音位引起的是结合的变化"②。前者如由印欧语的 o 变为日耳曼语的 a，后者如拉丁语的 ct、pt 变为意大利语的 tt，是由于前一个音被后一个音同化，德语中的 gasti 变成 gesti，也是受后边的 i 的同化造成的；而维尔纳定律，则反映了重音对辅音变化的影响作用。③ 徐思益先生用汉语史中关于 [k]、[k′]、[x] 受后边高元音 [i]、[y] 的影响变成 [tɕ]、[tɕ′]、[ɕ] 的观点，来批评索绪尔关于语言要素的变化是在系统之外与系统无关的观点，④ 实在是一种误解。以《论印欧语元音的原始系统》奠定原始印欧语元音理论从而成为历史比较语言学大家，以从语言符号系统思想批评历史比较语言学而为现代语言学奠定基础的索绪尔，难道会看不到这种现象吗？我们的结论是"不会"。因为，第一，索绪尔关于语音变化的第二种类型"结合的变化"说明的就是这种现象。第二，索绪尔把语音变化的原因和语音变化的条件分开了。前后语音单位之间相互影响，而使某个音发生变化，这不是语音演化的原因，这只是语音变化的一种外部条件，而条件是受时间性和社会性限制的，所以，相同的语音组合情况，在不同的语言或方音中，不一定会产生相同的变化结果，北方汉语中的 [k]、[k′]、[x] 受后边高元音 [i]、[y] 的影响变成 [tɕ]、[tɕ′]、[ɕ]，而粤方言这种语音的组合并没有使 [k]、[k′]、[x] 变成 [tɕ]、[tɕ′]、[ɕ]。

---

① 德·索绪尔：《普通语言学教程》，高名凯译，商务印书馆1996年版，第137—138页。
② 德·索绪尔：《普通语言学教程》，高名凯译，商务印书馆1996年版，第201页。
③ 德·索绪尔：《普通语言学教程》，高名凯译，商务印书馆1996年版，第201—203页。
④ 徐思益：《论语言的共时性和历时性》，《新疆大学学报》（哲学社会科学版）1980年第1期。

3. 语音变化的结果

索绪尔认为，语音演化是盲目的，我们不知道这种变化会止于何处，因为"语音变化的这种特性决定于语言符号的任意性，它是跟意义毫无联系的"①，它"可以影响到任何种类的符号"②，语音演化改变了词的语言形式，在语法上有两个后果：（1）会割断词语间的语法联系，破坏词语间的派生关系；（2）会割断同一个词两个屈折形式间的正常关系，"例如 comes '伯爵'（主格）—comitet '伯爵'（宾格）变成古法语的 cuens ‖ comte"③。

语音变化改变了词的语音形式，导致了能指与所指关系的转移，引起了语言符号的变化，这一点是非常明确的，但为什么索绪尔又说语音变化只影响到音而不会影响到词呢？因为"这些变化对词来说毕竟是外在的东西，不能触及它们的实质。词的单位不只是由它的全部音位构成的，它还有物质以外的其他特征"。④ 实际上在这里索绪尔说得不够明确：词是语言符号，它是由作为能指的语言形式（音响形象）和作为所指的语义内容两部分构成，单一方面不能构成词这种语言符号；词这种符号的性质，是由语言符号系统决定的，取决于语言系统中其他词语与之的相互关系，而不是由语音形式决定的。

（二）类比

索绪尔说，"语音变化是一个扰乱的因素"，"幸而类比抵消了这些变化的后果。词的外表上的正常变化，凡不属于语音性质的，都是由类比引起的"。⑤ 类比给语言带来整齐划一的效果。"类比形式就是以一个或几个其他形式为模型，按照一定的规则构成的形式"⑥，它是历史比较语言学发展到青年语法学派所形成的最为成熟的关于语言演变的理论。与对历史比较语言学其他观点的态度迥然不同，索绪尔对类比理

---

① 德·索绪尔：《普通语言学教程》，高名凯译，商务印书馆1996年版，第212页。
② 德·索绪尔：《普通语言学教程》，高名凯译，商务印书馆1996年版，第213页。
③ 德·索绪尔：《普通语言学教程》，高名凯译，商务印书馆1996年版，第214—215页。
④ 德·索绪尔：《普通语言学教程》，高名凯译，商务印书馆1996年版，第136页。
⑤ 德·索绪尔：《普通语言学教程》，高名凯译，商务印书馆1996年版，第226页。
⑥ 德·索绪尔：《普通语言学教程》，高名凯译，商务印书馆1996年版，第226页。

第十一章　索绪尔的语言符号发展演变理论

论，在技术上没有对之进行任何改造，但不同意把类比看作与语音变化一样是语言演变的原因，而认为它是语言"革新和保守的原则"（小标题）①。因为"语音变化引入新的，必须把旧的取消，而类比形式却不一定非使它的双重形式消失不可"，由类比产生的新形式与原有形式可以共存一个时期，而且可以互相替代，"可是由于语言不喜欢保持两个能指来表示同一个观念，那比较不规则的原始形式往往就因为没有人使用而消失了"。②"类比是属于心理的"，它是在心理上意识到各种形式间的关系，利用已有的规则和材料构成新的形式，所以，"在类比中，一切都是语法的；但是我们要马上补充一句：作为类比结果的创造，首先只能是属于言语的；它是孤立的说话者的偶然产物"③，类比"完全是语法的和共时的"④。而语音变化是非语法的、历时的，所以两者性质完全不同。在词法上，新产生的复合词、派生词，也是类比的结果。因为新旧形式交替是语言演变的一种主要表现，由于根据类比创造的新的规则形式通过竞争排除了它的竞争者，取代了旧的不规则形式，也形成了一种新旧交替的效果，所以索绪尔认为，类比"是演化的一个有力因素"⑤。

"类比创新总是要利用旧材料，因此它显然是保守的"⑥，"类比创新都是表面上的，而不是实实在在的。语言好像一件袍子，上面缀满了从本身剪下来的布料制成的补丁"⑦。但这种"保守"本身就包括创新，因为由此产生了语言中原本没有的成分，因此，类比具有保守和创新的双重目的性，它是语言符号连续性的一种重要表现，表面是创新，实质是保守，而其所形成的新的形式，给人新奇感的同时又使人联系到旧有的成分与规则。现在解释新词语产生的词族化"词语模"理论⑧，骨子

---

① 德·索绪尔：《普通语言学教程》，高名凯译，商务印书馆1996年版，第241页。
② 德·索绪尔：《普通语言学教程》，高名凯译，商务印书馆1996年版，第230页。
③ 德·索绪尔：《普通语言学教程》，高名凯译，商务印书馆1996年版，第232—233页。
④ 德·索绪尔：《普通语言学教程》，高名凯译，商务印书馆1996年版，第241页。
⑤ 德·索绪尔：《普通语言学教程》，高名凯译，商务印书馆1996年版，第241页。
⑥ 德·索绪尔：《普通语言学教程》，高名凯译，商务印书馆1996年版，第242页。
⑦ 德·索绪尔：《普通语言学教程》，高名凯译，商务印书馆1996年版，第241页。
⑧ 李宇明：《词语模》，见李宇明《语法研究录》，商务印书馆2002年版，第1—14页。

里就是这种类比创新理论：模槽，体现已有的词语结构规则；模标，已有词语中作为标志的词语的构成成分，由于具有可类推性，这个模标往往被看成与词缀相近的成分"类词缀"。在反映新词创造规则的词语模理论提出之前，在汉语修辞学中，这种现象被看作一个特殊的修辞方式——仿词。

因为类比利用的已有的规则和材料都实际存在于语言之中，所以按类比构成的新的形式在没有出现以前，"早已潜存在于语言之中"①。索绪尔这种理解，与20世纪90年代兴起于修辞学后来传播到语言学其他领域的著名的"潜—显"理论基本是一致的，"显"是目前现实语言中存在的形式，"潜"是按语言已有的成分和规则来看应该有，而目前还没有出现的形式。"潜"语言形式的存在，为言语的创新提供了可发展的空间，由潜到显，是先由个人的语言创新性运用来实现的。因此，汉语中的"潜—显"理论首先由有深厚现代语言学理论修养的修辞学家王希杰②提出，也就不奇怪了。

似乎可以这样认为，类比在语言社团的语言意识层面，是创新的原则，而在语言社团的潜语言意识层面，是保守的原则，类比使得某些成分、某些规则被镶嵌在系统的框子里，不断地按类比被重新制作，这就保持了它们的稳定性。

（三）流俗词源

索绪尔说，"我们有时候会歪曲形式和意义不大熟悉的词，而这种歪曲有时候又得到惯用法的承认……这些创造不管看来怎么离奇，其实并不完全出于偶然；那是把难以索解的词同某种熟悉的东西加以联系，借以做出近似的解释的尝试。人们把这种现象叫做流俗词源"。③ 例如，德语的 durchblaen "痛打" 源出于 bliuwan "鞭挞"，但是人们把它跟

---

① 德·索绪尔：《普通语言学教程》，高名凯译，商务印书馆1996年版，第233页。
② 王希杰1990年发表《潜词和潜义》《论潜量词的显量词化》，开始提出潜—显理论，此后发表系列文章论述潜—显学说，该理论也集中体现在其修辞学里程碑式的专著《修辞学通论》（南京大学出版社1996年版）中。
③ 德·索绪尔：《普通语言学教程》，高名凯译，商务印书馆1996年版，第244页。

blau"青色的"加以联系，因为殴打可以产生"青色的伤痕"；拉丁语的 carbunculus "小煤块"变成了德语的 karfunkel "红宝石"（同 funkeln "闪闪发光"有联系）和法语的 escarboucle "红宝石"（同 boucle "鬈发"有关）。①

流俗词源这种现象在汉语中也存在，比如现实语文生活中，人们用"七月流火"来形容夏季七八月份的炎热，又如把一个西域古国西王母，作为中国神话中最高的天神玉皇大帝的皇后名字，等等。

（四）黏合

索绪尔认为，"黏合是指两个或者几个原来分开的但常在句子内部的句段里相遇的要素互相熔合成为一个绝对的或者难于分析的单位"，"法语起初说 ce ci，把它分成两个词，其后变成了 ceci '这个'"，黏合过程可分为三个阶段：（1）几个语言要素结合成无异于其他句段的句段；（2）固有意义的黏合，句段的各个要素综合成一个新的单位；（3）出现能使旧有的组合变得更像个单纯词的其他变化如重音的统一、特殊的语音变化等。黏合只在句段范围内进行，并且没有意志参与，这是黏合与类比的主要区别。在黏合里，两个或几个单位经过综合融合成一个单位。②

汉语学者也注意到这种现象。王力在《汉语史稿》中提到以前是两个词后来凝固为一个的现象："'所以'在今天是一个连词，但是，在上古时期，'所以'应该认为是两个词，'以'字有它表示工具语的本来意义"，此外还有"可以""然而""否则"等。③ 而对之加以理论解释并使之概念化的，是语法学家吴竞存、梁伯枢的《现代汉语句法结构与分析》，他们把这种特殊现象称为"跨层结构"："不在同一层次上的两个成分在发展过程中跨越原有的组合层次，彼此靠拢，逐渐凝固，最后组合成一个新的结构体，这种新的结构体可称之为'跨层结构'"④。比如在"力能则进，否则退，量力而行"（《左传·昭公十五

---

① 德·索绪尔：《普通语言学教程》，高名凯译，商务印书馆1996年版，第245—246页。
② 德·索绪尔：《普通语言学教程》，高名凯译，商务印书馆1996年版，第248—249页。
③ 王力：《汉语史稿》，中华书局2004年版，第390—393页。
④ 吴竞存、梁伯枢：《现代汉语句法结构与分析》，语文出版社1992年版，第352页。

年》）中，"否"是对前面条件"力能"的否定，这样句子本身就含有一种假设的意味，由于"否则"常常连用，可以理解为"如果不这样，就……"，这样句子的假设义就对跨层结构"否则"的凝固与词汇化产生促进作用，句子的假设义慢慢附着到"否则"上，这一跨层结构也就被人们重新分析为一个表假设的让步连词，表示"如果不是这样"的意思，如："首先必须把场地清理好，否则无法施工。"[①] 现在语言学界把这种现象看作词汇化的一个类型。

从上述分析来看，索绪尔对语言演变类型的认识，是比较成熟、比较全面的。即便是在今天，对于认识语言演变，仍有重要的参考价值。

[①] 中国社会科学院语言研究所词典编辑室编：《现代汉语词典》（第7版），商务印书馆2016年版，第397页。

第十二章 索绪尔语言理论：几个问题的问题

一 关于"语言是形式而不是实体"①

国内一直有些学者不同意索绪尔"语言是形式而不是实体"的观点②，认为它撇开实体，否定实体性，是唯心主义的。方光焘先生认为，"索绪尔只承认差别，想把语言的质跟语言的形式、关系、结构分开，抛开现实的东西，事实上是走不通的。形式、关系、结构这一切，离开语言的质就不复存了"。③ 高名凯先生认为，"德·索绪尔的语言价值的学说虽然有合理的内核，但根本上却是唯心主义的。德·索绪尔认为语言符号的价值，就其能指和所指两方面来说，都是从'消极'方面产生的。……这个理论显然是外因决定论在语言学中的反映。任何一个事物的特点和存在首先是决定于它的内部的本质特点，而不是决定于环境，虽然环境对它有影响"。④ 如果说20世纪五六十年代学术受庸俗唯物论的影响还情有可原的话，那么到20世纪90年代，这种影响就不应该再有了，可其实不然。在刘耀武先生作为国家教委八五项目"当

---

① 高名凯译本第169页译作"语言是形式而不是实质"。这里是采用北京大学中文系语言理论教研室教授索振羽先生的说法。索绪尔的意思是说符号/语言符号的能指和所指，从而整个符号/语言符号，都不具有实在的物质性，而现代汉语中的"实质"＝"本质"＝"指事物本身所固有的、决定事物性质、面貌和发展的根本属性"（《现代汉语词典》，商务印书馆2016年版，第62页）。所以我们同意索振羽先生的观点。在《普通语言学教程》译者高名凯先生出版于1963年的《语言论》中，也是将其理解为"语言是一种形式，而不是实体"。见高名凯《语言论》，商务印书馆1995年版，第174页。
② 这是一种很普遍的观点，国内理论学者多持此说。
③ 方光焘：《语言的记号性问题》（1959），见《方光焘语言学论文集》，商务印书馆1997年版，第616页。
④ 高名凯：《德·索绪尔和他的〈普通语言学教程〉》（1964），见《高名凯语言学论文集》，商务印书馆1990年版，第655—656页。

代国外语言学研究——索绪尔研究"结题出版的《普通语言学教程》中，仍可以看到这种思想："我们认为，索绪尔的符号体系的理论，在说明符号之间的相互关系，彼此之间的价值要受其（他）符号的影响上面，有其合理的内核，但却具有某些唯心主义的东西。我们在研究索绪尔学说时，必须以马列主义语言学观点来加以批判……"[1]——用一个子虚乌有的"马列主义语言学"来评价开创现代语言学、符号学和结构主义的索绪尔语言符号学，又能评价出什么呢？

对于符号来说，因为它是任意的，能指与所指之间没有必然的联系，所以能指和所指只能在与其他符号的能指和所指的相互关系中，同时，符号本身也只能在与其他符号的相互关系中，以相互对立、相互区别的方式来确定自己——它不是别的符号的能指和所指，而只是它自己这个符号的能指和所指，这个符号不是其他符号而只是它自身——符号不是依靠自己的正面性质，而是依靠自己负面的特点——它不是什么——来规定自己是什么，"任意和表示差别是两个相关联的素质"[2]。所以符号只能是系统的，而不可能是其他的什么。语言符号也是这样。将语言定位为具有任意性的符号，那么符号自身的价值只能在彼此的相互关系中确定，因此语言符号必然具有系统性，"应用于单位，差别的原则可以这样表述：单位的特征与单位本身相合。语言像任何符号系统一样，使一个符号区别于其他符号的一切，就构成该符号。差别造成特征，正如造成价值和单位一样"[3]。"语言是一个系统，它的任何部分都可以而且应该从它们共时的连带关系方面去加以考虑"[4]，"在语言里，每项要素都由于它同其他各项要素对立才能有它的价值"[5]。"正如下棋的玩艺完全是在于各种棋子的组合一样，语言的特征就在于它是一种完全以具体单位的对立为基础的系统"[6]，"语言机构整个是在同一性和差

---

[1] 刘耀武：《普通语言学教程》，黑龙江教育出版社1995年版，第187页。
[2] 德·索绪尔：《普通语言学教程》，高名凯译，商务印书馆1996年版，第164页。
[3] 德·索绪尔：《普通语言学教程》，高名凯译，商务印书馆1996年版，第168页。
[4] 德·索绪尔：《普通语言学教程》，高名凯译，商务印书馆1996年版，第127页。
[5] 德·索绪尔：《普通语言学教程》，高名凯译，商务印书馆1996年版，第128页。
[6] 德·索绪尔：《普通语言学教程》，高名凯译，商务印书馆1996年版，第151页。

第十二章　索绪尔语言理论:几个问题的问题

别性上面打转,后者只是前者的对立面"①。"语言可以说是一种只有复杂项的代数","语言是形式(即关系——笔者注)而不是实体"。② 这种思想与恩格斯的观点是一致的:"在有机化学中,一个物体的意义以及它的名称,不再仅仅是由它的构成决定的,更多地是由它所隶属的系列中的位置来决定。"③ 是符合唯物辩证法思想的。有的前辈学者认为索绪尔的系统思想来自格式塔理论,是忽视了格式塔理论产生的时间,并且没有看到符号任意性原则对系统性的意义。

这样,语言符号所使用的具体材料——具体实体的重要性必然退于由相互对立、相互区别为表现的关系之后。对于索绪尔语言符号的价值问题,索振羽先生有很好的论述。④ 对这个问题认识不清,实际是没有理解索绪尔把任意性作为符号的"第一个原则"的真正意义,"如果我们能够在各门学科中第一次为语言学指定一个地位,那是因为我们已将它归属于符号学"⑤,不这样,就会"只把语言看作一种分类命名集,这样就取消了对它真正性质作任何探讨"⑥。索绪尔很自负,他认为他把语言学第一次置于符号学之下,抓住了语言的本质。的确如此。正因为这样,索绪尔对语言符号能指的认识不是具体的语音(音素或音素的组合),而是"音响形象",这是一种抽象的东西。正是这种认识,导致了索绪尔从系统性角度奠定了音位学的基础:"要把音位加以分类,知道音位是怎么构成,远不如知道什么使它们彼此区别那么重要。"⑦ "在词里,重要的不是声音,而是使这个词区别于其他一切词的声音上的差别,因为带有意义的正是这些差别"⑧,"语言的能指更是这样;它在实质上不是声音的,而是无形的——不

---

① 德·索绪尔:《普通语言学教程》,高名凯译,商务印书馆1996年版,第153页。
② 德·索绪尔:《普通语言学教程》,高名凯译,商务印书馆1996年版,第169页。
③ 弗·恩格斯:《自然辩证法》,中共中央马克思恩格斯列宁斯大林著作编译局编译,人民出版社1971年版,第270页。
④ 索振羽:《德·索绪尔的语言价值理论》,《新疆大学学报》(哲学社会科学版)1983年第2期。
⑤ 德·索绪尔:《普通语言学教程》,高名凯译,商务印书馆1996年版,第38页。
⑥ 德·索绪尔:《普通语言学教程》,高名凯译,商务印书馆1996年版,第39页。
⑦ 德·索绪尔:《普通语言学教程》,高名凯译,商务印书馆1996年版,第72页。
⑧ 德·索绪尔:《普通语言学教程》,高名凯译,商务印书馆1996年版,第164页。

是由它的物质，而是由它的音响形象和其他任何音响形象的差别构成的"①。"这一原则是基本的，我们可以把它应用于语言的一切物质要素，包括音位在内。每种语言都是在音响要素的系统的基础上构成它的词的。每个要素都是界限分明的单位，它们的数目是完全确定的。它们的特点并不像大家所设想的那样在于它们自己的积极的素质，而只是因为它们彼此之间不相混淆。音位首先就是一些对立的、相关的、消极的实体。可作证明的是，说话者在使各个声音仍能互相区别的限度内享有发音上的自由。例如法语的 r 按一般习惯是一个小舌音，但并不妨碍许多人把它发成舌尖颤音，语言并不因此而受到扰乱。语言只要求有区别，而不像大家所设想的那样要求声音有不变的素质。"②"认识一种语言的声音单位，不一定非确定它们的正面的性质不可。我们应该把它们看作表示区别的实体，它们的特性就是彼此不相混淆。这是最主要的，所以我们可以用数字或任何符号来表示我们所要重建的语言的声音要素。"③对于语言符号的所指，索绪尔也不是反映论的理解，而是认为，"在同一种语言内部，所有表达相邻近观念的词都是互相限制着的"④，"实际上，观念唤起的不是一个形式，而是整个潜在的系统"⑤。这种思想实际是后来语义场理论的先声。⑥ 差别、对立确定了同一性，确定了价值，确定了语言符号的能指和所指，也确定了语言符号单位本身，"单位没有任何特别的声音性质，我们可能给它下的唯一定义是：在语链中排除前后的要素，作为某一概念的能指的一段音响"⑦。

　　对于"把'声音形象'看成不是物质的声音，而是一种心理印象乃是错误的"观点，⑧ 笔者还是同意 T. de. Mauro 的说法，心理的不过

---

①　德·索绪尔：《普通语言学教程》，高名凯译，商务印书馆1996年版，第165页。
②　德·索绪尔：《普通语言学教程》，高名凯译，商务印书馆1996年版，第165—166页。
③　德·索绪尔：《普通语言学教程》，高名凯译，商务印书馆1996年版，第309页。
④　德·索绪尔：《普通语言学教程》，高名凯译，商务印书馆1996年版，第161—162页。
⑤　德·索绪尔：《普通语言学教程》，高名凯译，商务印书馆1996年版，第180页。
⑥　聂志平：《语言：语法系统　句段关系和联想关系——索绪尔语法思想初探》，《齐齐哈尔师范学院学报》（社会科学版）1990年第5期，又载中国人民大学报刊复印资料《语言文字学》1990年第11期。也见本书第九章。
⑦　德·索绪尔：《普通语言学教程》，高名凯译，商务印书馆1996年版，第147—148页。
⑧　刘耀武：《普通语言学教程》，黑龙江教育出版社1997年版，第181页。

第十二章　索绪尔语言理论:几个问题的问题

是抽象的代名词①。没有这种"把'声音形象'看成不是物质的声音",没有"音位首先就是一些对立的、相关的、消极的实体"这种认识,就不会有音位概念,就不会为现代音位学奠定理论基础。与"音响形象"相对的"概念",也不能依我们一般的理解,它不是思维中的"概念",而是索绪尔的一个词语:"('判断')这个概念没有什么初始的东西,它不过是由它与其他类似的价值的关系决定的价值;没有这些价值,意义就不会存在。如果我简单地断言词意味着某种事物,如果我老是记住音响形象与概念的联结,这在某种程度上可能是正确的,而且提出了对现实性的一种看法,但绝没有表达出语言事实的本质和广度。"②（着重号是笔者加的）所以,认为索绪尔"误以概念为语言符号的所指部分"的看法,③ 也是没有从理论的系统性角度来理解索绪尔而产生的误解。高名凯先生认为,索绪尔"错误地认为语言系统不是由个别的单位组成的,倒是先有了系统,个别的单位才存在,换言之,他认为系统存在于个别的组成成分之先。这是唯心主义的绝对论在语言学中的反映"。④还有一些学者也有这种看法。这种观点也是没有认识到,语言符号（也适用于其他符号）正因为具有任意性,也必然具有建立在任意性之上的系统性,必然是系统的,这种先后只有逻辑上的次序,而没有时间上的次序——只要有符号,必然有系统。所以认为索绪尔的理解是系统在单位之先的观点,不过是一种机械论的理解。正是因为深刻地理解了索绪尔以任意性为基础而必然导致的系统性,叶姆斯列夫进一步将内容平面区分为内容实体和内容形式,把表达平面区分为表达实体和表达形式,认为只有表达形式和内容形式才构成符号。这不过是对"语言是形式而不是实体"的进一步明确。这种理解,促进了语言学理论的发展。后来语言学界将"位"与"素"或变体区别开来,也是建立在这

---

① 莫罗:《索绪尔〈普通语言学教程〉评注本序言》,陈振尧译,《国外语言学》1984年第4期。
② 德·索绪尔:《普通语言学教程》,高名凯译,商务印书馆1996年版,第163—164页。
③ 高名凯:《德·索绪尔和他的〈普通语言学教程〉》(1964),见《高名凯语言学论文集》,商务印书馆1990年版,第653页。
④ 高名凯:《德·索绪尔和他的〈普通语言学教程〉》(1964),见《高名凯语言学论文集》,商务印书馆1990年版,第657—658页。

种认识的基础上的。

二 索绪尔与音位学

在《普通语言学教程》第60页，有一则岑麒祥、叶蜚声两位先生的"校注"：

> 本书所说的"音位"（法 phonème，英 phoneme）是从发音机构、音色的角度划分的最小语音单位，即通常所说的"音素"；它同后起的"音位"概念，即特定语言中具有区别词形功能的最小语音单位，名称虽同，其实不是一回事。本书所说的"音位学"（法 phonologie，英 phonology）属于现在一般称为"语音学"（法 phonètique，英 phonemics）的探讨范围，也和当前的"音位学"（法 phonologie，英 phonology 或 phonemics）概念不同。研究语音演变的学科，有人叫"音韵学"（法 phonologie，英 phonology），现在更确切的名称是"历史音位学"（法 phonologie historique，英 historical phonology）有关学科名称从德·索绪尔以来有较大的改变。法国语音学家格拉蒙（M. Grammont）曾按德·索绪尔的含义使用"音位学"这一名称。我们认为，德·索绪尔虽然没有明确提出现代音位学的概念，却为它的产生奠定了理论基础。——校注

岑、叶两位先生认为索绪尔为现代音位学的产生奠定了理论基础，这是对的。因为自从索绪尔开始，语音要素才被放入系统之内，而只有在一个特定的系统（共时的）之内，才有可能形成一个要素与另一个要素的不同：对立。语言中只有区别。把一个语言的语音要素看作一个系统，才可能产生现代语言学的音位观念——只有在系统中才能谈到区别，谈到对立。因而可以说，索绪尔为音位学的产生奠定了基础。

但索绪尔的音位是不是"通常所说的'音素'"而"同后起的'音位'概念，名称虽同，其实不是一回事"呢？

索绪尔说："事实上，任何语言都有一定数量的区别得很清楚的音

位。这个系统才是语言学家唯一关心的现实"①,"任何语言都有一整套音位,它们的总数是完全确定的"②。尽管他也从正面确定过音位:"我们分割语链最先得出的单位都是由 b(听觉拍子)和 b'(发音拍子)构成的,我们管它叫音位。音位是听觉印象和发音动作的总和,听见的单位和说出的单位的总和,它们是互相制约的"③,但他还认为:"一个不能再行缩减的片段 t,却可以在时间以外抽象地加以考虑。如果只注意表示区别的特征,而不顾依存于时间上连续的一切,那么我们可以说有一个一般的 t,即 T 音种","如果不顾那些无关轻重的音响上的细微色彩,上述音种的数目并不是无限的"④。实际上,索绪尔这个具有"表示区别的特征"的"音种",就是他理论体系中的音位:"要把音位加以分类,知道音位是怎么构成,远不如知道什么使它们彼此区别那么重要"⑤,"在词里,重要的不是声音,而是使这个词区别于其他一切词的声音上的差别,因为带有意义的正是这些差别"⑥;"声音是一种物质要素,它本身不可能属于语言。它对于语言只是次要的东西,语言所使用的材料","语言的能指更是这样;它在实质上不是声音的,而是无形的——不是由它的物质,而是由它的音响形象和其他任何音响形象的差别构成的","这一原则是基本的,我们可以把它应用于语言的一切物质要素,包括音位在内。每种语言都是在音响要素的系统的基础上构成它的词的。每个要素都是界限分明的单位,它们的数目是完全确定的。它们的特点并不像大家所设想的那样在于它们自己的积极的素质,而只是因为它们彼此之间不相混淆。音位首先就是一些对立的、相关的、消极的实体。可作证明的是,说话者在使各个声音仍能互相区别的限度内享有发音上的自由。例如法语的 r 按一般习惯是一个小舌音,但并不妨碍许多人把它发成舌尖颤音,语言并不因此而受到扰乱。语言只要求有区别,而不像大家所设想的那样要求声音有不

---

① 德·索绪尔:《普通语言学教程》,高名凯译,商务印书馆1996年版,第62页。
② 德·索绪尔:《普通语言学教程》,高名凯译,商务印书馆1996年版,第309页。
③ 德·索绪尔:《普通语言学教程》,高名凯译,商务印书馆1996年版,第69页。
④ 德·索绪尔:《普通语言学教程》,高名凯译,商务印书馆1996年版,第70页。
⑤ 德·索绪尔:《普通语言学教程》,高名凯译,商务印书馆1996年版,第72页。
⑥ 德·索绪尔:《普通语言学教程》,高名凯译,商务印书馆1996年版,第164页。

变的素质"。① "认识一种语言的声音单位，不一定非确定它们的正面的性质不可。我们应该把它们看作表示区别的实体，它们的特性就是彼此不相混淆。"② 索绪尔认为，不仅在确定现代语言的共时语音系统要遵循这种音位学原则，就是在历时语言学研究中重建原始语言，也应该遵循音位学原则："所以我们可以用数字或任何符号来表示我们所要重建的语言的声音要素。在 *ěk₁wŏs 中，我们没有必要确定 ě 的绝对性质，追问它是开音还是闭音，发音部位靠前还是靠后等等。如果辨认不出有几种 ě，这些就并不重要，只要不把它跟那语言的另外一个有区别的要素相混就行了。……我们不必确定它的声音性质就可以把它编入印欧语的音位表，并用它的编号来表示。所以 *ěk₁wŏs 的重建只是意味着，印欧语中与拉丁语的 equos'马'，梵语的 açvas'马'等等相对应的词，是由那原始语言音位系统中的五个已经确定的音位构成的。"③ 应该说，从系统角度确定音位的概念，把元音当作一个整体上的元音系统，或语音系统思想，是历史比较语言学进步的一个重要基础，这也正是索绪尔成就《论印欧语元音的原始系统》这个"历史比较语言学最出色的篇章"（梅耶语）的理论依据：梅耶认为，索绪尔的《论印欧语元音的原始系统》始终坚持语言是个系统的观念。

这样，索绪尔的音位概念，就从"听觉印象和与发音动作的总和"，过渡到抽象的一般地舍弃"那些无关轻重的音响上的细微色彩"，只"表示区别的特征"的"音种"，到"首先就是一些对立的、相关的、消极的实体"的音位，在系统内以对立区别为特征的音位——区别创造了价值，规定了意义或内涵：它不是别的什么，所以它只能是它自己。作为语言学大师的索绪尔，实现了音位从心理观点向现代音位学的过渡。

我们认为，索绪尔对音位这个概念的理解，包括了现代音位学概念的基本内涵：系统的，对立/区别的，抽象的或一般的，数量确定的。正因为如此，索绪尔不仅从基本理论上，而且从对音位的具体认识上，

---

① 德·索绪尔：《普通语言学教程》，高名凯译，商务印书馆1996年版，第165—166页。
② 德·索绪尔：《普通语言学教程》，高名凯译，商务印书馆1996年版，第309页。
③ 德·索绪尔：《普通语言学教程》，高名凯译，商务印书馆1996年版，第309页。

为音位学奠定了基础。

三　索绪尔与格式塔心理学

在《普通语言学教程》高名凯译本的"前言"中，岑麒祥先生写道：

> 德·索绪尔在世的几十年间，是欧洲学术思想发生激剧变化的年代。……到20世纪初，德国和欧洲各国掀起了一种所谓"格式塔思想"（德语 Gestalteinheit，原是"完形性"的意思），起初应用于心理学，其后由心理学扩展到其他领域。语言学界在这种思想的诱导下特别注重对语言结构、系统和功能的研究。德·索绪尔也深受影响，在许多方面提出了好些与新语法学派针锋相对的见解，如语言是一个系统，语言学应该分成共时语言学和历时语言学，共时语言学研究作为系统的语言，所以特别重要，历时语言学只研究个别语言要素的演变，不能构成系统，所以同共时语言学比较起来并不怎么重要。[①]

在《瑞士著名语言学家索绪尔和他的名著〈普通语言学教程〉》一文中，岑先生说："1881年至1891年……在这十年里……；可是当时法国的社会学学说和在欧洲学术界掀起的一股'格式塔心理学'（Gestalt psychologie，又译'完形心理学'）思潮却对他产生了很大的影响，使他的语言学观点产生了激巨的转变。""说到索绪尔的语言学理论，很多人会想起近些年在欧美各国流行一时的结构语言学。……总之，它们都是以'格式塔心理学'的原理为哲学基础，反对青年语法学派的所谓'原子主义'的。"[②]

这种认识在黑龙江大学日语系教授、《当代语言学》编委刘耀武先生承担的国家教委八五规划项目"当代国外语言学研究——索绪尔研究"所形成的成果《普通语言学教程》中也有所反映："索绪尔对结构

[①] 德·索绪尔：《普通语言学教程》，高名凯译，商务印书馆1996年版，第8页。
[②] 岑麒祥：《瑞士著名语言学家索绪尔和他的名著〈普通语言学教程〉》，《国外语言学》1980年第1期。

主义的影响极深，……总之它们都是以'格士塔心理学'的原理为哲学基础，反对德国青年语法学派的所谓'原子主义'。"①

这是一个学术思想史的问题。

索绪尔1907—1911年在日内瓦大学讲了三次普通语言学，1912年夏患病停止讲课，1913年2月22日逝世。后来他的同事和学生对他的讲课内容进行整理，在1916年出版了这本举世闻名的《普通语言学教程》。从索绪尔工作的情况来看，《普通语言学教程》中所表述的思想最晚应该是1911年以前形成的。

尽管索绪尔的系统思想在《普通语言学教程》中得到了系统的表述，但对语言系统性的认识，却可以上推至他21岁时写成1878年12月出版的《论印欧语元音的原始系统》一书。在这部著作中，索绪尔用系统观念分析印欧语言的古代语音成分，把以前学者们所谓的长元音确定为一个单元音和一个特殊单位的结合，后来这个特殊单位消失了。他把这个特殊单位假定为 *A。*A是一个抽象的单位，索绪尔并不了解它的性质，对于它的假设完全是根据系统的观念，即根据音位之间的对立关系和某一个音位在音节中可能占据的位置等方面因素得出来的。有了这一假设，一方面把长元音从语音系统中排除掉了，使语音系统变得清晰而合理，也使一些元音交替系列之间的类似性显示出来。亨特里克森（H. Hendriksen）1943年在赫梯语（hittite）中发现一个喉音，它在元音系统中正好占据索绪尔假设的 *A 的位置，从而证实了索绪尔的假设。索绪尔的这部著作引起了学术界的注意，有人把它誉为"前无古人的历史语言学最出色的篇章"，梅耶指出："德·索绪尔的这本著作，不仅总结了以前有关元音系统的发现，它还使一种严整的系统得以产生。这种系统包罗一切已知的事实，并且揭露了许多新的事实，……从此之后，无论在哪一个问题上都不容许忽视这样一个原理：每一个语言都构成一个系统，其中一切成分都互相联结着，而且都从属于一个非常严格的总纲。"②

格式塔心理学与索绪尔的语言学理论确实有相似性。"格式塔心理学家坚决主张，当感觉元素聚合在一起时，就形成某种新的事物。把许

---

① 刘耀武：《普通语言学教程》，黑龙江教育出版社1997年版，第255页。
② 转引自徐志民《欧美语言学简史》（修订本），复旦大学出版社2013年版，第127页。

第十二章　索绪尔语言理论:几个问题的问题

多单个的音符放在一起,从它们的组合中会出现新的东西(一支曲调),这种新东西不存在于任何个别音符中。简而言之,'整体比它的各个部分的总和多'。"[1] 1924年,格式塔心理学的领导者韦特默(Max Wertheimer)在《格式塔理论》中说:"格式塔理论的基本'公式'可以这样表达:有些整体的行为不是由个别元素的行为决定的,但是部分过程本身则是由整体的内在性质决定的""我从每一个别乐音听见的东西,我这支曲调中每一阶段经验到的东西,都只是一部分,而这一部分本身是由整体的特性决定的。……发生在每一个别部分中的东西都是取决于什么样的整体。一个乐音的性质一开始就取决于它在一支曲调中所起的作用。……经验过的事物[事件]的性质,取决于它们在整体中起什么作用,有什么功能。"[2] 不过,在心理学史上,一般学者都认为,格式塔心理学以似动现象研究成果——韦特默1912年发表的《关于运动知觉的实验研究》为这个学派开始的标志。

《普通语言学教程》是根据索绪尔1907—1911年三次讲课的笔记和索绪尔本人的札记编成的,索绪尔又于1912年夏因病停止了讲课,结论自然是:索绪尔的语言系统理论没有受到格式塔心理学的影响。任何学术的发展都离不开时代精神的影响;我们觉得,如果说索绪尔的语言系统理论的形成受到自然科学重视整体研究趋势的影响,特别是受物理学抛弃了机械观点而形成了场论的影响,则是可以接受的。因为麦克斯韦尔(J. C. Maxwell)在1875年提出的电磁场理论毕竟早于索绪尔《论印欧语元音的原始系统》的发表。

当然,这也是一种推测。

四　语言学史的分期问题——1870年是语言学史上一个什么性质的分期

(一)

在语言学史上,一般都认为,历史比较语言学在19世纪70年代与

---

[1] 杜·舒尔茨:《现代心理学史》,沈德灿等译,人民教育出版社1981年版,第283页。
[2] 转引自杜·舒尔茨《现代心理学史》,沈德灿等译,人民教育出版社1981年版,第296—298页。

以前是截然不同的阶段，让我们摘录几种有较大影响的语言学史著作的有关论述来作以说明。

汤姆逊《十九世纪末以前的语言学史》（初版，1902；中译本，1960/2009）将19世纪的历史比较语言学分作三个阶段，最后一个时期是"最后二十五年"：

……这些研究者日益深入研究语言现象，并且每人都各自独立促进了19世纪70年代中期左右的巨大变革。①

……19世纪70年代的语言学家抛弃了施莱赫尔所提出的、关于语言机体的分解受制于生物学的学说，而力图建立关于语言变化的心理基础。②

如果需要把老派同19世纪最后二十五年发展起来的新学派（有个时期叫青年语法学派）的矛盾的主要特点简述一番的话，那么我想首先强调，人们越发对于过去在葆朴和施莱赫尔那里占据如此显著地位的，关于语法形式起源的假说越来越不信任了。③

裴特生《十九世纪欧洲语言学史》（初版，1924；中译本，1958/2009）：

比较语言学发展的第二时期是1870年左右开始的。④

19世纪的比较语言学，经过七十年代以来的发展，可以说已经达到充分成熟的阶段了，对于这门学问的方法和任务也有了明确

---

① 威廉·汤姆逊：《十九世纪末以前的语言学史》，黄振华译，世界图书出版公司2009年版，第106页。
② 威廉·汤姆逊：《十九世纪末以前的语言学史》，黄振华译，世界图书出版公司2009年版，第107页。
③ 威廉·汤姆逊：《十九世纪末以前的语言学史》，黄振华译，世界图书出版公司2009年版，第110页。
④ 裴特生：《十九世纪欧洲语言学史》（校订本），钱晋华译，世界图书出版公司2010年版，第226页。

的认识。①

初期比较语言学结束的时候（1870年以前的时期）……②

罗宾斯《简明语言学史》（初版，1967；第四版，1996；中译本1，1987；中译本2，1997）将19世纪历史比较语言学分作"早期""中叶"和"后期"三个时期：

19世纪最后20年，语言学界的争论，围绕着所谓新语法学派即青年语法学家的理论。③

中国的语言学史以及与语言学史有关的论述是：
岑麒祥《语言学史概要》（初版，1958；修订版，1988）：

19世纪70年代是语言历史比较研究的一个转折点。在这个时候，许多以前没有人注意到的问题都暴露了出来。新的发现不断出现，把语言的研究一步一步地带到一个完全成熟的境地。④

岑麒祥、叶蜚声对高名凯译索绪尔《普通语言学教程》中的一句话"只有到了1870年左右，人们才开始提出疑问：语言生命的条件究竟是什么"所作的"校注"是：

1870年是语言历史比较研究的一个转折点，出现了新语法学派的诸语言学家。他们竭力反对以前的语言学家把语言的生命分为史前的增长时期和有史以来的衰老时期，要求用不容许有例外的语音演变规律和类比作用解释语言变化的现象，把语言的历史研究提

---

① 裴特生：《十九世纪欧洲语言学史》（校订本），钱晋华译，世界图书出版公司2010年版，第227页。
② 裴特生：《十九世纪欧洲语言学史》（校订本），钱晋华译，世界图书出版公司2010年版，第259页。
③ R. H. 罗宾斯：《简明语言学史》，许德宝等译，中国社会科学出版社1997年版，第199页。
④ 岑麒祥：《语言学史概要》，北京大学出版社1988年版，第143页。

到了一个更高阶段。①

胡明扬主编《西方语言学名著选读》(初版,1988;第二版,1999):

1870年以后,历史语言学进入一个新的时期,具体的标志就是青年语法学派的诞生。这个学派是由一批30岁上下的青年语言学家组成的,理论上的主要特点是强调对现实的活语言的研究;强调语音发展规律无例外,如果有例外也必有例外的规律,无法用语音规律解释的现象则认为是由类推作用造成的(徐通锵、王洪君选评《历史语言学中的比较方法》)②。

徐志民《欧美语言学简史》(初版,1990;修订本,2013):

从19世纪初开创比较语法的研究开始,直至1870年左右,一般称为历史比较语言学的前期。③

……到了1870年前后,开始出现新的转机,一批青年学者在语音研究方面取得了新的进展。……这些青年学者的论著反映了对语言性质和研究方法的新认识,形成了一种新的倾向,因此,实际上一个新学派已逐步形成。

不过,青年语法学派的正式形成,却是1878年的事。④

冯志伟《现代语言学流派》(1987)、《中国大百科全书·语言文字卷》"历史比较语言学"条(1988)、刘润清《西方语言学流派》(1995)对历史比较语言学未作分期。

这样,从上面所列材料来看,关于历史比较语言学的分期就有了以下几种观点:

---

① 德·索绪尔:《普通语言学教程》,高名凯译,商务印书馆1996年版,第23页。
② 胡明扬主编:《西方语言学名著选读》,中国人民大学出版社1999年版,第134页。
③ 徐志民:《欧美语言学简史》(修订本),复旦大学出版社2013年版,第99页。
④ 徐志民:《欧美语言学简史》(修订本),复旦大学出版社2013年版,第103—104页。

(1) 19世纪最后25年（汤姆逊），1876年以后；
(2) 1870年前后（裴特生、徐志民）；
(3) 1870年（岑麒祥、叶蜚声；徐通锵、王洪君）；
(4) 19世纪最后20年（罗宾斯），1880年以后；
(5) 19世纪70年代（岑麒祥）；
(6) 未作分期。

其中，第二种观点与第三种观点可以归并。关于把历史比较语言学的分期标志定为1870年，徐通锵先生在《历史语言学》中说得更为明确：

> 在19世纪的历史比较语言学的发展中，1870年是一个分界线，主要标志是对比较在语言研究中的作用和音变规律的认识。……青年语法学派就猛烈地抨击施莱哈尔关于语言生命的分期的说法，认为语言的发展是有规律的……青年语法学派的一些代表人物……都坚持音变规律的绝对性，并把自己的研究基点置于音变规律的基础之上，认为"只有严密地注意语音规律——我们这门科学的主要基础——在进行自己的研究时才有稳固的立脚点"。这个论断无疑是正确的，它把语言的历史比较研究推向一个新的历史时期。①

笔者以前也同意1870年分期说。② 复旦大学的方环海先生在《1870：19世纪历史比较语言学分期论说》③ 中，从历史比较语言学微观研究的重大突破（语音演变规律的发现）、观念与理论的革新、波浪理论对历史比较语言学的完善等三个方面进行论述，认为19世纪历史比较语言学应该以1870年作为分界。

（二）

从对语言学史的认识来看，把1870年定为历史比较语言学发展的

---

① 徐通锵：《历史语言学》，商务印书馆1991年版，第111—112页。
② 聂志平：《语言研究的发展·历史语言学》，彭泽润、李葆嘉主编《语言文字原理》（第八章），岳麓书社1995年版，第360页。也见聂志平《历史比较语言学简说》，《哈尔滨师专学报》1996年第2期。
③ 方环海：《1870：19世纪历史比较语言学分期论说》，《外语学刊》1999年第3期。

分期点的说法,实际上来自索绪尔的《普通语言学教程》。岑麒祥、叶蜚声两位先生的"校注"是如此,徐通锵先生上述说法的主要依据是:"德·索绪尔在谈到这一点的时候指出:'只有到了 1870 年左右,人们才开始提出疑问:语言生命的条件究竟是什么。他们于是看出,语言间的对应只是语言现象的一个方面,比较只是一种手段,一种重建事实的方法。'"方环海先生也是从这里开始自己的论述的。

作为历史比较语言学的一个重要阶段,青年语法学派形成于 19 世纪 70 年代中期,依索绪尔的说法,"它的领袖都是德国人:勃鲁格曼,奥斯特霍夫,日耳曼语语言学家布劳恩,西佛士,保罗,斯拉夫语语言学家雷斯琴"。[①] 他们的主要著作都发表或出版于 1875 年以后:

奥斯特霍夫:《印度日耳曼语名词词干结构领域内的研究》,1875 年;《名词合成词中的动词》,1878 年。

勃鲁格曼:《印度日耳曼基础语的鼻音领音》,1876 年;《希腊语语法》,1876 年;《印度日耳曼语比较语法纲要》,1886 年。

勃鲁格曼、奥斯特霍夫:《形态学研究》序言,1878 年。该文被公认为青年语法学派理论纲领。

保罗:《语言史原理》,1880 年。该书是青年语法学派最重要的理论著作。

因此,岑麒祥、叶蜚声两位先生在《普通语言学教程》"校注"中的说法"1870 年是语言历史研究的一个转折点,出现了新语法学派的语言学家"就值得商榷了。此外,对历史语言学有重要意义的"维尔纳定律"和对印欧语元音原始系统的研究,也在 1875 年以后:维尔纳《第一次辅音变化的一个例外》发表于 1875 年;索绪尔《论印欧语元音的原始系统》发表于 1878 年;作为对谱系树理论的批判,施密德在 1877 年出版的《印度日耳曼人的亲属关系》中提出了波浪理论。从这个角度来看,我们认为,汤姆逊将历史比较语言学分作三个时期,将最

[①] 德·索绪尔:《普通语言学教程》,高名凯译,商务印书馆 1996 年版,第 24 页。

第十二章　索绪尔语言理论:几个问题的问题

后一段定为19世纪的"最后二十五年",是合适的。这一时期在理论上、在语音发展规律的发现上、在语言观上,比以前都有了很大的进步。

在语言学史上,意大利语言学家阿斯戈里的《语言学教程》倒是出版于1870年。在该书中,阿斯戈里对K音问题进行了研究,提出印欧语中的K音实际有3套。这在当时是一个很大的发现。但裴特生在《十九世纪欧洲语言学史》中认为:"无论如何,阿斯戈里所犯的错误多少耽误了对印欧语K类音的明确认识。他的研究成果势必打个折扣……"① 同意历史比较语言学分期为1870年或1870年前后的中国学者都对阿斯戈里的K类音研究进行了说明,方环海先生甚至把它作为论证的起点。看来阿斯戈里对K音研究成果的出版,是被当作分期的一个证明或标志了。

但在被认为提出1870年前后分期的索绪尔《普通语言学教程》中,阿斯戈里不仅没有与维尔纳、勃鲁格曼、奥斯特霍夫这些作为对语音研究有贡献的语言学家并列,甚至他的名字都没有被提起,可见索绪尔并不很重视他的观点,同时也没有把他的研究作为分期依据。

在通行的由其学生和同事编辑的《普通语言学教程》中,索绪尔提到这个分期有两次:

> 只有到了1870年左右,人们才开始提出疑问:语言生命的条件究竟是什么。他们于是看出,语言间的对应只是语言现象的一个方面,比较只是一种手段,一种重建事实的方法。
>
> 发出第一次冲击的是《语言的生命》(1875)的作者美国人惠特尼。不久后形成了一个新的学派,即新语法学派,它的领袖都是德国人:勃鲁格曼、奥斯特霍夫……②

那么,能否这样理解:索绪尔认为是这个新语法学派掀开语言学史的新篇章的?

---

① 裴特生:《十九世纪欧洲语言学史》(校订本),钱晋华译,世界图书出版公司2010年版,第262页。
② 德·索绪尔:《普通语言学教程》,高名凯译,商务印书馆1996年版,第23—24页。

笔者认为不能这样理解。索绪尔在1894年写道：

  在半个世纪内，语言的科学诞生于德国，在德国得到发展，并为德国的各色人等所热衷，而却不曾有人有丁点愿望将其上升到抽象的理论层面。这抽象活动必须有，一方面可控制人的所为，另一方面人用什么作为，在学术界中它可使语言的科学具有合法的存在和具备存在之理，这对任一时代，都将是一哲学课题。①

而在1897年索绪尔仍认为"直到今天语言学的特点仍然是完全没有基本原则"。② 这足以说明，索绪尔认为在对语言学一个核心概念——语言——的理解上，即便是青年语法学派，对它的性质仍然没有进行有益的探索。而这一概念，是普通语言学建立的最重要的基础。而1870年或1875年，索绪尔之所以会特别强调这一时间点，就在于语言学家在那一年发表的论著中对语言是什么进行了思考，并做出了自己的回答，普通语言学就是建立在这一基石之上的。

如依岑麒祥、叶蜚声两位先生"校注"③ 的观点，对"语言生命的条件究竟是什么"的疑问，表现为"反对以前的语言学家把语言的生命分为史前的增长时期和有史以来的衰老时期，要求用不容许有例外的语音演变规律和类比作用解释语言变化的现象"。孤立地来看，这样说是有道理的，但联系到下面的"发出第一次冲击的是《语言的生命》（1875）的作者美国人惠特尼"，就解释不通了。在自己的课程中，索绪尔在两处特别推崇惠特尼（①②为笔者所加）：

  ①……惠特尼就把语言看作一种社会制度，跟其他社会制度一样。……但是在主要论点上，我们觉得这位美国语言学家是对的：

---

 ① 德·索绪尔：《关于惠特尼一文的注释》，见德·索绪尔《普通语言学手稿》，于秀英译，商务印书馆2020年版，第197页。
 ② 德·索绪尔：《普通语言学札记》，斯柳萨列娃编，俄文本，第87页，转自信德麟《索绪尔〈普通语言学札记〉（俄文本）评介》，《国外语言学》1994年第4期。
 ③ 德·索绪尔：《普通语言学教程》，高名凯译，商务印书馆1996年版，第23页。

第十二章 索绪尔语言理论:几个问题的问题

语言是一种约定俗成的东西,人们同意使用什么符号,这符号的性质是无关轻重的。①

②为了使人感到语言是一种纯粹的制度,惠特尼曾很正确地强调符号有任意的性质,从而把语言学置于它真正的轴线上。②

这在《普通语言学教程》中显得特别突出。很遗憾的是我们看不到惠特尼那两部书,而国内学者也没有专门介绍,我们只能通过一点间接材料看出一些东西。在中译本中,岑麒祥、叶蜚声两位先生对①②两处所作的"校注"分别是:

①惠特尼的这些话,见于他所著的《语言和语言研究》第十四章。③

②惠特尼的这一观点,见于他所著的《语言的生命和成长》。④

刘润清先生在《西方语言学流派》中说:

在语言学方面,除了新语法学派之外,对索绪尔影响最大的是美国语言学家惠特尼。……惠特尼第一次提出:"语言……是说出来的、听得见的符号;主要是通过这种符号人类社会的思想才得以表达;手势和文字是次要的、辅助性手段。""我们把语言看成一种制度,正是许多类似的制度构成了一个社团的文化。""人类交际手段和动物的交际手段在本质上和程度上的最大差别是:动物的交际手段是本能的,而人的交际手段是完全任意的、惯例性的。……有一个事实就可以充分证明这一点。对于同一个物体、行为或特性,世界上有多少语言就有多少名称,而且每一种名称都能完成自己的任务。"惠特尼还提到,语言靠"传统"势力而"基本保持不变",

---

① 德·索绪尔:《普通语言学教程》,高名凯译,商务印书馆1996年版,第31页。
② 德·索绪尔:《普通语言学教程》,高名凯译,商务印书馆1996年版,第113页。
③ 德·索绪尔:《普通语言学教程》,高名凯译,商务印书馆1996年版,第31页。
④ 德·索绪尔:《普通语言学教程》,高名凯译,商务印书馆1996年版,第113页。

但同时又"不断发展变化"。惠特尼关于语言的"符号性","惯例性","任意性","可变性"和"不变性"的概念,都是对语言学的重要贡献。①

我们认为,索绪尔一方面以语言作为解剖的标本,建立了自己的符号学理论,成为符号学的创始人;另一方面,他把语言定位在符号上,从符号学角度全面地阐述了语言的基本特征,从而掀开了语言学史上的崭新一页:一般理解现代语言学是建立在对语言系统性的理解之上的,实际上,不把语言定位为符号,语言的系统性就无从提起;只有这样认识,才可以理解为什么索绪尔会集现代语言学之父和符号学创始人这两种身份于一身的真正原因;作为对人类一种基本的社会性行为方式的解释,索绪尔以语言为标本的符号学,或可以称为语言符号学,为其他人文学科提供了一种范式,确立了索绪尔在人类思想史上的大师地位。②而符号的两个最基本的特征——任意性和社会性,则是惠特尼所特别强调的。正是因为这一点,索绪尔曾应美国语文学会之邀写了纪念惠特尼的专文③,并在自己的课堂上给惠特尼以崇高的评价,认为他"把语言学置于它真正的轴线上"。索绪尔就在这个基础上,把任意性作为符号的本质属性与其他事物——其他的社会制度以及"有一点自然联系的根基"的象征——区别开来,并把任意性作为符号、符号学以及语言、语言学的最根本的原则,建立起自己的符号学和语言学的理论体系,成为20世纪人类思想史上的一座丰碑。

索绪尔自己认为,"如果我们能够在各门科学中第一次为语言学指定一个地位,那是因为我们把它归结为符号学"。④ 把语言看作符号,是真正认识到"语言生命"的所在,认为语言是一种符号,一种社会

---

① 刘润清:《西方语言学流派》,外语教学与研究出版社1995年版,第80—81页。
② 聂志平:《索绪尔〈普通语言学教程〉中的语言符号学思想》,《浙江师范大学学报》(社会科学版)2001年第6期。也见本书第六章。
③ 信德麟:《索绪尔〈普通语言学札记〉(俄文本)评介》,《国外语言学》1993年第4期。也见德·索绪尔《关于惠特尼一文的注释》,《普通语言学手稿》,于秀英译,商务印书馆2020年版,第196—214页。
④ 德·索绪尔:《普通语言学教程》,高名凯译,商务印书馆1996年版,第38页。

第十二章　索绪尔语言理论：几个问题的问题

制度，是约定俗成的，具有任意性，这都是惠特尼的功绩。也许正是在这一点上，索绪尔把惠特尼看作"第一次冲击"。在一般理论方面，即在语言符号学方面，索绪尔在自己的教程中只推崇一个人，那就是惠特尼，而青年语法学派的语言学家，索绪尔竟然没有提及一个，这绝不是遗漏。因为索绪尔认为：

>　　语言学的唯一的真正的对象是一种已经构成的语言的正常的、有规律的生命。①
>　　……共时方面显然优于历时方面，因为对于说话的大众来说，它是真正的、唯一的现实性。对于语言学家说来也是这样：如果他置身于历时的展望，那么他所看到的就不再是语言，而是一系列改变语言的事件。……历时态本身没有自己的目的。②
>　　事实上，绝对的不变性是不存在的；语言的任何部分都会发生变化。每个时期都相应地有或大或小的变化。这种演化在速度上和强度上可能有所不同，但是无损于原则本身。③

即"语言生命存在的条件"就是语言作为交际工具的符号性质。因此，尽管在语言发展理论上（音变规律无例外和类推理论）青年语法学派有很大的贡献，他们也把对语言（其实主要是语音）历史发展的研究当作语言研究的全部，但"演化……无损于原则本身"，所以他们的认识并没有深入语言的本质之中，没有为把语言看作社会用于交际的符号系统的现代语言学作出什么贡献。所以，与作为分期的1870年联系在一起的，是惠特尼的名字，是惠特尼的语言理论。这是语言观的真正进步。这样，也许在索绪尔看来，1870年惠特尼语言理论的提出，对于把语言看作用于社会交际的符号系统的现代语言学来说，是现代语言学发轫的标志，惠特尼为普通语言学的建立奠定第一块基石："惠特尼则说：语言是人类的**社会建制**（institution）。这改变了语言学

---

① 德·索绪尔：《普通语言学教程》，高名凯译，商务印书馆1996年版，第108页。
② 德·索绪尔：《普通语言学教程》，高名凯译，商务印书馆1996年版，第130页。
③ 德·索绪尔：《普通语言学教程》，高名凯译，商务印书馆1996年版，第194页。

的研究方向。"① 索绪尔的语言学史观与通行版《教程》看法有很大的差异。

惠特尼的两本主要语言理论著作,《语言和语言研究》初版是 1867 年,《语言的生命和成长》初版是 1875 年。那为什么索绪尔把惠特尼语言学思想的提出与 1870 年联系在一起了呢?也许是索绪尔讲课时的一个记忆上的疏忽:前面说"只有到了 1870 年左右,人们才开始提出疑问:语言生命的条件究竟是什么",后面说"发出第一次冲击的是《语言的生命》(1875)的作者美国人惠特尼"括号中的"1875",应该看作编者加的,大概在索绪尔的印象里,惠特尼的著作是 1870 年前后出版的。可以作为证明的是,在小松·英辅和罗伊·哈里斯根据孔斯坦丹笔记手稿整理出版的《1910—1911 索绪尔第三度讲授普通语言学教程》中,相关的表述是这样的:

> 令人惊讶的是,继葆朴的发现(1816)后 30 年时间里,再没有比人们对语言是什么的看法更有瑕疵、更荒诞的了。事实上,从那时起,学者们尝试一种逐一比较不同的印欧语言的游戏,到头来他们又不能不提出疑问,到底这些联系说明了什么,应该如何给予具体的解释。差不多到 1870 年,他们还沉迷于这种游戏而没有关注影响语言生命的条件。②

> 美国语言学家惠特尼,大约在 1870 年,通过他的著作《语言的原则和生命》产生很大的影响。他把语言比做社会惯例,认为语言一般属于社会惯例中的大的类别,因而引起轰动。他的这一看法是正确的,其思想观点同我的看法是一致的。③

译者张绍杰先生在对第二个说法的"译注"中说:"在《教程》中,

---

① 德·索绪尔:《关于惠特尼一文的注释》,见德·索绪尔《普通语言学手稿》,于秀英译,商务印书馆 2020 年版,第 203 页。
② 德·索绪尔:《1910—1911 索绪尔第三度讲授普通语言学教程》,小松·英辅、罗伊·哈里斯编辑,张绍杰译,湖南教育出版社 2001 年版,第 2 页。
③ 德·索绪尔:《1910—1911 索绪尔第三度讲授普通语言学教程》,小松·英辅、罗伊·哈里斯编辑,张绍杰译,湖南教育出版社 2001 年版,第 9 页。

第十二章 索绪尔语言理论:几个问题的问题

索绪尔提到惠特尼的《语言的生命》(《绪论》第一章),指的是惠特尼1875年的著作《语言的生命和成长》,但在《第三度教程》这里提到的书名和时间都与实际不符。有关资料表明,惠特尼一生的主要语言学著作还有《语言和语言研究》(1867)和《梵语语法》(1879)。到底是索绪尔讲课时引用的错误,还是孔斯坦丹笔记中有误,我们无法进一步考证。"[1]

这也许是这一段历史公案的源头。

---

[1] 德·索绪尔:《1910—1911索绪尔第三度讲授普通语言学教程》,小松·英辅、罗伊·哈里斯编辑,张绍杰译,湖南教育出版社2001年版,第9页。

下编

第十三章　索绪尔回忆录及索绪尔致博杜恩的两封信

一　索绪尔：青少年时期和求学时代回忆录[①]

1

（p1）1876 年及 1877 年，莱比锡大学是对印欧语言学有很大影响的学术流派的主要中心。这个学派把日耳曼学家、斯拉夫学家和历史"比较语言学家"同时集中在一起。

从方法论的角度来看，这个学派活动的结果便是几乎完全改变了印欧语历史比较语法学的面貌，但更直接并很快被接受的结果，是证明存在着一系列被这一学科以前所忽略的因素，给自己造成了对原始语语音系统状况的错误认识，这个错误认识构成了该领域研究的基础。

既然我的一本标题为《论印欧语元音的原始系统》（"Мемуар о первоначальной системе гласных в индоевропейских языках"）的书[②]

[①] 1903 年，在朋友斯特莱伯格的劝说下，索绪尔写了这个备忘录，回顾了他青少年时期和求学时代的经历以及《论印欧语元音的原始系统》响音理论的由来，为自己所受的中伤进行辩白。原稿藏于日内瓦公共及大学图书馆（法文手稿 3957/1），由 R. 戈德尔（R. Godel）整理发表（"Souvenirs de F. de Saussure concernant sa jeunesse et ses etudes"），刊于《索绪尔研究集刊》（Cahiers Ferdinand de Saussure）1960 年第 17 期。本文译自 Н. А. 斯柳萨列娃（Н. А. Слюсарева）编译的《普通语言学札记》（Соссюр ф. де. Заметки по общей лингвистике. 莫斯科，1990，第 275 页）第 223—233 页。题目为 ВОСПОМИНАНИЯ Ф де. СОССЮРА О ЮНОСТИ И ГОДАХ УЧЕНИЯ。俄文本分两部分，前一部分是索绪尔回忆录，后一部分是 Н. А. 斯柳萨列娃的《注释》。为整齐方便，我们把斯柳萨列娃的注释编入译文相关部分，与原注释一样作为脚注出现。俄文本（p7）2 中原有日内瓦大学照片一幅，因清晰度不高，故删除。正文中 [   ] 为原文标出的空缺部分；"（p1）"等为原文中标示的索绪尔原手稿的页码。本文由笔者翻译、王世臣校，发表于《通化师范学院学报》2015 年第 5 期。笔者在翻译过程中，曾写信就文中的法文、德文注释向索绪尔语言理论和语言学史研究专家复旦大学教授徐志民先生请教，特此致谢。

[②] 见索绪尔 1977 俄语译文。——Н. А. 斯柳萨列娃注

是这个阶段刊行的图书之一，且这本书出版于莱比锡，此外，我1876年10月到[　]① 7月是莱比锡大学的学生，那么，任何一个即将读完这本书的人，完全理所当然而又自然而然地推断出，它是1876—1878年间直接在莱比锡这块土壤上成熟起来的好的或不好的果实之一。

如果这是一个结论，那么当读完这部手稿后就能够断言它是远离真相的，但是，我从来也没有想推翻这个错误意见的想法，甚至在私人札记中也没有这个想法。首先，当这里指的是不需要什么人名字的科学的一般成果时，各种人身攻击异乎寻常地让我害怕。其次，自然而然，不管现在还是以前，无论在什么情况下都不能指责我缺乏对[　]的真诚的谢意。

（p3）在这些问题上思索了好一阵子后，我决定不必对此生气，因为实际上情况是这样的，这种结论会自己产生。但略作思考后，我暗自拿定主意，如果"这样的结论自己产生"，那么，随着各种矛盾渐渐消失，完全有可能发生的是，我自己的沉默会是有害的。看来，可能自我放任会完全曲解我的[　]，并且应该完全能预料到，超出对我来说完全无关紧要的优先权问题的范围之外，也许就能提出关于难以区分自己的和别人的这一关于剽窃或怀疑性的问题了。

当我预见到这些可能的纠葛，并收到斯特莱伯格②教授先生的来信（1903年2月）后，这封信是这些思考的动因，我请求斯特莱伯格教授先生本人作为这些包括个人回忆的手稿的临时保管者。

（p4）我完全信任地把这份手稿亲手交给我亲爱的令人尊敬的同事[　]。③

（p5）在我12岁或者13岁的时候，令人尊重的阿多里夫·皮克特，

---

① 日期没有注明。毫无疑问，指的是1878年，因为索绪尔从下一年冬季学期（1878/79）开始在柏林学习。——R. 戈德尔注

② 斯特莱伯格·比尔格尔姆（Streiberg, W., 1864–1925）——德国印欧语言学家、日耳曼语言学家，《印度日耳曼语研究》（Indogermanische Forschungen）杂志出版者（与K. 勃鲁格曼协作），《原始日耳曼语语法》（Urgermanische Grammatik，海特伯格，1896）的作者。——H. A. 斯柳萨列娃注

③ 应该加上被删句子的开头。——R. 戈德尔注

第十三章 索绪尔回忆录及索绪尔致博杜恩的两封信

《欧洲的来源》(*Origines Européennes*)[①] 一书的作者，是我们待在庄园那个时期的邻居。我经常去维尔附近他的马拉尼亚庄园和他见面，同时，尽管我不是很敢提出各种疑问黏着他，背着他我赞赏他的书是那么深刻，如同孩子般的直率，这部书的某些章节我认真地[②]研究过。借助梵语中的一两个音节可以重建已经消失的民族的生活，这个想法的确是这本书的主旨，总之像那个时代的语言学家，使我天真地感到无与伦比的热情，我没有比这真正的语言学的享受所带来的快乐更快乐的回忆了，而当今天我读这本童年时代的书时，这些快乐的回忆还让我心潮澎湃。

说实话，与这个愉快回忆同时存在的，是我在我外公阿列克斯伯爵的藏书室中给我的语言学爱好找到了另一种精神食粮。[　][③]，这种精神食粮存在于与外公的谈话中，因为他是民族学和词源学研究的超级爱好者，没有任何方法，但有丰富思想的那种爱好者。同样也可以说是他另一个嗜好——依据数学原理建造快艇，他最终没有找到这个原理，他以把自己的快艇在日内瓦湖中下水作为消遣，但是那时还没有人想到在推论的基础上造船。这样，他的研究方向证明他智力的不平凡性。

（p6）显然，从那时起对语言学的热情让我不能平静，因为中学里仅仅掌握了希腊语语法的初步知识，我认为自己已经足够成熟去描述"语言的普遍系统"，把它献给阿多里夫·皮克特。据我所知，这个想法的幼稚在于，试图证明，如果只把 p、b、f、v，或者 k、h、g、ch，或者 t、d、th 看作相同的东西，那么所有可能的语言中都有的所有东西好像都可以归结为只由三个辅音构成（而在更古老的时期甚至由两个辅音构成）的词根。这样，我记得，R-K 是通用的强势或垄断符号：rex, regis "国王(主格)，国王(属格)"，ρήγνυμι "毁灭"，Rache "报复"，rügen "责备"，等等；P-N-K 是窒息、烟的符号：πνίγω "掐死"，Funke "火花"，pango "钉进"，pungo "叮咬"，等等！

卓越的学者是那么善良，他给了书面答复，其中另外写道："我年轻的朋友，我看到您抓住了公牛的角……"然后又对我说了一些夸赞

---

① 见皮克特（1859）。——俄文译者注
② 所写注释令人怀疑。——R. 戈德尔注
③ 阿列克山德拉－若杰法·德·普尔塔列沙（没有写名字留下了空白）。——R. 戈德尔注

的话，这些话产生了效力，打消了我研究语言普遍系统的兴趣。

从那时（1872年）起，我做好了接受某种另一学说的准备，如果能够找到这样的学说的话，但实际上，在非常厌倦自己一些不成功的写作后，我整整放弃了两年语言学。

2①

（p7）1872年秋，不知道为什么，我进了日内瓦中等学校，在那里过了整整一年而没有任何收获。被录取的理由是太年轻。我那时14岁半，尽管有很好的毕业证书，我还是不能从私立学校转到日内瓦中学，同时我的一些朋友也跟我一样处于那种情况，根据我们父母的一致决定，我们一起在公共中等学校学习一年，以便准备考入公共中学。但这一年绝对没有给我们中的任何人带来任何好处。

然而，那年我成功发现了那个在别的地方我可能不会有所发现的东西。在第一或第二学期（不能准确回忆起季节），我们读希罗多德的一篇课文。在这篇课文中遇到一个形式 $τετάχαται$（$ταδδω$ "安置，摆放"的第三人称，复数，完成时，被动态）。这个形式我完全不认识。在马尔金先生的学校里，我学会了哈斯语法中引用的这个形式 $τεταγμ έ-νοι ειδι$，哈斯语法是这个学校独有的占主导地位的并是唯一被视为典雅形式的语法。在"复习"那年，我的注意力是极其分散的，这是自然的，当我一看到 $τετάχαται$ 这个形式，就立即被这个实例所吸引，因为在这前不久，我做了以下推论，它到现在还保存在我的②（p8）记忆里：$λεγόμεθα:λ έγονται$，因此，$τετάγμεθα:τετάχNται$；由此可见 $N=α$ 是由此得出的必然结果。我从中等学校毕业的时候，还思索着 n 怎样能变成 $α$，并且还做了一系列的语音学实验。在重复做这些实验时，我确信，的确能从 $τετάχNται$ 变成 $τετάχαται$，但是，当然，我心里也没有想到用一个特殊符号来表示这个 n（比如 n 或其

---

① 在手稿：3. ——R. 戈德尔注
② 在页面的左下角写道：马尔金　　　1870—1782
　　　　　　　　　　　　中等学校　　1872—1783
　　　　　　　　　　　　普通中学　　1873—1785
　　　　　　　　　　　　大学　　　　1875—1786　　——R. 戈德尔注

他什么类似的东西）。我认为，位于两个辅音之间是它显著的特点（从生理学观点来看的确是对的），因此希腊语中它发作 α，但这仍然是通常的 n（I）。

（p7，在这页的背面）（I）现在评价突出地铭刻在我记忆里的这个事件，让我今天能很好地理解，为什么 $\tau\varepsilon\tau\acute{\alpha}\chi\alpha\tau\alpha\iota$ 形式吸引了我的注意力。的确，我们最初以为，与 $\tau\varepsilon\tau\acute{\alpha}\chi\alpha\tau\alpha\iota$ 相比较，存在着难以计数的大量形式，这些形式在希腊语中能够导致响鼻音（носовой сонант，或译鼻音领音、鼻浊音）的构拟（реконструкция）。但这是不正确的。无论是"脚"的宾格形式 $\pi\acute{o}\delta\alpha$（单数）或者 $\pi\acute{o}\delta\alpha\zeta$（复数），还是 $\varepsilon\pi\tau\acute{\alpha}$（七），甚至 $\varepsilon\iota\alpha\tau\alpha\iota$〔（他们）坐着〕，等等，在初看起来形态关系并不明显。只有第三人称复数中动语态完成时形式——按 $\tau\varepsilon\tau\acute{\alpha}\gamma\mu\varepsilon\theta\alpha$ 的存在原因——在希腊语中是完全明显的，是令人信服的。$T\varepsilon\tau\acute{\alpha}\chi\alpha\tau\alpha\iota$ 形式在种类上是唯一的，看到这个形式后我立刻恍然大悟，同时，这个恍然大悟在我自己看来好像莫名其妙，如果进行恰当的分析就会得到解释。

3

（p8）从 1873 年到 1875 年，我在日内瓦中学上课。在学习的第二年，我依然感受到对语言学的兴趣，开始按照在公共图书馆找到的葆朴的语法书学习梵语，同时，我开始研究古尔替乌斯的书《希腊语词源学的基本原则》（*Grundzüge der griechischen Etymologie*）（第二版）①，文艺作品图书馆存有一册这本书。

那时古尔替乌斯的思想与葆朴的思想在我脑中产生了冲突，在古尔替乌斯那里我找到了大量例证，像 $\tau\alpha\tau\acute{o}\zeta$（有伸展性的）或者 $\mu\varepsilon\mu\alpha\acute{\omega}$（期望的、迷人的）（p9），他确定了它们与带有 $-n$ 音词根②的关系。回忆起我在中等学校认识的 $\tau\varepsilon\tau\acute{\alpha}\chi\alpha\tau\alpha\iota$ 这个形式，我徘徊在寻找借助鼻音能否解释这个 α 的答案中。读葆朴的书时，我得知梵语中曾有

---

① G. 古尔替乌斯：《希腊语词源学的基本原则》（*Grundzüge der griechischen Etymologie*），第二版，莱比锡，1858/62。
② 更确切地说，我没有比古尔替乌斯更多地注意到 ε 以另外形式存在，但这里可能有的鼻音的缺失使我感到惊奇，然而，当有鼻音时，我找到了 α。——德·索绪尔注

个元音 r，我刹那间发现了真相，比借助于 τετάχαται 这个形式更加突出，在心里把 bhar-、bhrtas① 进行了对比，tntas 可能正是如此？很遗憾，在 1876 年我顺利拿到的葆朴的《梵语语法》或《比较语法》② 中，我似乎意外碰到一处，在那里葆朴确定，不应注意梵语中的 r 和"毫无疑问地证明 φερτό 正对应于 bhrtas"。我特别回忆到 φερτός 这个形式，葆朴对它的评论对我的（p10）胆怯的想象力产生了惊人的、毫无根据的作用，由于我关于语言的不幸经历，我领悟到了应该信奉权威而不是去创造自己的理论，从这以后我变得胆怯了。

也就是在 1875 年或 1876 年，我向别尔根先生③（住在日内瓦的列欧保尔德·法夫尔先生的朋友）提出接纳我加入巴黎语言学会的请求，并从日内瓦给他寄去关于后缀 -t- 的文章④。我写这篇文章的时候就感到了害怕，每一行字都深思熟虑，担心表露出某种与葆朴的观点相冲突的东西，他可是我唯一的导师。

4

1875 年至 1876 年，我还虚度了一年的时间，因为按自己家族的传统，在日内瓦大学上了一年的物理和化学课。我就剩下很少的时间来做其他的事情，而在此前不久创建的日内瓦大学（p9，在这页的背面）里，只有编外副教授路易·莫列尔的课才能给愿意听课的人提供印欧语导论。我满怀谢意地回忆这门课，尽管它完全只是古尔替乌斯的《希腊语和拉丁语语法》课程的逐字逐句的照搬，在此之前，莫列尔先生在莱比锡听过这门课一年。从路易·莫列尔那里我汲取了比来自

---

① 在手稿中是天城体梵文字母。——R. 戈德尔注

② 索绪尔偶尔提到 F. 葆朴两本语法书：《梵语语法》和著名的《梵语、禅德语、亚美尼亚语、希腊语、拉丁语、立陶宛语、古斯拉夫语、哥特语和德语比较语法》（见 F. 葆朴 *Grammatik der Sanskritsprache in kurzerer Fassung*，柏林，1834；"Vergleichende Grammatik des Sanskrit, Send, Armenischen, Griechischen, Lateinischen, Litauischen, Altslawischen, Gotischen und Deutschen"，柏林，1833）。——H. A. 斯柳萨列娃注

③ 阿贝尔·别尔根（Bergaine, A.，1938［聂注：原文如此，疑为"1838"之误］—1888）——法国语言学家，研究东方语言，是一部梵语教科书和一系列印欧语比较语法方面著作的作者。——H. A. 斯柳萨列娃注

④ 索绪尔的论文《论后缀 -t-》发表在《巴黎语言学会会刊》(MSLP) 1887 年第 3 卷。——H. A. 斯柳萨列娃注

印刷著作更鲜活的材料。此外，路易·莫列尔的名字使我有可能指出我关于响鼻音思想产生的准确日期，并强调我所赋予那个响鼻音的重要性。因为在我的记忆里清晰地铭记着课后我和他散步时的交谈，我向他提出了一个具体问题："您听过古尔替乌斯的课，关于这一点他说的是什么？"

5

（p10）这样，1876年10月我来到莱比锡①，除了我自学的梵语和几种古典语言[　]外，总之我没有关于日耳曼语族中的任何一种，甚至哥特语，乃至整个印欧语系中任何一种语言的认识。

6

（p11）浏览大学的教学大纲时，我另外注意到一条休布斯曼先生②的公告，他准备开设（完全业余的）*altpersich*（古波斯语）课程。我前去离奥古斯都斯普拉特茨不远的他的家中找他，目的是向他自我介绍。这是我认识的第一个德国教授，他非常友善地接待了我，这立刻让我感到高兴。他几乎马上就跟我谈起印欧语，并且问我勃鲁格曼③假期发表的关于响鼻音的文章。我甚至不知道到底谁是勃鲁格曼，这在那时是可以原谅的，尤其对于我来说，那时休布斯曼先生告诉我，这是已经争论几周的关于希腊语中某些 α 是不是来自 n 演变的结果的问题，换言之，某些 n 能否变成 α。我几乎不敢相信自己的耳朵，因为在跟一位德国学者的第一次见面时，作为一项科学成果他展现在我面前的，就是我三年

---

① 应该补充一下，我去莱比锡是"偶然的"，只是因为我日内瓦的朋友柳辛、拉乌尔·郭杰、埃德蒙·郭杰和埃杜阿尔德·法弗尔都在这个城市学习，他们一部分在神学院，另一部分在法学院。因此我只有18岁半，我父母宁愿选择国外的某个城市，在整个城市里会有一些同胞陪伴在我身边。——德·索绪尔注

② 根里克斯·休布斯曼（Hübschmann, G., 1848-1908）——德国语言学家，研究波斯语、亚美尼亚语和其他东方语言，是著名的《波斯语研究》（"Persische Studien"，斯特拉斯堡，1895）的作者。——H. A. 斯柳萨列娃注

③ 卡尔·勃鲁格曼（Brugmann, K., 1849-1919）——莱比锡青年语法学派创始人。论文《论印度日耳曼原始语响鼻音》，它的推论几乎与索绪尔的猜测一致，它的出版早于《原始系统》。但是瑞士语言学家索绪尔在自己结论的基础上对整个元音系统做了更为广泛的概括[见 K. 勃鲁格曼《论印度日耳曼原始语响鼻音》（"Nasalis sonans in der indogermanischen Grundsprache"），载古尔替乌斯主编《希腊拉丁语法研究》（*Studien zur griechischen und lateinischen Grammatik*）第9期，莱比锡，1876年]。——H. A. 斯柳萨列娃注

半以前已经认识到的浅显真理，关于它我不敢说，因为认为这篇文章那么有名，我胆怯地向休布斯曼先生指出①，这个发现在我感觉不是什么很特别的或者新的东西。当时休布斯曼强调日耳曼学者认为这个问题多么重要，并向我解释日耳曼语——关于日耳曼语我没有任何观念——其中组合 -un- 对应于希腊语中的 α。走出他家后我买了一份登载《新发现》的《研究》，但②与期待相反，读完它并没有使我很激动。这一刻我不能准确地比较 [ ]。

7

按说在莱比锡大学我应该勤恳地学习，来学会所有那些在具体知识领域我缺乏的东西。但与此相反，我的这些知识枯竭了。说实在的，我只是去听了雷斯琴的斯拉夫语和立陶宛语课，休布斯曼的古波斯语课，和部分的维金斯所讲的凯尔特语课③。除了两次导论课外，我一次也没有去上过奥斯特霍夫④讲的梵语课，我完全没有去上过哥特语或任何一种日耳曼语的语法课，但我上过布劳恩⑤的一些德语史课。

至于比较语法方面的课，那个我 [ ]。

（1）我定期去上古尔替乌斯的课，记得在他的讨论课上还做过两次 Vorträge（报告），我是讨论课的成员，而不只是去参加（一次报告是关于词尾，比如 $τόκα—τότε$，另一次报告是关于没有被其他人注意到的日耳曼语词根元音交替：$λάθετν：λέ—λάθα$ 和 $δάμνά-μι：δάμνά-μει$）。

（2）我上了奥斯特霍夫所讲授的其中一门课程的最初几节（1876?），但不记得是哪门课了。此后很快奥斯特霍夫就离开了莱比锡。

---

① 原文被弄脏。索绪尔留下"我给他"（而不是"我指出"）。——R. 戈德尔注
② 最初被删去的文字是："此时我意外地理解了，到最后我的思想一点也不差于那些像读者赞赏地接受的那些思想，甚至在没有任何印欧语基本知识情况下，我也不害怕带着分析的观点，根据每种语言所掌握的程度来研究它们。"——R. 戈德尔注
③ 索绪尔所作的凯尔特语课笔记还保留着。——R. 戈德尔注
④ 赫尔曼·奥斯特霍夫（Osthoff, H., 1847-1909）——青年语法学派创始人。著名的印欧语言学家，与 K. 勃鲁格曼一起出版《形态学研究》[出版了 6 卷;《形态学研究》（"Morphologische Untersuchungen"），莱比锡，1878-1910]。——H. A. 斯柳萨列娃注
⑤ 比尔盖姆·布劳恩（Braune, W., 1850-1926）——德国著名的印欧语言学家和德语史、哥特语史方面的专家。——H. A. 斯柳萨列娃注

(3) 1887年听完勃鲁格曼最初的课后，由于下文①所指出的原因，我中断了学习②。

8

（p14）如果说我相当少，甚至极少地去大学教室上课，后来我不止一次地对此感到遗憾，那么，我也不大与喝啤酒或不喝啤酒的圈子有联系，这个圈子的成员经常聚集在莱比锡语言学派年轻的学术领袖周围。我对此也感到遗憾，但这是那么自然，要知道我是一名外国人，法语是我的母语，而且那时我刚刚19岁，同时我很难融入博士社团。最终，我是那么依恋我们来自日内瓦的大学生在莱比锡市组建的小团体，以至于我应该承认，[　　]。

不过，我有个很大的优势：在莱比锡市我与大学生杰欧多尔·巴乌那科③和鲁道夫·焦格尔④⑤有过短暂的相识，那时他们的天才已经预言今天他们所拥有的卓越成就。此外，我首先认识了勃鲁格曼先生，我刚打算谈谈他和蔼可亲的性格，突然意识到我写作这篇文章的部分原因，就是为了证明我没有抄袭勃鲁格曼先生的任何东西。当然，他会为此原谅我，因为他知道所有的一切实际上是怎么回事儿[　　]。

虽然我视与勃鲁格曼先生的友好关系高于一切，但我们的关系不是那种类型的，在这里对其不谈论。

因此，我把我们的这种关系放到一边，而来谈谈我们的学术交往。我们的交往关系在以下三种情况是很有特点的，每当回忆起这些情况时都感觉非常清晰。

---

① 这里应该放入下文中（p.17）给出的6a 7a条。——R. 戈德尔注

② 最初被删去的文字是："在准备自己的《论元音的原始系统》时，我确定把我准备发表的内容分作几个条目。"——R. 戈德尔注

③ 杰欧多尔·巴乌那科发表了与其兄长尤干涅斯合著的学术著作，其标题为《Gortyn的题铭》（"Die Inschrift von Gortyn"），莱比锡，1885（156页，在书的最后有一张附页），索绪尔收到的一册题有赠阅签名。——R. 戈德尔注

④ 弟子查尔恩克和布劳恩·鲁·焦格尔寄给索绪尔两本自己的著作《Kero的难词汇编，古高地德语研究》（*Ueber das keronische Glossar, Studien zur ahd. Grammatik*），哈勒，1879（p.192）；《对鼻音领音的不同观点》[*Gegen Nasalis sonans, Gram, Studien (Festschrift Eckstein)*]，哈勒，1881（26 p. in-4）。——R. 戈德尔注

⑤ 弗里德里希·查尔恩克（Zarnke, F., 1825-1891）——德国德语史方面的专家。——H. A. 斯柳萨列娃注

（1）1877年，当我在古尔替乌斯讨论课上做上面提及的关于 $ā$ 和 $ă$ 有规律交替的报告时，勃鲁格曼没有出席这次讨论，但第二天在学校第二庭院（大庭院）遇到我时，他走到我跟前，以友好的语气问我，表现出明显的兴趣（接下来是勃鲁格曼的原话）："Ob noch *weitere* Beispielt als stātor: stătus und māter: păter①wirklich für diesen Ablaut vorliegen？"（"除了 stātor'救星'：stătus'状态；身份'和 māter'母亲'：păer'父亲'以外，现实中还有没有这种词根元音替换的其他例子？"）如果今天说勃鲁格曼先生怎样问除了被引用过的三个例子外，还有没有 $ā：ă$ 词根元音替换的其他例子，人们会责备讲述者荒谬绝伦的杜撰。但这只能证明，当代人在多大程度上既不能评判1887年对问题的研究状态，也不能评判某个研究者的具体贡献。比如，最简单的是打开古斯塔夫·梅耶尔的《希腊语语法》②，他是第一个忽视我的研究，同时又摘录了词根元音交替 $ă：ā：ō；ă：ē：ō；ă：ō：ō$ 的人，鉴于事实的充分明显性可以想象，谁也不会去探索而自寻烦恼。因此，我再重复一遍，很有特点的是，在1877年勃鲁格曼先生自己不能准确知道，是不是能挑选出很多他原则上感觉是新的唯一的 $a：a$③ 词根元音交替片段的例子（所有论及 o 的一切都是毫无争议的，并取自我的备忘录）。

6a

7a（上述插入）

（p17）在我的《论印欧语元音的原始系统》中找不到那个事实的任何痕迹（除了一个注解以外，我以后会说到它），这个事实是响鼻音为我所知早于勃鲁格曼。为什么提出这个莫名其妙甚至不是我们中的一个人的可能的优先权问题？巧合的是，1878年我晚来了几个星期，完全没有因此难过，但当我1878年写作时，是有时间的，我也不能坚决地要求确立优先权，因为我没有立刻这么做。请注意，就是现在我也不需要这个优先权，现在，大概是为了证明，在不为广大读者提供兴趣的纯粹智力方面，我对响鼻音的描写是独立的、不依赖任何人的。

---

① 大概我还给了第三个例子，但想不起它来了。——德·索绪尔注
② G. 梅耶尔（Meyer, G.）《希腊语语法》（*Griechische Grammatik*），莱比锡，1880年。
③ 俄文本如此，疑有误。从上文来看，此处应该是 $ā：ă$。——聂注

第十三章　索绪尔回忆录及索绪尔致博杜恩的两封信

我成功地做到了《论印欧语元音的原始系统》中的大部分，我还记得我是带着某种精神上的痛苦写它的，这种痛苦是那些情况的最好证明，我是在那些情况之下做这个工作的。尽管明知我本人不需要勃鲁格曼或者奥斯特霍夫的研究，我还是写了以下一句话："由于勃鲁格曼和奥斯特霍夫的研究，我们得知了响辅音 n 和 r。"① 但是我按下列方式解决了问题。

（1）有充分的根据拒绝重新审视优先权或原创性这些问题。就算那个没来得及第一个发表自己的成果的人可能更糟，继续这个谈话也可能是不好的强调。

（2）我写这样的作品没有外来的支持，它一定会逐条地遭受毫不客气的批评，这是显而易见而又 priori（先验）的。我们不要从一开始就没有任何好处地为自己招致敌意，造成一种印象 [　]②。

让我们把这个响鼻音让给他们吧，不是一半而是整个地让出，因为我的确不能给出任何一个出版日期的证明，而我又诚实地遵循出版日期的原则。

关于这一点我也写到了。我总是把我的备忘录看作由两部分构成的，除了拉丁语 or 和 r 被视为等同以外（这也是更加坚决地把全部功绩归于勃鲁格曼和奥斯特霍夫的根据之一），这两部分都同样是原创性的。

(p. 18)③ 至于我，我相当不高兴的是，类推这一方法论原则不再被视为莱比锡学派的发现。值得注意的是，考虑到追求第一名完全和响鼻音的情况一样，是没有益处的，我打算不再关注这点，但是，既然我决定一次写出实质性的真相，我应该承认这个只是非常间接地来自[　] 的恩赐。

对于作为语言学家的我的发展，应当认为，如同对于许多其他语言学家的发展，这一事实是有意义的：当我知道它的存在以后，我感觉不是类比现象，而是语音现象"令人感到惊奇"。要知道，应该没有任何

---

① 请比较 Mémoirep...6; p. 42, No. 1（聂注：徐志民先生指出，这里指的是索绪尔第一篇重要著作《论印欧语元音的原始系统》[Mémoire sur le systeme primitif des voyelles ...]）。
② 索绪尔写了然后又删掉了：我们想要在某方面撇开德国学者的功绩。——R. 戈德尔注
③ 笔记本的最后一页，前面有 6 页空白。——R. 戈德尔注

· 273 ·

观察或者思考能力上的暗示地研究语言学，为了从一开始就把这种现象等同于现实中个人的经验对之无能为力的语音规律和类推作用，这种类推作用是每个人从童年时期就能完全独立地意识到的。所有这一切都证明了德国人的极端固执。

二 费尔迪南·德·索绪尔给 И. А. 博杜恩·德·库尔德内的信[①]

第一封信

1889 年 10 月 16 日

日内瓦（瑞士）

希捷大街，NO.24

先生：

不知道我是否有权利希望您保留着七年前我们在巴黎会面对我来说非常美好的记忆，[②] 也可能您感觉我向您请求给我寄些我需要的我已经着手研究的立陶宛语资料不礼貌？

我想，了解您能很快回答我这些问题的答案，对我来说很重要：

1. 您认识的安东·尤斯科维奇[③]是不是立陶宛族人，他们是否把立

---

① 这是 1889 年索绪尔在巴黎高等研究院期间写给博杜恩的两封信，一封信是向博杜恩请教立陶宛语言研究方面的问题，一封信是对博杜恩的帮助表示感谢的回信。本文由笔者译自 Н. А. 斯柳萨列娃（Н. А. Слюсарева）编译的《普通语言学札记》（Соссюр ф. де. Заметки по общей лингвистике，莫斯科，1990，第 275 页）第 242—244、255—256 页。题目为ПИСЬМА Ф. ДЕ СОССЮРА К И. А. БОДУЭНУ ДЕ КУРТЕНЭ。俄文本分两部分，前一部分是索绪尔的信，后一部分是 Н. А. 斯柳萨列娃的《注释》。为整齐方便，我们把斯柳萨列娃的注释编入译文相关部分，与原注释一样作为脚注出现。

② 很明显，索绪尔弄错了年份，因为他与 И. А. 博杜恩·德·库尔德内的相识是在 1881 年 12 月，那时他刚刚因为被选为巴黎语言协会会员而到访巴黎。——Н. А. 斯柳萨列娃注

③ 尤斯科维奇·安东·瓦西里耶维奇（Juška Antanas—Juszkiewicz Antoni, 1819 – 1880），民族学家，语言学家，在立陶宛各地做天主教司铎，在那里收集民歌（6000 首民歌）、记录婚礼，编辑《俄语、波兰语释词立陶宛语词典》（圣彼得堡，1897 年，一卷本）。他的哥哥伊万·瓦西里耶维奇赞助这些著作的出版，他哥哥毕业于哈尔科夫大学，在俄国圣彼得堡、喀山和其他城市一些中小学教历史、地理和一些古典语言。按照 И. И. 斯列兹涅夫斯基的建议研究立陶宛方言学，博杜恩·德·库尔德内从 1878 年到 1883 年在喀山编辑出版三卷本他哥哥收集的立陶宛诗歌和其他资料。尤斯科维奇兄弟的著作在立陶宛民俗学和方言学研究中是非常宝贵的财产。——Н. А. 斯柳萨列娃注

陶宛语作为自己的母语来说（或者说过，因为他们其中的一个已经去世了）？以及维柳欧纳（Велюона）① 方言是不是他们的母方言？安东曾经在那里收集过民歌。

2. 史柳巴士②的原籍和母语是什么？他曾在《立陶宛文学协会通报》上发表过几篇文章。随便说一句，如果您能告诉我史柳巴士是否在俄语杂志上发表过关于立陶宛语重音的论文，我也将非常感激您。因为现在我正好研究重音，俄国出版物中是否有那些不管是史柳巴士或任何其他作者发表立陶宛语重音方面的文献？总之，了解这些对我是非常有益的，遗憾的是我几乎一无所知。

3. 虽说这里指的已经不是俄国，也许您知道，来自梅梅尔的牧师雅克比③按民族来说是不是德国人或立陶宛人？我推测他是德国人，但他在报告中说立陶宛语，他使用 musu prygimtoses Kalbos④ "我们的母语"和其他类似的说法，这些类似的说法证明他想冒充纯血统的立陶宛人。

4. 来自阔福诺（Ковно）的安东·巴拉诺夫斯基⑤没有发表自己东立陶宛语论文的续篇，那篇论文是与古郭·维别尔合作在维马尔出版的。但我不知道，也许最近在俄国他发表过什么文本或文章？

---

① 维廖纳·维柳欧纳（*Велёна Велюона*，Veliuona）是从考纳斯（立陶宛城市）到涅曼河通向西部的人口稠密的居民地，这些维柳欧纳口音吸引很多语言学家，因为它属于作为立陶宛标准语基础的西部奥克什泰方言。维尔阔维什基斯（现在是城市）和鲍别雷镇也位于热迈特方言向东部传播的地区。——Н. А. 斯柳萨列娃注

② 史柳巴士·伊万（Šliupas Jonas，1861－1944），医生、社会活动家，收集、出版立陶宛神话和诗歌，第一部立陶宛文学史（1890）和一系列立陶宛历史书的作者。——Н. А. 斯柳萨列娃注

③ 巴斯托尔·雅克比（Jakobi-Jakobis Karolis Rudolfas，1835－1902），普鲁士—立陶宛语言学家，在焦尼斯堡和加勒接受的教育；从 1848 年起，巴斯托尔在梅梅尔（克莱贝达）的《立陶宛文学协会通报》上发表自己的文章。——Н. А. 斯柳萨列娃注

④ 在现代正字法中：musu prygimtoses Kalbos 字面意思是"我们与生俱来的语言"——原译者注

⑤ 叶比斯阔·安东·巴拉诺夫斯基（Branauskas Antanas-Baranowski Antoni，1835－1902），立陶宛著名诗人、民族学家和语言学家，1862 年毕业于圣彼得堡宗教研究院，1867—1884 年是阔福诺宗教研讨会的教授，收集立陶宛民歌。他的著作《东立陶宛语文献》（魏玛，1882，与 Г. 魏蓓尔合著），《立陶宛语教程》和《立陶宛语言与词典札记》（圣彼得堡，1889），甚至他给 И. А. 博杜恩·德·库尔德内和 Г. 魏蓓尔的信，都特别有名。去世后，他的书《立陶宛语方音——A. Baranowski 收集，F. Specht 编》出版，两卷本，莱比锡，1920—1922 年。

在 19 世纪末的立陶宛语研究中，A. 巴拉诺夫斯基的著作为所有人所引用，其中也包括德·索绪尔。——Н. А. 斯柳萨列娃注

那些问题我屡次对自己提出，又没有可能回答，如果您能够寄给我这些资料，我会特别特别感激您的。

请接受我的诚意

向您致敬

费尔迪南·德·索绪尔
日内瓦，希捷，24 号

第二封信

1889 年 12 月 9 日

先生：

我已经为仍没有回复您 11 月 4 日客气的来信责备自己很久了，突然又收到您 24 号新寄来的邮件，它使我非常不安，因为随之而来的是让您付出很多劳动得到的我所需要的资料。感谢您非比寻常的好意，我现在对一些问题完全明晰，它们曾使我困惑，如果没有您的帮助，想必我不得不放弃它们了。如果只是今天我找到向您表达自己感激的可能，那么请您把这种拖延归结为经常性地去巴黎或在瑞士旅行，这些旅行使我不得不用一个月的时间去完成。我有三周的时间不在日内瓦，这个最近的情况同时也解释了为什么晚了八天我才收到您最近一封信（由于因挂号收信人不在导致的那些手续的缘故）。

Г. 甘杰里①是那样殷勤为我提供帮助，提前分享他的结论，今天我也将给他写信了解弗里德里希·库尔沙特②和其他人。再一次感谢您使

---

① Г. 甘杰里（Kantcl, H.——更为准确的材料没有查明）是蒂尔西特（Тильзит）的教师，被吸收参加立陶宛文学协会，90 年代初是这个协会的秘书。——Н. А. 斯柳萨列娃注

② F. 库尔沙特（Kuršaitis, F.，1806–1885）著名的立陶宛语言学家，焦尼格斯贝尔格（Кёнигсберг）的立陶宛语教授，是《立陶宛语语法》和系列词典的作者：《立陶宛语语法》（附立陶宛语地区地图一张及立陶宛语民歌一篇，另附唱片之类），哈勒某出版社 1876 年版；《立陶宛语词典》，三卷本，哈勒某出版社 1870—1873 年。

一系列论及立陶宛语各种问题的文章也同样出自他。在 1849 年，他首次描写了立陶宛重音模式系统。索绪尔援引库尔沙特著作，却与之辩论，因为他运用了布鲁斯克–立陶宛方言，反驳他的系列观点，这些在最近来信中被索绪尔指出的观点，同样也是那些像 А. 巴拉诺夫斯基和 К. 游钮斯这样的母语专家的。——Н. А. 斯柳萨列娃注

我能够同他们建立联系。

您告知的尤斯科维奇兄弟信息我特别感兴趣。无可争议的事实使我不仅怀疑他们的重音体系能否忠实地反映维柳欧纳方言重音体系，甚至怀疑一般形式下这个重音体系能整个地存在于任何一种方音中，这引起我对他们是否属于立陶宛民族的怀疑。您使我确信我关于他们重音体系真实性的观点，同时您用他们生平详细地给我解释了这种稀奇的事情，它使人有可能把尤斯科维奇兄弟看作半个立陶宛人①。

由于知识的丰富多彩，我想弄明白的唯一问题是，安东·尤（指 A. 尤斯科维奇——译者注）的手稿里（您大概见过）是否有使距离拉开的重音，或者它们只是被他的同行在他去世后出版时补充上的，比如在 Svotbìns、Dàjinos 上。不过，我不想为了满足自己的好奇心而迫使您重新操劳给我写详情。如果您有闲暇时间，在明信片上给我写两行，这对我来说就足够了。您不认为我向您提出问题并由此得到对自己来说的很大益处，而显得行事过于冒昧，我对此感到无比幸福，我为有机会再一次联系以前在巴黎相知的杰出学者而感到高兴。请允许我再次向您表达无比感激和最诚挚的敬意。

日内瓦　费尔迪南·德·索绪尔

我给大教堂游钮斯（Яунюс）神父写信向他提出关于重读法的问题，但没有指望收到他的答复。可能他断定我用拉丁语写信给他是在跟他开尖酸的玩笑，但是，抱歉，我既不会俄语，也不会波兰语，全然不懂立陶宛语，不能自如地书写，我也不能保证法语或者德语的信是否能为人理解。

---

① 索绪尔的怀疑是正确的。Ф. Ф. 福尔图纳托夫在《A. 尤斯科维奇〈立陶宛语词典〉前言》（圣彼得堡，1897 年，一卷本）中写了其在数量和质量上的错误主要是重音的位置，以及因为与施莱赫尔和库尔沙特词典相应的修改所导致的伊万·尤斯科维奇所加重的错误。——H. A. 斯柳萨列娃注

第十四章 20世纪国内索绪尔语言理论研究述评

2013年是现代语言学的奠基者德·索绪尔逝世一百周年。我们以年代为序，对20世纪中国语言学界对索绪尔语言理论的研究进行述评来作为纪念。本章论述某位学者的研究成果，引文的出处为标出的文献，引用的页码，为该著的页码，不在文末单列文献。

一 新中国成立前

中国早期语言学家接触现代语言学的奠基者索绪尔的语言理论，是来自《普通语言学教程》1928年的日译本《言语学原论》（小林·英辅译），30年代出版的语言学教科书王古鲁的《言语学》（1930）和张世禄的《语言学原理》（1931）都把此书列为参考文献。国内最早引进索绪尔《普通语言学教程》观点的是陈望道，在1932年出版的《修辞学发凡》，该书中所列的说话听话过程示意图（p54）与《教程》中言语循环示意图（p33）完全一致。[1] 最早介绍索绪尔理论观点的，也是陈望道[2]，在1938年7月27日《译报》副刊上发表的一篇知识短文《说语言》[3]，陈望道没有提及索绪尔的名字，简单地介绍了现在我们所熟知的索绪尔对言语活动的区分，但术语译名与现在完全不同，Langage译作"语言"（或译"语言活动"），Langue译作"话语"（或译

---

[1] 戚雨村：《索绪尔在世界和中国》，见《现代语言学的特点和发展趋势》，上海外语教育出版社1997年版，第51—67页。

[2] 徐志民：《索绪尔语言理论在中国》，《语文导报》1986年第3期。也见徐志民《语言理论探微》，上海人民出版社2018年版，第42—50页。

[3] 陈望道：《陈望道语文论集》，上海教育出版社1997年版，第307—309页。

"言语"），Parole 译作"言谈"（或译"言"）。

1938 年至 1943 年的文法革新大讨论，可以看作中国语言学家中接受索绪尔语言理论的陈望道、方光焘与传统的语言学思想的一次大交锋。陈望道把这次讨论的基调定为"根据中国文法事实，借镜外来新知，参照前人成说，以科学的方法、谨严的态度缔造中国文法体系"，这个"外来新知"，就是索绪尔语言理论。按徐志民先生统计，收入《中国文法革新论丛》的 35 篇文章中，"直接或间接引用索绪尔或涉及他的《普通语言学教程》的内容就有 30 多处"。[①] 其中索绪尔语言理论的主体部分，即有关于语言和言语的区分（方光焘）、符号理论（陈望道、方光焘）、语言系统性理论（方光焘）、共时语言学和历时语言学理论（方光焘）、句段关系和联想关系的理论（方光焘、陈望道；陈望道称"配置关系"和"会同关系"），陈、方两位都做过介绍并用来阐述汉语语法问题。这次讨论中影响最大，也是在中国语法学史上留下重重一笔的，是方光焘的"广义形态说"和陈望道的"功能说"，两者说法不一但本质一致，实际都是索绪尔以句段和联想关系为表现的系统价值理论的中国版。引进现代语言学理论来讨论汉语语法理论问题，在中国现代语法学史上，陈望道、方光焘两位可以说是领风气之先。可惜当时参加讨论的学者"根据中国文法事实"这一点没有做到，"文法革新讨论"终于"讨论"的理论层面，没有真正"缔造中国文法体系"。新中国成立后，"广义形态说"在 20 世纪 50 年代的词类问题大讨论中为胡裕树、张斌所继承，而方光焘本人没有继续发展，而"功能说"的最后成果，是陈望道 1978 年出版的一本小册子《文法简论》，它成为陈望道汉语语法观的总结。

二 新中国成立初期的 50 年代

新中国成立之初的 50 年代，苏联语言学大讨论以及斯大林的《马克思主义与语言学问题》系列论文的发表，对中国学界影响很大，成了语言学的指导思想，"左"的思潮严重地影响了语言学研究。中国

[①] 徐志民：《索绪尔语言理论在中国》，《语文导报》1986 年第 3 期。也见徐志民《语言理论探微》，上海人民出版社 2018 年版，第 42—50 页。

的普通语言学建设就是在这种情况下开始起步的。政治上的一边倒，使中国高校在体制和课程建设上也模仿苏联，苏联语言学界重视语言学理论的风气，也促进了中国语言学理论或普通语言学的发展。中国高校学者开始采用苏联高校的课程体系和教学大纲，开设普通语言学之类的课程。在这方面，北京大学中文系走在那个时代的前列。院系调整后，高名凯从1952年、岑麒祥从1954年开始在北京大学中文系开设"语言学引论""普通语言学"课程，岑麒祥还开设了"语言学史"，两位先生授课的同时还编写了讲义，随后出版《普通语言学》（高名凯，东方书店1954年上册、1955年下册，新知识出版社1957年增订版；岑麒祥，科学出版社1957年版）、《语言学概要》（岑麒祥，科学出版社1958年版）。两部《普通语言学》同一个名称但内容却不相同，高名凯的《普通语言学》是语言学概论性质的，论述语言的本质、功能、结构和发展之类的内容，而岑麒祥的《普通语言学》属于高年级语言学提高课，内容分绪论、语言学的对象、特殊方法、构成和在科学体系中的地位，分专题介绍普通语言学各种流派相关的观点。其中绪论部分介绍了普通语言学史，在第二章"语言学的对象"中，作为"索绪尔和梅耶的社会心理主义"一节中的内容，介绍了索绪尔语言和言语、同时语言学（现在一般译为"共时语言学"）和历时语言学两种区分语言理论；在《语言学史概要》中作为第十章"语言学中的心理社会学派"中的一节，"二 索绪尔的语言学理论"分"索绪尔和他的著作"和"索绪尔的语言学理论"两部分，后者从语言与言语的区分、语言符号系统、同时语言学和历时语言学、价值、组合关系和联想关系等五个方面比较集中地介绍了索绪尔理论。尽管有认为索绪尔把语言和言语、共时和历时对立起来，把语言符号看作心理的而把语言学看作社会心理学"是完全错的"，"只看重普通语法而漠视历史语法，实际上是反历史主义，因此也是反科学的"[①]之类的评价，还是被批为"重介绍轻批判"。[②] 尽管在书中所占的篇幅不多（《普通语言学》6页多，《语言学史概要》9

[①] 岑麒祥：《普通语言学》，科学出版社1957年版，第36—39页。
[②] 高名凯：《岑麒祥〈普通语言学〉中所暴露的资产阶级学术思想》，北京大学中国语言文学系编《语言学研究与批判》（第一辑），高等教育出版社1958年版。

页），但据索振羽教授回忆，岑先生上课时用相当多的课时介绍索绪尔理论。此外，1959年在《语言学论丛》第二辑上岑麒祥还发表论文《语言学中的社会心理学派》。1958年，南京大学方光焘发表《一般语言学的对象与任务》，讨论一般语言学（普通语言学）名称、中国为什么不重视一般语言学、一般语言学的历史和对象与任务，认为索绪尔提出的语言学的三个任务"也是现今一般语言学的努力方向"。[①]

在50年代，有三篇苏联语言学家写的与索绪尔语言理论有关的论文被翻译成中文，它们是斯米尔尼茨基的《语言存在的客观性》（1950，《语言学论文选译》第五辑）、布达哥夫的《索绪尔和索绪尔学派》（1958，《语言学论文选译》第七辑）和日尔姆斯基的《论语言的共时性和历时性》（《语言学译丛》1959年第4期）。其中布达哥夫的《索绪尔和索绪尔学派》完全是一种政治批判，把索绪尔理论定性为资产阶级唯心主义学说，而斯米尔尼茨基尽管也批评索绪尔认为语言存在于人的大脑之中的观点是唯心主义的，但还能够从索绪尔语言言语理论出发进行讨论，认为索绪尔的"言语"实际上就是"言语活动"，认为"言语"包含"语言"和"超语言的剩余部分"，这在那个特殊时期就显得难能可贵了。这篇论文对中国学者讨论语言、言语问题有很大影响。

三 20世纪60年代

1959—1964年，中国语言学界开展了语言言语有无阶级性问题的大讨论。这场由高名凯1958年两篇论文中的一个观点即认为言语有无阶级性引起，主要由高名凯、方光焘为对立阵营主将（收入两人由商务印书馆出版的各自语言学论文集，各有4篇）的大讨论，中心问题是言语有无阶级性的问题，也涉及另外两个问题：（1）什么是言语；（2）语言和言语的区分及关系如何。1963年上海教育出版社编辑出版了《语言和言语问题讨论集》。高名凯认为，言语是对语言的运用，"言语行为或言语活动和言语作品，统称为言语"，语言与言语不是一般和个别的关系，语言没有阶级性但言语却有阶级性，因为言语负载的内容反

[①] 方光焘：《一般语言学的对象与任务》，《江海学刊》1958年第3期。也见《方光焘语言学论文集》，商务印书馆1997年版，第356页。

映了阶级的意识。方光焘等认为，言语是"言语作品的表达形式"，语言与言语是一般和个别的关系，两者都没有阶级性。也有少数人认为没有必要对语言和言语进行区分。在方光焘的组织下，《南京大学学报》1964年第1期刊出《语言与言语问题讨论专辑》，发表10篇文章多角度批评高名凯。近些年来，当年方光焘的见习研究员、著名语言学家王希杰教授在博文中承认，无论《语言和言语问题讨论集》的编辑，还是方光焘邀请高名凯去南京大学讲学而实质上变成对高名凯的批判，对高名凯都是不公平的。

区分语言和言语，是高名凯和方光焘的共识，不同点在于对言语的理解和言语有无阶级性，以及语言与言语的关系。阶级性在那个年代是一个问题，而现在语言学界没有人再谈这个问题了，而高名凯对言语以及语言与言语关系的理解，现在也为语言学界多数人所接受。

如果说20世纪50年代对于索绪尔理论的介绍还十分有限的话，那么，60年代初期的这次语言与言语问题的大讨论扩大了索绪尔语言理论的影响。而这一时期索绪尔语言理论研究更为主要的成果是，作为语言与言语问题讨论主将的高名凯，在总结、吸收和批判国外语言学家的语言理论，特别是索绪尔语言理论的基础上，以《语法理论》（商务印书馆1960年版）和《语言论》（科学出版社1963年版）两部著作构建了自己的语法理论体系和语言学理论体系，并于1964年完成了语言学经典著作《普通语言学教程》的翻译，还写了长篇述评《德·索绪尔和他的〈普通语言学教程〉》（1980年发表）①。在高名凯的语法理论体系和语言理论体系中，被后人称道的区分语法形式学和语法意义学、对任意性和言语的理解、语音与语义相对、词汇与语法相对的两组四分体系，以及在语言的各个层面上区分"位"和"素"的理论，实际都来自索绪尔对语言符号的理解和区分语言与言语的理论。在《语法理论》中，纵序语言学、横序语言学（有时称"静态语言学"），对语法的理解，语丛关系与联结关系（有时称为"联想关系"）以及"词素"（现在一般称为"语素"），都成了讨论语法理论问题的基本出发点。在

---

① 高名凯：《德·索绪尔和他的〈普通语言学教程〉》，《语言学论丛》（第六辑），商务印书馆1980年版。后收录《高名凯语言学论文集》，商务印书馆1990年版，第674—721页。

《语言论》中,高名凯将语言与言语问题单列一章(第二章),用 30 页的篇幅予以讨论,而作为该书主体的"语言系统的内部结构",更是以索绪尔语言符号系统思想、语言与言语区分理论、共时和历时区分理论为基础来立论的。《语言论》"是我国普通语言学或理论语言学领域的一项创业性工程"。① 因此,可以这样说,真正使索绪尔语言理论融入中国普通语言学理论体系的,是高名凯。在引用斯大林语录和苏联语言学家说法代替独立思考的年代,在"左"倾思想严重影响学术研究的年代,在 20 世纪 60 年代之初中国普通语言学建设的起步阶段,高名凯就能取得如此成绩,是令人钦佩的。即便是现在,这两部著作仍有值得我们认真学习的地方,尽管两部著作对索绪尔理论也有误解和批判,认为它有许多错误观点。可以说,高名凯的名字是与中国普通语言学联系在一起的。此外,在 1964 年下半年,高名凯还开了不到一学期的索绪尔语言理论研究课(因病在期末一个月前停课),当时的助教是后来的索绪尔研究专家索振羽教授。②

60 年代初期,在南京大学,方光焘也讲授过索绪尔语言理论,1990 年江苏教育出版社出版的方光焘的《语法论稿》收录两篇《索绪尔〈一般语言学教程〉选讲》,一篇标注的时间是 1962 年,一篇是 1963 年,是给研究生做的讲座,是根据听课学生笔记整理的。王希杰先生说方光焘是在中国大学课堂上讲索绪尔理论的第一人,应该是从这个时间上说的。

此外,桂灿昆发表《索绪尔的语言学理论简述》(《外语教学与研究》1962 年第 4 期)和《索绪尔思想对美国结构主义语言学派的影响》(《中山大学学报》1963 年第 4 期)。尽管有那个时代风气的影响,但还是比较客观、公正地对索绪尔语言理论以及对美国结构主义的影响做了述评,在语言学界有较大的影响。

这一时期,国外索绪尔语言研究方面的译文只有一篇斯柳萨列娃的《苏联语言学家对索绪尔的某些看法》(《语言学资料》1964 年第 1 期)。

---

① 石安石:《重印〈语言论〉序》,见高名凯《语言论》,商务印书馆 1996 年版。
② 关于北京大学中文系相关课程的开设情况,笔者曾电话采访过北京大学中文系语言理论教研室教授索振羽先生,在此谨致谢意。

四　20 世纪 70 年代

由于十年动乱，中国的普通语言学受到了极大的冲击，20 世纪 60 年代后期到 70 年代后期，一直处于空白阶段。70 年代末期中国语言学界与索绪尔语言理论有关的有三件事：（1）徐荣强翻译发表了《普通语言学教程》的前 1/4 部分；（2）陈望道出版了以索绪尔组合关系、聚合关系为理论框架的《文法简论》；（3）汉语语法学理论中开始区别语言单位和言语单位两种不同的单位。

十年动乱结束后，语言学研究开始复苏，有些省份成立了语言学会，并印刷出版学会年会的论文集，而湖北语言学会 1979 年 12 月印刷刊行《江汉语言学丛刊》第一辑登载的徐荣强翻译的《普通语言学教程》（连载）格外引人注目。在"编者按"中说"本刊从本集起全文登载索绪尔的名著《普通语言学教程》的译文。全书约二十万字，这次刊出的为原书的四分之一。作者翻译主要根据是 1949 年巴黎出版的法文原著的第五版，并参阅了威特·巴斯金译的 1960 年出版的英译本和苏霍丁译的 1933 年出版的俄译本"。译文共有 79 页，内容包括第一至第三版序、绪论和"附录　音位学原理"。从"编者按"中得知，《江汉语言学丛刊》原计划是要"全文刊登"的，所以题目后边有"（连载）"字样；那么，也就是说徐荣强把《普通语言学教程》法文第五版完整地翻译过来了。可是这第一辑后就再也没有了下文。估计是《普通语言学教程》高名凯译本 1980 年由商务印书馆出版，打断了《江汉语言学丛刊》的连载，使后者的连载失去了意义。但无论怎样，在中国索绪尔语言理论传播和研究的历史中，徐荣强先生是不应该被忘记的。在 80 年代徐荣强发表过介绍索绪尔语言理论的长文。

1978 年上海教育出版社出版的《文法简论》是一本正文只有 129 页的小册子，但它在汉语语法学史上也占有一席之地。它是提倡"功能说"的陈望道在汉语语法学方面观点的集中体现。虽然没有提及理论来源，在全书中索绪尔的名字没有出现一次，但他的"功能，就是词在语文组织中的活动能力"，"我们讲功能是要讲分子与分子之间的关系和联系的，……因此，所谓功能，乃是分子的功能，是词的功能，

第十四章　20世纪国内索绪尔语言理论研究述评

它是与分子本身的意义和形态不可分离、紧密相连的，它们之间的关系如下图所示"（见图14.1）。①

图 14.1

图14.1与《普通语言学教程》高名凯译本第160页索绪尔用来说明语言符号价值的图示同出一辙，只不过是把索绪尔作为符号两个方面的"能指""所指"改成了"形态"和"意义"，并把语言符号之间的关系标为"功能"（如图14.2）。

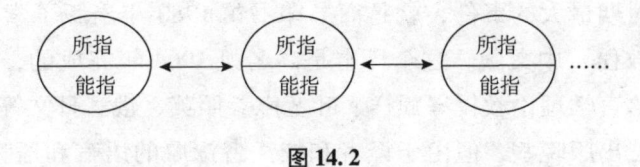

图 14.2

在词类划分时，陈望道提出的原则是"从配置求会同，从会同定词类"，而他所提出的配置关系、会同关系，实际就是索绪尔提出而后又经后人改造的组合关系和聚合关系。因此，陈望道的这本《文法简论》可以看作索绪尔语言学思想经方光焘的广义形态说和陈望道的功能说而在汉语语法学上产生的一个实践作品。

1979年6月，商务印书馆出版吕叔湘著的《汉语语法分析问题》。这是吕叔湘在十年动乱中对汉语语法学深入思考的结晶，是20世纪最重要的汉语语法理论著作。其中对后来语法研究有很大影响的一点，就是认为语素、词、短语是语言的静态单位、备用单位，而小句和句子是语言的动态单位、使用单位。② 同年《学习与探索》发表吕冀平的长文《两个平面，两种性质：词组和句子分析》，认为汉语句法分析一些引

---

① 陈望道：《文法简论》，上海教育出版社1978年版，第40—41页。
② 吕叔湘：《汉语语法分析问题》，商务印书馆1979年版，第28页。

起麻烦和尚未解决的问题都同对词组和句子性质的认识有关,"在进行句法分析时,有必要把区分语言和言语这个观念引进来,并且贯彻到具体的实践中去","静态的、尚未体现交际功能的,是语言单位。动态的、已经体现交际功能的,是言语单位",词组和句子是不同平面、不同性质的东西,前者是语言单位,后者是言语单位。① 两位吕先生的观点,是汉语语法研究进一步深入的理论标志,也是索绪尔语言理论影响扩大的结果。

五 20世纪80年代

与70年代相比,80年代的索绪尔语言理论介绍和研究呈井喷之势,从1980年到1989年共发表论文51篇,译文7篇,出版译著3部。

这一时期最大的事件,就是商务印书馆1980年出版了索绪尔《普通语言学教程》中文版。这个译本是高名凯1964年完成的,后由北京大学两位语言理论教授岑麒祥、叶蜚声参照英、俄、日文等译本进行校注,虽然出版晚些,但由于译者和校注者深厚的语言和语言学修养,所加的二百余条校注方便了读者的阅读理解,使这一译本成为中国普遍接受的经典,该译本修订时曾吸收了南京大学法语教授程曾厚逐句核对全书后提出的一些修改意见。同年刊出的《语言学论丛》第六辑刊发了高名凯1964年为中文版教程写的长篇序言《德·索绪尔和他的〈普通语言学教程〉》,对索绪尔和他的语言学理论进行全面、系统的介绍和评价,虽然仍不免受那个时代政治的影响,但相对还是比较公正的,帮助了人们更好地理解索绪尔的语言理论。

在索绪尔语言理论研究和教学上,北京大学中文系语言理论教研室很值得大书一笔,不仅《普通语言学教程》的译、注者都是该教研室的,80年代岑麒祥、索振羽都发表过索绪尔研究专论,岑麒祥《语言学史概要》1988年出修订版,而且从1981年开始,北京大学中文系每年都开一学期的"索绪尔语言学理论"选修课,索振羽教授从1981年开始一直到2000年退休,讲授该课时间长达20年,并发表多篇很有影

---

① 吕冀平:《两个平面,两种性质:词组和句子分析》,《学习与探索》1979年第4期。

响的索绪尔理论研究论文，是著名的索绪尔语言理论研究专家。1981年作为语言学概论教材出版的叶蜚声、徐通锵《语言学纲要》，也是以索绪尔的组合关系和聚合关系为理论框架编写的。该教材是 80 年代影响最大的语言学概论教材，很多高校都用作本科教学以及考研指定教材。

同样以索绪尔语言理论为基础的教材，还有新疆人民出版社同年出版的徐思益、李兆同主编的《语言学导论》。这是十年动乱后新出版的第一部语言学概论教材。它的崭新面貌引起了人们的关注。此外，徐思益还写过《描写语法学初探》（新疆人民出版社 1981 年版），除了"描写语法学的基本方法""词和词类的划分问题""句子结构"外，还有"语言的形式和内容""语言符号系统""语言的共时性和历时性"等普通语言学内容。徐思益是方光焘 50 年代培养的第一个副博士研究生，毕业后到新疆大学工作，直至退休。

80 年代刊发的索绪尔语言理论研究文献，可以分作以下五类。

（一）通论：从整体上介绍、论述索绪尔语言理论

这一时期对索绪尔语言理论最为全面的介绍，当数高名凯的《德·索绪尔和他的〈普通语言学教程〉》，此外，主要的论文还有岑麒祥《瑞士语言学家德·索绪尔和他的名著〈普通语言学教程〉》（《国外语言学》1980 年第 1 期）、徐志民《索绪尔的语言理论》（《复旦学报》1980 年增刊）、徐荣强《索绪尔：现代语言学的奠基人》（《中南民族学院学报》1981 年第 2 期）、陈秀珠《评索绪尔的语言观》（《语文论丛》第一辑，1981 年出版）、潘庆云《索绪尔为现代语言学奠定了基础》（《浙江师院学报》1984 年第 1 期）等。其中徐荣强的论文对索绪尔理论完全是赞赏的，没有任何批评，这是很罕见的。1987 年冯志伟出版《现代语言学流派》，其中第二章是"索绪尔的语言学说"，除索绪尔的生平外，主要从"言语活动、言语和语言""语言是一个符号系统""内部语言学和外部语言学""语言的系统性和符号的价值""共时语言学和历时语言学""句段关系和联想关系"等六个方面，完全依照《普通语言学教程》文本介绍索绪尔的语言理论，没有做批评。1988 年岑麒祥《语言学史概要》出修订版，但对于索绪尔语言理论的评价与

1958年初版相比，没有什么变化。同年中国人民大学出版社出版的胡明扬主编《西方语言学名著选读》，其中"《普通语言学教程》选读"部分是程曾厚做的。该部分摘选了"语言和言语""共时和历时""符号理论""系统的概念""符号学"等五部分内容，然后主要从以上五个方面介绍，并论述了索绪尔和结构主义语言学、结构主义思潮的关系，最后从历史继承和索绪尔在语言学史上的地位对索绪尔语言理论做评价："索绪尔是前辈和同辈语言学家发表的真知灼见的集大成者。他理解并接受前人局部的有时是中断的新思想，并融会贯通，综合成一个严密的崭新的理论体系。索绪尔不仅有继承和借鉴，更有所创新和突破。"①

（二）专论：研究索绪尔语言理论中的某个问题

这方面的主要论文有徐思益《论语言的共时性和历时性》[《新疆大学学报》（社会科学版）1980年第1期]、刘耀武《论索绪尔的语言哲学》(《外语论丛》1981年第1期)、索振羽《德·索绪尔的语言价值理论》[《新疆师范大学学报》（哲学社会科学版）1984年第3期]、聂志平《异质中的同质区分——论索绪尔语言理论中言语、语言的区分及正确理解》[《兰州大学学报》（社会科学版）1987年第4期]、许国璋《论语言符号的任意性问题》(《外语教学与研究》1988年第3期)、石安石《语言符号的任意性和可论证性》(《语文研究》1989年第4期)等。徐文论述了索绪尔共时理论和历时理论，认为这是一种方法论上的高明，但索绪尔将共时、历时对立起来和认为历时演化与系统无关是错误的，并引用汉语语音和语法的演变作为论据来说明。索振羽着眼于索绪尔语言理论本身，从正面论述了对索绪尔语言符号系统和价值的理解，不点名地批评了汉语和苏联学者在这个问题上的误解。这是对索绪尔理论理解、论述最深刻的一篇论文，给人留下了深刻的印象。聂志平的论文同样着眼于索绪尔理论体系本身，认为《普通语言学教程》中言语概念使用前后不一致导致人们的误解，而索绪尔对语言和

---

① 胡明扬主编：《西方语言学名著选读》，中国人民大学出版社1988年版，第79页。

言语关系的论述是正确的。许国璋认为索绪尔关于任意性的观点有问题，主张"原始时期的语言是任意的，部落社会时期是约定俗成的，文明社会时期是立意的。如果说语言有任意性的话，那也只限于原始时期，在此以后就不是任意的了"，理由是语言是理性的行为，"语言符号的能指和所指是通过语言的制约和社会的制约建立联系的"。许先生的前提是对的，结论是不对的，无论怎样制约，语言符号能指和所指没有自然联系这一点是改变不了的。石安石论文对这点做了很好的解释：任意性是指能指和所指之间的关系没有必然联系，而可论证性是指符号之间，具体地说，是大符号与构成它的小符号之间的关系是可以说明的，因此任意性和可论证性不是一个平面的问题。这一时期专论方面有代表性的论文还有李明《略论索绪尔的对立理论》、陈保亚《语言系统的时间观》、卢丹怀《试论索绪尔对传统语法的批评》《音位小议——兼论索绪尔和布龙菲尔德的音位理论》和孙力平《应该如何理解语言符号的任意性》等。

（三）介绍、论述国内外索绪尔语言理论研究情况

这方面的主要论文有许国璋《关于索绪尔的两本书》（《国外语言学》1983 年第 1 期）、徐志民《索绪尔研究的新阶段》（《语文现代化》第 7 辑，1983 年出版）、《索绪尔语言理论在中国》（《语文导报》1986 年第 3 期）、任小波《研究索绪尔语言学理论的重要资料——介绍索绪尔〈普通语言学教程手稿来源〉》（《外国语言教学资料报导》1983 年第 2 期）、周忆宁《班威尼斯特对发展索绪尔的普通语言学所作的贡献》（《现代外语》1985 年第 3 期）、高天如《索绪尔语言理论在我国的早期影响——重读〈中国文法革新论丛〉》（《中国语文》1986 年第 3 期）和李葆嘉《国外对索绪尔符号任意性原则的批评》（华中师范大学《语言学通讯》油印本 1985 年第 4 期）等。许国璋论文视野很广阔，在广泛地阅读国外有关索绪尔理论研究的十余本著作的基础上，主要介绍哥德尔《索绪尔〈普通语言学教程〉稿本溯源》和莫罗的《评注本〈普通语言学教程〉》，同时对索绪尔一些理论观点、比喻和术语翻译进行评述。徐志民第一篇论文主要介绍 50 年代后期国外索绪尔语言理论研

究的情况，其中关于索绪尔换音造词的介绍很细致，后一篇论文介绍索绪尔理论在中国传播和研究的情况，这两篇论文很有语言学史的价值。

（四）关于索绪尔理论在语言学史上影响的研究

这方面的论文不多，主要有刘耀武《索绪尔对乔姆斯基的影响》（《外语论丛》1984年第1期）、许国璋《布龙菲尔德和索绪尔》（《外语教学与研究》1989年第2期）。刘耀武论文观点反映在1995年出版的《普通语言学教程》中。许国璋从布龙菲尔德对索绪尔的评价入手，主要从共时研究、历时研究，和音位学方面的观点两个方面，将索绪尔与布龙菲尔德语言理论进行比较，说明后者对前者的继承关系，并指出"索氏具有哲学的高度，布氏不具；但布氏具有实践的亲切性，索氏不具。布氏的书在许多方面起了工作手册的作用"。许国璋的评价，有理性的细致，也有感性的概观。

（五）关于索绪尔语言理论研究的译文、译著

在这方面文献有：白兆麟从契科巴瓦《作为语言学对象的语言》中摘译的《索绪尔的语言学说》（《淮北煤炭师范学院学报》（哲学社会科学版）1980年第4期）和《评索绪尔的语言学说》（期刊同上，1983年第1期）、布达哥夫著石安石译的《符号——意义——事物（现象）》（《国外语言学》1981年第1期）、T. de Mauro（莫罗）著陈振尧译的《索绪尔〈普通语言学教程〉评注本序言》（《国外语言学》1983年第4期）、Carol. Sanirs著潘丽珍译的《索绪尔语言学思想的形成》（《教学与研究》1984年第1期）、［法］C. L.诺尔曼著王文干摘译的《索绪尔和索绪尔以前的语言学》（《国外社会科学著作提要》1982年第13辑）、董友宁译的《时枝诚记与索绪尔之争》（《外国语言教学资料报导》1983年第3期）、臧传真综述的《从索绪尔的语言学说到转换生成语法》[《语言研究译丛》（1），南开大学出版社1984年版]、［美］F. 霍勒著林书武译的《语言的局限和言语的门槛：索绪尔和梅洛－庞蒂》[《国外社会科学》（京）1984年第3期]。意大利语言学家莫罗的《索绪尔〈普通语言学教程〉评注本》（1967年意大利文本，1972年法文译

本）是国外索绪尔语言理论研究中最有影响的著作,该序言也是国内学者引述比较多的文献。1988年5月,莫罗曾到中国做学术访问,在中国社会科学院语言研究所和北京大学做过索绪尔研究方面的学术讲座,遗憾的是莫罗演讲语言是意大利语,而两次讲座所请的翻译没有相关的语言学知识背景,讲座效果不佳。

这个阶段有两部语言学史被翻译成中文,一部是苏联康德拉绍夫的《语言学说史》(杨余森译,武汉大学出版社1985年版),一部是英国罗宾斯的《语言学简史》(上海外国语学院外国语言文学研究所译,安徽教育出版社1987年版)。对于索绪尔语言理论,前者的评价是"是一位杰出的语言学家",可以与葆朴、洪堡特、施莱赫尔、博杜恩·德·库尔德内等人齐名,"这部书的内容和理论产生了很大影响,直到现在这部书的部分原理和整体体系仍然引起激烈的争论"。① 后者的评价更高:"索绪尔对20世纪语言学的影响是无与伦比的,可以说,是他开创了20世纪的语言学。"② 罗宾斯的评价常常被中国学者引用。

80年代有两本译著对扩大索绪尔语言理论有较大的影响。一本是法国罗兰·巴特的《符号学美学》(美学译文丛书,董学文、王葵译,辽宁人民出版社1987年版),另一本是美国卡勒的《索绪尔》(外国著名思想家译丛,张景智译,中国社会科学出版社1989年版)。前者是罗兰·巴特全面运用索绪尔语言符号理论,并糅合了叶姆斯列夫的观点,分析服饰、烹调、汽车、家具等社会风俗和习惯中的符号现象。其目录如下:《第一章 语言和言语》(一、语言学方面;二、符号学情景);《第二章 表示成分(能指)和被表示成分(所指)》(一、符号;二、被表示成分[所指];三、表示成分[能指];四、词义;五、意义);《第三章 单位语符列和系统》(一、单位的两个轴;二、单位语符列;三、系统);《第四章 所指意义和涵义》;《结论:符号学的研究》。从目录可以看出,该书的阐述完全是套用索绪尔理论,从语言符号学角度

---

① И. А. 康德拉绍夫:《语言学说史》,杨余森译,武汉大学出版社1985年版,第136—137页。
② R. H. 罗宾斯:《语言学简史》,上海外国语学院外国语言文学研究所译,安徽教育出版社1987年版,第248页。

来阐释社会生活中的符号应用的。该书的理论介绍不晦涩，对社会文化现象的分析通俗易懂，可以看作符号学的基础理论手册。这本书自1964年出版后一直畅销于世界各国。该书在中国还有以下几种译本：李幼蒸译本《符号学理论》，生活·读书·新知三联书店1988年版；黄天源译本《符号学理论》，广西民族出版社1992年版；王东亮译本《符号学原理》，生活·读书·新知三联书店1999年版。这一本书十多年时间竟然出版4个中文译本，可见其受欢迎和畅销的程度了。

作为文学批评家和结构主义研究专家的J.卡勒曾给1971年《普通语言学教程》新的英文译本写过前言，后来又把这部分内容加以扩充，形成了正文只有160页的《索绪尔》，由英国丰塔纳出版社作为"现代大师"丛书中的一本出版。这本书可以看作索绪尔思想评传，而且是目前唯一的一本索绪尔评传。卡勒把索绪尔与心理学家弗洛伊德和社会学家涂尔干并列为近代三大思想家，对索绪尔语言理论及其对结构主义的影响做了通俗明了的说明。该书包括"索绪尔其人和《教程》""索绪尔的语言理论""索绪尔语言理论的地位""符号学：索绪尔的遗产"4章和"索绪尔生平大事记"。与纯粹依据《普通语言学教程》的叙述不同，作者结合《普通语言学教程》的稿本研究成果，将索绪尔的语言符号系统观、价值观作为索绪尔语言理论的基点，认为它必然导致语言与言语的区分理论和共时与历时的区分理论。作者对索绪尔理论的论述系统流畅，表述清晰而深刻，是研究或了解索绪尔思想的一本有价值的参考读物。

六 20世纪90年代

20世纪90年代中国语言学界的索绪尔语言理论研究呈现出进一步繁荣发展的态势，具体表现为：（1）与索绪尔理论有关的专著增多；（2）阐述某一方面理论观点的专论是这一时期的主流；（3）出现两次与索绪尔语言理论有关的学术争论，一次是关于语言与言语区分问题的争论，一次是关于语言符号任意性的争论；（4）1993年12月18日，江苏省语言学会召集南京大学和南京师范大学部分语言学家召开以纪念索绪尔去世80周年为主题的"现代语言学在中国"座谈会，会后整理发表了署名郭伯康（郭熙）的会议纪要《索绪尔的语言观在中国的传播与中国现代语言学的发展》（《语言文字应用》1994年第3期）。

(一) 著作类

（1）1990年1月，高名凯的《高名凯语言学论文集》由商务印书馆出版。论文集收录与索绪尔语言理论有关的论文5篇，其中包括关于语言与言语问题论文4篇，还有《德·索绪尔和他的〈普通语言学教程〉》。述评见前文。

（2）1990年2月，学林出版社出版徐志民《欧美语言学简史》。该书第六章《现代语言学的开创者——索绪尔》，从"索绪尔的研究活动""索绪尔语言理论要点""索绪尔和现代语言学""索绪尔的魅力"四个角度介绍了索绪尔和索绪尔理论。作者根据法文第一手资料和对索绪尔理论长期研究的积累，对索绪尔理论做了比较全面而深刻的阐释，批驳了一些错误认识，如根据索绪尔花大量时间精力研究换音造词和《尼伯龙根之歌》等语言现象，说明他对外部语言学的强烈兴趣等。作者认为索绪尔理论"包含不少辩证法因素"，"索绪尔的魅力正是来自他的理论原则和方法论方面的光辉思想"，"他提出现代语言学所应用的一系列术语，成为现代语言学的关键术语，并被其他学科接受移植，成为许多学科的重要术语"。[①]

（3）1990年6月，江苏教育出版社出版方光焘《语法论稿》。该书是陆学海和方华根据方光焘1959年以后的语言学和语法理论课堂笔记整理的。与索绪尔语言理论有关的是《索绪尔〈一般语言学教程〉选讲》之一（1962）、之二（1963）；《评索绪尔的语言和言语的区分》（1959）、《涂尔干的社会学与索绪尔的语言理论》（1959）、《语言的记号性问题》（1959）和作为附录的根据日文本选译的《索绪尔〈一般语言学教程〉》。这些内容都是第一次公开出版。两部分《选讲》选取的内容是《普通语言学教程》的绪论和共时语言学部分。第三篇论文评述索绪尔语言和言语区分理论，认为索绪尔的错误在于取消了语言的物

[①] 徐志民：《欧美语言学简史》，学林出版社1990年版，第161—162页。

质性，把存在于人大脑中的语言知识看作本质的，是本末倒置。第四篇论文对比了涂尔干和索绪尔理论，认为索绪尔以前者理论为基础，尽管一些见解是正确的，但"有唯心主义的东西"①。第五篇论文主要阐述对索绪尔和兹维金采夫对语言符号的看法，但认为语言符号不仅有示差、对立也有质的同一，不能把共时和历时对立起来，任意性是语言符号的重要特征但不能把语言符号的全部特征归结为任意性。方光焘的两次《索绪尔〈一般语言学教程〉选讲》是国内最早刊出的关于索绪尔语言理论的讲座材料。这本书与方光焘生前发表的论文编成的《方光焘语言学论文集》（江苏教育出版社1986年版），后来一起编入商务印书馆1997年出版的《方光焘语言学论文集》。

（4）1991年8月，外语教学与研究出版社出版《许国璋论语言》。该论文集包括与索绪尔语言理论有关论文4篇，这些发表于80年代的论文篇目和内容述评见前文。

（5）1995年4月，外语教学与研究出版社出版刘润清的《西方言语学流派》。其中第四章标题为《索绪尔　现代语言学的开端》，包括"索绪尔语言学产生的背景；关于比较语言学；语言的特征；共时语言学和历时语言学；符号学；索绪尔的影响"六节，共计39页篇幅。该书有一个特点是，对美国语言学家惠特尼语言理论对索绪尔的影响介绍得比较多。

（6）1995年12月，黑龙江教育出版社出版刘耀武《普通语言学教程》。该书的眉题是"国家教委八五规划项目'当代国外语言学研究——索绪尔研究'成果"。该书有14章共322页，其中有关索绪尔理论部分占6章共131页。

《第四章　索绪尔语言学》包括"索绪尔生平""索绪尔语言理论的基本概念""普通语言学教程与原始资料""索绪尔及其时代""教程的影响和索绪尔学说"共5节内容；《第五章　索绪尔理论的继承与发展》介绍了对音位学（该书标题写作"语言学"）哥本哈根学派、社会语言学、符号学、哲学等的影响；《第六章　索绪尔的语言哲学》认为索绪尔思想来自社会学家涂尔干，是"社会学主义"和"心理主义"；

---

① 方光焘：《语法论稿》，江苏教育出版社1990年版，第177页。

《第七章　索绪尔在语言学中的比喻》；《第八章　索绪尔对乔姆斯基的影响》，主要说明索绪尔的语言与言语区分对乔姆斯基语言能力和语言运用的影响；《第九章　关于索绪尔的重要文献》，介绍国外关于《普通语言学教程》和索绪尔思想研究的一些著作。

该书索绪尔研究部分的最大优点，是对索绪尔生平介绍很详细。第一是国外相关研究介绍得比较多，令不能接触外文资料的学者了解到更多的信息。其缺点一是印刷错误极多。二是语言表述有些混乱。三是没有吸收语言学的通行译名，没有关注汉语语言学界的相关研究成果，对中国语言学史不熟悉。四是对《普通语言学教程》主要概念有误解。五是缺乏论证直接做结论，或论证不充分，难以服人，如认为索绪尔的哲学基础是社会学主义和心理主义。

（7）1999年10月，北京广播学院出版社出版吴为章《新编普通语言学教程》。作为方光焘60年代初的研究生，吴为章比较充分地吸收了语言学界相关的研究成果，以一种赞赏的态度介绍索绪尔语言理论。书中有两部分内容与索绪尔理论有关。《第一章　普通语言学史》包括三节，其中第二节为"索绪尔和现代语言学"，包括两部分内容："一、索绪尔和他的《普通语言学教程》""二、索绪尔的巨大反响"，占第一章一半，共19页的篇幅介绍索绪尔的语言学理论及影响、语言学界对索绪尔语言理论的研究。第二章题目为《语言和言语》，包括"第一节　语言与言语的区分；第二节　语言与语言系统；第三节　言语与言语环境"，用48页的篇幅单独论述索绪尔的区分和语言学界的争论，语言和语言内部系统，以及语言运用。这在语言学教科书中是绝无仅有的。只是有一处错误，就是把索绪尔的外部语言学归入言语语言学："言语的语言学研究语言的'外部要素'，因此可以称为'外部语言学'。"[①]

（8）1999年6月，海潮出版社出版了徐德江的《索绪尔语言理论新探》。徐德江在从1993年到1996年连续四年的时间在他主编的《汉字文化》上发表10篇以《汉语文教学与索绪尔的贡献和局限》为副题的论文，分专题对索绪尔语言理论进行述评，其后又将在1998年发表

[①] 吴为章：《新编普通语言学教程》，北京广播学院出版社1999年版，第60页。

的《汉字与普通语言学》与上述10篇文章合编为11篇作为正文，外加一篇《德·索绪尔和他的〈普通语言学教程〉》作为附录，编成该书。该书出版后，伍铁平、岑运强和聂志平等著文对其进行了批驳。徐德江的索绪尔研究，充满了对索绪尔的误解和歪曲，混淆语言和文字概念，乱用语言学术语，乱造术语，表达逻辑混乱。①

（9）1999年8月，新华出版社出版了王寅《论语言符号象似性——对索绪尔任意说的挑战与补充》。该书是王寅在90年代发表关于语言符号象似性的系列论文的基础上形成的。该书汇集了国内外学者对任意性的批评（主要是外语学界）和国外关于句法象似性研究成果，并以皮尔斯符号三分的理论为基础论述语言符号的象似性。他把象似性定义为"符号在音、形或结构上与其所指之间存在映照性相似的现象"。② 从定义上看，作者没有像人们一般对符号的理解那样，把符号看作能指与所指相结合的统一体。该书论证逻辑混乱，把需要证实的东西或者根本不能成立的东西直接拿来作为论据，想当然的东西比较多，并且混淆语言和文字的区别。"如果符号与其所代表的对象之间存在某种映照性相似现象，则该符号就具有象似性。象似性是与任意性相对的。任意性具有'人为'性质，指语言符号与其所指之间由人所约定俗成的关系，其间没有什么理据可寻；象似性具有'自然'的性质，因此象似性是语言符号的自然属性。"③ 首先，对任意性的理解不对，任意性不等于约定性。其次，更主要的是，语言符号有没有象似性是需要证明的，而作者不经证明，直接越过这个重要环节，由象似性具有"自然"的性质（以他人的说法作为论据），就直接过渡到"象似性是语言的自然属性"，而且两个"自然"内涵还不一致。关于英语"象形造字"，王寅分作四类：①简单取形造词，直接用字母形状来表示事物：I-bar（工

---

① 聂志平：《徐德江索绪尔语言理论研究中的两个问题》，《齐齐哈尔大学学报》（哲学社会科学版）2002年第6期；《徐德江索绪尔语言理论研究中的三个问题》，《哈尔滨学院学报》2004年第1期。也见本书第十五章。

② 王寅：《论语言符号象似性——对索绪尔任意说的挑战与补充》，新华出版社1999年版，第32页。

③ 王寅：《论语言符号象似性——对索绪尔任意说的挑战与补充》，新华出版社1999年版，第65页。

字钢）；②会意取形，用某些字母与事物符号的相似之处，经思考加工而后构成的词语：double－O（仔细检查，字母 O 表示两只瞪圆的大眼睛）、wrong－O（坏蛋，字母 O 表示蛋）；③隐形构词，将与某事物相似的个别字母隐蔽地嵌入单词（多为单词的首字母），如 water（水，字母 W 像水波）；④借形构词，用其他文字的字母来象形构词，如用希腊字母构成的词 ε-type（山字形）①。对此，我们认为，如果没有后边的 bar，何人知道 I 是工字钢？这不是"直接用字母形状来表示事物"。同理，如没有前边的词语，O 到底像眼睛还是像蛋，是像车轮还是像烧饼？字母 w 如果在 water"像水波"，那么在 widget（小部件、装饰物、按钮、等）里像什么？总不能说它像曲线吧？那么，ε 又是什么山形？作者认为，"即使拼音文字，在其发音和拼写上与它们的所指之间也存在很多相似之处"②。这种灵异之处让人匪夷所思。而国外语言学从认知语言学角度对象似性论证得最好的句法结构的象似性的研究，在此书中作为一章占全书 1/3 的篇幅，但这种象似性又与作者对象似性的界定不相符，因为句子或句法结构不是语言符号。而作为该书的最后一章《象似性与文体学》中认为，"象似性原则亦可反映文体特征"③，也与作者对象似性的定义无关。

（10）1998 年 11 月，东方出版社出版了 W. 特伦斯·戈尔登文、阿贝·卢贝尔图、咏南译的《索绪尔入门》（西方文化漫画集成本）。这是一本用图文并茂的形式比较全面地介绍索绪尔理论及其对语言学和其他社会科学产生影响的通俗的入门读物。

此外，与索绪尔语言理论有关的还有 1994 年中国社会科学出版社出版的李幼蒸《理论符号学导论》。这是一部 64 万多字的大部头著作。该书分总论、语言符号学、一般符号学和文化符号学共 4 编。其中语言符号学部分比较准确地介绍了索绪尔对符号（书中称为"记号"）、语

---

① 王寅：《论语言符号象似性——对索绪尔任意说的挑战与补充》，新华出版社 1999 年版，第 32—33 页。

② 王寅：《论语言符号象似性——对索绪尔任意说的挑战与补充》，新华出版社 1999 年版，第 36 页。

③ 王寅：《论语言符号象似性——对索绪尔任意说的挑战与补充》，新华出版社 1999 年版，第 182 页。

言和言语、共时和历时以及组合关系和聚合关系等的理论观点，在相关领域扩大了索绪尔理论的影响。

（二）专论

1990年到1999年国内发表索绪尔理论研究论文95篇、译文2篇。因本阶段有关于语言与言语和任意性与理据性的两次争论，所以对与此有关的文章及观点的述评，放到后文。

聂志平1990年发表两篇论文《论语言共时态和历时态的区分》[《兰州大学学报》（社会科学版）1990年第3期]、《语言：语法系统　句段关系与联想关系——索绪尔语法学思想初探》[《齐齐哈尔师范学院学报》（哲学社会科学版）1990年第5期]。前者阐述索绪尔语言共时、历时理论并批驳了在这个问题上中国学者对索绪尔的错误认识（主要是针对徐思益1980年论文），认为语言的演变来自语言系统内部的自我调整，一般所谓的语音演变规律，不过是语音演变的条件，而不是演变的动因。后者首先从对立差别角度论述了对系统的理解，认为系统除了皮亚杰论述的整体性、自调性和转换的规律性之外，还应该有共时性，索绪尔的系统理论体现了深刻的辩证法思想，而后主要从语言符号系统角度阐述索绪尔语法思想，并从汉语语法角度做了发挥。此外，在1998年第3期《大庆高等专科学校学报》发表的《有关〈普通语言学教程〉的三个问题》，通过对学术思想史的考察，认为人们言之凿凿的关于索绪尔受格式塔思想影响是不能成立的，因为作为格式塔思想出现的标志即关于似动性的研究成果出现于索绪尔1912年停止讲课之后。结合汉语研究阐述索绪尔思想的还有严戎庚的《共时历时学说与现代汉语词汇研究》（《新疆大学学报》1990年第2期），以及王希杰的几篇以语言与言语区分为理论原则研究"位"与"体"及区别语言规范性和言语的得体性的论文。

刘耀武1990年、1991年相继发表《索绪尔二题》（黑龙江大学现代语言学研究所编《理论语言学与应用语言学》第一辑，1990年出版）和《索绪尔在语言学中的比喻》（《外语学刊》1991年第1期），前者包括《索绪尔生平》和第二篇论文的内容，对索绪尔的生平做了迄今为止最为详细的介绍。两文内容收入其《普通语言学教程》（1995）。

皮鸿鸣1992年、1994年发表《索绪尔语言观的层次》（《武汉大学学报》1992年第2期）和《索绪尔语言学的根本原则》（《武汉大学学报》1994年第4期）。前者认为索绪尔语言理论有符号—系统观、形式—价值观和二重价值的结构观三个理论层次，其间有深刻的内在逻辑；后者认为符号关系原则和共时结构原则是索绪尔语言理论根本性的方法论原则。

徐德江在从1993年至1996年的四年时间里，在其主编的《汉字文化》中连续发表10篇以"论汉语文教学与索绪尔的贡献和局限"为副题的论文，这些论文1999年编入《索绪尔语言理论新探》。述评见上文。对徐德江此类研究，最早著文批评的是伍铁平，文章标题很醒目：《不要胡批索绪尔》（《外语教学与研究》1995年第4期）。

索振羽1994年连续发表3篇论文：《索绪尔的语言共时描写理论》（《语文研究》1994年第1期）、《索绪尔及其〈普通语言学教程〉》（《外语教学与研究》1994年第2期）和《索绪尔逸闻趣事三则》（《语文建设》1994年第7期）。索振羽认为，索绪尔的系统学说使20世纪语言学成为真正的科学，索绪尔提出从语言系统中划分出单位的科学理论和方法，以句段关系和联想关系理论为语言的静态分析奠定了科学的基础，索绪尔的重大贡献在于构建了语言研究的整体框架，出色地解决了一系列重大问题，对于相对次要的问题也在理论框架中预留出合适的位置，给后辈语言学家以有益的启示。索振羽先生对索绪尔语言理论的理解是全面而深刻的。

乐眉云1994年和1997年发表两篇论述索绪尔符号学说的论文《索绪尔的符号学语言观》（《外国语》1994年第6期）和《再论索绪尔的符号学语言观》（《外国语》1997年第4期），集中讨论索绪尔的语言符号学思想。

这一时期介绍国外索绪尔语言理论研究成果的有信德麟《索绪尔〈普通语言学札记〉（俄文本）评介》（《国外语言学》1993年第4期）和戚雨村《索绪尔研究的新发现》（《外国语》1995年第6期）、《索绪尔在世界和中国》（《中国文化与世界》第4辑，上海外语教育出版社

1996年版)和魏育邻《丸山圭三郎对索绪尔语言学手稿等原始资料的研究》(《解放军外语学院学报》1999年第3期)、《索绪尔语言学理论的文化人类学意义：日本著名学者丸山圭三郎的索绪尔研究综述》(《东方丛刊》1999年第4期)

信德麟的论文对斯柳萨列娃根据恩格勒评注本1990年整理出版的《索绪尔普通语言学札记》进行述评。戚雨村第一篇论文介绍了戈德尔、恩格勒和斯柳萨列娃的研究成果，索绪尔《关于青少年和求学年代的回忆》，以及根据戈德尔、恩格勒和斯柳萨列娃三位学者整理的文本澄清了对索绪尔有关语言与言语、共时与历时、内部语言学与外部语言学3组概念论述的一些误解；第二篇论文介绍了索绪尔理论在法国、德国、苏联、美国、英国和中国的影响。此外，索绪尔《关于成立修辞学教研室的报告》被张学曾翻译成中文(《修辞学习》1992年第3期)。

姚小平的《索绪尔语言理论的德国根源》(《外语教学与研究》1993年第3期)是一篇引人注目的论文。该文从系统观、社会心理观、语言与思想的关系，以及句段关系与联想关系等四个方面，比较详细地比较了索绪尔与洪堡特、保罗语言理论相似之处，论证了索绪尔与后者所代表的德国语言学的渊源关系。

90年代后期，中国的语言学者还关注了国外刚出版不久的《索绪尔〈第三次普通语言学教程〉》，张绍杰、王克非著文进行介绍并与通行本《普通语言学教程》进行比较研究，发表论文《索绪尔两个教程的比较与诠释》(《外语教学与研究》1997年第4期；张绍杰、王克非)、《追寻索绪尔语言学思想：读〈索绪尔第三次普通语言学教程〉》(《外国语》1997年第4期；王克非)。这表明中国索绪尔语言理论研究者眼界的扩大。在2001年，张绍杰将该书翻译出版。

(三) 第二次关于语言与言语问题的讨论

20世纪90年代开展的第二次关于语言与言语问题的争论，起源于王希杰、刘叔新对语言与言语的区分、对该理论在语言研究中的重要性的强调，和在汉语具体研究中的应用，以及范晓对王希杰的批评。

第十四章　20世纪国内索绪尔语言理论研究述评

早在1983年，王希杰发表1982年他参加中年语法学者讨论会时宣读的论文《语言的语法分析和言语的语法分析》(《南京大学学报》1983年第4期)。在这篇得到吕叔湘赞赏的文章中，王希杰根据语言与言语区分的原理，主张把句子分为语言的句子和言语的句子，认为前者是一般的、抽象的、概括的模式，同客观现实不发生直接关系，是属于全社会的，后者是语言中句子的实现形式，同现实发生直接关系，并具体论证了对两类句子的不同分析方法。除了上文外，还有《略论语言的词汇和言语的词汇》(《杭州大学学报》1993年第1期)、《抽象的词和句与具体的词和句》(《广西师范大学学报》1993年第3期)、《语法研究中的静态与动态》(《语法研究和探索》七，商务印书馆1995年版)、《论显句和潜句》(《语法研究和探索》八，商务印书馆1997年版)、《语言的规范性和言语的得体性》(《语言教学与研究》1998年第1期)等论文。王希杰把属于语言的，叫"句位""词位"，把属于言语的，叫"句体""词体"，是语言单位在使用中的体现。从中可以看出，王希杰是把语言与言语的区分当作语言研究的一般性的方法论原则，并把它贯彻到语言分析的其他方面。可以看出，王希杰的"位"和"体"的区分与高名凯在《语言论》中区别"位"与"素"的思想是一脉相承的，无论是从语言理论还是具体研究实践角度，这种认识和实践都是应该予以肯定的。

1992年刘叔新发表论文《语言和言语问题的重新认识》，评价语言与言语问题讨论中对语言和言语的理解，基本上还是站在斯米尔尼茨基的立场，认为"语言和言语的正确划分，对于语言学各部门的研究对象及研究内容、方法的合理确定，起巨大的、决定性的影响作用"。[①]

在1994年第3期《汉语学习》上，范晓发表论文《语言、言语和话语》，其中主要包括两部分内容，一个是对语言和言语的理解，一个是对王希杰区别语言的句子和言语的句子的批评。范晓认为言语是一种行为，说(或写)出的句子叫话语，"话语是由两个互相依存的部分组成的，一个部分是话语内容，也就是言语者表达的思想内容；

[①] 刘叔新：《语言和言语问题的重新认识》，载《语言学通讯》1992年第3期、第4期合刊；也载《刘叔新自选集》，河南教育出版社1993年版，第14页。

另一个部分是话语形式，也就是言语者借以表达思想的形式，这种形式就是语言，这是一种现实的、具体的语言，是族语的个别形态，是族语存在的形式"，语言是话语的形式，是语言学研究的对象。而针对王希杰的观点，范晓认为"是把语言的语法研究架空，搞乱和迷糊了语法研究的对象"。范晓对语言和言语的认识，不同于语言学界通常的理解。

　　针对范晓的批评，王希杰在同年第 5 期《汉语学习》发表《语言和言语问题值得进一步研究》，表明接受朋友转达的范晓希望谅解的意见，没有从正面对范晓进行反批评，只是说此前发表的论文已对此做了预答复以及 1982 年论文发表后吕叔湘、王维贤等的支持态度，呼吁对语言与言语问题进一步研究。而岑运强针对范晓论文 1994 年、1996 年发表两篇论文《语言和言语、语言的语言学和言语的语言学》（《汉语学习》1994 年第 4 期）和《再谈语言和言语、语言的语言学和言语的语言学》（《吉安师专学报》1996 年第 3 期），依据索绪尔对语言与言语区分以及相互关系的理解，把言语看作说话行为和其结果话语的总和，批驳了范晓对语言和言语的理解。岑运强对言语的理解，来自索绪尔，也是自高名凯以来中国多数语言理论学者的理解。

（四）关于任意性问题的争论

　　在语言学界对索绪尔语言符号任意性提出质疑的主要有两类学者，一类是古汉语研究界的，一类是外语学界的。前者以南京师范大学的李葆嘉为代表，后者以上文做过述评的许国璋和王寅为代表。

　　李葆嘉在 80 年代开始就对任意性进行质疑，在华中师范大学主办的《语言学通讯》（自印本）1985 年第 3 期和 1987 年第 4 期上发表的论文《国外对索绪尔符号任意性原则的批评》和《索绪尔任意性原则的含义是什么》，此外还有全国首届青年语法学术研讨会论文《论语言符号的可论证性》。这三篇论文的观点反映在 1994 年连续发表的两篇论文《论语言符号的可论证性、论证模式及其价值》（《江苏教育学院学报》1994 年第 2 期）和《论索绪尔符号任意性原则的失误和复归》（《语言文字应用》1994 年第 3 期）中。

李葆嘉认为，语言符号具有可论证性，"索绪尔的符号任意性原则实际上是个虚构的原则，语言符号的任意性命题实际没有任何意义"。索绪尔从任意性出发，到把任意性一分为二为绝对任意性和相对任意性，再从把相对任意性解释为可论证性，到把绝对任意性解释为可论证性的转移，索绪尔一步一步地走到了任意性的反面。索绪尔任意性的失误在于：（1）对能指和所指的关系不加历史的探讨，而以"任意性"一言以蔽之；（2）以不同的语言系统之间能指和所指结合关系的差别来证明同一语言系统之内能指和所指结合关系的任意性；（3）把符号的历时演变性与符号的不可论证性混为一谈。"符号任意性原则的要害就在于将语言主体在具体的认知活动中的历史主动性一笔抹杀，用'共时'之剑斩断了语言的源流关系"，而"把语言内部演化运动的标志阐述为不断地由论证性过渡到任意性和由任意性过渡到论证性，则是任意性原则向可论证性原则的全面复归"。李葆嘉认为，符号的可论证性是指在某一符号系统内（可能涉及与之有亲缘关系的系统）进行历史性溯源所揭示的、隐藏在语词符号内部的理据性。它只能存在于某一系统之中，世界诸语言之不同，是在历史过程中形成的，可论证性可以通过追溯某个符号最初的构成来获得。

直接著文反驳李葆嘉的是索振羽和聂志平。索振羽在《语言文字应用》1995年第2期上发表《索绪尔的语言符号任意性原则是正确的》，着眼于索绪尔对任意性、绝对任意性、相对任意性或可论证性的理解，对李葆嘉总结的索绪尔任意性的三个失误进行逐一反驳，认为李葆嘉对语言符号任意性的否定是不能成立的。

聂志平在1997年第3期《学术交流》上发表《论语言符号的任意性和理据性——与李葆嘉先生商榷》，也基于索绪尔对语言符号的认识，认为任意性是指符号能指与所指之间没有必然联系，相对任意性或可论证性与绝对任意性不是一个层次，除了极少数象声词以外，是指语言符号与语言符号之间的关系，包括复合词与构词语素之间、根词与派生词之间以及同源词彼此之间的关系，因此可论证性并不能构成对任意性的否定，李葆嘉认为根词来源于"象声"也是不可证的。

与60年代语言学界的讨论相比，90年代关于语言言语和语言符号任意性的讨论,参与者不多,直接针对对方学术观点的批驳与反驳很少。在某一个理论问题上,尽管有不少文章,尽管观点有差异,但交锋不多,许多是自说自话。作为语言学的一个基本理论,关于语言任意性以及与此相关的理据性、象似性问题讨论的文章所占比例是最大的,一直延续至今,而关于语言与言语的区分以及延伸出来的一个问题——关于言语语言学的问题——的讨论,还导致2002年在武汉召开了一次国际会议,该会议论文集出版于2005年。①

[本章刊发于《通化师范学院学报》(人文社会科学版)2014年第2期、第3期两期连载]

---

① 李宇明等主编:《语言、言语和言语语言学或言语学》,崇文书局2005年版。

第十五章 从"十论"看徐德江对索绪尔理论的错误认识

从1993年到1996年,徐德江先生在《汉字文化》上连续发表了十篇副题为《论汉语文教学与索绪尔的贡献和局限》的论文,后来又将这些论文汇总,增加了一篇《汉字与普通语言学》和一篇"附录"《德·索绪尔和他的〈普通语言学教程〉》,出版了《索绪尔语言理论新探》(海潮出版社1999年版)。由于索绪尔在语言学史上的地位,由于国内专门研究索绪尔语言学理论的专著不多,所以很有评论的必要。本章拟以《汉字文化》上发表的"十论"为依据,谈谈我们对徐德江先生的索绪尔语言理论研究的几点认识。

一 徐德江对索绪尔主要贡献和局限的错误认识

徐德江认为,"索绪尔最重要、最宝贵、最伟大的贡献",是"受当时瑞士正统经济学派华尔华斯等人的影响,从中吸取了一些观点用来阐明他的语言学理论,具体地说,他是将'一切研究价值科学'的方法运用于语言学的研究之中,辩证地揭示了语言的二重性","如果不是将经济学关于研究价值科学的方法运用于语言学,辩证地揭示出语言的二重性,索绪尔也就不可能提出新的理论,成为奠定语言学基础的'语言学之父'的",而索绪尔"最主要的局限,也正在于他对经济学理解的狭隘,致使他只能局部地、片面地揭示了语言的二重性而没有深入地全面地揭示出语言本质的二重性",他"从经济的整体上表面地注意到'劳动'与'工资'的关系,从语言的整体上表面地提出了'所指'与'能指'的关系,他没有运用最新的经济学研究成果,即马克思从资产阶级社会的细胞——商品的二重性（使用价值和交换价值）的结构分析中，暴露资产阶级社会的一切矛盾（和一切矛盾的萌芽）的方法，深刻地揭示语言的一切矛盾（和一切矛盾的萌芽）。因而产生了一系列片面性"，"必须特别指出，索绪尔肤浅地用经济学上的'劳动'与'工资'关系指出语言学上'所指'（概念）与'能指'（音响形象）的关系，肤浅地揭示语言的二重性，而没能从本质上用经济学商品的二重性——使用价值与交换价值，提出语言学上词'标独功能'与'结合功能'，这是索绪尔在语言学的建树上最主要的局限性。索绪尔的后续者正是没有克服这种片面性，……这就是现代语言学和语文教学走进死胡同的根源"。①

关于说索绪尔是"语言学之父"和说索绪尔模仿"劳动与工资的关系"提出能指和所指的概念，伍铁平先生已进行了批判。② 伍先生还指出，上面提到的经济学家"华尔华斯"是法国人，而且名字译错了，应该是"瓦尔拉"。③ 为了说明主要问题，我们暂时不去计较"十论"的语病，诸如上面所引的别扭句子，以及诸如"整体上表面地"之类莫名其妙的说法，虽然这是使每个阅读徐文的人为了弄明白他的意思不得不花费一些力气所跨越的一道障碍。徐德江前一种认识，来自中译本《普通语言学教程》中岑麒祥、叶蜚声两位先生的"校注"。但说"索绪尔最重要、最宝贵、最伟大的贡献"是引进华尔华斯经济学观点将研究价值科学的方法用于语言学研究揭示了语言的二重性，——模仿劳动和工资的关系，区分了能指和所指，则是不对的。虽然语言符号的价值理论在索绪尔理论中占有重要的地位，但在理论体系的层级上，却不占有核心地位。索绪尔语言学理论的基础，或者说索绪尔对语言学以及其他人文科学的主要贡献，是把语言定位为符号系统，将任意性作为符号、语言符号和语言学的根本原则，据此构成了一个完整而科学的语言符号学理论体系，从而奠定了现代语言学和符号学的基础，并使语言符

---

① 徐德江：《汉语文教学与索绪尔的贡献和局限》，《汉字文化》1993年第3期。
② 伍铁平：《不要胡批索绪尔》，《语言和文化评论集》，北京语言文化大学出版社1997年版。
③ 伍铁平、潘钧：《评〈索绪尔语言理论新探〉》，载《社会科学论坛》2003年第6期。

第十五章　从"十论"看徐德江对索绪尔理论的错误认识

号学在人文科学中具有了方法论的意义。① 如果不将任意性作为符号/语言符号的"第一原则",就不能理解符号/语言符号的系统性、社会性、可变性、不变性,而语言符号的价值,实际上是其系统性的另一面:价值是系统的产物。因此,我们理解,索绪尔引入经济学的区分,正像"校注"所说的那样,是"用来阐明他的语言理论"② 而不是他理论的出发点。这样,徐德江的观点就不能成立,他把索绪尔的比喻实质化了。

索绪尔对经济学的观点只是一种引用,而不是作为自己理论的出发点和基石。只有这样,才能理解为什么在语言学史上,索绪尔唯独特别推崇惠特尼,因为惠特尼"很正确地强调符号有任意的性质,从而把语言学置于它真正的轴线上"③。索绪尔是以语言和语言学本身为立足点的,所以不能期望他"运用最新的经济学研究成果",运用马克思的经济学观点来研究语言,如果是那样的话,所做的研究必定不是语言的研究。联想到 20 世纪五六十年代以马克思主义为一切工作指导思想的苏联和中国,在语言学界也提倡所谓的马克思主义语言学,最后实际上也变成了庸俗唯物论,那么我们怎么能希望索绪尔也用马克思的经济学思想来研究语言?而且我们同样也无论如何不能相信,徐德江先生能在用"商品的二重性(使用价值和交换价值)的结构分析中,暴露资产阶级社会的一切矛盾(和一切矛盾的萌芽)的方法,深刻地揭示语言的一切矛盾(和一切矛盾的萌芽)",能够"从本质上用经济学商品的二重性——使用价值与交换价值,提出语言学上词'标独功能'与'结合功能'"。

在索绪尔语言理论中,"能指"和"所指"也不是索绪尔对经济学"劳动"和"工资"关系的模仿,而是从符号整体角度考虑的结果,"到 1911 年 5 月 19 日第三次课已接近尾声时,他决定从《波尔-罗瓦雅尔》(1660)中借用 signifiant(能指)和 signifie(所指)这两个与

---

① 聂志平:《〈普通语言学教程〉中的语言符号学思想》,《浙江师范大学学报》(社会科学版)2001 年第 6 期。也见本书第三章。
② 德·索绪尔:《普通语言学教程》,高名凯译,商务印书馆 1996 年版,第 117 页。
③ 德·索绪尔:《普通语言学教程》,高名凯译,商务印书馆 1996 年版,第 113 页。

signe 同源的分词形式［动词 signifiier（表示）］来分别代替'音响形象'和'概念'，并要求学生一一改正。谁料这个定稿性的改动竟被 Bally 和 Sechehaye 忽略了，结果《教程》中将新旧术语一并保留，有时甚至交替使用（如中译本 p112）"。① 所以，我们只能这样认为，徐德江认为索绪尔的"最重要、最宝贵、最伟大的贡献"是建立在"受当时瑞士正统经济学派华尔华斯等人的影响""将经济学关于研究价值科学的方法运用于语言学，辩证地揭示出语言的二重性"上，以及相应的局限——"肤浅地用经济学上的'劳动'与'工资'关系指出语言学上'所指'（概念）与'能指'（音响形象）的关系，肤浅地揭示语言的二重性，而没能从本质上用经济学商品的二重性——使用价值与交换价值，提出语言学上词'标独功能'与'结合功能'"②，都是不能成立的，是对索绪尔语言理论的极大的误解。而徐德江却错误地认为"这就是现代语言学和语文教学走进死胡同的根源"，不仅是危言耸听，更是无稽之谈。

二　徐德江对语言符号能指和所指的错误认识

在对语言符号的认识上，索绪尔以前使用"音响形象"和"概念"这两个术语来指称语言符号相对的两个方面，在最后一次讲课接近尾声时才使用符号的两个分词形式"能指"（signifiant）和"所指"（signifie）来指称作为一个整体的符号的两极，这样就使对符号的理解一般化了，超出了语言符号的范围，奠定了一般符号学的基础。在语言学史上，尽管对作为语言符号两极——音响形象和概念——的理解有些争议，但都没有超出索绪尔的认识。叶姆斯列夫进一步细致地区分了"内容实体"和"内容形式"、"表达形式"和"表达实体"，认为只有"内容形式"和"表达形式"才能构成语言符号，实际上只是对索绪尔观点的一种明确化。徐德江认为，索绪尔的分析"都是不全面的"。③

---

① 信德麟：《索绪尔〈普通语言学札记〉（俄文本）评介》，《国外语言学》1993 年第 4 期。
② 徐德江：《汉语文教学与索绪尔的贡献和局限》，《汉字文化》1993 年第 3 期。
③ 徐德江：《语言的能指不只是音响形象　语言的所指不只是概念》（七论），《汉字文化》1995 年第 1 期。

第十五章 从"十论"看徐德江对索绪尔理论的错误认识

他认为,"语言分口语和书语(文字),于是口语的能指不仅有词的语音,同时还有词和词的结合性;书语(文字)的能指不仅有字的字形,同时还有字和字的字形的结合性","概念……是理性认识的范畴。一般人使用的词汇意义,特别是日常生活的词汇意义,都是感性认识的词义。……可见把感性认识的词义排斥在语言的所指之外,是极不全面的","口语的所指有词义。词义包括感性认识的观念,又包括理性认识的概念","口语的所指还有语法意义。口语的语法意义是由口语的词与词的结合性作为能指的","字义与字义的结合性即字的语法意义"。①"书语(文字)的所指,更为复杂。字形——能指就有两项所指:一项是字音;一项是字义。字形与字形的结合性——能指也有两项所指:一项是字音与字音的结合性;一项是字义与字义的结合性。字义与字义的结合性即字的语法意义。"在《关于语言能指与所指新解释的意义》[八论(一)]中,徐德江对"书语"的能指又做了补充:"'字形'作为文字(书语)的能指,既包括物质性的书写符号,同时包括'心理印记'的'书写形象'。"②

徐德江认为,他自己对能指和所指的理解,"恢复了语言符号是物质现象与心理现象的统一体本来面貌","有利于揭示语言、口语和文字(书语)的本质区别","有利于纠正对词义理解和词义教学的片面性","揭示了词汇和语法的真正本质区别"。③

关于语言符号的能指不包括语音实体,语言学史上有很多语言学家对索绪尔都提出过批评。但这反过来更体现了索绪尔的理论智慧。作为人类社会的最重要的一种交际工具,如果语言符号的能指是语音具体实体,A 就是 A,那么,由于每个人的发音习惯以及生理等某些方面的原因,每个人的说话都有某些因素的差异,如,甲说成 A′,乙说成 A″,丙说成 A‴,等等,人与人之间就不能进行交际。因为语言符号具有任

---

① 徐德江:《语言的能指不只是音响形象　语言的所指不只是概念》(七论),《汉字文化》1995 年第 1 期。
② 徐德江:《关于语言能指与所指新解释的意义》[八论(一)],《汉字文化》1995 年第 3 期。
③ 徐德江:《关于语言能指与所指新解释的意义》[八论(一)],《汉字文化》1995 年第 3 期;《关于语言能指与所指新解释的意义》[八论(二)],《汉字文化》1995 年第 4 期。

意性，所以它必然是社会的，必然是系统的，语言要素的价值（它是什么）只能由彼此的关系决定。这样，作为语言符号能指的音响形象就只能是一个抽象的"型"，这种认识导致索绪尔奠定了音位学的基础。① 而徐德江对"书语"的能指应该包括"心理印记"和"书写形象"的认识，显然没有理解索绪尔的价值，他把语言符号的能指看作抽象和具体的加合。

徐德江批评索绪尔把语言符号的所指看作概念，认为这种认识"长期以来，严重地危害着小学语文教学，危害着幼儿语言的迅速发展"，认为所指应是包括"感性认识的观念和理性认识的概念"。② 这也不正确。对于语言符号所指——与"音响形象"相对的"概念"的理解，也不能依我们一般的理解：索绪尔不是反映论的理解，而是认为，"在同一种语言内部，所有表达相邻近观念的词都是相互限制着的"③，"实际上，观念唤起的不是一个形式，而是整个潜在的系统，有了这个系统，人们才获得构成符号所必需的对立。符号本身没有固定的意义"④；语言符号的所指不是思维中的"概念"，而是索绪尔的一个术语："（'判断'）这个概念没有什么初始的东西，它不过是由它与其他类似的价值决定的价值；没有这些价值，意义就不会存在。如果我简单地断言词意味着某种事物，如果我老是记住音响形象与概念的联结，在某种程度上可能是正确的，而且提出了对现实性的一种看法，但绝没有表达出语言事实的本质和广度"（着重号是笔者加的）。⑤ 而徐德江的"严重地危害着小学语文教学，危害着幼儿语言的迅速发展"说，不仅耸人听闻，而且没有任何根据。

文字是记录语言的，这应该是语言学的常识，而徐德江却把作为整体的语言符号割裂开来，认为"书语"的能指字形具有两个相对应的性质完全不同的所指，这样就形成了"字形—字音"和"字形—字义"两种不同性质的符号，这是与一般对符号的认识相悖的，所以是不能成

---

① 聂志平：《有关〈普通语言学教程〉的三个问题》，《大庆高等专科学校学报》1998年第3期。也见本书第十二章第二节。
② 徐德江：《关于语言能指与所指新解释的意义》[八论（二）]，《汉字文化》1995年第4期。
③ 德·索绪尔：《普通语言学教程》，高名凯译，商务印书馆1996年版，第161—162页。
④ 德·索绪尔：《普通语言学教程》，高名凯译，商务印书馆1996年版，第180页。
⑤ 德·索绪尔：《普通语言学教程》，高名凯译，商务印书馆1996年版，第163—164页。

第十五章 从"十论"看徐德江对索绪尔理论的错误认识

立的。徐德江还认为,"汉字字音包容量(?——笔者)不仅可以包容一切汉语方音,而且,可以包容不同的口语如日本、韩国等国家和民族的口语的语音"①。这样,汉字的字形的所指之一——字音——就不再是汉语语言符号的能指了,这个"汉字"就不再是徐德江的"书语"——汉语的书面语言了,汉字也就不再是汉语"书语的词"了。徐以"字形的结合性"作为能指与"字音的结合性"和"字义的结合性"两个所指相对,也同样错误,原因同上,故略而不述。

徐德江对能指和所指的理解,还有一个更为严重的错误,就是把"结合性"看作语言符号的一个能指。从徐的论述来看,"结合性"是与语音、书写的字形这些具有物理实在性的东西相对的一个概念。正是因为这样,所以他把一个词的不同形态看作不同的词,"是词与词的关系,它们是最近的同族词",这种"结合性"就是语法:"词法"和"字法"。对这种"结合性"的理解,徐说:"寓于人类一切语言的真正的共性语法,就是语言单位物质外壳的结合性,再简括地说,就是语言单位的结合性。"② 这实际上应该是不同的。从"物质外壳"角度来看,既然是"词语音的结合性""字形的结合性",那么就意味着它们不是"词的语音",不是"字形",是在"词的语音"之外,在"字形"之外的东西,也就同样意味着,"词语音的结合性"是在口语词之外,"字形的结合性"是在"文字"之外的,所以它们就不能作为口语词这个语言符号整体的能指(徐德江的表述是"一个能指"),不能作为"书语词"——"字"的能指。如果我们善意地换一个角度,把徐德江的"结合性"理解为"语言单位"的结合性,是口语词的结合性,是书语词的结合性,那么,从逻辑上说,就不应该再把它劈开,劈成"词语音的结合性"和"词义的结合性",劈成"字形的结合性"和"字义的结合性",因为劈开之后就不再是作为符号整体的语言单位的"结合性"了。所以无论从哪个角度来看,徐德江这种把"结合性"看作实体,看作能指的观点都是不合逻辑的,就像做外科手术,幻想从肌肉、骨骼或什么内脏中要分离出精神一样。

---

① 徐德江:《关于语言能指与所指新解释的意义》[八论(二)],《汉字文化》1995 年第 4 期。
② 徐德江:《关于语言能指与所指新解释的意义》[八论(二)],《汉字文化》1995 年第 4 期。

徐德江对语法意义的理解也是违背语言学常识的:"口头语言作为符号,其能指和所指各有两个:一个是口语词的语音(物质外壳)——能指,其所指是口语词的词义(包括感性认识的观念和理性认识的概念),这就是口语的词汇手段;另一个是口语词语音(物质外壳)的结合性——能指,其所指是口语词的语法意义(包括感性认识的观念和理性认识的概念)这就是口语的语法手段。"① 这就意味着徐德江能理解的"语法意义" = "词义"。

在《语言的能指不只是音响形象语言的所指不只是概念》引了许国璋对索绪尔把符号这一整体分解为能指和所指所作的评论后,徐德江总结说:"可见,能指和所指,不是语言符号的独有特性,而是人文科学的共性。"②"能指和所指" = "语言符号的特性",莫名其妙;"能指和所指" = "人文科学的共性",更是莫名其妙。

尽管这样,徐德江还认为,"索绪尔提出了语言符号的能指与所指关系,这是创举。但是他对语言符号能指与所指认识的片面性,又束缚了他许多光辉思想的发展。这大概是索绪尔在从事语言研究的过程中'感到写作十分痛苦,更懒于动笔'的原因之一吧"。③ 徐先生十分自负,好像如果他要是给指点一下迷津,索绪尔就不会"痛苦"了。

三 徐德江对索绪尔关于语言符号任意性的错误认识

在对语言符号任意性的认识上,徐德江赞同许国璋先生的观点,并作了进一步引申。在《语言符号的任意性问题——语言哲学探索之一》中,许国璋先生认为,"任意性从来就不是一个统一的概念。……其实,能指和所指之间既然没有自然联系,当然就只有人为的联系,用'人为的'和'自然的'构成一个两项对立,倒是比较合理的";"人为的联系即是受语言和社会双重制约的联系,是理性的联系,不是任意的联系";认为索绪尔的"能指←任意性→所指"的模式是粗疏的,主张

---

① 徐德江:《关于语言能指与所指新解释的意义》[八论(二)],《汉字文化》1995年第4期。
② 徐德江:《语言的能指不只是音响形象语言的所指不只是概念》(七论),《汉字文化》1995年第1期。
③ 徐德江:《关于语言能指与所指新解释的意义》[八论(二)],《汉字文化》1995年第4期。

第十五章 从"十论"看徐德江对索绪尔理论的错误认识

将之修改为"符号→语言制约和社会制约→所指";"任意性的概念是懂得语言合理性的人所创造的","不论是学母语或学外语,任意性只是心理适应过程中的一种暂时现象,不适应就觉得不可捉摸,适应了就觉得理应如此。在这个意义上,任意性是可以改变的,不是客观存在的一种语言特征","原始时期的语言符号有任意性,部落社会时期是约定俗成的,文明社会时期是立意的。如果说语言有任意性的话,那也只限于原始时期,在此之后就不是任意的了"。[①] 许国璋先生一方面认为语言符号受语言和社会的双重制约,一方面又否定了任意性。徐德江高度地评价了许国璋先生的观点,说它"使语言理论从片面的'任意性'桎梏中解放出来,这是对语言理论发展的伟大贡献"。[②]

徐德江主张用"非任意性和任意性的对立统一"来解释语言符号能指和所指之间的关系,"非任意性是指语言的符号是人为的,在人为的自始至终的过程中是可以论证的",无论哪个民族中的哪个人在他独立、偶然地为一事物命名时,都要有所考虑,他总是有一定的因由;这个"因由"最终完全是人为的,是可以论证的,所以是非任意性的;"我把'非任意性'摆在'任意性'之前,是为了强调这两者之中,前者更为重要。因为只有对语言符号'非任意性'的具体深入研究,才能建立起语言学及其各个种类的分支科学。否定语言符号的非任意性,……实际上就是否定了语言学及其各个种类的分支科学的建立和深入发展。但我们同时又要清醒地看到语言符号的任意性,否则,容易陷于'自然结合论'的泥潭"。[③]

许国璋先生对能指和所指之间关系的修改,并没有超出索绪尔的认识,因为索绪尔在对符号的认识中特别强调社会对符号使用的制约,认为社会性是符号的本质属性,认为语言符号具有系统性,语言符号的能指和所指以及作为整体的语言符号,都受系统中其他要素的制约,因

[①] 许国璋:《语言符号的任意性问题——语言哲学探索之一》,《外语教学与研究》1988年第3期。又载《许国璋论语言》,外语教学与研究出版社1991年版,第20—41页。
[②] 徐德江:《语言符号是非任意性与任意性的对立统一体》(九论),《汉字文化》1995年第4期。
[③] 徐德江:《语言符号是非任意性与任意性的对立统一体》(九论),《汉字文化》1995年第4期。

此,"即使在最有利的情况下,论证性也永远不是绝对的。这不仅因为可以论证的符号的各个要素本身是任意的,而且因为整个要素的价值永远不等于各个部分之和","相对地可以论证的概念包括:(1)把某一要素加以分析,从而得出一种句段关系;(2)唤起一个或几个别的要素,从而得出一种联想关系。任何要素都要借助机构才能表达某种观念。……它们有连带关系,包括联想方面和句段方面的,正是这些关系限制着任意性(着重号为笔者所加)","凡是跟作为系统的语言有关的一切,都要求我们从这个很少引起语言学家注意的观点,即任意性的限制去加以研究"。① 由此可见,索绪尔已经明确地说明了社会性和系统性对能指和所指之间关系,及其对语言符号的制约性。至于说"任意性的概念是懂得语言合理性的人所创造的,正如'中古世纪'一词的专横与蒙昧的蕴含是文艺复兴时期人文学者笔下所赋予的一样","任意性是可以改变的,不是客观存在的一种语言特征",则是没有认识到任意性原则在语言以及语言学,以及在符号和符号学中的地位,"事实上,整个语言系统都是以符号的不合理原则(即任意性——笔者注)为基础的"②。因为语言符号具有任意性,所以语言符号才具有社会约定性,才具有系统性,才具有稳定性和发展变化性,才能完成作为社会交际工具的使命。语言符号的可理解的性质,一方面取决于社会的约定,另一方面取决于语言系统提供的可能。具有理据性,语言才能真正成为社会之中人与人之间传递信息的交际工具。

徐德江虽然说"我们同时又要清醒地看到语言符号的任意性,否则,容易陷于'自然结合论'的泥潭",但实际上并没有给任意性一个合理的地位,所以也就自然不会认识到任意性对于语言和语言学的意义了,而"只有对语言符号'非任意性'的具体深入研究,才能建立起语言学及其各个种类的分支科学。否定语言符号的非任意性,……实际上就是否定了语言学及其各个种类的分支科学的建立和深入发展",则是明显地认为语言学是建立在对语言非任意性的认识之上,——徐德江从一般对语言符号的能指和所指之间关系是任意性的认识,退步到

---

① 德·索绪尔:《普通语言学教程》,高名凯译,商务印书馆1996年版,第183—184页。
② 德·索绪尔:《普通语言学教程》,高名凯译,商务印书馆1996年版,第184页。

第十五章　从"十论"看徐德江对索绪尔理论的错误认识

"非任意性和任意性的统一体",再倒退到"非任意性"的决定作用,实际上是把语言学引出了符号学之外,用一种外在于符号的社会或文化的事实来解释语言符号,这是一种真正的退步。

理据性,亦即徐德江所说的"因由""非任意性",并不能构成对任意性原则的批判,也不是与任意性"是对立的概念"①,它应该是处于任意性之下、决定于任意性的一个概念。正是在这种认识的基础上,索绪尔才建立起自己的语言符号学的理论体系的,这也正是现代语言学的起点。徐德江的"语言符号是非任意性与任意性的统一体"作为一种说法并没有错,但他对语言符号的"第一个原则"的理解是错误的,从而对语言学的理解也是错误的。

徐德江在该文最后部分所提出的"由事物逐步生成认识、口语、文字简图",并没有提供任何新的东西,而且没有看到社会因素对于认识形成以及语言符号形成的意义,所以也就自然不可能"比较全面的认识语言符号的性质,能指与所指的关系,词与事物的关系"② 了。

四　徐德江对索绪尔关于口语与文字关系的错误认识

在"十论"中,这部分内容所占比例最大,至少有 4 篇半的篇幅:《汉字没有拼音文字令人烦恼的后果》(三论)、《语音是口语王国的元首,字形是书语(文字)王国的元首》(四论)、《文字高于口语》(五论。在《索绪尔语言理论新探》改文题为《文字高于口说语言》)、《汉字是高级的书面语言》(六论。在《索绪尔语言理论新探》中改文题为《汉字是高级的书写语言》)以及"一论"和"十论"的部分篇幅。徐德江与其说是研究或批判索绪尔的观点,还不如说是他自己论述自己的一贯观点。

徐德江认为,索绪尔虽然提到"书写的词"和"口说的词",却没有认识到它们是不同性质的事物。索绪尔认为语言学的对象只是口说的

---

① 徐德江:《语言符号是非任意性与任意性的对立统一体》(九论),《汉字文化》1995 年第 4 期。
② 徐德江:《语言符号是非任意性与任意性的对立统一体》(九论),《汉字文化》1995 年第 4 期。

词,"他甚至用否定和憎恶的字眼,来描述文字的作用:'书写的词常跟它所表现的口说的词紧密地混在一起,结果篡夺了主要的作用''文字掩盖住了语言的面貌,文字不是一件衣服,而是一种假装。'……'但是字母的暴虐还不仅于此:它会欺骗大众,影响语言,使它变化。这只发生在文学语言里,书面文献在这里起着很大的作用。视觉形象有时会造成很恶劣的发音。'……文字——书面语言的产生,使人类由野蛮的蒙昧时期进入文明时期,……但索绪尔却如此诅咒文字。在这点上,索绪尔同一切不能从科学角度,正确解释客观存在的事物但又主观地强作结论的人一样,十分武断。他没有认识到,文字的产生,使人类由初级的语言——口语阶段,迈入高级的语言——书面语言阶段,根本不了解这个伟大的质的飞跃。而是以口语为中心,以语音为中心,把文字看成摆脱不开的妨碍语言研究的一种讨厌的东西。这就是现代语言学至今也没有认识口语和文字本质区别而将口语和文字混为一谈的根源"。①

　　索绪尔的这种理解,是针对拼音文字说的。随着时间的推移,由于文字的稳定性,拼音文字不可避免地与它本来代表的口语脱节,表音文字不再代表现实口语中的实际读音,那么自然就"文字掩盖住了语言的面貌,文字不是一件衣服,而是一种假装"②［伍铁平先生注:"假装"是误译,应译作"伪装"］。如果人们抓住字形不放,那么,自然"它会欺骗大众,影响语言",这些都没错的。索绪尔主要讲的是法语所使用的拼音文字随着时间的变化而与口语脱节的现象,不是就文字本身性质的论述,也根本不是"诅咒文字"。作为语言研究者,如果不考虑到这一点,必然会被假象所迷惑,因为语言符号是任意的,具有社会的历史继承性,所以"决定一个词发音的,不是它的正字法,而是它的历史"③。至于说"现代语言学至今也没有认识口语和文字本质区别而将口语和文字混为一谈",则是一种无知:清代以段玉裁、王念孙为代表的训诂学提出"就古音以求古义,引申触类,不限形体"④ 的理

---

① 徐德江:《汉语文教学与索绪尔的贡献和局限》,《汉字文化》1993 年第 3 期。
② 德·索绪尔:《普通语言学教程》,高名凯译,商务印书馆 1996 年版,第 56 页。
③ 德·索绪尔:《普通语言学教程》,高名凯译,商务印书馆 1996 年版,第 57 页。
④ 王念孙:《广雅疏证》,中华书局 1983 年版,第 2 页。

第十五章 从"十论"看徐德江对索绪尔理论的错误认识

论,实际就是区别了书面的文字和自然的语言。徐德江把所谓的"将口语和文字混为一谈的根源"归于索绪尔,没看到我们所引索绪尔的话就在他自己引文的几行之下,是一种无稽之谈。

徐德江认为,"事实上,口语是个王国,书语——文字也是个王国。语音是口语的物质外壳,是口语的元首;字形是书语——文字王国的元首。索绪尔没有如实地认识文字有字形、字音、字义、字法等内容的王国,字形是这个王国的元首,而是把字形误认为是整个文字,误认为文字只是口语声音的符号,属于语音,是'照片','是一种假装',这就是索绪尔局限性的主要表现之一","索绪尔和一般语言文字学家们将口语和书语(文字)这两个密切关联但又是各自独立的王国混为一谈,就像一般人将'产品'和'商品'混为一谈,不了解两者的本质区别一样","索绪尔没有发现'口说的词'与书写符号结合时,已经发生了质变才产生了'书写的词'","索绪尔多次反复地提出'口说的词'和'书写的词',已经清楚地发现两者的不同,却又没有指出两者的本质区别,将两个王国混为一个王国","索绪尔清清楚楚地看到并承认文字高于口语,但却认为这事实的存在是不合理、不应该的……","索绪尔非常精明地指出……拉丁字母的拼音文字的落后性;同时也非常精明地指出了'对汉人来说,表意字和口说的词都是观念的符号;在他们看来,文字就是第二语言'!汉字没有拉丁字母拼音文字那种'令人烦恼的后果'……索绪尔……以非常敏锐的观察力注视着文字与口语的差别……令人惋惜的是,他好像已经走到了门边,并将一只脚举起但却没有跨出门槛。在人类语言文字理论的第一阶段,他达到了光辉的顶点","将含有字形、字音、字义、字法的整体文字,片面地认为只是字形","将文字说成是口语语音的符号",将口语与文字(书语)混为一谈,"这就是人类第一个阶段语言文字原理的主要特征之一。揭示口语与书写符号经过人脑的加工生成文字的本质变化过程,指明口语和书语(文字)是两个王国,口语王国中的首脑是语音,书语(文字)王国中的首脑是字形,这就是人类第二个阶段语言文字原理的主要特征之一"。[①] 徐德江

[①] 徐德江:《语音是口语王国的元首,字形是书语(文字)王国的元首》(四论),《汉字文化》1994年第2期。

认为"文字高于口语",因为口语词包括词音、词义、词法,"在书语词——字"中,包括字形、字音、字义、字法,"在复杂的文字结构中,……大致可以包括简单的口语结构,但在简单的口语结构中,却不能大致包括复杂的文字结构。这就是文字高于口语的最根本之点","通过文字可以认识口语,但是只通过口语却不能认识文字"。①

既然认为"索绪尔多次反复地提出'口说的词'和'书写的词',已经清楚地发现两者的不同","索绪尔清清楚楚地看到并承认文字高于口语",那么也就自然应该承认索绪尔已经把它们区别开来,否则就不能说"书写的词……结果篡夺了主要的作用","文字掩盖住了语言的面貌",就不会用相当的篇幅去谈拼音文字"写法和发音发生龃龉的后果"了,所以说索绪尔将口语和文字混为一谈,是没有任何根据的。相对于文字,语言是第一性的,因此索绪尔把语言比作"元首",但徐德江把这个比喻实指化了,并进而歪曲地发挥为语音是语言的元首,字形是文字的元首。伍铁平、潘钧两位先生对此已作了批判。② 不再赘述。文字与其他事物相区别的是字形,所以许慎的《说文解字》解的是字形,认为字形是文字的首脑,徐德江也不是首创。正是用文字来书写语言,才形成了语言的另一种存在形式——书面语,即徐德江所谓的"书语"。既然是书面的语言,主要代表形式也就自然是字形了,徐德江的说法也没有新意。表意图画简化而且固定地表示语言中的词语,表意图画就进化为文字,这早已是文字学的一般常识,如果这种东西还得徐先生作为"人类第二个阶段语言文字原理"的一部分来隆重地"揭示"("揭示口语与书写符号经过人脑的加工生成文字的本质变化过程"),那么文字学也太可怜了。认为"文字高于口语"违背了基本的语言学常识[伍铁平先生注:无可比性,因为文字也可以记录口语,徐将文字等同于书面语,是完全错误的],而其作为论据的"在复杂的文字结构中,……大致可以包括简单的口语结构,但在简单的口语结构中,却不能大致包括复杂的文字结构",如果徐的文字指一般理解的文字,则字形结构包括"口语结构"根本不对[伍铁平先生注:拼音文

---

① 徐德江:《文字高于口语》(五论),《汉字文化》1994 年第 3 期。
② 伍铁平、潘钧:《评〈索绪尔语言理论新探〉》,载《社会科学论坛》2003 年第 6 期。

第十五章 从"十论"看徐德江对索绪尔理论的错误认识

字无"字"这个单位与观念];如果指的书面语,因为书面语是语言的另一种存在形式,与口语有着不同的特点,就不存在包括关系;如果从记录口语角度来看,因为它具有口语所没有的字形,比口语多了一点东西,所以自然口语不能包括书面语,"只通过口语却不能认识文字",徐德江说的是废话。这样,徐德江先生自认为提出了"人类第二个阶段语言文字原理",实在有点自作多情了。

实际上还有最根本的一点区别,索绪尔谈的是文字与语言(口语)的关系,而徐德江却将文字等同于书面语,将文字与根本不能比较的事物——口语——进行胡乱的对比,来歪曲索绪尔。

不过,徐德江先生也确有"新说",那就是汉字是婴幼儿的智力"玩具"说,这是承认索绪尔的汉字超语音的认识以后所做的发挥。徐德江认为,"在文字的功能上,即在字形表义方面,表意文字体系的汉字,同数理化等科技文字一样,优于表音文字体系,……表意文字既明确又简短,阅读速度快,是真正具有国际性的。……数学符号等,也是表意性的文字","汉字是……复脑文字,易使人起联想,而联想是一切发明之母。所以学习汉字,特别是婴幼儿学习汉字有利于左脑和右脑的同时开发,有利于儿童智商的提高","实践证明,个性突出的方块汉字最适宜婴幼儿右脑整体模式识别的认知方式,是婴幼儿最易学的文字","数理化等科技文字是表意文字,它们对综合性口语向分析性口语转化,有积极的促进作用","至于汉字的艺术性,是举世公认的,不必细述,汉字的高超的艺术性是以汉字高度的科学性为基础的。没有汉字高度的科学性,汉字也就不会有举世无双的高超艺术性","随着科学技术的不断发展,蕴藏在汉字中的人类高度智慧的科学奥秘,才从不同角度逐渐被揭示出来",徐德江的结论是,"汉字是科学、易学、智能型、国际性、优美高雅的文字,是比图画、积木、魔方更巧妙的智力玩具,是比拼音文字更高级的书面语言"。[①]

首先应该说明的是,在上述观点中,徐德江的"文字"显然不同于此前我们引用的意思,在这里"文字"不再是"书面语言"的意思,

---

① 徐德江:《汉字是高级的书面语言》(六论),《汉字文化》1994年第4期。

而是一般理解的"文字",而徐德江在其他场合所说的"多字词"中的"字",也是作为一个字形的"字"——这种概念的混淆,在徐德江的文章中比比皆是。认为数理化科技符号是表意文字,这首先就不通:比如 N,有固定的来自字母的读音,不同的学科对它具体代表什么有不同的约定,在化学中是"氮",在语言学中是"名词",在物理中是"牛顿"(力的单位),数理化科技符号怎么能与汉字一样是表意文字呢?"明确又简短,阅读速度快",与"真正具有国际性的"没有任何必然的联系。作为一种表意文字,汉字虽然以形胜,但毕竟不是图画,就是成人学起来尚需一定的精力,否则就不会有那么多的文盲和半文盲了,且不用说其他外民族的人了,它怎么又能为智力水平远远低于成人的婴幼儿所掌握呢?如果真是那样的话,中国的小学语文教育可以废止了。如果从"汉字是科学、易学、智能型、国际性、优美高雅的文字,……是比拼音文字更高级的书面语言"的认识角度来看,徐德江好像又是主张连口语都没有掌握的婴幼儿学习更为"高级"的书面语言——徐德江所谓的"书语",也就是说,婴幼儿可以不会走路,但可以先学会跑步,稍微有点常识的人都知道,这是有悖常理的。语言是大众的交际工具,数理化科技符号是一种基于不同学科的约定符号,数理化科技尚需要学习,作为数理化科技的符号,又如何能够"对综合性口语向分析性口语转化,有积极的促进作用"呢?除了徐先生以外,大概没有人知道"综合性口语"和"分析性口语"是什么。如果说"随着科学技术的不断发展,蕴藏在汉字中的人类高度智慧的科学奥秘,才从不同角度逐渐被揭示出来",那么,在科学技术不发达的以前,我们的先人又怎能把"人类高度智慧的科学奥秘"编码在汉字中呢?文字是记录语言的,所以说汉字是"比拼音文字更高级的书面语言",也不符合一般文字学原理,拼音文字与表意文字无所谓高级、低级,如果真像徐德江说的那样,日本就不会从借用汉字而改为部分地使用假名,朝鲜就不会放弃汉字而改用表音文字谚文——从高级自动走向低级的文字了。

　　徐德江先生的论证方式,是把有待证明的东西当作公理,自说自话,最后他的"智力玩具"结论的得出,也就丝毫不奇怪了,奇怪的只能是我等凡夫俗子对这种"妙论"的不理解了。

第十五章　从"十论"看徐德江对索绪尔理论的错误认识

五　徐德江对索绪尔语法思想的歪曲

在对索绪尔理论的认识中，徐德江对索绪尔取消词法和句法的分立而代之以句段关系和联想关系的评价最高。他认为，"否定了索氏'废弃近代语法的内容，而代之以句段关系和联想关系'的作法，正是否定了索绪尔的精华（重要的一部分），使人类语言学，特别是语法学，走进死胡同，使中国语法学陷于自相矛盾、不能自拔的极端混乱之中"①，"彻底揭示了'形态'的本质，突破了传统语言学的局限性，消除了影响语言学健康发展的全局性的症结，为真正科学的语法学的建立指明了方向。这是索绪尔对语言学的发展作出的极其重大的贡献"，"突破了'形态'理论对语言学的束缚，揭示语法的本质，为词汇和语法作出明确的科学界定，这是人类语言学由第一阶段步入第二阶段的一个重要标志"。② 尽管如此，但徐德江在很多地方还是歪曲索绪尔的语法理论。

徐德江根据索绪尔的"名词词形变化范例就是这种集合中的一个突出的典型。拉丁语的 dominus'主人（主格）', domini'主人（属格）', domino'主人（与格）'等等显然是一个共同要素——名词 domin——构成的联想集合"和"在话语之外，各个有某种共同特点的词会在人们的记忆里联合起来，构成具有各种关系的集合"，就认为"可见索绪尔认为'形态'并不是寓于人类语言中的共性的语法。它首先是词汇问题。词的'形态'变化，是词与词的联想关系，聚合关系。把词的'形态'变化看成一个词的不同形态，语法的主要内容，是不对的"③，"'形态'问题包括的就是这样两项内容：一个是属于词汇范畴的聚合问题，生成不同系列的同族词；一个是属于语法范围的词与词的组合问题，即同族词中每一个词所具有的与词有关的结合性问题"，

---

①　徐德江：《语言各种单位的结合性是寓于人类一切语言中的语法》（二论），《汉字文化》1993 年第 4 期。
②　徐德江：《语言各种单位的结合性是寓于人类一切语言中的语法》（二论），《汉字文化》1993 年第 4 期。
③　徐德江：《语言各种单位的结合性是寓于人类一切语言中的语法》（二论），《汉字文化》1993 年第 4 期。

"把'形态'视为语法的主要内容的语言理论。是人类语言理论幼稚性的一种表现"①。徐德江在后来的"八论"中,实际上否定了自己前面所说的形态一部分属于词汇范畴(聚合)一部分属于语法范畴(组合)的说法:"一个词的所谓不同形态之间的关系,是词与词的关系,它们是最近的同族词。这才是正确的解释","从理论上分析,形态是过时的认识在语言结构中的残痕",所以徐德江认为,"中国的一些语言学家陷在'形态'的怪圈中,使本来科学性很强的汉语遭到严重的歪曲","因为汉语没有形态,于是说汉语没有语法,或说汉语语法不发达","至今我们一些研究汉语和从事汉语教学的人。仍然沿着'形态'理论的歧路,细致深入地探讨汉语的语言特点,实在是我国语言学界的莫大悲哀!"②。

在索绪尔的语言理论中,句段关系和联想关系是语言符号系统性的具体体现,而不是专指词语这一个层面,因此我们曾从理论的整体性角度,将索绪尔的句段关系和联想关系分析成各自对应的三个部分。③ 因此不能将索绪尔举例式的说明当作他理论的全部,也不能因此就从索绪尔自己的说明中引申出形态不是语法,而是"词汇问题",是"最近的同族词",而且,作为一个特定的语言学术语,同族词是指有共同来源的一组词,与词(严格地说,应该是词位)的不同形态变化是完全不同的东西。形态是屈折语表现语法关系的一种主要手段,词与其他词组合进入句子,词的语音形式要发生变化,组合不同,所形成的语法关系不同,就有不同的词形变化,可以说,形态是以语音形式凝固在词本身的语法关系,是功能和语法关系的外在的固定表现,与人的认识无关,更谈不上是什么"过时的认识在语言结构中的残痕",语言优劣论是没有任何根据的。建立在屈折语研究基础上的传统语法学抓住了形态作为

---

① 徐德江:《语言各种单位的结合性是寓于人类一切语言中的语法》(二论),《汉字文化》1993年第4期。

② 徐德江:《语言各种单位的结合性是寓于人类一切语言中的语法》(二论),《汉字文化》1993年第4期。

③ 聂志平:《语言:语法系统 句段关系和联想关系——索绪尔语法思想初探》,《齐齐哈尔师范学院学报》(哲学社会科学版)1990年第5期,中国人民大学报刊复印资料《语言文字学》1990年第11期。也见本书第九章。

第十五章 从"十论"看徐德江对索绪尔理论的错误认识

自己分析的依据,是无可厚非的。索绪尔提出的句段关系和联想关系来代替传统语法学词法(形态学)和句法的分立,应该说更具有普遍性和理论的一贯性,解释力更强,因而更为科学。徐德江在《语言各种单位的结合性是寓于人类一切语言中的语法》中认为,"我们运用德国唯物辩证法大师马克思的理论,……从而,明确指出,寓于人类一切语言的共性的语法不是什么'形态',而是,'语言各种单位的结合性'。揭示了寓于人类一切语言中的这个共性语法的本质"。[①] 这个据徐德江称是"人类语言学第二个阶段"的"语言各种单位的结合性",似乎可以理解为"结合的能力"或"功能",不过这是从单位本身来说的;索绪尔的句段关系是从要素之间的组合角度说的,只是角度不同而已。徐德江的说法充满了对语法的歪曲,却是自认为在索绪尔《普通语言学教程》出版77年以后从所谓马克思辩证法那里得到启迪得出来的结论,这不是无知,不是狂妄,还能是什么呢?而且形态应该是聚合关系和句段关系的共同产物,应该是语法的一部分内容。这些都是现代语法学的基本观念。而徐德江却毫无根据地认为,现代语言理论认为,狭义的形态,是属于语法范畴,甚至是语法的主要内容,于是得出了"汉语没有语法""或语法不发达"的结论。[②] "现代语言(学)理论"作为一种语言学史的常识,是索绪尔以来的语言学理论。任何一个具有一些语言学史知识的人,估计除了从徐德江先生这里才能知道这种观点以外,就再也找不到其他一点线索了,而在索绪尔的语法理论中,形态恰恰不是语法的主要内容。

徐德江认为,"现代语言理论认为,词汇分两大部分,一部分是实词,一部分是虚词,但是又说,虚词只有语法功能,无词汇意义,属语法范畴……就这样自相矛盾","语言理论关于词汇和语法的自相矛盾混乱现象的产生,与索绪尔关于语言符号能指与所指的片面性有密切关系"。[③] 这也是无稽之谈。关于实词与虚词的经典概念出自《马氏文通》,该书出版于1898年,远在索绪尔讲授普通语言学区分能指和所指之前,也比《普通

---

① 徐德江:《语言各种单位的结合性是寓于人类一切语言中的语法》(二论),《汉字文化》1993年第4期。
② 徐德江:《关于语言能指与所指新解释的意义》[八论(二)],《汉字文化》1995年第3期。
③ 徐德江:《关于语言能指与所指新解释的意义》[八论(二)],《汉字文化》1995年第3期。

· 323 ·

语言学教程》出版早 18 年，又怎么能把这个账算到索绪尔身上？

徐德江总结道："概括起来说，语言的符号，凡是以语言单位的物质外壳为能指，其所指即为词汇范畴，凡是以语言单位的物质外壳的结合性为能指，其所指即为语法范畴。这样我们从语言符号的结构上，即从能指与所指的关系上，深刻地揭示出人类语言的词汇与语法的真正本质区别"①，"这是人类语言中区分词汇和语法的科学标准"，"关于词汇与语法的不同区分标准，也是人类语言文字第一阶段与第二阶段理论的重要区别之一"②。索绪尔的语法理论"是人类语言学由第一阶段步入第二阶段的一个重要标志"③，而徐德江自己的理论则进入了人类语言文字理论的第二阶段。且不提前面对徐德江说法的批评，仅就徐德江把所指看作"范畴"也可以说明徐德江思路的混乱："范畴"是意义的类别，那么，所指不是意义，而是"词汇意义的类别"和"语法意义的类别"。而"××性"，依现代汉语的理解，应该是具有某种性质，那么"结合性"，就应该是"具有可结合的性质"，那么，就应该是语言单位本身所具有的可以与其他语言单位结合的性质，翻译成现代语法学的术语，就应该是语言单位自身的功能，那么，这个语言单位的"结合性"，就应该属于语言单位的聚合关系。索绪尔对语法的理解是句段关系和联想关系的总和，语言符号的系统性正体现在这两种关系之中。在系统中，语言符号既与有某种共同特点的语言符号处于同类的聚合之中，又与其他语言符号处于言语链条的组合（句段）关系之中；句段关系为联想关系提供了依据，联想关系为句段关系提供了支持，处于组合之中的语言符号并不是孤立或单一的组合，而是代表了同一类型语言符号的组合。徐德江只把聚合关系（结合性）看作语法，实在是一种倒退。

六　关于"标独功能"与"结合功能"的荒谬性

"标独功能"和"结合功能"本不是"十论"中的内容，但徐德江

---

① 徐德江：《关于语言能指与所指新解释的意义》[八论（二）]，《汉字文化》1995 年第 3 期。
② 徐德江：《关于语言能指与所指新解释的意义》[八论（二）]，《汉字文化》1995 年第 3 期。
③ 徐德江：《语言各种单位的结合性是寓于人类一切语言中的语法》（二论），《汉字文化》1993 年第 4 期。

· 324 ·

第十五章 从"十论"看徐德江对索绪尔理论的错误认识

先生对自己这个提法评价极高,认为是应用了马克思政治经济学理论中的"使用价值"和"交换价值"概念深刻地揭示了"语言的细胞"——词的二重性,是对索绪尔局限性的突破。这样我们就有必要看看徐是怎样用这对概念"突破"索绪尔局限的。

在中英文对照本《当代语言文字理论的新构想》的《词结构新探》中,徐德江说:

> 口语词的物质外壳是词音。词音上凝结着对事物独立性和部分联系的认识。对某事物独立性的认识,就是我们通常所说的词义,词义通过词音表现出来;而对某事物部分联系性的认识,我们称其为语法意义,也凝结在词体——词音之上,但该词音却表现不出来,必须在这个词音与其他词音的结合关系中表现出来。这样,在口语词的结构中就形成了两大部分:第一部分是由词音和词义组成,由词音直接表现了词义(对独立性的认识);第二部分是由该词音与他词音相结合并由这种结合所表现的语法意义(对部分联系性的认识)所组成。我们称第一部分为"词音标独功能",即由词音表现对该词代表事物独立性认识(词义)的功能,这是前人所未发现的部分;我们称第二部分为"词音结合功能",即由该词音与他词音的结合性表现对该词所代表的事物部分联系性认识(语法意义)的功能。……这样,在口语词的结构中,第一个层级不是什么"音"+"义",而是"词音标独功能"。"词音"与"词义"是构成口语词第一部分"词音标独功能"的两个因素。……以简图示之:

口语词 { 词音标独功能 { 词音 / 词义 (对某事物独立性认识) } ; 词音结合功能 { 本词音+他词音 / 语法意义 (对某事物部分联系性认识) } ①

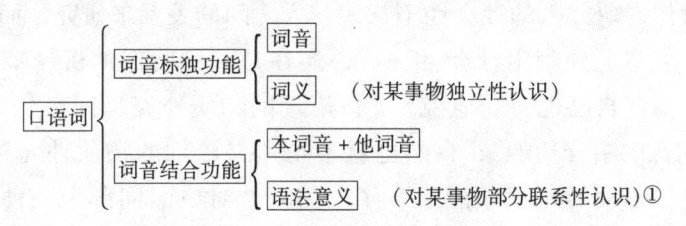

图 15.1

---

① 徐德江:《当代语言文字理论的新构想》,科学出版社 1992 年版,第 5—6 页。

徐德江认为,"词是语言的细胞,对词的分析能暴露语言的一切矛盾和一切矛盾的萌芽"①,他"提出口语的原料与结构公式是有重大意义的,这将引起语言学中一些最基本的概念和有关理论的更新"②。徐德江认为,"人嘴发出的声音"和"人对某事物的认识"是口语的"原料",它们结合发生"质变","生成"口语词,"……口语词的词音标独功能决定词音的结合功能"③,"人人皆知,物体是以物质外壳为区分个体的标准的。……口语词的物质外壳是词音"④。

既然"对某事物独立性的认识,就是我们通常所说的词义",那么"词音上凝结着"词义,亦即词的语音形式代表词义,就不再是什么新鲜的见解,随便找一本教科书就可以查到,而却说这是"前人所未发现的部分",如果不是故意欺骗,那就是叫有一点常识的人忍无可忍的孤陋寡闻。作为交际工具,语言系统中的语言符号都具有与其他语言符号组合的能力:正是因为有语法,所以掌握语言的人才可能创造和理解无限的句子,人类的交际才能实现。可以说,对语法的这种认识,可能有深浅的差异,但并无本质的不同,但徐德江也把对"结合性"的发现算作自己的功劳了。

不仅如此,徐德江还机械地套用索绪尔能指和所指的区分,把这种"结合性"只看作"本词音"与"他词音"的结合,而不是作为语言符号整体的组合,作为语言的结构规则,语法只是语言符号与语言符号之间的组合关系和聚合关系,"词音"的组合,不具有语法性质。而且,徐德江把这种语言符号与语言符号之间的关系强行归到语言符号本身上,就像要研究人的社会性不从人与人之间的关系来研究,而非要从具体的个人身上分割出社会性一样,实在是一种庸俗的机械唯物论的认识。徐德江自己也明确地说,"口语词的物质外壳是词音",那么,这种"词音的结合功能",自然也就不是"口语词的物质外壳",也就自然不是口语词的"一项能指"了。另外,对口语词作为一种语言符号

---

① 徐德江:《文字高于口语》(五论),《汉字文化》1994 年第 3 期。
② 徐德江:《文字高于口语》(五论),《汉字文化》1994 年第 3 期。
③ 徐德江:《当代语言文字理论的新构想》,科学出版社 1992 年版,第 16 页。
④ 徐德江:《当代语言文字理论的新构想》,科学出版社 1992 年版,第 23 页。

第十五章 从"十论"看徐德江对索绪尔理论的错误认识

的认识，应该从它的能指和所指角度来着眼，而对口语词进行分解的第一个层次看作两种功能，再在这两种功能之下再分出能指和所指来，从逻辑的角度来看也是不通的。徐德江对"书语词"的理解也一样，本章不再批驳。正因为徐德江这种说法的荒谬，所以，十余年过去了，历史已经进入21世纪，一直还没有他所自诩的"引起语言学中一些最基本的概念和有关理论的更新"。

[* 本文初稿2002年初曾寄著名语言学家、北京师范大学中文系教授伍铁平先生指正。伍先生抱病审读了拙稿，在观点和行文上都作了细心的批注。本文部分地采用了伍先生的意见，有的用[ ]以随文注的形式插录在文中。在初稿修改过程中，当时的"学术批评网"版主北京师范大学教授杨玉圣先生帮助找来2001年发表在该网上伍铁平、潘钧两位先生A4打印稿共18页的长文《评〈索绪尔语言理论新探〉》（本文引用出自已刊发论文）。在此笔者对伍铁平、杨玉圣两位先生表示衷心感谢。原稿曾分两部分，分别刊发于《齐齐哈尔大学学报》（哲学社会科学版）2002年第6期、《哈尔滨学院学报》2004年第1期]

附 录[①]

附录一 符号简论

摘 要：本文讨论符号的界定、符号的分类和符号的特点。本文从狭义符号角度，把任意性看作符号的根本属性；区别了征候、信号与标志，论述这三种现象与符号的区别；从感知角度把符号分为视觉符号、听觉符号和触觉符号三类，并说明具体科学符号、科学术语与自然语言词语的区别；认为符号有四个特点：符号产生于能指与所指之间的关系、任意性、约定性和系统性；并重点论述了语言符号在约定性、系统性方面与其他符号的差异。

关键词：符号；任意性；语言学；索绪尔；文化

一 界定

在学术界，对于符号的理解，有广义和狭义之分。广义的理解，是把符号看作事物的标记。比如国旗代表国家，货物箱上的☂表示防止受潮，等等。国旗的图案、伞状图形虽然是约定的，但是图形与它所代表的意思之间的联系具有一定的可解释性。这是象征，也叫标志。狭义

[①] 说明：本附录的前三篇，是笔者应用索绪尔理论研究符号学和语言学问题的一点心得，文章采用刊发时的体例。其中《附录一 符号简论》和《附录二 语言符号论》，是笔者在学界首次将索绪尔理论概括为"语言符号学"并提出这一概念（聂志平，2001）后，对符号和语言符号问题所做的专门研究；《附录三 从经典作家语言运用角度看言语词》，是运用索绪尔语言和言语区分理论，对词在言语中的表现即言语所做的研究；《附录四 语言学简史》是笔者为主编的《语言学概论》教材编写的语言学简史部分内容。

的符号是没有理据的，是人们约定的，如北方饭店营业时挂的幌子，古代表示外敌入侵的烽烟，语言，文字，等等。符号的形式与内容之间没有必然的联系，需要靠使用者去约定。我们所理解的符号，是所谓狭义的符号。可以这样界定：**甲、乙两个事物，如果用甲来代表乙，当且仅当甲乙两事物之间没有自然联系，那么就把甲叫作乙的符号**。没有自然联系，也就是具有任意性，也叫不可论证性。因为符号是任意的，所以符号具有人为性和假定性。按索绪尔的理解，符号由两部分构成，符号的形式部分叫能指，内容部分叫所指。① 可以表示为：

$$符号\begin{cases}能指\\所指\end{cases}$$

符号具有物质性，是人可以感知的，因此才可以作为替代物。符号的物质形式和符号的内容之间，没有自然联系，没有任何相似性，因此，用什么样的物质形式来代表什么样的内容，完全是由人来规定的。这就是假定性和人为性。能指与所指之间没有自然联系，一般称为任意性。因为两者之间的关系是任意性的，所以，符号只能是人为规定的。符号的任意性是符号的本质特征，因此，在界定时我们格外强调"当且仅当"。

理解符号，还要把符号与跟符号相似的其他事物区别开来。

1. 征候

征候是事物的一部分，与事物本身有自然联系，从征候可以推断事物本身。如通常火燃烧要产生烟，那么看到烟，就推想到有火，烟就是火的征候；人生病，就会有一些表征，那么，人身体上的某些症状，就与一定的疾病相关，是某种疾病的征候；人脸红，是窘急的征候；在原野上闻到香味，就会知道附近有鲜花在开放，香味就是鲜花的征候；月晕而风，"月晕"是将要刮风的征候；等等。征候或征候的总和可以区别不同的事物，说明它们的性质和特性。征候与事物本身有自然联系，因此，人们通过观察、总结，可以发现其中的联系，可以通过征候推知事物。这方面因果关系的总结，可以成为人们的经验和智慧。

---

① 德·索绪尔：《普通语言学教程》，高名凯译，商务印书馆1996年版，第102页。

征候不是符号。征候与它所代表的事物之间有整体与部分或因果性的联系，不是任意的，可以从征候推断事物本身。而如果不了解符号能指与所指的联系，就不会从符号的形式推断它所代表的内容。

2. 信号

信号是在特定情景中传递信息的声音或视觉形象。它本身并不包含信息，与信息无固定的联系，只有处于一定的情景中才能表达信息。如学校的铃声、工厂的汽笛，没有任何声波形状的差别，持续时间的长短不同表示的意思也不同，具体表示什么意思，视所处的情景而定：如果是上课时铃声响了，铃声表示下课；如果是在休息时间铃声响了，则表示上课。

信号不是符号。信号内容与形式没有必然联系，这点与符号一样，但信号形式与内容的联系依情景而定，而符号能指与所指的联系一旦确定，就有了比较固定的联系。

3. 标志

标志是以形象直观地表达某种意思的一种图形或图文组合体。有人也称之为**象征**。标志是现实生活中很常见的事物，例如：

① ② ③ ④ ⑤ ⑥ ⑦ ⑧ ⑨ ⑩

标志可以分成简单的和复杂的两类。①②③④⑤⑥⑦，可以看作简单标志，①表示易碎品，②是女卫生间的标志，③是剧毒标志，④表示禁止吸烟，⑤表示禁止鸣笛，⑥是转盘道标志，⑦是网络中使用的"笑脸"。其中④⑤用斜线表示"禁止"，属于简单复合标志。⑧⑨⑩是复杂标志。⑧使用镰刀和锤子构成的复合标志，表示代表工人农民的利益。⑨是大众汽车公司标志，它来自德文 Volks Wagenwerk，意为大众使用的汽车，标志中的 VW 为全称中首字母，像是由三个用中指和食指作出的"V"组成，表示大众公司及其产品必胜—必胜—必胜，是来自词语缩略字母构成的图形。① ⑩是中国联通的标志。有图形并同时有

---

① http：//baike.baidu.com/view/63293.htm.

· 330 ·

中英文公司名称。中国联通的标志是由一种回环贯通的中国古代吉祥图形"盘肠纹"演变而来；迂回往复的线条象征着现代通信网络，寓意着信息社会中联通公司的通信事业井然有序而又迅达畅通，同时也象征着祝愿联通公司的事业无以穷尽，日久天长；标志造型中的四个方形有四通八达，事事如意之意，六个圆形有路路相通，处处顺畅之寓，而标志中的十个空穴则蕴含完完满满和十全十美之意；标志还有两个明显的上下相连的"心"，它展示着联通公司的宗旨：通信、通心、与用户心连心。①

地图、建筑施工图、电路图以及产品结构示意图等，也是比较常见的标志。它们或者反映了地理、交通的情况，或者反映建筑、电子产品和其他产品的结构、设计等的情况。这些图与本体有形式或结构的象似性。

标志具有三个特点。（1）是一种视觉形象。（2）标志与事物本体之间具有象似性，表意上具有一定的直观性；标志的表意，是从图形构成可以看出或推断出来的，有的很直接，不过多数需要体会，即便是简单的图形，如▽，并不表示箱内装的是高脚玻璃杯，而表示与高脚玻璃杯具有相同易碎性的物品。（3）具有通用性。由于标志是对事物的模拟或理念的图示，因此是超越民族、超越语言的，比如在现代社会，上列的标志①—⑥都是世界性的。此外，作为图形，有些标志还把颜色作为表意手段之一。

与征候相比，标志是人为的，征候是自然的，是事物的一部分，而标志不是事物的一个部分，而是临摹或由相似性或相关性复合图形辗转表意。与信号相比，标志的内容是确定的，不受情景的制约，有自己的体系。与符号相比，标志通过图形（简单或复杂的）或图形加文字的组合来表意，形式与内容有相似或相关性联系，具有表意的直观性，是可以解释的，而符号是任意的。正因为标志的功能是明确示意，所以有些标志既使用图形示意，同时也明确使用文字说明，使表意更加明确，例如，既有单用⊗的，也有⊗下边再标上"禁止吸烟"或"NO SMOKING"的；既有单用♀的，也有在♀下边标上英文大写字母 W. C. 的，而

---

① http：//zhidao. baidu. com/question/43198516. html？ fr = qrl&fr2 = query.

· 331 ·

联通标志既有图案，又有中英文名称。

二 符号的分类

与上述征候、信号、标志区别开来，就可以大体划定符号的范围了。对符号有不同的分类角度。从感知角度，可以把符号分为以下三种类型：

符号
- 听觉符号：有声语言、口哨语、鼓点语、军号等；
- 视觉符号：
  - 静态的：文字、字母、速记符号、电报代码、服饰符号、图腾、巫术符号、图形符号、宗教符号、幌子、具体学科中的符号、公式以及计算机程序等；
  - 动态的：手语（聋哑人的语言）、灯语、旗语、游戏、仪式、体态语（摇头、点头、抱拳、合十等）等；
- 触觉符号：盲文、吻礼、握手、拥抱等。

静态的，是固定的，不动的；动态的，是运动的，具有动作性，如下棋、打牌、仪式，都是一种活动过程，手语功能上等同于自然语言，但它需要手的活动以及身体的配合这些活动来实现。在社会文化中，服饰的颜色、样式具有不同的意义，如学位服，现代的婚纱，戒指，参加葬礼佩戴的黑纱、白花，等等，都有专门用途和意义；衔橄榄枝飞翔的白鸽图形来自《圣经》，被用来代表和平，这些都属于文化符号。传递信息的不同颜色的灯、旗，以及它们的各种组合、移动方式等，至今仍用于交通、军事领域，这便是灯语、旗语；应用于不同等级规格的仪式，有其固定的含义，不能随便使用，如握手作为一种最常见的社交礼仪，表示友好；等等，这些都是符号。符号是人类社会特有的一种文化现象，是人类区别于其他动物的一个显著标志，是人类进化的一个重要标志。只有人类社会才有符号。人是创造和使用符号的动物。正如卡西尔所言，人是"符号的动物"。[①]

[①] 恩斯特·卡西尔：《人论》，甘阳译，上海译文出版社1985年版，第34页。

在这些符号中，有些符号，如文字、字母、速记符号、电报代码、手语、灯语、旗语、盲文等，是可以替代语言的，就是说，它们表示的意思，也可以用语言来表达。这是在语言的基础上形成的符号，可以称为替代符号。它们是为了某种特殊的目的来使用的，具有弥补自然语言不足的功用。

具体学科中的符号，是一种替代性的符号，具有专业的通用性，不受具体的民族语言的制约。与语言相比，具体学科中的符号具有以下三个特点。（1）国际通用性。即没有具体语言限制。（2）专业性。即适用于具体的专业，即便是相同的一个字母，在不同的学科中，具有不同的含义。例如：O 在化学中代表氧，在语言学中代表宾语；N 在化学中代表氮，在物理学中代表一种力的单位牛顿，而在语言学中代表名词；等等。（3）单义性或无歧义。具体学科中的符号，作为该学科术语，只表示一个约定的意思，作为语言学符号，V 只代表动词，而不表示别的意思。

具体自然语言中的科学术语，虽然是以词语的形式存在的，但也具有以字母、数字形式表现的具体学科符号的一个基本特点：单义性。这与自然语言中一般词语不同，作为符号的一个主要类别，自然语言中的语言符号与其他符号不同，在表义上具有多义性，即语言符号大多表示一个以上的意思，例如：

【败】①[动]在战争或竞赛中失败（跟"胜"相对）。②[动]使失败；打败（敌人或对手）。③（事情）失败（跟"成"相对）。④毁坏；搞坏（事情）。⑤解除；消除。⑥破旧；腐烂。⑦[动]凋谢；枯萎。⑧[动]败落。⑨[动]使败落。①

与此相对，行业或科学术语是单义的：

【反潜】[动]对敌潜艇进行搜索、攻击的战斗行动。②

---

① 中国社会科学院语言研究所词典编辑室：《现代汉语词典》（第7版），商务印书馆2016年版，第31页。
② 中国社会科学院语言研究所词典编辑室：《现代汉语词典》（第7版），商务印书馆2016年版，第362页。

【反射】动①光线、光波等从一种介质到达另一种介质的界面时返回原介质。②机体通过神经系统，对刺激所发生的反应。①

"反潜"是军事领域的术语，是单义的；"反射"表面上看具有两个意思，却分别应用于不同的学科领域：①属于光学学科，而②属于生理学、心理学，归属不同的学科，具有不同的含义，因此，作为科学术语，"反射"是单义的。有的术语被民间大众所接受，变成社会化的语言符号，即自然语言中的词语，例如：

【克隆】动①生物体通过体细胞进行无性繁殖，复制出遗传性状完全相同的生命物质体或生命体。②指复制（强调跟原来的一模一样）。[英 clone]②

"克隆"的第一个义位是属于生物学的科学术语，第二个义位是自然语言词语的词义；或者说，"克隆①"与"克隆②"应该表示为【克隆^1】【克隆^2】，是分别属于科学术语和自然语言两个系统的不同词语、同形词。因此，一般人使用这个词语，是按｛复制｝义来理解的，而不知道无性繁殖的意思。

三　符号的特点

1. 符号产生于能指与所指之间的关系

一方面，作为符号形式的替代物，具有物质性，是一个客观存在实体，是人可以感知的；另一方面，它被用来替代其他事物，与被代替物之间形成了符号关系，成为符号的能指。某一实在的事物只有进入这种替代关系（符号关系），才能作为替代物，才能成为它的符号。比如象棋中的某个棋子丢了，可以用其他的东西——比如纽扣或瓶盖儿——来

---

① 中国社会科学院语言研究所词典编辑室：《现代汉语词典》（第 7 版），商务印书馆 2016 年版，第 366 页。

② 中国社会科学院语言研究所词典编辑室：《现代汉语词典》（第 7 版），商务印书馆 2016 年版，第 740 页。

代替，后者就取得了那个棋子的资格，成为棋戏中的一个符号，就可以按它所替代的那枚棋子应有的活动方式来活动。具有替代作用的某物成为符号的能指，它的物质性就退到次要地位，它是什么物质形态就变得无所谓了，关键是具有替代作用，即它的符号作用。因此，作为符号，它具有实体性的一面，但实体只是符号的存身之所，它代表的是能指与所指之间的关系。没有这种符号关系，实体就不能称为能指。因此，可以说，符号产生于能指与所指之间的关系，或者说，符号是两者关系的产物。

符号的这种性质常常为人所忽略。有两种主要反对意见。

（1）有些语言学家和哲学家认为，符号仅仅是个替代物，是单方面的，亦即只有物质性的一面，不能包括所指对象的意义，主张用"能指"来代替整个符号，认为只有使符号和意义相对，才能用整体来指代他物，这样形成的整体即为"能指"。模式如下：

$$能指\begin{cases}符号\\所指\end{cases}$$

（2）另外有些学者根据信息论的观点，认为能够传递信息的是信号，而符号则是信息的物质形式，它本身并没有信息。依这种观点，则主张不把语言看作音义结合的符号系统，而认为是一种传递信息的信号系统。模式如下：

$$信号\begin{cases}符号\\所指\end{cases}$$

这两种观点都是片面的，没有理解符号的生命在于替代物和被替代物之间的关系。如果没有这种关系，那么，替代物只是它本身，不能成为符号的能指，这种关系凝固在能指身上，就使它不只是一种物质形式，而具有了符号的资格。只有具备这两方面的条件，符号才成为符号，否则只是一种物质的客观存在。在符号身上，能指与所指，形式与内容，辩证地、密不可分地结合在一起。符号本身，是一种关系。前述两种观点，都只孤立地认识到符号物质性的一面，而没有看到符号的本质。

2. 任意性

符号的任意性，是指能指与所指之间没有自然联系，不具有因果性或相似性。不能由能指推断所指，也不能由所指推断能指。符号不是征候，能指并不是所指的一部分；符号不是信号，能指与所指的联系相对是固定的；符号不是象征，并不能从形式上的构成推断出它所承载的意思。

任意性是符号最根本的属性。"这个原则是头等重要的"，[①] 它决定了符号的其他特点。

3. 约定性

符号之所以是符号，就在于人们规定用什么物质形式来代表某种事物。能指与所指之间的联系，是人为地建立起来的。如果这种联系被社会认可，就被赋予了社会性，就变成了社会性的符号，就能起到交际工具的作用，"符号在本质上是社会的"[②]，"事实上，一个社会所接受的任何表达手段，原则上都是以集体习惯，或者同样可以说，以约定俗成为基础"[③]。人们对符号的使用，要遵守这种社会共同的约定性。否则，就会破坏这种能指和所指之间的联系，使其失去符号的作用。

马三立著名相声段子《逗你玩儿》讲了这样一个故事（非原文）：

> 一个母亲和小孩在家，母亲干活儿，让小孩看住晾在室外的衣物。一个小偷过来和小孩搭讪，告诉小孩，他的名字叫"逗你玩儿"，说了几次让小孩记住他的名字。小孩记住后，小偷开始偷衣服，小孩喊妈妈："有人偷衣裳！"母亲问："是谁偷衣裳?"小孩回答："逗你玩儿!"母亲以为小孩跟她开玩笑，没有理他。过一会儿小偷偷裤子，小孩又喊妈妈："有人偷裤子！"母亲问："谁偷裤子?"小孩回答说："逗你玩儿!"母亲呵叱小孩，让他好好看住衣物，不许调皮。等母亲忙完手中的活计，来到小孩身边，发现衣物真的没有了，问小孩："谁偷了衣服?"小孩仍旧回答："逗你玩儿!"

这个相声段子，实际讲的是一个符号学问题。在下边的图示中，汉

---

① 德·索绪尔：《普通语言学教程》，高名凯译，商务印书馆1996年版，第103页。
② 德·索绪尔：《普通语言学教程》，高名凯译，商务印书馆1996年版，第39页。
③ 德·索绪尔：《普通语言学教程》，高名凯译，商务印书馆1996年版，第103页。

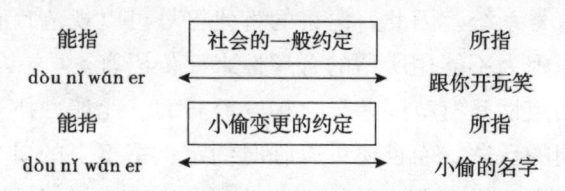

语拼音标音 dòu nǐ wán er 来表示符号"逗你玩儿"的能指，大括号{ }内的内容表示符号的意义，即所指：

能指	社会的一般约定	所指
dòu nǐ wán er	↔	跟你开玩笑
能指	小偷变更的约定	所指
dòu nǐ wán er	↔	小偷的名字

小偷改变了社会的一般约定，把 dòu nǐ wán er 这个语音形式作为自己的名字，相同的能指表示不同的所指，小孩遵守了这个约定，把它当作小偷的名字，告诉母亲小偷"逗你玩儿"偷衣物，而母亲用社会共同约定的意思{跟你开玩笑}来理解，两种不同的约定形成歧误，于是构成笑话。民间流传的"狼来了"的故事和"周幽王烽火戏诸侯"的故事，讲的都是关于改变符号能指与所指之间的约定性所带来的危害的故事。

约定性在不同的符号中具有不同的表现。有的符号的约定性是人的理性所能决定，并能改变的；有的符号的约定性是人的理性所不能决定、不能改变的。语言以外的一般符号，虽然有一定的历史性，但其约定性取决于人的理性，是可以由人根据自己的理性来创制、调整的。例如游戏，人们可以增加游戏的构成要素，也可以改变游戏规则，比如，打扑克可以用一副牌玩，也可以把两副牌合起来玩，也可以取出若干牌不用……可以玩"对主"，也可以玩"捉娘娘"、玩"五十K"、玩"三打一"等。有的符号产生于文化的约定，如古希腊神话中，爱神维纳斯驾车给心爱的人送美酒，下车时踩到长刺的灌木上，鲜血染红了灌木，酒也洒在地上，后来这灌木就开出了鲜红的玫瑰花，于是玫瑰花成了西方文化中爱情的符号。而对于语言，无论是表意的语言符号的音义联系，还是不表义的语音单位，都不是人的主观意识所决定的，人们只能按从前代那里传下来的模式来使用语言，使用语言的单位，而不能改变语言单位，改变语言符号语音形式和语义内容之间的联系；语言会随着时间的推移而发生变化，这种变化也是在人的理性之外的。语言符号是使用语言的社会历史地约定俗成的，对于个人来说具有强制性。即便是作为语言的替代符号，文字、电报代码、手语、盲文以及计算机程序等，都是人的理性所能创制、变更的。从这个角度来看，语言是符号中最为复杂的符号系统。因此，语言的替代符号可以规范，而自然语言是不宜规范的，因为不能用所谓的合理性来评价语言。

　　符号的约定性是有范围差异、程度差异的。比如，扑克游戏，不同的地区有不同的玩法，而且还可以临时约定；军事上的口令，或用于某种目的的暗语会时常变更，并限于极少数人知道；个人所设置的密码，也许只有他自己一个人知道；科学术语具有专业性，但个人在著述时也可以赋予该术语著述者所规定的含义；等等。这些符号的约定性是个人可以改变的。在符号系统中，只有语言符号是由社会约定俗成的，它的约定范围是在个人之外的，使用语言的个人不能改变语言符号的约定性。

4. 系统性

　　符号具有系统性。符号表示什么意思，要看它处于哪个系统之中，与哪些其他符号相对立。例如，"象"作为一个汉字，代表汉语中的一个词语，表示长着长鼻子、有的还长着两根长长弯牙的那种大型食草动物，属于动物系列。xiàng 这个语音形式与长着长鼻子、长牙这种大型食草动物没有必然的联系，是使用汉语的人在语言的运用过程中约定俗成地使用这个语音形式来代表这种动物，在与代表其他动物的语音形式的相互区别中，成为这种动物的符号。在中国象棋中，也有一个棋子上边刻着这个字，但中国象棋中的这个棋子㊣与那种长着长鼻子、长牙齿的大型食草动物，没有任何联系，也不代表这种动物，或者说，它不是汉语中代表某种动物的词语，它仅仅在字形上与作为汉语中的词语"象"一致，而在意义上完全无关。它只是中国象棋系统中的一个符号；它的意义取决于它在象棋系统中的位置，取决于它与其他棋子的相互联系、相互对立。正因为这个形式只有区别作用，所以对立方具有相同功能的棋子也可以写作㊣。在汉语词语中，"象"与"相"绝对代表两个完全不同的词语，但在中国象棋中，它们只是象棋中的一个符号的两个形式而已。因此，扑克中的"2"，如果不规定具体的游戏规则，我们无从判定它是比"3"大，还是比"3"小，只有在具体的牌戏规则系统中，才能知道"2"的大小。

不同的符号，系统性也不相同。一般符号的系统性是人可以根据自己的理性来调整的，增加或改变符号，调整关系或规则，而语言的系统性，是人的理性所不能调整的，人不能根据自己的主观愿望增减语言符号，也不能改变语言符号之间的相互关系。语言这个符号系统由哪些要素构成，要素怎样使用，这个符号系统的稳定与演变，都是在人的理性之外的，人不能凭自己的主观意志改变语言的面貌，不能规定语言的发展方向。

正因为符号的能指与所指之间的关系具有任意性，或者说，符号具有任意性，人们才可能对两者之间的关系进行约定，约定用什么样的形式表示什么样的内容。符号的任意性，决定符号必然具有约定性，它只能是人们约定的。这种约定，是在符号与符号之间的相互差别、相互对立中约定的，因此，符号的系统性，是符号的任意性的必然结果。

任意性是符号最根本的属性，它决定符号必然具有约定性和系统性。不同的约定性与系统性相互作用，使不同的符号呈现出不同的面貌，形成相互区别的特点。

（原文刊发于《南京社会科学》2009年第10期。发表时题目为《符号与语言符号简论》。现改回原题目《符号简论》，并调整了《现代汉语词典》所用的版本）

附录二 语言符号论

摘 要：与其他符号相比，语言符号具有以语音形式为能指、线条性、多义性、历史承传性和层级性5个特点；任意性是一切符号的基础，也是语言符号的最高原则，决定了语言符号的系统性、社会性、强制性、可变性、不变性；理据性是语言符号命名与理解的依据，其外部依据是事物之间的联系，内部依据是语言符号的系统性，体现了语言符号系统性对任意性的制约，但承认理据性并不能否定任意性这一符号的根本属性。语言是个共时态的价值系统，语言符号的系统性最突出的表现是语言符号的组合关系和聚合关系。

关键词：语言符号；任意性；理据性；历史承传性；系统性

在学术界，对于符号的理解，有广义和狭义之分。广义的理解，是把符号看作事物的标记。我们所理解的符号是：**甲、乙两个事物，如果用甲来代表乙，当且仅当甲乙两事物之间没有自然联系，那么就把甲叫作乙的符号**。具有符号关系的甲和乙之间因为没有自然联系，也就是具有任意性，也叫不可论证性。因为符号是任意的，所以符号具有人为性和假定性。[1] 符号是人类社会最重要的文化现象。人生活在社会中，也同样生活在符号中。因此，卡西尔说："人是符号的动物。"[2]

语言是人类最重要的交际工具和思维工具，是信息和民族文化的重要载体。语言符号是人类最重要、最复杂的符号。与其他符号不同，**语言符号是以语音形式为能指、以语义为所指的听觉符号系统**。在书面语

---

[1] 聂志平：《符号与语言符号简论》，《南京社会科学》2009年第10期。见本书"附录一"。
[2] 恩斯特·卡西尔：《人论》，甘阳译，上海译文出版社1985年版，第34页。

中，则以一定的字形及与其他字形的区别来代表语言符号。

一　语言符号的特点

关于语言符号的特点，索绪尔在语言学经典著作《普通语言学教程》中认为有两点：（1）任意性；（2）线条性。[①] 国内高校语言学概论教材及专著多沿用这种说法。

语言符号作为符号的一种，肯定具有符号的普遍特点。任意性是符号的根本属性，是任何一种符号都具备的属性。而所谓的特点，是此事物区别于彼事物的特征；语言符号既然是符号的一种，那么，任意性就不应该是语言符号与其他符号相区别的特点，语言符号的特点，应该是语言符号区别于其他符号的性质。我们认为，语言符号在以下几点上与其他符号相区别。

1. 以语音形式为能指

语言符号以语音为符号的形式，这是语言符号与其他符号相区别的一个显著的特征。正是因为以语音为形式，所以，这种符号才叫语言符号。语言符号是一种听觉符号系统。由于有了文字作为语言的记录，语言才有了书面语这种形式变体。其他任何符号都不是以语音为符号的能指。这是语言符号最容易被忽视的特点。

2. 线条性

人们说话只能一个词接着一个词地说，一句话接着一句话地说，语言符号是在时间的顺序上展开的，它们排列在时间的链条之上，前后相续，只具有时间的一维性，排除了同时说出两个语言符号的可能。而一般的视觉符号也都具有空间性。

3. 多义性

除了专名术语之外，很多语言符号往往表示一个以上的意思，形成了语言符号不同于其他符号的一个特点：多义性。例如：

【嫩】 形①初生而柔弱的；娇嫩（跟"老"相对，下同）：~

---

① 德·索绪尔:《普通语言学教程》，高名凯译，商务印书馆1996年版，第102—106页。

叶。②指某些食物烹调时间短,容易咀嚼:这肉片儿炒得~。③阅历浅,不老练:他担任总指挥还嫌~了点儿。④(某些颜色)浅:~绿,~黄。①

语言符号具有多义性,是由语言符号的交际功能决定的。语言是人类最重要的交际工具,人们在交际中所要传递的信息是无限的,而人的记忆又是有限的。这有限与无限的矛盾,决定了一个语言符号必然承担更多的信息。同时,如果不是自然状态的语言,即便是以词的形式为表现手段,具有表意、传递信息的作用,如行业用语和科学术语,它们也同具体学科中的字母等符号一样,具有单义性。我们抽取第7版《现代汉语词典》P593上的三个词语以作说明:

【火花塞】名 内燃机上的点火装置,形状像塞子,装在汽缸盖上,通过高压电时能产生火花,使气缸里的燃料爆燃。

【火箭】名 利用发动机反冲力推进的飞行器。速度很快,用来运载人造卫星、宇宙飞船等,也可以装上弹头和制导系统等制成导弹。

【火力】名 ①利用煤、石油、天然气等作燃料获得的动力:~发电。②弹药发射、投掷或引爆后所形成的杀伤力和破坏力:~凶猛。③指人体的抗寒能力:年轻人~旺。

"火花塞"是内燃机方面的术语,"火箭"是属于航空方面的术语,都是单义的;"火力"从表面看有三个义位,是多义的,但"火力①"属于动力学领域,而"火力②"属于军事领域,而"火力③"属于日常语言领域。因此,可以把它看作分属于两个学科领域的同形术语,也是单义的,只不过同时又与日常语言词语同形而已。从这个角度来看,科学术语尽管也采用语言符号的形式,但由于具有了规定性,亦即它的

---

① 中国社会科学院语言研究所词典编辑室:《现代汉语词典》(第7版),商务印书馆2016年版,第946页。

内容与语音形式的联系是人的理性决定的，它内容的变化取决于人们对该问题认识的进步，所以，科学术语不应该看作自然语言中的词语，而是一种"元语言"符号。语言符号尽管多半具有多义性，但绝大多数词语的多义性在语境的制约下可以消除，因此，语言符号的多义性一般并不会影响人们使用语言符号来表达思想。苏联著名语言学家兹维金采夫认为符号是单义的，不具有表情性、能产性和体系性，从而否定了语言的符号性，认为语言不是符号。① 兹维金采夫看到语言的表情性、多义性、能产性、体系性，这是很可贵的，但据此认为语言不是符号，却是错误的。这是看到语言符号与其他符号相区别的特性，而把这种个性夸大到否定符号共性，从而把语言排除在符号之外的结果。看到符号的共性不易，而认识到语言符号与其他符号的差别更难。索绪尔把后者看作语言学家的一项重要任务。②

4. 历史承传性

语言符号能指和所指的联系是社会约定俗成的，不是一成不变的。与其他符号一样具有任意性的语言符号，由于处于大众之中和处于时间之中而具有了历史承传性；语言符号的稳定与变化，都决定于这种历史承传性。这种历史承传性摒弃了语言使用主体对语言符号的理性的干预，保证了自身的连贯性。人们只能在这种历史承传中接受语言符号，学会使用语言；语言符号在这种历史承传中形成了对使用者的制约，人只能按语言符号音义之间已有的联系来使用，不能改变这种联系，也不能阻挡语言符号音义联系变化。这与其他符号不同。索绪尔认为，"决定一个词的发音的，不是正字法，而是它的历史。唯一要考虑的，也是人们最容易忘记的，是词的祖先，它的词源"③，"在任何时代，哪怕是追溯到最古的时代，语言看来都是前一时代的遗产"，"事实上，任何社会，现在或过去，都只知道语言是从前代继

---

① 兹维金采夫：《语言的符号性问题》，江月治译，载《语言学论文选译》（第七辑），中华书局1958年版，第65—95页。也参见兹维金采夫《普通语言学纲要》，伍铁平等译，商务印书馆1981年版，第42—50页。

② 德·索绪尔：《普通语言学教程》，高名凯译，商务印书馆1996年版，第38页。

③ 德·索绪尔：《普通语言学教程》，高名凯译，商务印书馆1996年版，第57页。

承来的产物而照样加以接收。……一定语言的状态始终是历史因素的产物",①"因为符号是任意的,所以它除了传统的规律之外不知道有别的规律"②。

正因为如此,语言符号不是由作为使用者的个人规定的,而是处在个人之外:人们不能改变语言符号音义(能指与所指)之间的联系。而其他符号都是人们规定的,是人们按照自己的理性思考制定的。电报代码、灯语、旗语、具体学科符号、服饰符号、游戏规则、礼仪等,都是可以人为地加以规定和改变的,比如军棋中,工兵能否转弯,是排完全部地雷扛旗还是排一个地雷就可以扛旗,工兵没有了是否可以用其他棋子撞雷,等等,都是可以根据游戏者的约定来加以改变的。甚至代表语言的文字,人们也可以创造、改变,比如为没有文字的语言设计文字,改变文字体系,简化文字形体,等等。但对语言,人们却是无能为力的。语音成分的使用,语言符号的意义,词语的排列规则,等等,都不是个人所能改变的,也不是人们互相商量就可以更改的,这些取决于语言的传统,取决于语言系统内部语言符号之间的相互联系、相互作用和相互制约。如果对语言仍然沿用"约定俗成"这种说法的话,我们可以说,所谓的"约定俗成",就是它是在人们的理性之外的,而"规定",是在人们的理性之内的。语言符号不是规定的,而是历史承传的。这是在人的理性之外的一种不可逆转的强大力量,是一种"强制的牌"③。这种历史承传性,是语言符号与其他符号相区别的一个突出特征。

5. 层级性

语言具有层级性。这个特点最早是法国语言学家马丁内阐述的。下层单位经过一定的规则可以构成上层单位。最小的语言符号可以进一步分解成能指的构成成分即音位,由音位构成音节,如表示一定的意义,就构成了最小的语言符号。最小的语言符号可以通过一定的结构方式构成大的语言符号。人们进行交际时使用的是句子,句子是能够传递相对

---

① 德·索绪尔:《普通语言学教程》,高名凯译,商务印书馆1996年版,第107—108页。
② 德·索绪尔:《普通语言学教程》,高名凯译,商务印书馆1996年版,第111页。
③ 德·索绪尔:《普通语言学教程》,高名凯译,商务印书馆1996年版,第107页。

完整信息的语言单位；句子按内部结构，可以进一步分析成短语；短语可以切分成能够独立运用的最小造句单位即词语；词语是由语素构成的，最小的语言符号是语素。这样，话语可以逐层逐次地切分成不同性质的单位，语言系统就是这样由表义的语言符号（语素和词语等），与起区别语音形式作用的不表义的语音单位这两种性质不同的单位构成的。

在其他符号系统中，绝大部分符号是不可分解的，只有作为语言替代性符号的电报代码、文字（包括盲文）以及聋哑人的手语，具有这种二层性，而这几种符号都是具有语言性质的。

二 任意性原则是语言符号最根本的原则

作为符号的一种，语言符号与其他符号一样，能指与所指之间的关系同样也是任意的。语言符号的语音形式和语义内容没有必然的关系，如果不懂某种语言，即便听到该种语言的语音形式，也不能理解它所表示的语义内容。掌握某种语言，就意味着掌握该语言语音形式和语义内容之间的联系。马克思说："物的名称对于物的性质，完全是外在的。即使我知道一个人的名字叫雅各，我对他还是一点不了解。"[①] 说的也是语言符号的任意性问题。同样的一种装订成册的印有文字的读物，汉语中称为 shū，英语中说成 book，而俄语叫 книга：不同的民族语言用不同的语音形式指称相同的内容，这说明语言的不同源自不同民族人民的不同约定；而之所以有不同的约定，就是因为语言符号的语音形式与语义内容之间的关系是任意的。如果语音形式与语义内容之间的关系不是任意的，那么不同的语言就会用相同的语音形式表示同一个语义内容了。世界语言的多样性，最根本的原因，是语言符号的能指和所指之间没有必然联系，是任意的，不同的民族语言有着不同的约定。

语言符号的任意性体现在语言的各个层面。一种语言包含几十个音位，使用该语言的人选择哪些音位不选择哪些音位，以及哪些音位可以组合，哪些音位不能组合，完全是历史地约定俗成的，没有什么必然性。当然，作为载体、以区别为目的的音位还是来自人的发音，有些音

[①] 马克思：《资本论》（第二版）第一卷，中共中央马克思恩格斯列宁斯大林著作编译局编译，人民出版社2004年版，第121页。

容易发很多语言都会选择。但从音位系统的整体来看，对音位的选择还是来自以任意性为基础的约定俗成，如普通话与某些北方话中有卷舌音（舌尖后音），而大多数汉语方言没有卷舌音。词语也是一样。汉语表示语法意义主要用词序和虚词，而俄语更主要是利用词的形态变化，为什么会有如此不同，解释不出理由来，最根本的也是语言符号具有任意性，因此，不同的民族语言才有着不同的约定性。

　　语言符号的任意性，决定了语言符号其他方面的性质。

　　语言符号的任意性，决定了语言的社会性。社会性即构成语言符号的语音形式与语义内容的联系，是由使用该语言的民族社会约定俗成的。每个人都有自己的秉性，有不同的个人经历，有不同的表达习惯，但都会使用相同的一种语音形式与语义内容的约定。如果语言符号不具有社会性，人们就不能使用语言传递信息，一个人说话另外一个人就会听不懂，不能相互沟通。语言符号"它的社会性质就是它的内在特性之一"①。

　　语言符号的这种社会性，决定了共同使用某种语言的人只能按社会约定俗成的音义联系来使用语言符号，而不能随意使用。比如在汉语中，把能发出"喵喵"叫声的小型哺乳动物叫"猫"，那么对这种动物，就不能把它叫作 gǒu。说什么以及怎样说取决于个人，但说话的个人必须使用社会共同约定的语言符号。语言符号的这种社会性，对语言使用者个人具有强制性，说话的个人只能按社会的约定俗成来使用语言符号。语言符号的社会约定性与对个人的强制性，是一个问题的两个方面。

　　语言符号的任意性，决定了语言符号的系统性。语言符号不是孤立的，而是相互联系、相互作用的，构成一个系统。用哪些成分不用哪些成分，成分的搭配方式，表示什么意思，都是由语言符号与语言符号之间的相互关系，亦即由语言符号系统决定的。而这种系统，是在人的理性之外的，人不能依靠自己的理性来改变这个符号系统，改变语言符号能指与所指即音和义之间的联系。

　　语言符号的任意性，决定语言符号具有稳定性或不变性。作为交际工具，语言符号的语音形式和语义内容之间，要保持比较固定的联系，

---

① 德·索绪尔：《普通语言学教程》，高名凯译，商务印书馆1996年版，第115页。

不能经常处于变动之中，比如，某人今天用甲这个语音形式表示 A 这个意思，明天用乙这个语音形式表示 A 这个意思，必然影响别人对他话语的理解，达不到进行交际相互沟通的目的。语言符号具有任意性，不存在用哪个语音形式代表哪个语义内容是否合理的问题，自然也就没有必要改变原有的联系，因此，个人不能改变作为社会交际工具的语言符号的语音形式和语义内容之间的固有联系。"符号的任意性本身实际上使语言避开一切旨在使它发生变化的尝试。"①

同时，语言符号的任意性，也决定语言符号具有可变性。因为语言符号能指与所指之间不存在必然联系，是任意的，所以，语言符号的某个语音形式与某个语义内容不是必然地捆绑在一起的，自然就存在着原有音义关系转移的可能。正是因为如此，语言符号才会发生变化，比如，动物的视觉器官古汉语中叫 mù，后来叫 yǎn，或 yǎnjing。语言会随着时间的推移而发生变化。"语言根本无力抵抗那些随时促使所指和能指的关系发生转移的因素。这就是符号任意性的后果之一。"② 语言符号的可变性和不变性最根本的内在原因，都是语言符号的任意性。

语言符号的任意性是决定语言符号社会约定性、系统性、可变性、不变性的内在基础，而决定这些性质的外部条件是语言符号的交际功能。语言符号的可变性与不变性，可以归结为存在于时间之中的语言符号的历史承传性。作为语言符号使用者的个人，只能被动地接受语言符号音义之间固有的联系，因此，语言符号对个人的强制性，不仅因为语言符号具有社会性，更因为处于大众之中、处于时间之中的语言符号具有历史承传性，这种历史承传性化解了语言符号可变性与不变性的对立，排除了人的理性因素的介入。

三 命名的理据性与音义结合的任意性

理据性是给事物命名或造词的依据、理由。给事物起名字不是凭空杜撰的，而是根据事物的某种特点，或者对事物的某种希望，或者命名者自己的某种兴趣等来命名的。比如，有一种长方形家用电器，里

---

① 德·索绪尔：《普通语言学教程》，高名凯译，商务印书馆1996年版，第109页。
② 德·索绪尔：《普通语言学教程》，高名凯译，商务印书馆1996年版，第113页。

边可以放食物、水果等物品，具有制冷功能，在汉语中，方形可放物品的家具叫"箱"，水冷冻形成的物体叫"冰"，通过金属线来传递的能源叫"电"，把代表这三方面的特征的三个语言符号组合起来，作为这种家用电器的名称，就构成了"电冰箱"。由代表事物这三种特征的语言符号"电""冰""箱"到构成这种事物的名称"电冰箱"，是有道理可说的。再如，一种食肉猛禽，头部长得像猫，食肉猛禽在汉语中叫"鹰"，因此人们就称这种猛禽为"猫头鹰"。这是复合词的构词理据性。一种小型哺乳动物，能够发出"喵喵"的叫声，使用汉语的人就用它的叫声来给它命名："猫"。诸如此类的还有"鸡""鸭""鹅"等。这是根据事物的声音来命名构成的单纯词；这种命名方式，叫拟声命名。给人起名字，反映了起名者的理想、希望和情感，而且这种起名活动受民族文化传统和时尚的制约，这些都反映了命名的理据性。

词义的发展演变，也反映了语言符号的理据性。例如：

【风云】 名 ①风和云。②比喻变幻动荡的局势：～突变。①

【笔杆子】 名 ①笔的手拿部分。②指写文章的能力：要～｜他嘴皮子、～都比我强。也说笔杆儿。③指擅长写文章的人。②

其中，"风云"词义的发展，是来自事物的相似性，②是由①而产生的比喻义；"笔杆子"义位②③是来自事物的相关性，是引申义。

词族现象也反映了语言符号的理据性。例如：

【圣】水脉。｜【泾】泾河，河名。｜【经】织物上纵方向的线。【径/迳】狭窄的道；小路。｜【茎】根上叶下的部位。｜【胫】小腿。｜【颈】脖子。｜【到】用刀割脖子自杀。｜【劲】

---

① 中国社会科学院语言研究所词典编辑室：《现代汉语词典》（第7版），商务印书馆2016年版，第392页。

② 中国社会科学院语言研究所词典编辑室：《现代汉语词典》（第7版），商务印书馆2016年版，第68页。

(jìng）坚强有力。|【痉】痉挛，肌肉紧张，不自然地收缩。|【轻】负载小；重量小。|【氢】氢气。

"水脉"有｛细长｝的意思，"泾、经、径/迳、茎、胫、颈"都有｛细长｝义，"到"来自"颈"；"劲"和"痉"与肌肉有关，而肌肉组织也是纤维状，也有｛细长｝义；细长的东西自然重量小，所以车上装的东西少，就是"轻"；比重小的气体，自然也就是"氢"了。客观事物之间具有普遍的联系，或具有相似性，或具有相关性。如果甲、乙两个事物有这种相似性或相关性，就可以用代表甲事物的词语 X 来代表乙事物，这样 X 就可以代表甲乙两个或多个事物。为了表意的明确性与区别性，可以在符号形式上做一点区别，于是，"圣"表示织物细长的纵方向的线就加上"纟"成了"经"，作为河流的名称就加上"氵"成了"泾"，身体的部位就加上"月（肉）"成了"胫"，与头相连的加上"页"（头）就成了"颈"，等等。词族现象从所表示的事物角度，反映了客观事物之间的相似性或相关性的联系，从语言角度，则反映了语言系统内部语言符号之间的理据性。

因此，语言中不仅复合词、词组等具有理据性，单纯词也具有理据性。这种理据性反映了现实世界中客观事物之间的联系，同时也是语言符号系统对语言符号任意性的某种制约。部分像汉语这样的词根语的语序也具有一定的理据性，反映了事理或逻辑对语法在一定程度上的制约性。

语言符号的理据性表现为图 1 所示的几种情况（双向箭头表示相互关系，单向箭头表示构成关系或发展）：

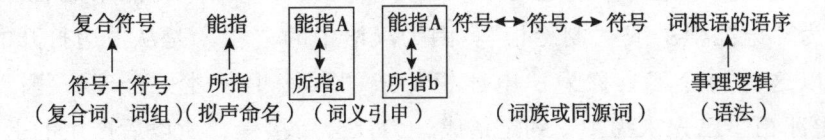

```
复合符号    能指    能指A    能指A    符号↔符号↔符号    词根语的语序
  ↑         ↑     ↕所指a   ↕所指b                        ↑
符号+符号   所指                                        事理逻辑
(复合词、词组)(拟声命名)(词义引申)   (词族或同源词)        (语法)
```

图 1

语言符号任意性与理据性的对比如图 2 所示（双向箭头表示相互关

· 349 ·

系，单向箭头表示构成关系）:①

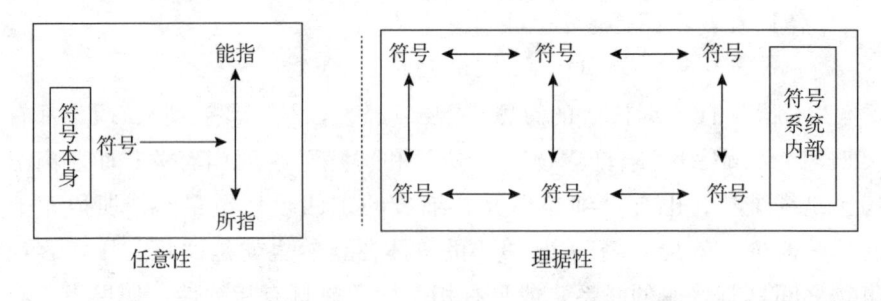

[图：左侧"符号本身"方框中"符号"指向"能指"和"所指"，标注"任意性"；右侧多个"符号"之间双向箭头连接，标注"符号系统内部"、"理据性"]

图 2

　　但图 2 所示的语言符号的理据性，并不是语言符号任意性的对立面，而是语言符号系统内部符号与符号之间的可理解的关系，是语言系统性的一种表现。语言符号的任意性是指语言符号能指与所指，即语音形式和语义内容之间，没有必然联系，而理据性则反映了语言符号之间的关系，它们并不构成对立，或互相否定。因此，在不同的语言符号系统中，即便是指称相同的事物，也会有不同的语音形式；指称相同事物的词语，也会具有不同的词义引申方向，如在俄语中，нос 指｛鼻子｝，但也指｛船头｝，这个意思是着眼于｛鼻子｝和｛船头｝都是事物的最前部这种相似性，但在汉语中就没有这种引申。相对于代表这种事物几方面特征的语言符号"电""冰""箱"来说，"电冰箱"这个名称具有可解释的性质，但"电""冰""箱"这三个语言符号相对于它们所代表的事物来说，仍是任意的，没有必然联系。不仅如此，事物的名称可以从事物的这个角度来命名，也可以从事物的另一个角度来命名，比如｛电冰箱｝这种事物也可以从制冷和侧面开门两个特点来命名，称之为"电冰柜"或"制冷柜"：因为汉语中的"箱"是从上边打开的，所以这种制冷工具称为"电冰柜"或"制冷柜"才更合理一些；但"电冰箱"已先入为主，约定俗成，为社会所接受，所以后产生的上盖可开关、主要用于冷冻功能的电器，只能错上加错"以箱为柜"，而叫

---

①　聂志平：《论语言符号的任意性和理据性》，《学术交流》1997 年第 3 期，也见本书第八章第一节。

"电冰柜",或"冰柜",或"制冷柜"了。再如,一种运输工具,可以从动力的来源角度称之为"脚踏车",也可以从不借助外部能源角度称之为"自行车",也可以从两轮在一条线上,称之为"单车"。命名的不同角度反映了对事物的不同认识,以及不同的约定性,也从另一个角度说明语言符号的能指与所指之间没有必然的联系。

这样就形成了图 3 这一种奇妙的逻辑顺序:

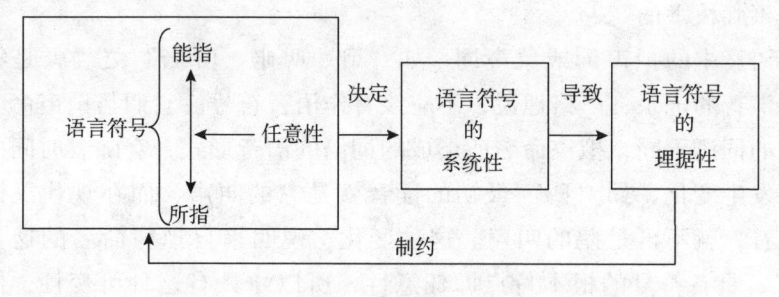

```
            能指
             ↑
语言符号 {  ↕  任意性 ─决定→ 语言符号的系统性 ─导致→ 语言符号的理据性
             ↓
            所指
              ↑────────────── 制约 ──────────────┘
```

图 3

对图 3 这个逻辑顺序解读如下:因为能指与所指之间的联系是任意的,所以语言符号只能是系统的,语言符号的价值取决于语言符号与语言符号之间的相互关系、相互作用,取决于语言符号的系统性;这种系统性是导致语言符号理据性的内在原因,而客观事物之间的联系,是构成表示这些客观事物的语言符号理据性的外在依据;这种理据性反过来又制约了语言符号的任意性。因此,对于掌握这种语言的人来说,语言符号具有可理解的性质,使他能够用语言符号或语言符号的组合来表意,也使别人能够理解这种表达。掌握了语言符号的理据,也就意味着掌握了这种语言。

外语界的语言学大家许国璋先生认为,"原始时期的语言符号有任意性,部落社会时期是约定俗成的,文明社会时期是立意的。如果说语言有任意性的话,那也只是限于原始时期,在此以后就不是任意的了"。[①] 这种理解是不对的。无论是在人类社会发展的哪个阶段,语言

---

① 许国璋:《语言符号的任意性问题——语言哲学探索之一》,见《许国璋论语言》,外语教学与研究出版社 1991 年版,第 32 页。

符号具有任意性的这种本质都没有改变，语言符号音义关系的约定俗成，其实也是在说语言符号的能指（音）和所指（义）没有必然的关联，是任意的。无论语言符号理据性的程度有多高，都不能否定语言符号的任意性，即便是作为人造语的世界语。任意性是符号的最根本的原则，"这个原则是头等重要的"，在真理的序列中，它是排在最顶端的，它支配着符号，支配着语言，也"支配着整个语言的语言学，它的后果是不胜枚举的"。①

语言中的拟声词或象声词，如"砰、哗啦、叮当"之类，是物理世界声音的记录，严格地说，不应该看作语言符号。它们与拟声命名所形成的词语不同，拟声命名所形成的词语的语音形式，会随着时间的推移而发生变化，如"鹅"最初的读音就是它的叫声，而在现代汉语中的读音，就不再是鹅的叫声。这种变化，说明来自拟声命名的这个词"鹅"，具备符号的根本特点即任意性，所以才具有这种可变性，体现了语言符号的一个特点：历史承传性。因此索绪尔说："它们一旦被引进语言，就或多或少要卷入其他的词所经受的语音演变，形态演变等等的漩涡……它们已经丧失了它们原有的某些特性，披上了一般语言符号的不可论证的特征。"②

语言符号的理据性，是命名的依据，也是理解和使用语言符号的依据。由于汉字记录的是汉语中的语素或词，因此早期的一些多音节音译词后来多被具有理据性的意译词或日语借形词所取代，例如：

小提琴←—梵阿铃　　民主←—德谟克拉西

四　语言符号的系统性

按照皮亚杰在《结构主义》中的理解，系统具有以下三个特点：（1）整体性，即它的各个要素处于相互联系、相互对立而又相互作用的关系之中，共同构成一个与外界相对独立的整体，整体并不等于各部分之和；（2）自调性，亦即由于要素间的这种相互联系、相互作用，从而形成了系统自身的运动，或者说，系统本身潜存着使自己发生变化

---

① 德·索绪尔：《普通语言学教程》，高名凯译，商务印书馆1996年版，第103页。
② 德·索绪尔：《普通语言学教程》，高名凯译，商务印书馆1996年版，第105页。

的基因；（3）整个系统的发展、变化是有规律可循的，或称为转换的有规律性。① 我们要作以补充的是系统的另一个重要特点，即共时性。这是一个不言自明的问题：尽管整个系统处于不断变化之中，但系统内部的各个要素是共存的，即处于同一时间段内，否则就无所谓相互对立、相互联系，也就不能构成整个系统了。

语言是个共时态的价值系统，在这个系统中，每个要素都处于与其他要素相互对立、相互联系、相互作用的关系之中，每个要素都是这个关系网上的节点；正是这个系统或关系网，使每个要素都不能以孤立的身份存在，它们的性质不再由自身的历史和物质性决定，而是处于整个系统的约束之下，关系决定了要素自身的性质或价值。而那种认为索绪尔关于符号的价值决定于自身的性质，语言系统决定语言要素价值的理解是唯心主义的"环境决定论"或"外因决定论在语言学中的反映"的观点，② 是对唯物辩证法作了庸俗化曲解的结果。

语言符号的任意性决定了语言符号（或语言）的系统性，因为符号的形式与内容之间没有必然的联系，所以符号的价值（或者它是什么）只能由彼此间的相互关系决定。相互联系、相互作用包含着不同、对立，抑或区别，没有对立或区别，就无所谓联系，而只能是自身的同一；反过来，区别、对立的存在，正是由于它们处于共同的系统或联系（关系）中才有可能。联系之外无所谓对立与区别，联系是区别与对立的联系，区别、对立是联系的区别与对立，它们是辩证的统一体。在这个统一体中，区别或对立是显现的，而联系是潜在的；或者换一种说法：差别（区别、对立）是联系的根本特征。如果语言符号不处于这样一种辩证统一的关系之中，就不能构成一个系统，而只能作为单一的要素而存在。索绪尔把语言看作一个价值系统，从而彻底否定了将语言看作一个分类命名集的形而上学的原子论观点。他将概念与意义或价值区别开来，把后者看作语言系统的产物，澄清了人们认识上的混乱。正因为这种关系或差别（区别、对立）决定了要素的价值，所以说，差

---

① J. 皮亚杰：《结构主义》，倪连生、王琳译，商务印书馆1985年版，第3—11页。
② 高名凯：《德·索绪尔和他的〈普通语言学教程〉》，《高名凯语言学论文集》，商务印书馆1990年版，第709页。

别创造了个体要素自身的特征，也创造了个体的价值。语言符号的价值，不是从正面，即它是什么，来规定的，而是从反面，即它不是什么来规定的。因此，"在语言学里，自然的资料没有什么地位"①，语言就是这样一个系统，重要的不是要素本身，而是要素间的关系，即对立："物质的符号对表达观念来说并不是必不可少的；语言可以满足于有无的对立"②，语言只要求差别，"语言是形式（亦即关系——笔者注）而不是实体"③。

语言符号的系统性主要表现在以下三个方面。

（1）语言的各个层面或子系统都自成系统，不同语言的同一层面构成不同的系统，其中的要素具有不同的价值。如表示颜色的词语，汉语中的"黄"与英语中的yellow就不是等值的，汉语中的"黄"除了表示一种颜色外，还可以表示色情的意思，而英语的yellow没有这个意思。

（2）语言的各个层面或子系统不是孤立的，而是互相作用、互相影响、互相制约的。如普通话中有21个声母、39个韵母、4个声调，而粤方言中有20个声母、53个韵母、9个声调，粤方言的语音系统和语音结构比普通话复杂；与此相应，粤方言中单音节词语占优势，而普通话中双音节词语占优势：这说明，语音系统的状态会影响到词汇系统的状态。

（3）语言要素的演变受要素间的关系、受系统的制约。比如，现代汉语中的舌尖后音［tʂ］、［tʂ'］、［ʂ］来自近代汉语的舌面音［tɕ］、［tɕ'］、［ɕ］，是由于音节中元音高化，而使原来的舌面音由于同化变成舌尖后音。

不过，语言符号的系统性，最突出的表现还是语言符号的组合关系和聚合关系。

在话语中，语言要素连接在一起，构成以语言线条性为基础的关系，这就是组合关系。索绪尔称之为句段关系。④ 任何一个语言单位都要同另一个或另一些语言单位产生组合关系，但是又不可以随意地跟

---

① 德·索绪尔：《普通语言学教程》，高名凯译，商务印书馆1996年版，第119页。
② 德·索绪尔：《普通语言学教程》，高名凯译，商务印书馆1996年版，第126页。
③ 德·索绪尔：《普通语言学教程》，高名凯译，商务印书馆1996年版，第169页。
④ 德·索绪尔：《普通语言学教程》，高名凯译，商务印书馆1996年版，第170页。

任一语言单位组合在一起。这些限制体现出语言单位的选择性。

（1）一般来说，同一层级的单位才能组合。语音层中，音位只能跟音位组合，音节只能跟音节组合。词汇层中，语素跟语素组合，词可以跟词或短语组合。以现代汉语普通话为例，在 i 这样的组合中，如果 a 是一个音位，i 便也是一个音位，二者组合成一个音节（如"埃"ai），如果 a 是一个音节，i 便也是一个音节（如"阿姨"）又如在"彩蝶"中，"彩"是一个语素，"蝶"也是一个语素，两个语素合成一个词。但在"蝴蝶"中，"蝴"不是语素，"蝶"也不能是语素，"蝴蝶"只是一个语素构成的单纯词。

（2）即使同一层级的语言单位也不能随便组合，能否组合主要看社会形成的习惯。这在音位组合、语素组合中表现得尤其明显，什么音位不与什么音位组合，主要不是由生理器官的特点决定的，不是说人们不会发这样的音。最明显的如 buan，现代汉语普通话中可以有 bu、uan、an 这样的音节，却没有 buan 这样的音节．尽管汉族人可以发出这个音。现代汉语中可以说"红火""绿火"，但前者有比喻义而后者没有意义。"白人""黑人"按皮肤颜色划分，"红人"则只用于引申义，但没有"棕人""黄人"的说法，而必须说成"黄种人""棕色（种）人"。词与词的组合虽然比较自由，但也受限制。比如，可以说"喝醉了酒"，却不能说"喝醉了一杯酒"，甚至不能说"喝醉了一次酒"。短语以上的单位，还有一个有无意义的问题。"喝西北风"可以，"喝风"在某些情况下也是有意义的（如"喝，喝，喝风去吧"），但"喝东风"却无意义。这种组合的习惯，就是广义的语法。

（3）某一语言要素可以与另一个语言要素组合，但组合的方式不同，就会形成不同的结构关系，形成不同的结构体，如"大个子"与"个子大"。语言单位按照组合关系组成的片段叫"组合体"，也叫"结构"。

（4）由三个或三个以上的语言要素组合而成的结构体，各语言要素之间可能由于亲疏远近的不同，从而形成语言结构的不同层次。例如：

看了一阵／书——看了／一本书

层次性是语言结构的本质属性之一。

在索绪尔的理论中,与句段关系或组合关系相对的是联想关系,是指由某种共同特点的语言要素所构成的集合的内部关系。[①] 索绪尔的联想关系比后来的聚合关系要广泛得多。[②] 联想关系是潜在的,句段关系或组合关系是显性的。组合关系是聚合关系形成的标准。组合关系又必须得到聚合关系的支持。组合关系和聚合关系是相互依赖的。任何语言符号都处于组合关系和聚合关系这一纵一横的关系之中,是这个关系网上的节点。语言符号的价值就具体表现在这两种关系之中。比如表示摄入人所需要的东西,上海话与北京话中都有"吃"这个词,但北京话中的"吃"只能与表示固体食物的词语搭配,而上海话中的"吃"的对象除了固体食物以外,还包括流体食物、液体饮料(如"吃粥""吃水""吃酒"等),甚至还有气体(如"吃烟"等)。之所以有这种词语搭配方面的不同,是因为北京话在"吃"系列中还有"喝""吸/抽",各有分工,而上海话这些搭配只由"吃"来承担,因此上海话中的"吃"在语义系列中所占的位置宽于北京话中的"吃"。[③] 在不同的方言系统中,"吃"的组合不同,聚合也不同,因此,价值也自然不一样。

[本文刊发于《东南大学学报》(哲学社会科学版)2012年第4期。增补原删除部分]

[①] 德·索绪尔:《普通语言学教程》,高名凯译,商务印书馆1996年版,第171页。
[②] 聂志平:《语言:语法系统 句段关系与联想关系》,《齐齐哈尔师范学院学报》(哲学社会科学版)1990年第5期。又载中国人民大学报刊复印资料《语言文字学》1990年第11期。也见赵蓉晖编《索绪尔研究在中国》,商务印书馆2005年版,第295—297页。也见本书第九章。
[③] 叶蜚声、徐通锵:《语言学纲要》,北京大学出版社1991年版,第163—164页。

附录三 从经典作家语言运用角度看言语词

摘 要：语言和言语的区分是现代语言学基本理论之一，语言是人们用于社会交际的音义结合的符号系统，言语是人们使用语言符号进行交际的行为和所产生的结果即话语的总和；语言词是语言系统的构成成分，是社会中人们普遍接受和使用的词语，而言语词则是话语中的构成成分，是语言词的具体表现以及为了表意需要临时构成、没有在社会中普遍使用的成分；言语词也会由于被人们接受和普遍使用而进入语言系统变成语言词，在这方面，经典作家的创作起到重要的作用。研究认为，词汇学应该以言语词的研究为基础；言语词的研究，具有语言学、文学和社会学三重意义。

关键词：语言；言语；经典作家；言语词；语言词

一 语言和言语的区分是现代语言学的理论基础之一

现代语言学的理论基础之一，是对语言和言语的区分。这种区分，是索绪尔在《普通语言学教程》中明确提出来的。

索绪尔把人们通过说话进行交际传递信息的活动，称为"言语活动"；在言语活动中区分出语言和言语："言语活动有个人的一面，又有社会的一面；没有这一面就无从设想另一面"，语言"是言语活动的社会部分，个人以外的东西；个人独立不能创造语言，也不能改变语言，它只凭社会的成员间通过一种契约而存在"[①]；语言是一种约定俗

[①] 德·索绪尔：《普通语言学教程》，高名凯译，商务印书馆1996年版，第36页。

成的符号系统,"是通过言语实践存放在某一社会集团全体成员中的宝库,一个潜存在每一个人的脑子里,或者说得更确切些,潜存在一群人的脑子里的语法体系;因为在任何人的脑子里,语言都是不完备的,它只有在集体中才能存在"①,"语言以许多储存于每个人脑子里的印迹的形式存在于集体中,有点像把同样的词典分发给每个人使用,所以,语言是每个人都具有的东西,同时对任何人又都是共同的东西,而且是储存在人的意志之外的。语言的这种存在方式可表以如下的公式:1 + 1 + 1 + 1······ = 1(集体模型)"②。

从意思到语音传递,"个人永远是它的主人;我们管它叫言语","言语却是个人的意志和智能的行为"③,"它是人们所说的话的总和,其中包括:(a)以说话人的意志为转移的个人的组合,(b)实现这些组合所必需的同样是与意志有关的发音行为","所以在言语中没有任何东西是集体的;它的表现是个人的和暂时的。在这里只有许多特殊情况的总和,其公式如下:(1 + 1′ + 1″ + 1‴······ = 1)"④。

在第三次普通语言学课程中(1911 年 4 月 28 日),索绪尔曾用下边的图表来说明语言和言语的区别:⑤

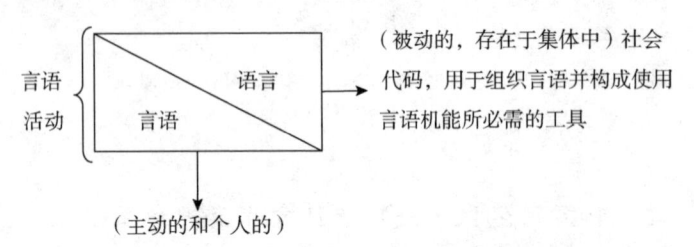

(1)一般以言语的产生(发音等)为目的的机能的使用;(2)也包括:为表达个人的思想、个人对语言代码的使用。

索绪尔认为,区分了语言和言语,就区分开了社会的和个人的,主

---

① 德·索绪尔:《普通语言学教程》,高名凯译,商务印书馆 1996 年版,第 35 页。
② 德·索绪尔:《普通语言学教程》,高名凯译,商务印书馆 1996 年版,第 41 页。
③ 德·索绪尔:《普通语言学教程》,高名凯译,商务印书馆 1996 年版,第 35 页。
④ 德·索绪尔:《普通语言学教程》,高名凯译,商务印书馆 1996 年版,第 42 页。
⑤ 德·索绪尔:《1910—1911 索绪尔第三度讲授普通语言学教程》,张绍杰译,湖南教育出版社 2001 年版,第 77 页。

要的和从属的。对于语言和言语的关系，索绪尔认为它们"是紧密联系而且互为前提的：要言语为人所理解，并产生它的一切效果，必须有语言；但是要使语言能够建立，也必须有言语。从历史上看，言语的事实总是在前的……我们总是听见别人说话才学会自己的母语的；……最后，促使语言演变的是言语；听别人说话所获得的印象改变着我们的语言习惯。由此可见，语言和言语是互相依存的；语言既是言语的工具，又是言语的产物"。① 索绪尔还用交响乐和演奏以及莫尔斯电码和发报机来比喻两者之间的关系：语言是交响乐的乐章，言语是对这个乐章的演奏；语言是莫尔斯电码，言语是用发报机发报的行为。

在语言学史上，学者们对于索绪尔关于语言和言语的区分一直有不同的看法，争论不休。20世纪60年代和21世纪初，中国语言学界曾有过两次规模较大的讨论。在对言语的阐述上，索绪尔使用概念不够严密，为后世的争论埋下了纷争的种子，但索绪尔对语言和言语的区分仍是对语言学理论的巨大贡献，成为现代语言学的一个基本理论。我们认为，索绪尔提出的言语概念，实际上包括两个内容：（1）从执行者角度与作为交际工具的语言符号系统相对的，作为个人行为的言语；（2）作为语言的客观的外在的存在，亦即人们对语言使用和所产生的话语的总和的言语，即：

$$\text{言语活动}\begin{cases}\text{语言}\\\text{言语①}\end{cases} \qquad \text{言语②}\begin{cases}\text{语言}\\\text{言语主体的个人特征}\end{cases}②$$

其中"言语①"是"作为个人行为的言语"，而"言语②"就是我们现在一般所理解的言语："人们使用语言进行交际的行为和这种行为的结果——话语——的总和"，③ 这也是索绪尔在论述语言和言语关系时所使用的关于言语的概念。我们认为，很多人认为索绪尔在社会性

---

① 德·索绪尔：《普通语言学教程》，高名凯译，商务印书馆1996年版，第41页。
② 聂志平：《异质中的同质区分——索绪尔语言理论中语言、言语的区分及其正确理解》，《兰州大学学报》（社会科学版）1987年第4期；又载《语言文字学》1988年第1期。也见本书第七章第一节。
③ 聂志平：《异质中的同质区分——索绪尔语言理论中语言、言语的区分及其正确理解》，《兰州大学学报》（社会科学版）1987年第4期；又载《语言文字学》1988年第1期。也见本书第七章第一节。

这个问题上将语言和言语对立起来所产生的所谓的"索绪尔式矛盾",是不存在的,这也是索绪尔的语言与言语的区分理论尽管遭到很多人批判,但在现代语言学中学者对这个问题的论述,仍然摆脱不了索绪尔的真正原因。①

索绪尔语言和言语区分的理论,对中国语言学的影响,除了20世纪60年代和21世纪初的争论外,在具体学科研究方面的影响,主要有以下三个方面。

(1) 在普通语言学领域,高名凯在中国第一部系统的语言理论著作《语言论》中,将语言和言语的区分作为一个基本的理论问题论述,并在各层语言单位中建立了"位"与"素"的观念。

(2) 在汉语语法研究领域,吕叔湘在1979年出版的《汉语语法分析问题》中,区分了语言的静态单位和动态单位,认为"语言的静态单位是:语素,词,短语(包括主谓短语),以及介乎词和短语之间的短语词,其中语素是基本单位。语言的动态单位是:小句,句子(一个或几个小句),小句是基本单位"。②该书是20世纪汉语学界最重要的汉语语法理论著作。同年吕冀平发表长文《两个平面,两种性质:词组和句子分析》,认为汉语句法分析一些引起麻烦和尚未解决的问题都与对词组和句子性质的认识有关,"在进行句法分析时,有必要把区分语言和言语这个观念引进来,并且贯彻到具体的实践中去","静态的、尚未体现交际功能的,是语言单位。动态的、已经体现交际功能的,是言语单位",③词组和句子是不同平面、不同性质的东西,前者是语言单位,后者是言语单位。这两部文献,是汉语语法研究进一步深入的理论标志。④

(3) 继1983年发表论文《语言的语法分析和言语的语法分析》提出汉语语法研究应该区别语言的语法研究和言语的语法研究,王希杰在

---

① 聂志平:《再论语言、言语的区分》,《语言与翻译》2004年第4期。
② 吕叔湘:《汉语语法分析问题》,商务印书馆1979年版,第24页。
③ 吕冀平:《两个平面,两种性质:词组和句子分析》,《学习与探索》1979年第4期。
④ 聂志平:《20世纪国内索绪尔语言理论研究述评》(上),《通化师范学院学报》(人文社会科学版)2014年第2期。

20世纪八九十年代至21世纪初,发表系列论文,主张在汉语语法、词汇、修辞、语义等领域,应该区别语言的研究和言语的研究。① 这种观点也反映在他2018年出版的《汉语词汇学》(商务印书馆)中。

二 现代汉语词汇学的对象

在20世纪50年代,周祖谟《汉语词汇讲话》②的发表,标志着现代汉语词汇学的开端,而孙常叙《汉语词汇》(吉林人民出版社1957年版),周祖谟《汉语词汇讲话》(人民教育出版社1959年版),王勤、武占坤《现代汉语词汇》(湖南人民出版社1959年版)的出版,标志着现代汉语词汇学的形成。从20世纪50年代至今的70多年间,对于现代汉语词汇学对象的认识,基本一致:研究现代汉语中的词或词汇;"词汇"则是语言中的词和相当于词的固定语的总汇。对于现代汉语,一般理解为普通话,这样,除了专门的方言研究外,现代汉语词汇学,基本上都是以普通话词汇为研究对象,其他不符合普通话标准的词语现象,多被看作生造词之类的需要规范的对象,而诸如"拿来主义、送去主义"之类的,都被放到修辞学中,作为一种修辞格——仿词——来研究。但现代汉语词汇,真的只能以普通话规范词语或有修辞意义的词语的临时用法作为研究对象吗?有哪一部作品,能够只使用权威的中型规范词典《现代汉语词典》中收录的词语呢?出现在有影响的作品中而没有被《现代汉语词典》收录的形式,就不应该被关注吗?看下边一段文字:

①刘四爷是虎相。快七十了,腰板不弯,拿起腿还走个十里二

---

① 参见王希杰《语言的语法分析和言语的语法分析》,载《南京大学学报》(哲学·人文科学·社会科学)1983年第4期,又载中国语文杂志社编《语法研究和探索》(二),北京大学出版社1984年版;《略论语言的词汇和言语的词汇》,载《杭州大学学报》(哲学社会科学版)1993年第1期;《抽象的词和句与具体的词和句》,载《广西师范大学学报》(哲学社会科学版)1993年第3期;《语法研究中的静态与动态》,载《语言教学与研究》1993年第3期,又载《语法研究和探索》(七),商务印书馆1995年版;《论显句和潜句》,载《语法研究和探索》(八),商务印书馆1997年版;《语言的规范性和言语的得体性》,载《语言教学与研究》1998年第1期。

② 周祖谟:《汉语词汇讲话》,《语文学习》1955年第4期—1957年第10期连载。

十里的。两只大圆眼，大鼻头，方嘴，一对大虎牙，一张口就像个老虎。个子几乎与祥子一边儿高，头剃得很亮，没留胡子。他自居老虎，可惜没有儿子，只有个三十七八岁的虎女——知道刘四爷的就必也知道虎妞。她也长得虎头虎脑，因此吓住了男人，帮助父亲办事是把好手，可是没人敢娶她作太太。（老舍《骆驼祥子》四）

②祥子没动，心中忽然感觉到一点说不出来的亲热。一向他拿人和厂当作家：拉包月，主人常换；拉散座，座儿一会儿一改；只有这里老让他住，老有人跟他说些闲话儿。现在刚逃出命来，又回到熟人这里来，还让他吃饭，他几乎要怀疑他们是否要欺弄他，可是也几乎落下泪来。（老舍《骆驼祥子》四）

上述①②这两段文字，读后没有不懂的，但有下划线的文字形式，就不会出现在词典里，不会出现在说汉语的人们的日常语文生活中。"刘四爷、虎妞、祥子、人和厂、骆驼祥子"这些形式，在这部小说中，有特殊的指称对象，与老舍以外的其他人也会使用的形式（没有下划线的部分）组合在一起，构成一句句完整的话语，对《骆驼祥子》这部小说中的三个人物做了介绍。通过这段文字，我们在脑子里就会形成它们代表什么对象的印象，尽管它们所代表的对象，我们并没有见过。它们是老舍想象、描述的，是只存在于这部作品中的，但是，很明显，它们具有固定的语音形式、文字形式，具有指称性，是小说《骆驼祥子》中人物和事物的名称，毫无疑问，是符号；但同时，它们又不符合一般人对词的理解：因为话语是由词语组合而成的，但如果把上列"刘四爷"等形式去掉，每句话表意就不完整了，而有了这些形式，人们就能够完整地理解这些话语了。"拉、包、月、散、座"这些词我们知道，也会用到它们，但"拉包月""拉散座""座儿"是什么意思？我们就需要对照上下文思索一番，才能明白。"拿起"是手的动作，为什么"走个十里二十里"需要"拿起腿来"？把腿"拿起"，怎么走？而"逃命""落泪"词典中有，但词典上并没有"逃出命来""落下泪来"这样的形式。这种依据上下文对话语成分的理解，在中国传统语言学中叫"随文释义"。这种随文释义，被看作不严谨、不科学，也不系统的词义研究，但它的最大好处是实用、方便，能够使我们理解字义、句义，实现读懂的需要。按我们的理解，这种随文释义，实际上就是对言语词的释义性研究。

这些我们以前没有见过、只出现在小说中的文字形式，这些在词典中没有收录的文字形式，它们是汉语中的词吗？在小说中，它们使用了汉语的语音结构，使用了汉字，与前后其他词语组合形成完整表意的话语，有能指、有所指，我们读这些话语，知道它表示什么意思，因此，这些有下划线的部分，我们还是应该承认它们也是语言符号，也是词，只不过不是我们一般所理解的词，也不会被语文词典所收录，它们是作家创造出来的，属于作家，属于这部作品。既然"言语是人们使用语言进行交际的行为和这种行为产生的结果"，作家通过这些形式的创造来写小说讲故事，它们自然是表意单位，自然是话语的构成成分。跟大众普遍使用的词相对比，我们可以把它们叫作"言语词"。

不仅作家创作会产生言语词，普通民众的日常语文活动，也会产生言语词，而且是言语词创造的主体。在具体的交际过程中，作为交际主体的个人，可以根据交际的需要，创造出一些语言系统中没有的词语，或使用一些没有得到社会普遍认可的词语，前者如在小品《打工奇遇》中，赵丽蓉扮演的角色模仿"医托儿"等词语，利用"托儿"造出了"饭托儿"；后者如在鞋店中男、女皮鞋的标识牌"男皮""女皮"；等等。这些词语没有被社会大众普遍接受和使用，没有进入语言的词汇系统，只能算言语中的词语：言语词。

最常见的言语词是只出现在言语作品中，而大众在日常语文生活中不会普遍使用到的形式。但离开这些言语词，文学作品必然是不完整的；离开了对这些言语词的分析，也不能完整、准确地理解作品。我们也可以进一步说，离开了对言语词的分析，词汇学也是不完整的，有缺憾的。同时，我们也应该看到，同一般语文生活中一样，这种存在于文学作品中，代表作品中的人物、对象的言语词，也有转化为全社会共同理解和使用的语言成分的可能，作为典型形象的名称，鲁迅小说中的"阿Q"被作为一个词语收入权威的中型规范词典《现代汉语词典》，从1973年印行的试用本到现在第7版这一事实，就是一个明证。

另外，我们可想象得到，同样的内容，作为北京人，出身于满族下层旗人市民阶层的作家老舍在给我们讲这样的故事，与出身于没落官宦家庭的汉族绍兴人鲁迅肯定不同，至少每个汉字的发音会有些差别，也就是说，写下来的汉字是一样的，但它们的发音会有所不同，语音形态不同，具体的意思也可能会有一点差异，那么，它们是同一个东西吗？在现实的语文生活中，人们在不同的话语中所使用的话语成分是 A′、A″、A‴……，但在语言意识中，则都把它们看作同一个 A，这个 A 会以固定的读音、固定的意思被人们所理解、所使用。因此，我们可以说这个 A，是语言中的一个词。而在现实的具体语文生活中，不同的人所使用的不同的 A′、A″、A‴……这些具体形式，又是什么呢？这种 A 在现实语文生活的不同话语里的具体运用，这种词语的具体表现，我们也可以把它称作"言语词"。它是不同的、具体的人，在具体的交际中，在不同的话语里，所使用的实实在在的具体的表意形式。而作为 A′、A″、A‴等共同的、概括的或者说抽象的语言符号 A，我们称为"语言词"。这种抽象的、概括的语言词，被词典学者收录进词典，作为人们语文生活的一种共同的参照。也可以这样说，在千千万万不同的语言使用者的心目中，在词典编辑者的心目中，尽管有种种不同的言语词 A′、A″、A‴，但是还是有一个共同的语言词 A。

对于 A′、A″、A‴等进行抽象、概括形成了作为语言使用者的人们头脑中的普遍心理实体 A，亦即对于具有社会性的语言词的描写来自具有个人性的言语词，那么，合乎逻辑的结论只能是：**现代汉语词汇学的真正基点，应该是言语词；通过收集、观察现实语文生活中实实在在的具体的言语词，抽象、概括出语言词，把它整理出来，找出规律，为语言研究和大众的语文生活提供帮助。**

三 经典作家对言语词的创造

经典作家的作品，从语言使用的角度来说，是人们语文生活中学习、模仿的对象。"文学是语言的艺术"这种耳熟能详的说法说明，作家是语言文字表述能力强的人，而真正的经典作家，则是语言艺术家；语言运用得好，才能成为人们语文生活的模仿对象。这种"好"，体现在语言运用的各个方面，也包括词语的运用、词语的创造。

在日常语文生活中，可以说"闹病""闹情绪"，在作家那里，却可以"红杏枝头春意闹"。为了表情达意的需要，作家在写作时，常常需要创造一些日常语言生活中没有出现的形式。在这方面，鲁迅是高手，以下是几则鲁迅作品①的例子：

③一个阔人说要读经，嗡的一阵一群狭人也说要读经。（鲁迅《华盖集·读经与读史》）

④中国一向是所谓"闭关主义"，自己不去，别人也不许来。自从给枪炮打破了大门之后，又碰了一串钉子，到现在，成了什么都是"送去主义"了。（鲁迅《且介亭杂文·拿来主义》）

⑤后烈实在前进得快，二十五年前的事，就已经茫然了，可谓美史也已。（鲁迅《三闲集·"革命军马前卒"和"落伍者"》）

例③是对照本句内部前边小句中出现的词语"阔人"，而临时仿造出一个"狭人"；例④是对照文外的一些思想体系名称，如"马克思主义""共产主义"等，造出了"闭关主义""送去主义""拿来主义"；例⑤中的"后烈"，则是对照文章开头句子中出现的"先烈"："西湖博览会上要设先烈博物馆了，在征求遗物。这是不可少的盛举，没有先烈，现在还拖着辫子也说不定的，更哪能如此自在。""狭人、后烈、闭关主义、送去主义"等，都是参照语言中已有的形式和材料，使用汉语中已有的构词方式和构成材料构成的；正如索绪尔所说的："类比创新都是表面上的，而不是实实在在的。语言好像一件袍子，上面缀满了从本身剪下来的布料制成的补丁。"② 之所以会给人以新奇感，就是因为这些形式以前没有出现、没有被人使用，而例④所在的文章，由于影响很大，作为文章的题目"拿来主义"被大众所接受，成为流传甚广的一个词语；再如鲁迅《阿Q正传》的主人公塑造得非常具有典型性，主人公的名字"阿Q"也就成为"精神胜利法"的代名词。正因如此，

---

① 鲁迅：《鲁迅全集》（18卷本），人民文学出版社2005年版。
② 德·索绪尔：《普通语言学教程》，高名凯译，商务印书馆1996年版，第24页。

"拿来主义"和"阿Q"这两个形式都被收录进《现代汉语词典》，成为现代汉语中的两个词语。

　　作家这种词语创造或创造性使用词语的语言运用现象，不应该只是修辞学的研究对象，因为这些形式无疑是言语作品中句子的构成成分，也是词，只是由于新产生或新运用，而使人感到新奇，没有被普遍接受、普遍使用而已，只是还没有进入语言系统而已。换用王希杰的说法，是潜词的显词化。① 现代汉语词汇学研究，实在不应该画地为牢，把它们排斥在自己的研究范围之外。词汇学也应该观察这种鲜活的语言生活，关注动态的词汇现象，从中提取研究素材，这样就会发现许许多多被规范词典所掩盖或遗漏的词汇现象，从而推动词汇学的发展。

　　四　言语词研究的三重意义
（一）言语词研究的语言学意义

　　言语词研究首先具有语言学，或者具体说，具有词汇学意义。道理很明显，对语言现象的研究，必须而且只能从言语现象入手，因为我们所直接面对的，不是现成的语言单位，而是需要从话语中，从言语作品中，剥离出来构成话语的最小表意符号，这些构成话语的最小单位，也就是言语词。对言语词进行分析、概括，抽象出一般性的、在社会中被人们普遍使用和理解的成分，亦即语言词。语言词，是"在话语里，处于两个可能的最小的自然停顿之间，具有完整的意义和固定语音形式，不仅能够出现在这个话语里也能出现在别的话语里，亦即具有复呈性，能够作为一个独立单位使用的最小造句单位"。② 这是整个语言社会全体成员共同的财富，是进行交际传递信息的最基本的符号。这种语言词，也是进行语言教育的基础，无论是本族儿童语言教育，还是针对外民族语言学习者来说，这都是应该学习、掌握的东西。

　　社会民众的语言交际活动，或者说言语活动，与民众生活紧密结合在一起，充满了勃勃生机，是变动的，从对言语活动中的言语词的观

---

① 王希杰：《论潜词和潜义》，《河南大学学报》（哲学社会科学版）1990年第2期。
② 聂志平：《从同一性理论看词的分隶》，《通化师范学院学报》（人文社会科学版）2016年第2期。

附录三　从经典作家语言运用角度看言语词

察,可以看出语言的流变。"在任何时候,言语活动既包含一个已定的系统,又包含一种演变;在任何时候,它都是现行制度和过去的产物"①,"从历史上看,言语的事实总是在前的。……促使语言演变的是言语:听别人说话所获得的印象改变着我们的语言习惯"②。言语活动、言语词,是观察语言演变、词汇演变的窗口。

区分语言词和言语词,对于观察、处理具体语言现象,尤其是词汇现象,具有理论上的指导意义。比如处理离合词问题。"高兴""后悔"两个形式,在意义上有整体性、在语音形式上有完整性,中间不能有语音停顿,符合一般对词的理解,《现代汉语词典》也是将其作为一个词收录的,但在白话文经典作品老舍长篇小说《四世同堂》中却有下边这种用法:

⑥紧走了几步以后,他后了悔。(老舍《四世同堂》十四)
⑦看见老二,他不由的高了兴。(老舍《四世同堂》七十六)

尽管中间插入"了",使"高兴"和"后悔"中前后两个字被隔开,但在意义上还必须作为一个整体来理解,"宾不离动、动不离宾",否则在意义上就说不通了。如依"合为词离为短语",那么势必也要相应承认,同样的"高""兴",在"高兴"中是构词语素,而在"高了兴"中分别是词;"后""悔"在"后悔"中是构词语素,而在"后了悔"中是独立的词:这样无疑会破坏语言学理论中的一个重要原则——语言单位同一性原则。只有区分语言词和言语词,才能正确认识这种离合词现象,亦即在现代汉语口语中,有时同一个语言词"后悔""高兴"存在两个言语词变体:"后悔"和"后……悔",以及"高兴"和"高……兴"。有的语言词"AB"在口语中甚至存在更多的变体,如"AB""A……B""AAB""A 了 AB""A — AB""BA""B……A"等,如在《现代汉语词典》中标为离合词的"皱眉"③:

---

① 德·索绪尔:《普通语言学教程》,高名凯译,商务印书馆1996年版,第29页。
② 德·索绪尔:《普通语言学教程》,高名凯译,商务印书馆1996年版,第41页。
③ 中国社会科学院语言研究所词典编辑室编:《现代汉语词典》(第7版),商务印书馆2016年版,第1706页。

⑧瑞丰停止了<u>皱眉</u>，挤眼。（老舍《四世同堂》十九）

⑨揣着手，低着头，<u>皱</u>着<u>眉</u>，他在院中来回的走。（老舍《四世同堂》五十四）

⑩说到这里，瑞宣进来了，提起给祖父作寿的事。父亲<u>皱</u>了<u>皱眉</u>。（老舍《四世同堂》八）

⑪我等着好了，死到临头，我得大大方方的，<u>皱皱眉</u>就不算练过工夫。（老舍《火车集·杀狗》）

⑫刘师傅的脸板得很紧，<u>眉</u><u>皱</u>着一点。（老舍《四世同堂》四十）

在《现代汉语词典》（第7版）中标为离合词的词语就有四千多条。

（二）言语词研究的文学意义

刘勰在《文心雕龙·章句》中说："夫人之立言，因字而生句，积句而成章，积章而成篇。篇之彪炳，章无疵也；章之明靡，句无玷也；句之清英，字不妄也。"① 词语是构成话语继而构成篇章的基础。作为语言艺术的体现，没有一个作家会忽视词语的运用。贾岛、韩愈"推敲"的故事，就来自对词语使用的斟酌。经典作家对言语词的创造，特别是作为作品人物名字的专名语的创造，对已有语言词的运用，无不隐含着作家的良苦用心，《金瓶梅》《红楼梦》等伟大作品莫不如此。因此，对作品语言词语的使用、创造的分析，无疑是作品分析、理解的一个非常重要的角度。

小说以讲故事、刻画人物为主，处于中心位置的人物叫"主人公"，故事也是围绕主人公展开的。如果有人问，老舍经典长篇小说《四世同堂》的主人公，或者问得更细致一些：第一主人公是谁？第二、第三主人公又是谁？第一个问题还好回答一些："祁瑞宣"。那么第二个问题呢？实际上，从词语统计角度来分析，这个问题也是比较容易回答的，第二主人公是"冠晓荷"，第三是"祁瑞丰"。根据《老舍全集》修订本②第4卷、第5卷，其中第5卷排除马小弥从美国英文版

---

① 周振甫：《文心雕龙今译》，中华书局1986年版，第306页。
② 老舍：《老舍全集》（修订本），人民文学出版社2013年版。

翻译回来的第八十八章至第一百章，除去"老大、老二"之类的排序称谓，出现的300例次以上的专名对比如下：

《四世同堂》中出现300例次以上的人物称谓对比表

姓名		名		尊称		其他	合计
祁瑞宣	祁瑞宣	19	瑞宣	1328	祁先生	45		1405
					祁大爷	13		
冠晓荷	冠晓荷	226	晓荷	519	冠先生	223		970
					晓翁	1		
					荷老	1		
祁瑞丰	祁瑞丰	18	瑞丰	727	祁科长	12	老祁2，丰1	760
大赤包					冠太太	16	大赤包（绰号）533	668
					冠所长	12		
					所长	107		
钱默吟	钱默吟	29	默吟	107	钱默吟先生	15	钱诗人 30	588
					钱先生	407		
蓝东阳	蓝东阳	116	东阳	282	蓝先生	37	蓝诗人2	446
	蓝紫阳	1	紫阳	3	蓝处长	5		
招弟			招弟	376	二小姐	13		389
李四爷					李四爷	283		385
					四大爷	37		
					四爷	65		
小崔					崔爷	6	小崔361	367
程长顺	程长顺	39	长顺	307				346
高第			高第	327	大小姐	5		332
祁老人					祁老太爷	15	祁老人311	326
韵梅			韵梅	251			小顺儿的妈71	322

上列13个专名，从尊称角度来看，可分为五类："先生"、"爷"、"小姐"、"老"和官职。称"先生"最多的，是钱默吟，有422次，因为他是真正的诗人、隐士，文化地位高；第二位是冠晓荷，223次，原因在于他当过官，有钱，家里有佣人，社会地位较高，所以还有两个旧时代官僚的尊称形式"名中一个字+老/翁"；第三位是祁瑞宣，45次；

· 369 ·

第四位是蓝东阳，37次。后两者被称为先生，是因为做（或做过）中学教师，有一定的社会地位，蓝东阳还会写狗屁诗。

称"爷"的，次数最多的是李四爷，多达385次，而且只有这样一种称谓，这是因为他人品好、乐于助人，而且辈分高；第二位是祁老太爷，15次；第三位是瑞宣，13次。祁家祖孙二人被称作"爷"的次数差不多，称"爷"比例不到李四爷的4%，可见小羊圈民众对李四爷的爱戴。

高第、招弟，因为是富人家女儿，所以被尊称为"大小姐""二小姐"。

称官职最多的是大赤包，有119次；第二位是祁瑞丰，当过科长，12次；第三位是蓝东阳5次。

其他称谓有五种：绰号、文化身份、"小+姓"、年龄段称谓和参照称谓。

最引人注目的是"大赤包"，这个绰号称谓竟被使用了533次，占总排行的第四位。在历史上或故事中，以绰号成名的，大多是江湖人士，如《水浒传》里边的梁山好汉都有绰号，近现代土匪之类的都有名号，作者老舍常用外号来称呼这个人物，大概主要是想从绰号角度突出她"女光棍"的形象。以年龄段称谓只有"祁老人"，这是他最主要的特征。作为家里的媳妇，韵梅还有一个以其孩子为参照的称谓"小顺儿的妈"。

没有尊称的有三个人：韵梅、程长顺和祁瑞丰。韵梅是中年家庭妇女，程长顺属于孩子辈，两者社会地位都很低，而有一定社会地位、有官职尊称而没有其他尊称的，只有祁瑞丰，这也反映了作者对这个人物的极端厌恶，甚至都不愿意把他作为讽刺的对象。

（三）言语词研究的社会学意义

从上文的表格分析中，我们也可看出，称谓语的使用，实际上也是对其所代表的人物的社会性评价的反映，因此，言语词的研究，也是社会公共评价取向这种社会学研究的一个方面。

言语词的另一个突出表现，是流行语现象。流行语是指报刊、广播电视和网络这些媒体形式上流行的或使用频率较高的词语，它反映了一

附录三　从经典作家语言运用角度看言语词

个国家、一个地区在某一时期人们普遍关注的问题和事物。新事物、新现象引起人们的普遍关注，代表这些新事物、新现象的词语，使用频率高，就成了流行词语。因此，不同时期的流行语是不同的，它反映了人们对社会现象的关注，反映着社会的变化。因此，对流行语的研究，更有社会学的意义。

以近几年的流行语为例，有的是词语的新义、新用法，如：

囧、怼、油腻、锦鲤、神兽、飒

但更多都是新产生的形式：

打call、尬聊、杠精、skr、佛系、官宣、C位、土味情话、皮一下、内卷、直播带货、洪荒之力、友谊的小船、定个小目标、吃瓜群众、葛优躺、辣眼睛、全是套路、老司机、厉害了我的哥、确认过眼神

对这种流行语的跟踪、分析，应该摒弃在词汇学者的研究范围之外吗？肯定不是。流行语反映了一般民众的关注、情感、态度和智慧，它们来自语言文字的约定俗成的用法，有些有了引申、变化。比如，"囧"本来表示｛光明｝，但在网络用语中表示"窘""不好意思"；call 意思是"呼叫"，但是作为网络流行语"打 call"却不是"打电话"，而表示"为某人或某事加油、呐喊，对其表示赞同和支持"；"神兽"本指神话传说中的神异之兽，作为流行语指"因疫情而在家上网课的可爱又顽皮的孩子"；"内卷"作为流行语，不表示"发展停滞或不能转化为更高级模式"的社会学译外来词意义，而表示"行业内部非理性竞争"。再如，"怼"本义为｛怨恨｝，而作为网络流行语表示"用言语回应或行动反击"，反映出新一代年轻人勇于表达想法、敢于说出不满的人生态度。这种引申，与一般词义的引申，同出一辙。

（本文刊发于《学术界》2021年第3期。增补原删除部分）

附录四 语言学简史

第一节 传统语言学①

  传统语言文字学，一般是指 19 世纪历史比较语言学产生以前，人们对语言所做的研究。它有三个传统，即古印度传统、古希腊传统和古代中国传统，语言学的三个传统是与人类文明的三个发祥地结合在一起的。从对后代的影响来看，前两者对世界语言学影响较大。
  由于语言类型的不同，中国的汉民族有着与其他民族不同的语言文字传统。无论是古印度还是古希腊以及阿拉伯语言学，都是以语法为开端和主体的，可以说是语法传统；而中国的传统语言学则是以对词（字）义的解释为开端和主体的，中国最早产生语言学著作是百科性的词典而不是语法书，作为传统语言学的小学三门中有两门（训诂学和文字学）都是以字义为研究对象的。因此可以说，中国传统语言学实际上是词义或字义传统，或者说是意义传统。

一 古代印度语言学

  早在公元前一千多年，印度就有了一种用古代梵文写成的《吠陀》（Veda），这是婆罗门教最古老的经典文献。为了传播和阅读这种经典，古印度学者用经验法对古梵文的语法进行了相当精细的分析、描述，前人的这些研究成果集中体现在公元前 4 世纪前后伟大的语言学家巴尼尼

---

① 也参见聂志平《传统语言学简说》，载《佳木斯师专学报》1955 年第 3 期。

（Pānini）著名的《梵语语法》（Astadhyayi，又称《八书》）中。这部诗歌体的著作对梵语语法进行了详尽的描写，把《吠陀》的语法现象总结为3996条简练的语法规则。

在这部书里，巴尼尼把词分为四类：静词、动词、介词和小品词。表示实体意义的词叫静词，表示动作意义的词叫动词，介词的功能是限制静词和动词的意义，小品词包括比较小品词、连接小品词以及只用于诗歌中做形式成分而没有实际意义的小品词，代词和副词不算独立的词类，分别归入静词和动词中。在构词法方面，认为词由词根构成，认为一切有实际意义的词根都是由动词词根变来的；又把词分为词干和词尾两部分，词干是不变部分，词尾是变化部分；每个词在句中都按一定的规则发生变化，动词有人称、态、式等变位，静词有八种变格形式。在语音学上，提出了发音器官、发音部位、有声音、无声音、元音、半元音、塞音、擦音等概念，根据生理性质和物理性质对语音进行了分类：按照发音时声门的开闭把语音分为无声音和有声音两类；按照口腔开合的程度分为元音、半元音、紧缩音（擦音）和闭塞音四类；按发音部位分成喉音、腭音、头音、齿音和唇音五类。认为元音是构成音节必不可少的要素，是独立的语音成分，辅音是从属成分。

由此可见，古印度语言学已经达到了相当高的水平，它对词法和语音学的分析对欧洲语言学和中国的等韵学都有着深刻的影响，布龙菲尔德称之为"人类智慧的丰碑之一"[①]。巴尼尼可以说是世界上第一位语言学家，《梵语语法》是语言学史上第一部著作。

二 古希腊语言学

古希腊语言学可以分为雅典时期和希腊化时期。雅典时期的古希腊最早接触语言问题的是一些哲学家。名与实、词与物的关系是哲学研究的一个重要问题，两者之间的关系是"按本质"还是"按规定"的争论使古希腊思想家们分为两个阵营。一般认为这次争论的观点来源于哲学家赫拉克利特和德谟克利特。赫拉克利特认为名反映了事物的本质，

[①] L. 布龙菲尔德：《语言论》，袁家骅、赵世开、甘世福译，商务印书馆1985年版，第10页。

是与实际相符的，而德谟克利特则认为，事物是按人们的习惯来命名的，词与其所代表的事物之间没有自然的联系。这次辩论反映在公元前4世纪柏拉图（Platon，公元前427—前347）的《对话录》《克拉底鲁篇》中，克拉底鲁与赫谟根尼两人的观点针锋相对，前者认为名称的正确性来自事物的本质："名称是自然的，而非约定俗成的——名称不是人们一致同意使用的那种声音的一部分——名称的真实性或正确性对希腊人和野蛮人来说都是一样的"；赫谟根尼则说："我无法相信名称的正确性还有其他什么原则。在我看来，你提出的任何一个名称都是正确的，如果你换一个名称，那么这个新名称也和老名称一样正确——我们经常给自己的奴隶换个名字，我们给他们起的新名字就和老名字一样好。因为自然并没有把名字给予任何事物，所有的名称都是一种习俗和使用者的习惯。"[①] 作为仲裁者的苏格拉底，在这场争论中先是同意克拉底鲁的观点并用模仿说做了一点词源学的说明，但后来又说词的按本质的正确性实际上是不存在的，因为对事物正确而深入的认识才能创造具有正确性的词，而这对于最初创造词的先民来说是很难做到的，因而倾向习惯说。

《克拉底鲁篇》所代表的这次争论在语言学史和哲学史上有着重大的影响，许多哲学家或哲学流派持续着这种争论，语言学史上希腊化时期的贝尔加木斯学者赞成斯多葛学派的变则说，而亚历山大里亚学派与之相对提出类比说，变则说与类比说的争论，以及后来的思辨语法与规范语法、逻辑语法与描写语法等，实际都是这种争论的延续。而它的直接影响是促进了猜谜式词源学的产生。例如把 Vulpēs（狐狸）解释为"飞毛腿"，认为它是由 volô（我飞）和 pēs（脚）构成。"古代世界给欧洲留下了一笔遗产，里面装满了对语言史的误解。欧洲的语言学就背着这样一个沉重的包袱，继续了许久，直到语言知识的范围逐渐扩展，远超过了古人的梦想。"[②]

雅典时期在语言学史上的另一个主要贡献是初步确定了语法范畴。

---

① 柏拉图：《柏拉图全集》（第二卷），王晓朝译，人民出版社2017年版，第57—58页。
② 裴特生：《十九世纪欧洲语言学史》（校订本），钱晋华译，世界图书出版公司2010年版，第4页。

德谟克利特区分出两种形式的语言表达式——主词和谓词,智者学派的修辞学家区分出请求、提问、回答和命令四种语句类型,并把名词分成阳性、阴性和用具(中性)三类;柏拉图依据逻辑区分了语句的两个基本要素名词和动词,有关动作的称作动词,采取动作的主体是名词,他把形容词归入动词,认为形容词与动词一样为主语带来某种精确性。柏拉图的名词和动词相当于主语和谓语。形式逻辑学的创始人亚里士多德(Aristotle,公元前384—前322)认为,口语是心灵经验的符号,书面语是口语的符号,他从逻辑角度分析语法,在确定语法范畴上起了很大作用,他把词分作三类,除了名词、动词外,增加了连接词,后者是连接名词和动词的,包括现在的连词、系词、代词和冠词。此外,亚里士多德提出了"格"的概念,他把名词和动词所有跟基本形式(名词的主格和动词的现在时)不同的语法形式都叫格的变化,格可以表示关系、数、语气等。后来的斯多葛学派推进了对语法范畴的研究,他们把词分为动词、普通名词、专有名词、连词和成分(包括冠词和代词)五类;发动了对格概念的讨论,认为格只与名词发生关系并确定了主格(直接形式)、间接格(包括属格、与格和宾格)和呼格等格的名称;他们发现古希腊语有24个音,把这些音分为元音和辅音并区分出每个字母的发音、形式和名称。

公元前4世纪下半叶,希腊的统治转移到马其顿,马其顿王凭借军事实力建立起一个横跨欧亚非的大帝国,使希腊的文化和科学传播到东地中海沿岸、黑海沿岸和西亚。位于小亚细亚的贝尔加木斯(Pergamus)和埃及的亚历山大里亚(Alexandria)是当时两个最大的手稿收藏地,有一大批从希腊本土来的学者聚集在这两地从事古代希腊文献特别是荷马史诗的考证校订和注释工作,出现了语文学,公元前2世纪形成了有名的亚历山大里亚学派。历史上一般把公元前4世纪末到公元前1世纪希腊文化通过亚历山大里亚的扩散称为"希腊化"时期。这一时期发生过关于语言的变则与类比的争论,但与前一个时期不同,争论是在语文学家之间进行的。希腊化时期,语法研究在亚历山大里亚得到了空前的发展,代表学者有亚里士塔尔库斯(Aristarchus,约公元前200—前150)、特拉克斯(Dionysius Thrax,公元前170—前90)等。这一时期的主要成就表现在形态学上，亚里士塔尔库斯把词分为八类，其弟子特拉克斯汇总前贤和自己老师的研究成果写出了希腊语的第一部真正描写性的语法著作《语法术》(Téchnē grammtikē)。特拉克斯在这部书里简要描述了希腊语的语法结构，提到两个基本的语法单位——句子和词，他把句子看作语法的最大单位，是"完整的思想表达"，词是"在连贯言语中最小的组成部分"，他对亚里士塔尔库斯的八类词逐一定义从而形成了相当完备的词类理论：

名词　有格的变化，表示人或事物；

动词　没有格的变化，但有时态、人称和数的变化，表示动作或过程（完成或正在进行的）；

分词（或形动词）兼有名词和动词的特征；

冠词　有格的变化，位于名词前或后，作用是指出所预示的事物；

代词　有人称的变化，代替名词，标指特定的人；

前置词　在复合词或句子中位于其他词之前（包括现在的前置词和前缀）；

副词　没有格的变化，用于说明或补充动词；

连接词　是一种联系并调整意义的词类，有联合、区分、补充、原因和引导五种连接词。

特拉克斯把形容词列入名词，因为它有性、数而没有时态变化。从说明可以看出，这个词法体系是从语言形式特征出发得出的结论，是比较科学也是比较完备的，它经过拉丁语法学的中介，被套到许多别的语言的语法分析中，历经一千多年几乎没有什么太大的变化。特拉克斯的《语法术》是第一部真正的希腊语描写语法，是语法研究脱离逻辑学真正进入语言学的一个主要标志。特拉克斯的体系的主要缺点是缺少句法。两个世纪以后，狄斯考鲁斯（Apollonius Dyscolus）写出了希腊语句法著作《论句法》(Peri syntaseōs)，区分了相当于后来的"主语"和"谓语"的成分，至此传统的希腊语法才比较完整。

古希腊时期学者们的研究使人类具备了最基本的语言知识，以上这些对希腊语的语法分析构成了两千多年传统语法的基本原则，传统语法的术语都可以溯源到希腊语法体系。

三 古罗马语言学

古罗马语言学家对语言学的贡献并不大,他们主要是将亚历山大里亚学派的希腊语法体系照搬到拉丁语上来,编写出系统而实用的教材,通过教学传播了亚历山大里亚学派的语法思想。古罗马最著名的语法学家瓦罗(M. T. Varro,公元前116—前27)著有《论拉丁语》,该书分词源学、形态学和句法学三部分,他的贡献是区分了词的屈折形式和派生形式,比较详细地考察了拉丁语的性、数、格的变化体系和结构功能。罗马统帅凯撒(G. J. Caesar,公元前100—前44)的《论类比法》发现了拉丁语中的"离格",瓦罗称之为第六格。巴拉斯蒙(R. Palasmon,公元前1世纪)发现了叹词。4世纪最有名的著作是多纳图斯(Donatus,公元4世纪)的《语法学》,古罗马后期最重要的语言学家是普里西安(Priscian,公元6世纪),他的巨著《语法规则》是一部汇集古希腊罗马语法研究成果系统而通俗的教材,对拉丁语法的教学和传播起过很大的作用,他的著作直到中世纪还被称为语法学界的权威。

四 4—18世纪欧洲语言学

历史上4—14世纪欧洲封建社会时期被称为中世纪,政权、世俗和学术研究等都笼罩在基督教的阴影中。作为教会、学校和科学用语,拉丁语是唯一被研究的语言,其语法规则也被套到其他语言上。语言研究方面只是把多纳图斯和普里西安的语法著作用作教材,讲究书写正确,认为语法具有规范性和指令性。略可一提的是,形容词从名词中划出来;由于经院哲学的影响出现了以逻辑代语法的思辨语法;为了翻译、传播基督经典《圣经》,僧侣们收集编写了一些语言的词典;中世纪末,意大利诗人但丁(A. Dante,1265–1321)写了《论俗语》,以自己的理论和文学创作实践为民间语言意大利语辩护。

文艺复兴带来了民族意识的觉醒,活语言(各民族民间语言)的地位逐渐提高,研究各民族语言的学者逐渐多起来,各国的经验语法相继诞生。15、16世纪,随着美洲的发现、殖民地扩张的发展,欧洲人接触到许多语言,欧洲出现了亚洲、美洲许多语言的语法和词典。欧洲人接触梵语也是在 16 世纪。

17、18 世纪是欧洲哲学发展的重要时期，也是语言学的一个发展时期。与经验语法平行，17 世纪中叶法国出现了唯理语法。1660 年，在巴黎郊区波尔·罗瓦雅尔（Port-Royal）女修道院里编成的《普遍唯理语法》（Grammaire générale et raisonnée，也称《波尔·罗瓦雅尔语法》）出版，它的作者是逻辑学家阿尔诺（A. Arnauld）和语言学家朗斯洛（C. Lancelot）。该书以确定语法这种"说话艺术的真正基础"和寻找"造成一切语言的共性和某些语言的特性的原理"[①] 为目的，以笛卡儿的理性主义为基础，认为人类的理性和思维是一致的，语言结构是由理性决定的，语言的存在是为了让人们借助语音、字母这些符号表达思想，因而所有语言的结构在本质上都应该是一样的，而表面形式的不同只是同一个体系的变体而已。他们从拉丁语、希腊语、希伯来语和法语及其他现代欧洲语言中找例子，企图揭示隐藏在不同语言语法背后的具有普遍性的东西，建立起适用于所有语言的一般原理。这部书包括两部分：第一部分是语音，分析了音和字母、重音和音节的划分以及拼读各种语言的新方法；第二部分是语法，把词分为表示思维对象和思想进程或形式两类，第一类包括名词［实体名词、属性名词（形容词）］、冠词、代词、分词、前置词和副词，第二类包括动词、连词和叹词；认为句子与逻辑中的判断是一体的，可以分为主语、谓语和系词三部分。《波尔·罗瓦雅尔语法》对逻辑学、数理语言学、结构主义语言学都有很大的影响，索绪尔、布龙菲尔德、乔姆斯基等对它都有很高的评价。

这一时期一些哲学家还探讨了语言起源的问题。洛克（J. Locke, 1632 - 1704）在《人类理解论》（1690）赞成"按规定"说。孔狄亚克（E. B. de Condillac, 1715 - 1780）在《人类知识起源论》（1746）中假定语言起源于自然呼声，认为人从对表示快乐、恐惧、痛苦的自然呼声的反省中得到启发从而创造出具有任意性的声音符号来，他把语言分为由本能（感叹等）产生出来的语言和由思考产生出来的语言。孔狄亚克的说法被称作"感叹说"。卢梭（J. J. Rousseau, 1712 - 1778）在《论人

---

① 安托尼·阿尔诺、克洛德·朗斯洛：《普遍唯理语法》，张学斌译，湖南教育出版社 2001 年版，第 1 页。

类不平等的起源和基础》（1755）和《论语言的起源》（1782）中认为，最初的语言产生于自然的呼声，后来的语言是由社会契约来"约定"的，他这种观点被称为"约定说"，但显而易见，没有语言，人们用什么来约定仍是无从说起的。1769年普鲁士科学院发起关于语言起源问题的有奖征文，赫尔德（J. G. Von Herder, 1744 – 1803）的《语言的起源》获奖。该书出版于1772年。赫尔德提出了语言起源的"摹声说"，他认为语言是人的反思，人类是天生的语言生物，比如人看到一只羊，羊的咩咩叫声突然给人一个强烈的印象，反复多次，"咩"这个叫声就成了羊的名字。他说："当人处在他独有的悟性状态之中，而这一悟性初次自由地发挥了作用，他就发明了语言。"① 很明显摹声说能解释语言中的少数摹声命名现象，而对作为整体的语言的起源的解释仍是不充分的。

随着语言视野的进一步扩大，17、18世纪，学者开始了对语言材料的收集工作。最早有意识地在世界范围收集语言标本的是哲学家莱布尼茨（G. W. Leibniz, 1646 – 1716）。他利用他的学术声望以及与世界各国学者的广泛联系，建议学者们进行广泛的调查。这类语言标本收集的成果是出版了几部多种语言对照词典，最著名的有：（1）《全球语言比较词汇》，由俄国女皇叶卡捷琳娜主持，第一版由巴拉斯（P. S. Pallas, 1741 – 1811）协助，1786—1787年出版，包括286个词的200种语言的对译材料，第二版由米里耶和（J. de Miriewo）主编，1790—1791年出版，语种增至280种（主要增加了非洲语言和美洲语言）；（2）《语言目录》，1780年出版，编写者是西班牙传教士赫尔伐士（L. Hervasy Panduro, 1735 – 1809），收集了300多种语言标本（其中包括很多美洲语言），该书无论从材料还是立论都超过了前人；（3）《米特里达脱斯或普通语言学》，这是一部汇集了用近500多种语言翻译的主祷文的对照词典，共4卷，由阿德隆（J. C. Adelung, 1732 – 1811）和法特（J. S. Vater, 1777 – 1826）合编，1806—1817年出版。在收集语言标本的同时，有一些学者还进行了初步的比较和分类工作。

---

① J. G. 赫尔德：《论语言的起源》，姚小平译，商务印书馆1999年版，第8页。

另外，17世纪莱布尼茨等学者还进行了创制普遍语言的尝试，成为柴门霍夫（L. L. Zamenhof, 1859–1917）世界语（Esperanto）等许多国际语的先声。

五 阿拉伯语言学

阿拉伯人在哲学、天文、化学、医学、数学和语文学方面都曾有过特殊贡献，有很多著作，他们创造了世界文化史上灿烂辉煌的阿拉伯文化。7世纪至8世纪，巴施拉（Basra）和库法（Kūfa）两个城市成了两个文化中心，而后逐渐形成两个不同的学派，前者的领导者西巴维希（Sibawaihi）吸收古印度和古希腊语言学的语法体系，写出了阿拉伯语文史上第一部有系统的阿拉伯语语法《书》（A l-Kitabu），确定了名词、动词和小品词的定义，陈述了主格、属格、宾格、呼格的形式，助词、代词、数词的用法，名词和动词的构词法，最后讲句法，还举出了许多阿拉伯语的语音和词源现象。这部著作的完整性、系统性和权威性为后代学者所叹服。阿拉伯学者明确地把字母和语音区别开来，指出书写和发音的不一致，提出了阿拉伯语所特有的三个辅音词根的概念，认为每个阿拉伯语的词根都是由三个辅音表示词汇意义，元音和其他辅音表示语法意义（中缀和内部屈折）。这对语法研究是一大贡献。另外，阿拉伯学者在词典编纂方面也很有成绩。

六 中国传统语言学

与古希腊一样，中国最早关于语言的争论也是同哲学联系在一起的，而且时间大体相当。春秋战国时代，名实关系的问题是代表各种思想的诸子百家争论的一个焦点，为后人所称道的论点，是荀子（约公元前313—公元前238）《正名》篇所阐述的观点：根据人的自然感官"王者制名"，但也要"约定俗成"，因为"名无固宜，约之以命，约定俗成谓之宜，异于约谓之不宜。名无固实，约之以命实，约定俗成谓之实名。名有固善，径易而不拂，谓之善名"[①]。这种看法现在看

[①] （清）王先谦：《荀子集解》，沈啸寰、王星贤点校，中华书局1988年版，第420页。

来还是合理的。

公元前4—前3世纪，在为古代典籍《春秋》所作的解释亦即有名的"春秋三传"中，出现了对语法现象的零星说明。公元前3世纪末到公元3世纪的秦汉时代，是中国语言文字学的开创时期，这一时期学者着重于文字的收集整理和字义、词义的解释，产生了文字学和训诂学。公元前3世纪出现了作为书写标准的字书，秦汉之间产生了最早的词典《尔雅》，这是一部分类百科词典。西汉时产生了第一部方言词典《輶轩使者绝代语释别国方言》，作者是文学家扬雄（公元前53年—公元18年），它不仅把同义词、近义词放到一起解释，还说明了不同地方的不同说法，区分了古语、通语和方言。公元100年产生了第一部文字学著作《说文解字》，作者是东汉经学大师许慎（约公元58年—公元147年），这部书收字9353个，以汉字的小篆字形为依据，把字分为540部，通过字形分析来解释字的本义，归纳出六书造字法，影响深远。东汉时还出现了第一部词源著作《释名》，作者刘熙，这部书企图通过声音来解释命名的原因，开声训的先河，但多是臆说。

《尔雅》分19卷：1. 释诂；2. 释言；3. 释训；4. 释亲；5. 释宫；6. 释器；7. 释乐；8. 释天；9. 释地；10. 释丘；11. 释山；12. 释水；13. 释草；14. 释木；15. 释虫；16. 释鱼；17. 释鸟；18. 释兽；19. 释畜。词语释义形式如下：

　　　　初、哉、首、基、肇、祖、元、胎，始也。（释诂）
　　　　还、复，返也。（释言）
　　　　肃肃、翼翼，恭也。（释训）
　　　　木豆谓之豆，竹豆谓之笾，瓦豆谓之登。（释器）

扬雄《方言》释义形式如下：

　　　　通语：好（貌美）。宋魏：孊；秦晋：娥；关东，河济之间：媌，姣；赵魏燕代：姝，妦；秦晋之故都，关东：妍。

许慎《说文解字》释义形式如下：

炳，明也。从火，丙声。

婦，服也。从女持帚洒扫也。

男，丈夫也，从田，从力。言男子用力于田也。

射，弓弩发于身而止于远也。从矢，从身。如篆文射，从寸。寸，法度也，亦手也。

行，人之步趋也。从彳从亍。

王，天下所归也。董仲舒曰："古之造文者，三画而连其中谓之王。三者，天地人也，而三通之者王也。"孔子曰："一贯三为王。"

甘，美也。从口含一；一，道也。

刘熙《释名》分为27卷：1. 天；2. 地；3. 山；4. 水；5. 丘；6. 道；7. 州国；8. 形体；9. 姿容；10. 长幼；11. 亲属；12. 言语；13. 饮食；14. 采帛；15. 首饰；16. 衣服；17. 宫室；18. 床帐；19. 书契；20. 典艺；21. 用器；22. 乐器；23. 兵；24. 车；25. 船；26. 疾病；27. 丧制。释义形式如下：

天，豫司兖冀以舌腹言之，天显也，在上高显也；青徐以舌头言之，天坦也，坦然而远也。(释天)

景，竟也，所照之处有竟限也。(释天)

痔，食也，虫食之也。(释疾病)

在3—14世纪即从魏晋至元代这一漫长的时期，音韵学占统治地位。汉字是一种不表音的文字，在东汉晚期有人开始用两个字相拼来给汉字注音，上字取声下字取韵，如"胎"就注"大才反"。这叫反切。魏晋南北朝时，由于文学对形式美的追求，以及伴随着佛经翻译从印度引入了声明学（语音学），人们开始注意分析汉字的语音结构，并以服务于诗歌写作的需要为目的编写了一些韵书。韵书实际上就是把同韵的字排列在一起的一种分类字典。最早的韵书是北魏李登的《声类》，而现存最早的韵书则是隋代陆法言等人编的《切韵》（601），它是一个以南方音系为主的杂糅体系，把汉字分为193个韵部，是汉语语音史研究的重要依据。后代对这部书有一些修订，影响最大的是北宋陈彭年等奉敕编撰的《大宋重修广韵》（1008）将韵部增至206部。唐末僧人守温参照梵文字母创制了汉字30字母，用30个汉字固定表示汉语的声母。宋代将30字母增至36字母并出现了将汉字按字母、韵类和声调排列的图表，这就是韵图；比较有名的韵图有《韵镜》、《七音略》和《切韵指掌图》等。在这一时期，词典上比较重要的有魏张揖的《广雅》，字典有梁顾野王（519—581）的《玉篇》。在语法学方面提出过一些零星的说法：梁刘勰（465—532）在《文心雕龙·章句》中认为作文词语排列顺序要得当，并把助词分为句首助词、句中助词和句末助词三类；唐代文人柳宗元（773—819）在《复杜温夫书》中把语气词分为疑词和决词两类；南宋张炎在《词源》中依字的本用和活用提出辞分虚实的说法。在训诂学方面，北宋王子韶（字圣美）作《字解》20卷（失传）提出"右文说"，认为形声字的声符不仅表音而且还表义，谐声音符相同的字大都有共同的基本意义。沈括在《梦溪笔谈》中记载：

　　王圣美治字学，演其义以为"右文"。古之字书皆从"左文"。凡字，其类在左，其义在右。如木类，其左皆从木。所谓"右文"者，如"戋"，小也，水之小者曰"浅"，金之小者曰"钱"，歹之小者曰"残"，贝之小者曰"贱"。如此之类，皆以"戋"为义也。（沈括《梦溪笔谈·艺文一》）

这种声旁有义的理论对清代学者提出因声求义的方法很有启发。在文字学上，南宋郑樵专用六书作字形分析，将《说文》的540部合并为330部，开后人归并部首之先河。

元代周德清（1277—1365）为作曲的目的而以大都音为标准于1324年编成了《中原音韵》一书，反映了北方近代汉语的语音面貌，是研究汉语语音史的重要依据。成书于同一年的《语助》，是中国传统语言学第一部虚词专著,作者卢以玮。明代的学者陈第(1541—1617)提出"时有古今,地有南北,字有更革,音有转移,亦势所必致"。①认识到语音是发展的,从而掀起了近代古音研究的序幕。其后,明末清初的学者顾炎武(1613—1682)把以《诗经》为代表的上古韵分为 10 部,奠定了古韵研究的基础。在字典方面,梅膺祚撰《字汇》12 卷(1615),他按楷书笔画多少排列次序,从 1 画到 17 画分为 214 部,而一部之内也按笔画多少排列次序。这种创新的排列法便于检索,颇有创新精神,至今仍是比较常用的编排检字法。在训诂学上,方以智(1611—1671)作《通雅》,根据古代语言材料说明音义相通之理兼论方言俗语,有很多创建,对清代学者有不少启示。

  17 世纪中叶到 19 世纪初的清朝,是传统语言学最为辉煌的时期。这一时期形成了学术史上著名的乾嘉学派。音韵学的古韵研究方面有戴震(1724—1777)、段玉裁(1735—1815)、王念孙(1744—1832)、江有诰(? —1851),他们将以《诗经》为代表的上古韵部勾勒出一个比较清晰的轮廓;古声母方面有钱大昕(1728—1804)、章炳麟(1869—1936)、黄侃(1886—1935)的研究。此外,还产生了等韵学,代表著作是江永(1681—1762)的《古韵标准》和劳乃宣(1843—1912)的《等韵一得》。在文字学方面,有段玉裁的《说文解字注》、朱骏声(1788—1858)《说文通训定声》、桂馥(1736—1805)《说文义证》、王筠(1784—1854)《说文释例》《说文句读》,"说文四大家"梳理、发展了许慎的学说。训诂研究方面以王念孙的《广雅疏证》和段玉裁的《说文解字注》为代表。他们认为研究文字和字义必须理解声音,提出"训诂音声相为表里"②"训诂之旨,本于声音。故有声同字异,声近义同。……就古音以求古义,引申触类,不限形体"③ 的"声近义通"的理论,突破了汉字形体的局限,达到了对语言系统性的认识。语法方

---

  ① 陈第:《毛诗古音考·自序》,转引自何九盈《中国古代语言学史》(第 4 版),商务印书馆 2013 年版,第 392 页。
  ② 戴震:《六书音韵表·序》,附载段玉裁《说文解字注》,浙江古籍出版社 1998 年版,第 801 页。
  ③ 王念孙:《广雅疏证·序》,转引自何九盈《中国古代语言学史》(第 4 版),商务印书馆 2013 年版,第 529 页。

面，18世纪有刘淇的《助字辨略》（1711）和王引之（1766—1834）的《经传释词》（1798），这是两部比较系统研究虚词的著作。

  1898年是中国传统语言学值得纪念的一年。在河南安阳小屯村一带发现了距今三千多年殷商时代刻在龟甲兽骨上的古文字——甲骨文，次年王懿荣（1845—1900）集实物拓印集为《殷虚书契》等并做了初步考释。由于甲骨文的发现，而后文字学开始突破说文体系。19世纪末，马建忠（1845—1900）参照欧洲传统语法体系，用10年的时间写出了中国第一部系统古汉语语法著作《马氏文通》，该书出版于1898年。《马氏文通》共分十卷：《正名》一卷，《实字》五卷，《虚字》三卷，《论句读》一卷。此外还有《序》《后序》《例言》三篇。这部著作根据是否表示实在的意义把字（词）划分为实字和虚字两类，实字包括名字、代字、动字、静字（形容词、数词）、状字（状态形容词和副词），虚字包括介字、连字、助字（语气词）和叹字；设立了句、读、起词（主语）、语词（谓语）、表词（非动词性的谓语）、止词（动词的宾语）、司词（介词、形容词后面的宾语）等语法成分概念和作为类似于格的"次"的概念等。这部著作奠定了汉语语法学的基础，有很多创建，对其后的汉语语法学有着深刻的影响。

第二节　历史比较语言学[①]

作为一种社会现象，语言会随着时间的推移而发生变化，这种发展变化有时会由于时间的积累和地理上的分割而分化为不同的方言，甚至不同的语言。以语言的发展变化规律为研究对象的语言学，叫历史语言学。通过对比不同的语言或方言，研究它们之间的相互关系和历史继承方面的同源现象，确定它们之间的亲源关系，构拟原始基础语形式，以这种对比法为主要方法的历史语言学叫历史比较语言学。

历史比较语言学可以分为三个时期：1875年以前；1875年到19世纪末；20世纪。

一　早期历史比较语言学

17、18世纪，随着人们语言视野的扩大，积累了大量语言材料，这使对语言的初步分类和比较成为可能。比如编写《语言目录》的赫尔伐士曾整理过四十多种语言的语法，用名词变格和动词变位证明希伯来语、阿拉伯语、叙利亚语等同属一种原始语言的方言，第一次指出语言真正的亲属关系应该取决于语法上的证据。但促使历史比较语言学产生的最直接原因，是人们发现梵语与希腊语、拉丁语之间的相似性。1786年，东印度公司官员英国学者威廉·琼斯（William Jones，1746－1794）在印度加尔各答的亚洲学会年会上宣读了一篇论文《三周年演说》，认为梵语和许多欧洲古代语言有着共同的来源，例如，希腊语、拉丁语和梵语的"母亲""二""三"对应如下：

	母亲	二	三
梵语	mātā	dvāu	trayah
希腊语	mētēr	duo	treis
拉丁语	māter	duo	trēs

[①] 也参见聂志平《历史比较语言学简说》，载《哈尔滨师专学报》（社会科学版）1996年第2期。

他说："梵语的动词词根和语法形式，同希腊语和拉丁语有着十分明显的亲密关系——不可能是偶然产生的巧合。的确，任何一个语文学家要是把这三种语言仔细考察一番，都会相信它们出于共同的来源，不过这个共同的来源也许不存在了。"① 在历史比较语言学已有相当积累的欧洲，琼斯的论文引起了人们对梵语的好奇。1808 年，德国学者史勒格尔（F. Von Schlegel，1772 – 1829）出版了《论印度人的语言和智慧》，认为欧洲许多语言的共同点不是偶然的，他提出了"比较语法"这个术语，并认识到语音对应对比较语法的重要性。

1814 年，拉斯克（R. K. Rask，1787 – 1832）写的《古代北方语或冰岛语起源研究》获丹麦科学院奖。在书中，拉斯克对冰岛语和希腊语、拉丁语作以详细比较，论证了它们在语音、形态和基本词汇上的对应关系。他把古冰岛语归入日耳曼语系，认为古冰岛语和波斯语、印度语有一个较远的共同来源；他第一个发现日耳曼语中的"辅音大演变"，即希腊语的 p、t、k 对应于日耳曼语的 f、p、h，希腊语的 b、d、g 对应于日耳曼语的 p、t、k，希腊语的 ph、th、ch 对应于日耳曼语的 b、d、g；他认为要确定语言的亲属关系必须考察语言的整个结构，而不是只比较一些零碎的细节，应该特别注意语法对应关系，语法对应是亲属关系和起源共同性更为可靠的标志，必不可少的基本词语和代词、数词相同以及语音转换规则具有决定意义。这部著作的真正价值就在于他所论述的原理和方法，拉斯克是第一个进行语言比较的学者，是历史比较语言学的奠基者。但他这部著作是用丹麦文写作的，一直到1818 年才出版，在历史比较语言学初期影响不及葆朴。

1816 年，德国语言学家葆朴（F. Bopp，1791 – 1867）的《论梵语动词变位系统，与希腊语、拉丁语、波斯语和日耳曼语相比较》出版。葆朴是第一个把大量相似、相关的语法事实收集起来进行比较，并把梵语引进比较领域的；他认为这几种语言都出于一种共同的原始语言，只不过梵语比其他语言保存更多的原始形式，他用梵语的形式来解释希腊语和拉丁语的许多形式，找出了它们的动词变位的对应关系。葆朴是第

---

① 转引自裴特生《十九世纪欧洲语言学史》（校订本），钱晋华译，世界图书出版公司2010年版，第17页。

一个将梵语用来和其他印欧语言进行系统比较的语言学者,他看到亲属语言的关系可以成为一门独立科学的材料,从而创造了比较语法这一新学科。葆朴的这一著作被认为是历史比较语言学的奠基作。1833—1852年,葆朴又出版了三卷本巨著《比较语法》。另外,葆朴是最早主张划清语言学和语文学界限的学者之一。

除了拉斯克和葆朴之外,格里木(J. Grimm, 1785 - 1863)对历史比较语言学的建立也做出了特殊贡献。1819年,德国语言学家格里木出版了《德语语法》,受拉斯克启示,他提出了著名的"格里木定律",认为日耳曼语与其他印欧语有如下语音对应规律:

古高地德语与哥特语、希腊语、拉丁语辅音对应表

希腊语、拉丁语	p t k b d g f th ch
哥特语	f ρ h p t k b d g
古高地德语	b d g f z ch p t k

辅音系统由希腊语、拉丁语到以哥特语为代表的日耳曼语变化的阶段,叫第一次语音变化;由哥特语到古高地德语的变化阶段,叫第二次语音变化。在元音方面,格里木还正确地解释了元音变化和元音交替。此外,他还把语言和自然有机体等同起来,把语言的发展分为三个阶段。格里木是日耳曼语言学的创始人,他所发现的元音变化、元音交替和辅音音变等规律在扩大对日耳曼语和印欧语亲属性的认识方面起了决定性的作用。可以说,格里木与拉斯克和葆朴一起创立了历史比较语言学。

1833年,德国语言学家波特(A. F. Pott, 1802 - 1887)出版了《词源研究》,他指出某个语言形式的词源,就是这个语言形式的历史;要找到语言形式的词源,不仅要找到它在该语言里的较古形式,还要找到它在各亲属语言里的形式,并根据对比,构拟出它的原始形式。

在这一阶段,历史比较语言学奠定了坚实的基础。

1861—1862年出版了德国语言学家施莱赫尔(A. Schleicher, 1821 - 1868)的《印度日耳曼语比较语法纲要》。施莱赫尔认为,语言和其他自然现象一样受相同的功能规律和发展规律的支配,因此可以把自然科学中所制定的精确方法应用于语言研究。他总结了前人的成果，根据已经发现的规律来重建原始印欧语并追溯它在每一个分支中的发展，并把自己对各种语言相互关系的研究成果表现为印欧语言发展的谱系树，提出了语言的"谱系分类法"：

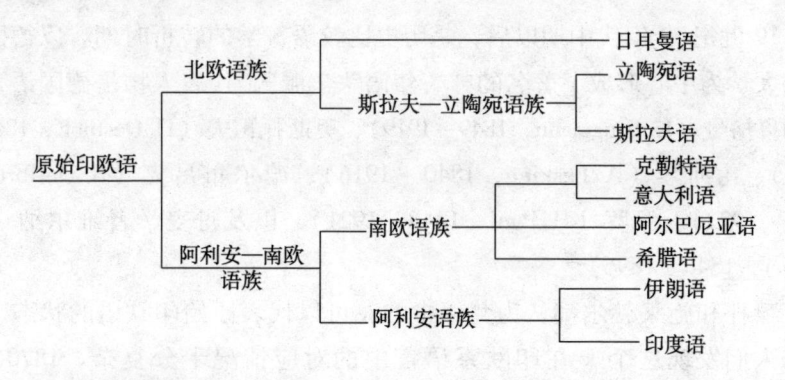

```
                    ┌─ 北欧语族 ──┬─────────────── 日耳曼语
                    │             │                ┌─ 立陶宛语
                    │             └─ 斯拉夫—立陶宛语族┤
原始印欧语 ──────────┤                              └─ 斯拉夫语
                    │                              ┌─ 克勒特语
                    │             ┌─ 南欧语族 ─────┤─ 意大利语
                    └─ 阿利安—南欧 │               ├─ 阿尔巴尼亚语
                       语族       │               └─ 希腊语
                                  │               ┌─ 伊朗语
                                  └─ 阿利安语族 ───┤
                                                  └─ 印度语
```

施莱赫尔创立了语言学的自然主义学派，他认为"语言的生命和动、植物等其他机体的生命并没有什么本质上的区别，……都有成长的时期和衰老的时期。在成长时期，它们由简单结构变成更复杂的形式；在衰老时期，由它所达到的最高点逐渐衰退，它的形式也受到了损害"。[①] 语言发展的上升阶段是在人类的史前时期，从有史时期开始，语言的历史就是一部衰落史；语言发展的最高点，则是他所构拟的原始印欧母语。同时，施莱赫尔还提出了语言发展的三阶段理论，认为"一切比较复杂的语言形式都来自比较简单的形式，语言的黏着形式产生于孤立形式，而屈折形式又产生于黏着形式"[②]，孤立语是一种原始落后的语言。施莱赫尔的自然主义思想完全是错误的。而他的谱系分类学说，尽管也有很多漏洞并遭到他的学生施密特（J. Schmidt，1843－1901）"波浪说"的批判，但作为一种解释语言之间关系的理论方法还是有用的，是历史比较语言学的重大发展。

在这一时期，语言的亲属关系得到了普遍的确认，比较方法得到了不断的改进和广泛的运用，语言学从语文学中分化出来并取得了独立地

[①] 转引自 H. A. 康德拉绍夫《语言学说史》，杨余森译，武汉大学出版社1985年版，第69页。
[②] 转引自徐志民《欧美语言学简史》（修订本），复旦大学出版社2013年版，第127页。

位，但由于对比较的性质和目的没有明确的认识，常把眼光停留在语言的最古阶段。

二 青年语法学派

19世纪70年代中期以后，是历史比较语言学的转折时期。以德国莱比锡大学为中心形成了著名的"青年语法学派"，代表人物是德国语言学家勃鲁格曼（K. Brugmann，1849－1919）、奥斯托霍夫（H. Oesthoff，1847－1921）、雷斯琴（A. Leskien，1840－1916）、德尔布吕克（B. De-lbrück，1842－1922）、保罗（H. Paul，1846－1921），以及丹麦学者维尔纳（K. Verner，1846－1896）。

葆朴和施莱赫尔都认为梵语中的k可以代表原始印欧语的状态，但后来人们发现这个k在印欧系语言中的对应情况十分复杂。1870年，意大利学者阿斯戈里（C. I. Ascoli）出版了《语言学教程》，他在详细分析印欧系语言各语族的舌后音的对应关系后认为，原始印欧语实际有三组不同的K，基本上厘清了印欧语舌后音的对应情况和这些音在印欧语系各语族中的发展规律。格里木定律基本是正确的，但有些例外没有解决。比如，拉丁语同一个p音，在哥特语或古高地德语中有时变为v，有时变为b；同一个t音，在哥特语或古高地德语中有时变为p，有时变为d；同一个c[k]音，在哥特语或古高地德语中有时变为h，有时变为g。维尔纳通过梵语发现，原来希腊、拉丁语的p、t、k，凡与哥特语或古高地德语的v、p、h相对应的，它们的重音都在这个音之前；凡与哥特语或古高地德语的b、d、g相对应的，它们的重音都在这个音之后。这个重音位置在梵语中还保存得很好，而在共同日耳曼语中都消失了。这就是维尔纳1875年在《第一次语音变化的一个例外》中所揭示的规律，语言学史上有名的"维尔纳定律"。阿斯戈里和维尔纳的发现消除了许多历史比较语言学家的疑虑，他们开始认识到一切语音变化都是有规律的，"没有一个例外没有规律"。

"青年语法学派"的理论主要体现在奥斯托霍夫和勃鲁格曼所著的《印度日耳曼语范围中的形态研究》第一部分的"序言"（1878）、保罗的《语言史原理》（1880）、德尔布吕克的《语言研究引论》（1880）、勃鲁格曼和德尔布吕克合著的《印度日耳曼语比较语法纲要》等著作中。"青年语法学派"批评了以前的历史比较研究，他们主要的兴趣在于解释语言的历时变化，认为个人语言现象是语言学的研究对象。在理论上，"青年语法学派"主张以下几点。（1）"语音规则无例外"，认为所有的语音变化只要是机械式进行的，都是按照无例外原则实现的。这就是说，语音演变的方向对一个语言社团的所有成员来讲，除非出现方言分裂，否则始终是相同的，所有词只要其中受到音变的语音是在相同情况下出现，则无例外地受到变动，语音定律的活动完全是盲目的，依照自然的盲目需要而进行。（2）认为类推在语言发展中起着很重要的作用，他们说，形式的联想，亦即通过类推构成的新的语言形式在近代语言生活中起着十分重要的作用，因而对较古和最古的时期来讲，这种形式的语言创新无疑也应该得到承认；类推作用是以某些词或形式为标准，改变另一些词或形式来与之看齐。（3）认为语言研究必须首先研究活的语言，因为它们是确定语言学和心理学规律的基础。"青年语法学派"对语言演变性质的认识比以前有了很大的进步，改变了历史比较语言学的研究方向，改变了对原始印欧语的看法，其缺点是不了解语言的社会性质，研究方法上的原子主义和研究范围的狭窄。

三　现代历史比较语言学

1878年，索绪尔的《论印欧语元音的原始系统》出版。他用系统方法分析了印欧语古代元音系统，成功地构拟了一个在印欧语元音原始系统中起着重要作用的音，解决了印欧语历史比较语音学研究中的一个难题。这部著作被誉为"前无古人的历史语言学最出色的篇章"[①]，它实际上是现代历史语言学内部构拟法的源头。

20世纪的现代历史比较语言学开始于捷克学者格罗兹内（B. Grozny）对赫梯语铭文的释读。1916—1917年他出版了《赫梯人的语言》。1925年法国学者梅耶（A. Meillet, 1866－1936）出版《历史语言学中的比较方法》，全面地讨论了历史比较语言学的一般方法。1933—1951

[①] 转引自莫罗《索绪尔〈普通语言学教程〉评注本序言》，陈振尧译，《国外语言学》1983年第4期。

年美国语言学家斯突迪万特（E. Sturtvant）出版了《赫梯语比较语法》，他认为印欧语中希腊语和梵语最为古老的理论被动摇了，与根据文献已知的印欧语相比，赫梯语保存了很多古老的特色，其为恢复更原始形式、深入探讨印欧语词根的结构和一般的词的形态构成以及揭示一系列词源提供了可能。库里洛维奇（M. Kurylowicz, 1895-1978）对闪语和印欧语的元音交替有精辟的分析，他 1935 年出版《印欧语研究》，因鉴别赫梯语浊塞音 h 而证实印欧语中有喉音存在，索绪尔提出的喉音假说得到了赫梯语材料的证实。1935 年法国学者本维尼斯特（émile Benvenniste, 1902-1976）的《印欧语中名词的构成溯源》出版，他论证印欧语名词的原始词根可以确定为"辅音+元音+辅音"的集合体，认为这一基本模式可以用来说明希腊语、拉丁语和梵语等名词的原始构成方式。这部著作被公认为印欧语历史比较研究史上继索绪尔之后的又一个里程碑。他在 1948 年出版的《印欧语中的施动名词和动作名词》，也是一部杰出的历史比较语言学著作。

四 汉语历史比较语言学

清代学者钱大昕根据古书中的异文、反切和汉字的表音偏旁，推断出以下几点。（1）古无轻唇音。认为中古时代的轻唇音声纽在先秦时代都读作重唇音，即中古的"非、敷、奉、微"在先秦时读作"帮、滂、并、明"。（2）古无舌上音。认为中古时的声纽"知、彻、澄"在先秦时代读作"端、透、定"。（3）古人多舌音。认为中古"照、穿、神"等声纽，在先秦时也属于"端、透、定"声纽。（4）"影""喻""晓""匣"双声。认为中古 4 个喉音声纽在先秦时基本属于同一类声纽。钱大昕的这些论述收集在他的《十驾斋养新录》卷五和《潜研堂文集》卷十中。他的前两个观点得到后来学者的普遍承认。有的中国学者（如伍铁平）认为他这些研究属于历史比较语言学范畴，而且比欧洲的历史比较语言学早近一百年。[①] 其实清代的音韵学研究，无论从方法还是从结论来看，一般来说都是比较科学的。但历史比较语言学作

---

① 伍铁平:《开展中外语言学说史的比较研究——兼论语言类型学对汉语史研究的意义》，《世界汉语教学》1992 年第 2 期。

为语言学史上的一个特定的概念,应该有它的特指范围。尽管清代的音韵学研究可能含有历史比较语言学的因素,我们还是采用成说,不从它算起。

1900年,欧洲汉学中心莱顿大学培养的学生、荷兰传教士商克(S. H. Schaank, 1861-1935)在巴黎的《通报》上发表《古代汉语语音学》,他第一次提出了声母腭化的观念和古双唇音在三等呼前变为唇齿音的条理,并发现一二等没有i介音,三四等有i介音,定下了汉语古音研究的一些原则。对汉语历史比较语言学影响最大的是瑞典汉学家高本汉(Klas Bernhard Johannes Karlgren, 1889-1978)的《中国音韵学研究》(1915—1919)。他利用中国音韵学知识和各地方言比较研究的结果为隋唐时代的中古音拟定了一个完整的体系。高本汉最大的贡献是把印欧语历史比较语言学的构拟法介绍到中国来,使汉语音韵学在拟音上有了一套合适的方法和方便的工具。这部著作被中国学者赵元任(1892—1982)、罗常培(1899—1958)、李方桂(1902—1987)翻译成汉语1940年出版,20世纪30年代以后中国的音韵学著作,都在他的影响之下。对音材料的使用是中国历史比较语言学的主要方法之一。梵汉对音方面,最早提出梵汉对音的是俄国学者钢和泰(Alexander von Stael-Holstein, 1877-1937)。1931年中国学者汪荣宝(1878—1933)利用这种方法研究,发表《歌戈鱼虞模古读考》,考证出唐宋以前歌戈韵的字都读a音而不读o音;魏晋以上鱼虞模韵的字也读a音不读u、ü音。他的新方法和新成果打破了传统音韵学的框架,引起了古音学上一场空前的大辩论。法国汉学家马伯乐(H. Maspéro, 1883-1945)1920年发表《唐代长安方音》,他利用天竺高僧不空的汉译梵咒材料,最先提出汉语鼻音声纽包含鼻音和浊塞音两个成素的观点。1931年罗常培发表论文《知彻澄娘音值考》,考证出6世纪末至11世纪初知彻澄三个声纽读[t]、[t']、[d](或[d']),娘纽读[n],订正了高本汉所作的构拟[ʈ]、[ʈ']、[ɖ]、[ɳ]。陆志韦(1894—1970)和李荣(1920—2002)利用梵汉对音证明《切韵》的浊音声母不送气,订正了高本汉送气的拟测。俞敏(1916—1995)的《后汉梵汉对音谱》(1979)考证了后汉三国时代的声纽系统。汉藏对音方面的代表作是罗常培的《唐五代西北方音》

（1933），他受高本汉的影响，用《切韵》、现代西北方言和译音材料，描述了唐五代西北方音的一系列重要特点。此外还有利用日译汉音材料进行研究的。

  在汉语历史比较语言学领域里，李方桂是一位卓有贡献的语言学家。1931年他发表了论文《切韵 a 的来源》，提出高本汉所拟《切韵》的 a 是从上古音 a 和 ə 来的。1932年他发表了《中古东屋冬沃的上古音》，认为上古的东、屋、冬、沃是从上古的 uong、uonk、iuong、iuok 变来的。1971年李方桂发表了《上古音研究》，提出了一个新的上古音系统。在1937年发表的《中国的语言与方言》（英文）中，他提出将汉藏语系分汉语、侗台语族、苗瑶语族、藏缅语族四个语族，这种分法为大多数学者所接受。

第三节 普通语言学的创始人——洪堡特

一 洪堡特的生平

威廉·洪堡特（Wilhelm von Humboldt，1767－1835）是德国杰出的政治家和语言学家。他的胞弟 A. 洪堡特是著名的地理学家、旅行家，在自然科学领域享有盛名。而洪堡特主要由于他在语言学理论方面的贡献而著称于世。

洪堡特 1767 年 6 月 22 日出生于波茨坦。1787—1788 年，先后在法兰克福大学和哥廷根大学学习语文学、历史学和法学。1797—1801 年间，在巴黎学习了近两年时间。1802—1808 年，作为普鲁士常驻罗马教廷的代表，在梵蒂冈生活了 6 年。1809—1819 年，他在政府内务部的文化教育司任过一年司长，并先后出任过驻维也纳和伦敦的大使。1819 年底，他辞去了一切官职，退居于他的特格尔城堡，潜心从事语言研究工作，直至 1835 年 4 月 8 日逝世。有三段时间，对作为语言学家的洪堡特来说特别重要。在巴黎逗留的两年，他最终确定了研究语言的志向，并确定了进行语言研究的具体方向和基本原则。在梵蒂冈的 6 年，职务本身对他并没有什么吸引力，却十分清闲，使他有充分的时间用来研究他的弟弟 A. 洪堡特考察美洲时带回来的大量珍贵的语言材料，同时也使他有机会仔细查阅了梵蒂冈图书馆保存的、由被从南美、东南亚等地驱逐的耶稣会士带回的丰富资料，这些对他后来的语言研究工作有十分重要的意义。此外，一生的最后 15 年里，他集中精力整理所获得的语言资料，思考了一系列语言理论问题，写下了大量的笔记和书稿。

洪堡特的学术研究活动涉及政治学、美学、人类学和语言学等好几个领域，大致可以 1800 年为界分为前后两个阶段。前一阶段，他的兴趣主要在政治学和美学方面，发表了《论国家的作用》（1792）、《歌德的〈赫尔曼和窦绿苔〉》（1798）等论著。但洪堡特对语言问题早就发生了兴趣，在 1790—1800 年，就曾写了许多札记，论述了他的语言学思想，其中特别涉及语言与思想的关系，语言的符号特性，等等。1800 年前后，也就是在巴黎的时候，洪堡特的兴趣完全转到语言学方面来了。他由对法兰西民族特性的探索开始思索语言的多样性问题。在跟巴黎学者的交往中，他接受了孔狄亚克及其追随者的观念派理论，开始考虑语言的主观性问题。他的最主要的语言学论著都是在1820年后写成的，如《依照语言发展的不同时期论语言的比较研究》（1820）、《论语法形式的起源及其对思想发展的影响》（1822）、《论双数》（1826）、《致阿·雷米萨先生的信，论语法形式的性质和汉语的特性》（1826）、《论爪哇岛上的卡维语》（共3卷，1836—1840年出版）。其中，《论爪哇岛上的卡维语》的导论《论人类语言结构的差异及其对人类精神发展的影响》，是他的代表作。在这一长达350页的导论中，他从语言哲学、人类学、语言类型学等角度，深入探索了语言的本质、语言活动的机制、语言结构与人类精神的关系，以及语言的类型等重要问题，提出了不少独特的理论见解。

跟同时代的语言学家相比，洪堡特的视野更为开阔。他极重视活语言的调查和分析，注意比较各种语言的结构特点，从而进行理论概括。他的眼光并不局限于印欧语系语言，相反特别注意非印欧系语言的特点。他是欧洲最早开始对世界各地的语言进行深入研究的语言学家之一。在巴黎学习期间，他曾先后两次，共花了半年多时间，去比利牛斯山地区的巴斯克人居住地，实地考察当地的语言、文化传统和地理环境等。他虽然未能像他的兄弟A.洪堡特那样遨游世界，调查各地的语言，但通过分析研究大量的实际材料，他对美洲和南亚的许多语言，有了相当深刻的了解。值得特别提出的是，1826年前后，洪堡特还认真地研究过一段时间汉语，《致阿·雷米萨先生的信，论语法形式的性质和汉语的特性》就是这一时期洪堡特汉语研究的成果。正因为这样，除了欧洲古典语言之外，他还熟悉梵语、匈牙利语、巴斯克语、塔塔尔语、一些闪语、印第安语、汉语、日语、卡维语、缅甸语等，这为他进行普通语言学理论的研究准备了较好的条件。

二　洪堡特的语言理论

1. 把语言看作一种不间断的创造活动，是洪堡特语言理论的核心。在《论人类语言结构的差异及其对人类精神发展的影响》中，他说：

"语言绝不是产品,而是一种创造活动。因此,语言的真正定义只能是发生学的定义。"① 并且他认为,这样的定义当然只是就每一单个的言语活动而说的,但实际上,语言正是这类无数言语活动的综合投影。洪堡特认为语言活动是一种创造能力,这种语言创造能力是人类精神运用的一种基本特性,它使说话者能够无限地运用他们所掌握的有限的语言手段。

因为洪堡特把语言看作"一种正在进行的活动",因此,他认为语言中没有什么静止的东西,"语言就其真实的本质来看,是某种连续的、每时每刻都在向前发展的事物。即使将语言记录成文字,也只能使它不完善地、木乃伊式地保存下来,而这种文字作品以后仍需要人们重新具体化为生动的言语"②。在他看来,由语言整体分割而成的词和语法规则等,只是一种人为分析的无生气的东西,犹如变冷了的熔岩石,若想真正理解语言的活的本质,就应该在无数话语的锁链中去了解它,从生成的角度去认识它。

2. 因为语言活动被视为人类精神的基本特性,因此洪堡特认为语言活动的产生首先是由于精神发展的需要。他说,"语言产生自人类的某种内在需要,而不仅仅是出自于人类维持共同交往的外部需要,语言发生的真正原因在于人类的本性之中。对于人类精神力量的发展,语言是必不可少的;对于世界观的形成,语言也是必不可缺的"③。在他看来,不是社会交际引出语言,而是语言根据某种内在的必然性"产生了"交际。

以往的语言学家,大多把语言看成一种已经完成的、机械的东西,一种人为的创造物,洪堡特却把语言视为一种不断重复进行的活动,一种精神的创造。这显示了他对语言本质的新理解,是颇有启发性的,它促使人们从不同的角度去认识语言。然而,他为了强调语言的思维功能

---

① 威廉·冯·洪堡特:《论人类语言结构的差异及其对人类精神发展的影响》,姚小平译,商务印书馆1997年版,第54页。
② 威廉·冯·洪堡特:《论人类语言结构的差异及其对人类精神发展的影响》,姚小平译,商务印书馆1997年版,第54页。
③ 威廉·冯·洪堡特:《论人类语言结构的差异及其对人类精神发展的影响》,姚小平译,商务印书馆1997年版,第24页。

的首要地位，把交际功能放在从属的地位，甚至颠倒过来说是语言产生了交际，则显然是站不住脚的。这说明他对语言的社会本质缺乏透彻的理解。

3. 在深入探索语言创造活动的特征的过程中，洪堡特提出了"语言内部形式"的概念。他指出："在把分节音转化成为思想表达的精神劳动中，存在着某种恒定不变的、同形的元素，而正是这些元素，就其全部的关系和整个系统而言，构成了语言的形式。"① 在这里，语言形式被看作精神劳动的特征，而这一特征又被确定为某种经常的、一贯的因素。洪堡特认为，这种语言形式是一种属于语言内在的特征，因此他常常称之为"语言内部形式"。

"内部形式"这一概念，在18世纪末19世纪初是一个相当流行的概念，在赫尔德和歌德研究艺术和诗歌的著作中，就可找到对这一概念的阐述。A. W. 史勒格尔当时提出过"机械形式"和"有机形式"的区别并引起了学者们的争论，洪堡特可能也从中得到了启发。以往的语言学家一般认为语言形式就是语法形式，甚至简单地理解为变格、变位的形式。洪堡特的"语言内部形式"概念则根本不同，它指的实际上是一种语言的语法结构和语义结构的系统。洪堡特认为，这种结构系统，深藏在语言内部，是每一种语言所特有的东西，它应该是语言研究的真正的对象，但又十分难以接近。他的这一看法，跟康德《纯粹理性批判》中的模式论极其相似。康德说，存在于意识概念基础上的模式，实在"是一种艺术，深藏在人类的灵魂中间，它动作的实在方式，我们是极容易发现并暴露的"。洪堡特在谈到语言结构的总特点时，曾多次说过一种看法，即认为语言似乎是来源于同样的模式的。这一观点在他1822年给A. W. 史勒格尔的一封信里说得十分清楚，他说："不可否认，只要我们不是停留在表面，而是深入到内部结构去研究，就可以看出，在语法平面上，所有的语言显示出深刻的类似性。"他把语言看作人类本性的组成部分，由于人类本性相同，因此自然会产生人类的语言具有相似的形式的看法。然而，有时他又认为，每种语言

---

① 威廉·冯·洪堡特：《论人类语言结构的差异及其对人类精神发展的影响》，姚小平译，商务印书馆1997年版，第56页。

的内部形式反映了使用该语言的人们对事物的表达方式，包含着一定的主观见解，因此是产生语言结构的差异和语言多样性的根源。洪堡特的"语言内部形式"概念，对后来的语言学有较大影响，但也常有争议之处。

　　4. 关于语言的相关性原理，也是洪堡特语言理论的一个要点。他说，"语言是构成思想的工具。理智活动（它完全是精神的，是纯内心的，而且是无影无踪进行着的）借助语音而物质化，使之成为可以感知的东西"。他认为理智活动借助语音而物质化的过程，亦即语言的不间断的创造过程，是在个人言语行动的具体形式下进行的。当然，他并非没有看到社会因素在语言活动中的作用。他曾说，"语言只能在社会中发展，一个人只有在别人身上试验过他的词语的可理解性，才能达到自我了解"①，因此语言是个人与社会之间的纽带。然而，在他看来，语言创造活动，其基础毕竟是个人的创造。因为语言创造与艺术创造是相类似的，"语言就其最内在、最不可解释的方法而言往往与艺术相似。雕塑家和画家也把观念与材料联系起来，从他们的作品也可以看出，是真正的天才自由地掌握着观念与材料在相互渗透的内在过程中的联系，或只不过是一些工匠辛辛苦苦、谨小慎微地用斧凿或画笔把抽象的观念抄袭了下来"②。洪堡特认为语言活动正是这样，它首先是一种类似于艺术创造的个人活动，是把语言形式与语音结合起来形成综合作品的过程。正因为这样，他反复强调语言具有深刻的主观性。

　　相关性（relativity）是近几十年才出现的语言学术语，但语言的相关性原理却是由洪堡特首先提出来的，它指的是这样一种观点：说话者的语言通过语言系统中可能存在的语法范畴和语义分类，决定着说话者的世界观，这种语言系统是说话者同他的本族文化一起继承下来的。洪堡特提出语言相关性原理的主要依据，就是他所强调的语言主观性。不过，首先提出语言有主观性这一看法的，却不是洪堡特，17、18 世纪

---

① 威廉·冯·洪堡特：《论人类语言结构的差异及其对人类精神发展的影响》，姚小平译，商务印书馆 1997 年版，第 65 页。
② 威廉·冯·洪堡特：《论人类语言结构的差异及其对人类精神发展的影响》，姚小平译，商务印书馆 1997 年版，第 111 页。

的一些哲学家早就表述过这种观点了。自柏拉图以来的欧洲语言学有一个传统的观点，即认为语言是世界的事物和存在的观念的简单的、直接的、被动的反映（好像镜子一样），也就是说，认为词是以某种方式直接反映事物的。洛克的看法与此不同，他认为词并不与对象直接相联结，而是与人们关于对象的观念相联系的。这种观念，不同的民族可能不同，同一语言共同体内不同的集团，甚至个人之间都可能有差异。他曾说，一个词好比是几个观念聚集在一起的一个结。后来孔狄亚克也说过，"大家都认为，每一种语言都显示出说这种语言的民族的特性"。由此自然会导出关于语言主观性和语言相关性的认识。洪堡特的语言相关性理论，正是对上述哲学家的有关观点的引申和发挥。他的独特之处在于，他具体阐述了"语言世界观"的观点。这从下面一段话中可以看得很清楚："对事物的全部主观知觉都必然在语言的构造和运用上得到体现。要知道，词正是从这种知觉行为中产生的。词不是事物本身的模印，而是事物在心灵中造成的图像的反映。……个人更多地是通过语言而形成世界观"，"人的感知和行为受制于他自己的表象，我们甚至可以说，他完全是按照语言的引导在生活。人从自身中造出语言，而通过同一种行为，他也把自己束缚在语言之中；每一种语言都在它所隶属的民族周围设下一道藩篱，一个人只有跨过另一种语言的藩篱进入其内，才有可能摆脱母语藩篱的约束。"[①]

从上面洪堡特对"语言世界观"的阐述中可以看出，他的相关性原理是与民族语言的特性问题紧密联系的。18世纪末19世纪初德国的浪漫主义思潮对当时的语言研究曾经产生过明显的影响。浪漫主义者认为每一种语言都有自己的结构，每一种语言都反映民族精神和文化特性。赫尔德因此提出语言和民族之间存在某种同一关系。洪堡特接受了赫尔德的观点，把相关性原理与浪漫主义思想结合起来，更加鲜明地提出了民族语言与民族精神相等同的看法。他认为，语言是形成思想的工具，它表达和陶冶着民族的灵魂。"语言仿佛是民族精神的外在表现；民族的语言即民族的精神，民族的精神即民族的语言，二者的同一程度

[①] 威廉·冯·洪堡特：《论人类语言结构的差异及其对人类精神发展的影响》，姚小平译，商务印书馆1997年版，第70页。

超过了人们的任何想象。民族精神和民族语言怎样一起产生自我们的认识所不能企及的同一源泉,这对我们来说是一个无法破译的谜。不过,虽然我们不想去断定上述二者中哪一方占据主导地位,却有必要把民族的精神力量看做真实的解释原则,看做决定语言差异的实际原因。"①洪堡特认为,正是这种与民族精神融合成一体的民族语言,反映着世界的特殊图景。

就这样,洪堡特从探索语言活动与思维的关系开始,把他对语言主观性以及关于民族语言与民族精神的一致性的认识糅合在一起,形成了他的颇有独特性的语言相关性理论。这一理论提出了语言的主观性和客观性及其相互关系的问题,还提出了语言的差别性与不同语言反映不同的"世界图景"之间的关系问题,是十分有意义的,值得认真地加以研究。然而洪堡特所得出的结论,难以令人信服,因此引起后来学者的不少争论。洪堡特认为,世界的客观性是由语言的主观性所赋予的,不同的"世界图景"是由语言的差别构成的。最终他认为,语言决定思维,语言构成世界。洪堡特最后之所以得出了这一唯心主义的错误结论,是跟他对语言、思维与客观现实三者关系的独特理解有关的。洪堡特说,"每一语言都包含着一种独特的世界观。……整个语言也处在人与那一从内部和外部向人施加影响的自然之间。人用语言的世界把自己包围起来,以便接受和处理事物的世界"②,他认为语言是处于人的思维与客观现实之间的一种特殊的中间世界,人和事物的关系完全受语言的制约。这不仅歪曲了语言、思维和客观现实三者之间真实的依从关系,而且夸大了语言的作用。语言是思维的工具,它在人的思维和认识活动所指向的客观现象之间起媒介作用,而不是决定作用,因此说语言构成人的世界观,在理论上显然是站不住脚的。

5. 语言类型分类的理论。随着语言视野的不断发展,欧洲学者对语言结构的多样性的印象日益加深,加上 18 世纪相继出现的一些自然

---

① 威廉·冯·洪堡特:《论人类语言结构的差异及其对人类精神发展的影响》,姚小平译,商务印书馆1997年版,第50—51页。

② 威廉·冯·洪堡特:《论人类语言结构的差异及其对人类精神发展的影响》,姚小平译,商务印书馆1997年版,第70页。

界类型分类法（如林奈分类法）的影响，18世纪已有一些人提出按照结构类型对语言进行分类的想法。到19世纪初，F. 史勒格尔于1808年提出了语言类型二分法，把语言区分为带词缀的语言与带词尾变化的语言。之后，他的哥哥 A. 史勒格尔又于1818年提出三重类型分类法。他说，"我们地球上不同民族以前和今天所说的语言，可以分为三类：没有任何语法结构的语言、使用词缀的语言和具有屈折变化的语言"，洪堡特强调语言是一个"有机的整体"，认为"结构性是一切语言最一般、最深刻的特点"，因而他跟史勒格尔兄弟一样，也主张根据语言的结构类型为语言分类。

洪堡特在1822年和1835年的著作中，多次论及语言分类问题。他主要根据作为语法单位的词的占优势的结构状况，把语言分为三种类型：孤立型、黏着型和屈折型。黏着（Agglutination）这一术语就是他首先提出来的。除了这种分类方法外，洪堡特又根据句子结构的类型，提出了一种类型四分法，即一类像汉语这样的语言，语法关系的表达依靠词序或者其他词的添加，一类像梵语这样的语言，语法关系由词形变化表示，一类像美洲印第安语这样的语言，句子的语法关系被编插在一个单词之中，另一类是像土耳其语那样的黏着型语言，语法关系由语言成分的自由组合来表示。此外，洪堡特有时又像F. 史勒格尔一样，只承认语言的两种极端的类型，即纯粹的孤立语和高度发达的屈折语，"在我们熟知的语言中，汉语和梵语构成了语言发展上的两个明确的极点"[①]。他认为世界上其他一切语言可根据它们倾向于孤立型和屈折型的不同程度，依次排列于这两个极端类型之间，形成一个连续的阶梯。由此可见，洪堡特对类型分类的看法并不是很确定的，他提出的几种具体分类法，存在着交叉重叠的毛病。

洪堡特的上述类型分类方法，与史勒格尔兄弟的分类法一样，都是共时描写性的。但洪堡特的看法又有跟史勒格尔兄弟很不一样的地方，那就是他把孤立型—黏着型—屈折型看作一种发展顺序，认为它反映了人类精神向着充分实现人类语言的潜在可能的方向发展和进步的一种过

[①] 威廉·冯·洪堡特：《论人类语言结构的差异及其对人类精神发展的影响》，姚小平译，商务印书馆1997年版，第314页。

程。在《论语法形式的起源及其对思想发展的影响》（1822）一文中，他对这种发展顺序作过如下说明：第一阶段，语言活动只表示对象，让听者自己去猜测它们的关系；第二阶段，词序逐步固定下来，有些词原来的用法及语音独立性消失，语法关系借助词序和某些摇摆于具体意义和形式意义之间的词来表示；第三阶段，上述摆动的词变成了词缀，但跟词根的结合尚不牢固，接缝处还很明显，词缀与词根还未成为一个统一体，而只是集合体；到了第四阶段，过程才算完成，词成了一个统一体，语法关系靠屈折变化表示，形式词不再受具体意义的任何扰乱，只表示关系。不过，洪堡特尽管承认共时的不同类型反映着类型发展的顺序，认为"汉语是最古老的语言，梵语则是最年青的语言"[1]，但他又一再说明，他所说的语言的连续阶梯，只是语言结构类型的阶梯，而不是具体语言历史发展的阶梯。他认为，人的语言是一起诞生的，语言活动是人类精神固有的特性，原始人类靠神奇的创造能力，一下子创造了语言，不同类型的语言是由不同类型的思维创造力造成的。

6. 洪堡特的类型分类理论的另一个重要特点，是由对语言类型阶梯的认识，引出了类型优劣的看法。尽管他说过，"我比任何人都反对贬轻一种语言，哪怕是最不开化的野蛮部落的语言。……任何一种语言都是人类原初的天赋语言能力的反映"[2]。然而他还是坚持认为，作为精神活动的工具的语言，不同的类型毕竟是有高低优劣之分的。尽管他承认原始语言形成阶段的个别优点，还特别强调过古汉语有某些特殊的优点（如说古汉语抛弃了一切无用的附属装置，从而使句子跟思想的简单明确的顺序密切对应），但最终还是认为只有屈折语才是最发展、最进步的语言。他提出，在研究语言时，"应揭示出所有能被想到的形式中更好地和语言目的吻合的一个形式"，更靠近语言的理想的形式，"真实存在的语言的优缺点应根据它们远离还是靠近这个理想而被评

---

[1] 威廉·冯·洪堡特：《论人类语言结构的差异及其对人类精神发展的影响》，姚小平译，商务印书馆1997年版，第315页。

[2] 威廉·冯·洪堡特：《论人类语言结构的差异及其对人类精神发展的影响》，姚小平译，商务印书馆1997年版，第296页。

判"。他的结论是,梵语这样的屈折语言最靠近语言的理想,它们的屈折形式赋予词真正的内部一致,最适合于具体而精确地表达思想,因此,"梵语的结构优于汉语的结构"①。至于被视作处于类型另一极端的汉语,虽说有某些特殊的优点,但终究被他认为是"没有语法形式"②的,只靠上下文和词义作为理解句子的基础的语言,因而是比较低级的语言。至于其他语言,洪堡特则拿它们来跟梵语或汉语相比较,从而决定它们的优劣程度。

总的来说,洪堡特从结构特点对语言进行类型分类的研究,从共时描写的角度说,对后来的类型学研究有一定的推动作用。但他的把语言类型分为历史的和评价的等级的观点,却是毫无价值的东西。他的语言进化和语言优劣的观点,后来虽经葆朴、施莱赫尔等人进一步发挥,但从未得到验证,纯属缺乏科学根据的推理。作出这种错误推理的原因之一,是洪堡特存在某种"欧洲中心主义"的偏见,自觉或不自觉地以欧洲语言作为评判的标准。

三 洪堡特对汉语的看法

洪堡特对汉语的认识,除了体现在《论人类语言结构的差异及其对人类精神发展的影响》中的《第二十二章 偏离高度规律的形式的语言》中,还集中体现在《致阿·雷米萨先生的信,论语法形式的性质和汉语的特性》这部著作中。根据徐志民先生的研究③,洪堡特对汉语的看法,主要有下列六点。

1. 汉语没有形态,也没有词类。在致雷米萨的信的开头,洪堡特就指出:"我认为可以把汉语跟其他语言的区别归结为基本的一点,那就是,汉语不用语法范畴表示句子里词与词的联系,也不以词的分类作为语法的基础,它是用另一种方式来确定连贯的思想中语言成分间的种

---

① 威廉·冯·洪堡特:《论人类语言结构的差异及其对人类精神发展的影响》,姚小平译,商务印书馆1997年版,第295页。
② 威廉·冯·洪堡特:《论人类语言结构的差异及其对人类精神发展的影响》,姚小平译,商务印书馆1997年版,第311页。
③ 徐志民:《评洪堡特的汉语观》,原载《名家论学——郑子瑜受聘复旦大学顾问教授纪念文集》,复旦大学出版社1988年版;后载徐志民《语言理论探微》,上海人民出版社2018年版。

种关系的。"他所说的"语法范畴",有时指语法意义(主要是词类),有时又指语法形式(主要是表明词类区别的屈折形态),因此,在他看来,汉语是既没有词类,也没有形态的语言。

2. 汉语用来表示词的联系的两种手段,即虚词和词序,并非语法形式的标记。洪堡特认为,"汉语的虚词并不以表明语法范畴为目的,而只是表示由思想的一个部分向另一部分的过渡",因此不能像别的语言中的虚词一样,起到弥补屈折变化之不足的作用。他认为汉语词序的作用仅在于显示句中词与词的限定关系(分规定关系和引导关系两种),也并不真正表明词的语法形式。

3. 汉语的语法绝大部分是隐性的,对形式关系的表达采取非语音化的手段。洪堡特并不否定汉语跟别的语言一样也是有语法的,但他认为,"在汉语里,跟隐藏的语法相比,明示的语法所占的比例是极小的"。他又指出,别的语言一般都采用语音标志作为表达形式关系的手段,而汉语却常常让读者(听者)从词的位置,从意义,甚至从上下文的意思去推断语法变化。

4. 汉语由于缺乏语法形式标记,必然迫使使用这种语言的人进行大量的精神操作。洪堡特指出,"在汉语里,上下文的意思是理解的基础,语法结构常常要从上下文的意思中推导出来。甚至于动词也只能从它的动词意义才可辨认出来。学习希腊语或拉丁语时所使用的方法,即在词典中进行词的研究之前,先进行语法的工作和结构的研究的方法,绝不能应用于汉语的学习。对汉语来说,始终应从词义开始"。他认为,尽管汉语表面上看来缺乏语法规则,但实际上讲汉语的人对同一语句的理解还是相同的。不过,汉语往往让读者(或听者)填补大量的中间意思,由此就迫使他们做大量的精神工作。

5. 汉语既有特殊的优点,又有明显的缺点。洪堡特说过,跟别的语言相比,汉语可以它表达思想的方式的单纯、果断、简洁而取胜,在这方面,那些形式十分完美的语言都无法与之媲美。然而,他又强调,"尽管有这一长处,但作为思想的工具,汉语无疑比那些具有与之相对立的一定程度上完善的体系的语言要低级得多"。他还认为,汉语的长处"是以牺牲别的更为重要、更为根本的长处的代价而取得的"。他得出的结论是：汉语远不如希腊语、拉丁语等西方语言那么完美。

6. 汉语离开了语言发展的常规道路，因而形成了一种特殊的结构。洪堡特相信，一定有某种原因使汉语离开了语言发展的常规道路，并使之走上了一条新的发展道路。但究竟是何原因，他也说不清楚，只说可能跟汉字和汉语的语音结构有关。

由上面的概述可以看出，洪堡特对汉语的观察和分析是相当深入的。正如雷米萨所预料的那样，洪堡特在深入研究汉语的过程中，越来越感觉到汉语的重要性。他在致雷米萨的那封长信的结尾处指出，"汉语显现出来的现象是很值得注意的，仔细地观察这些现象，对语言的比较语法的研究有十分重要的意义"。由于洪堡特是西方第一个从普通语言学角度深入探讨汉语特点的语言学家，加上他在欧洲学术界的声望很高，因此，上述他的汉语观的积极方面和消极方面对西方汉学家及普通语言学家都产生过一定的影响。

第四节　现代语言学(结构主义语言学)[①]

在洪堡特之后，美国语言学家惠特尼（William Dwight Whitney，1827–1894）、波兰－俄国语言学家博杜恩·德·库尔德内（И. А. Бодуэн дэ Курнтенэ，1849–1929）的语言学思想也影响了普通语言学。在《语言的生命和成长》（1875）中惠特尼将语言看作一种社会惯例、一种约定俗成的符号，具有任意性，依靠传统势力而"基本保持不变"但同时又"不断发展变化"。库尔德内在自己的语言研究中提出关于共时和历时以及音位等理论，这些都启迪了普通语言学、现代语言学（结构主义语言学）的主要奠基者索绪尔。

现代语言学或结构主义语言学是指 20 世纪以瑞士语言学家索绪尔的《普通语言学教程》中所阐述的语言学理论为代表以及受这种理论影响而进行的语言理论研究。结构主义语言学特别强调系统性，区分语言和言语，认为语言从本质上说是一种音义结合的符号系统，一种结构，语言要素的性质决定于系统中要素之间的相互关系；语言的系统性表现在组合关系和聚合关系这两种纵横交错的关系上；语言具有共时性和历时性，重视语言的共时研究，认为语言学应该是描写性而非规范性的。把语言看作一个由关系构成的系统这个思想首先被特鲁别茨科伊应用于语音研究，形成音位学；后来音位学的原则被应用于语言研究的其他方面，形成结构主义语言学。结构主义语言学以语言的结构或系统为研究对象，注意对活语言口语的研究。结构主义语言学除了索绪尔的理论外，主要还有布拉格学派、哥本哈根学派、美国描写语言学派和英国功能语言学派。

一　索绪尔的语言理论

现代语言学是与索绪尔（F. de. Saussure，1857–1913）的名字联系

[①] 也参见聂志学《结构主义语言学简论》，载《哈尔滨师专学报》（社会科学版）1996 年第 4 期。

在一起的。索绪尔出生于日内瓦的一个瑞士籍的法国学术世家，1876年入德国当时的历史比较语言学中心莱比锡大学，1878年发表著名的《论印欧语元音的原始系统》；1881年在巴黎高等研究学院教印欧系古代语言和历史比较语言学，开创了语言学史上的法兰西学派；1891年他离开法国回到日内瓦大学任教，教印欧系古代语言和历史比较语言学；1907—1911年三度讲授普通语言学课程，首创这一学科。索绪尔在日内瓦的教学活动带出了一批学生，形成了日内瓦学派。他去世后，他的同事和学生根据他三次讲课的听课笔记以及遗留的手稿，整理出《普通语言学教程》一书，1916年出版。这是语言学史上里程碑式的著作，影响极为深远，世界主要语言都有译本。

索绪尔的语言理论包括以下几个方面。

1. 明确语言学的任务

索绪尔明确提出语言学的任务："（a）对一切能够得到的语言进行描写并整理出它们的历史，那就是，整理出各语系的历史，尽可能重建每个语系的母语；（b）寻求在一切语言中永恒地普遍地起作用的力量，整理出能够概括一切历史特殊现象的一般规律；（c）确定自己的界限和定义。"[①] 可以说，现代语言学正是在这个范围内工作的。

2. 语言和言语

索绪尔把言语活动（langage）分为语言（langue）和言语（parole）两个部分。语言是言语活动中的社会部分，是个人以外的东西，是社会成员共有的一种表达观念的符号系统，是一种心理现象；言语是言语活动中受个人意志支配的部分。在论述两者的关系的时候，索绪尔认为，"这两个对象是紧密相连而且互为前提的；要言语为人所理解，并产生它的一切效果，必须有语言；但是要使语言能够建立，也必须有言语"，"语言和言语是互相依存的；语言既是言语的工具，又是言语的产物"[②]。而从整个理论体系来看，索绪尔的言语实际等于最初当作整体来使用的言语活动，这样，言语就是对语言的使用的行为和这种行为所产生的结果，而语言则是作为交际工具的社会性的符号系统。他把语

[①] 德·索绪尔：《普通语言学教程》，高名凯译，商务印书馆1996年版，第26页。
[②] 德·索绪尔：《普通语言学教程》，高名凯译，商务印书馆1996年版，第41页。

言比作乐章，把言语比作演奏，把语言和言语的关系比作乐章和演奏的关系。

3. 内部语言学和外部语言学

索绪尔指出语言有内部要素和外部要素，因此语言研究可以分为内部语言学和外部语言学：内部语言学研究语言本身的结构系统，外部语言学研究语言与民族、文化、地理、历史等方面的关系。

4. 语言符号系统

索绪尔认为语言是一种符号系统，语言学是符号学的一部分。符号（signe）由所指（signifié）和能指（signifiant）两方面构成，所指是由系统规定的概念，能指是音响形象，两者结合构成的整体叫符号。能指和所指之间没有必然的联系，具有任意性；语言要素只能一个接一个地说出，语言符号与语言符号构成线性的序列，在排列上具有线条性。语言符号的任意性决定了语言符号的社会性以及对使用者个人的强制性；决定了语言的系统性，语言单位本身的性质，只能决定于它在系统中的位置，只能决定于语言要素与其他语言要素之间的关系：“语言是一个纯粹的价值系统"[①]，"语言是形式（即关系——笔者注）而不是实体"[②]；"在语言状态中，一切都是以关系为基础的"[③]。任意性和作为社会成员每人每时都在使用的交际工具的性质，决定了语言符号具有很大的连续性或稳定性（"不变性"），也决定了语言符号的所指和能指，会随着时间的推移而有所改变（具有"可变性"）。索绪尔认为任意性是整个语言系统，也是整个语言学理论的基础。

5. 句段关系和联想关系

在符号系统中，最重要的是符号之间的相互关系，这种关系体现为句段关系和联想关系。句段关系是指符号横向组合所产生的关系，联想关系是由心理联想所产生的，是由某种共同点所构成的集合。句段关系和联想关系构成了现实与潜在的两条轴线，每一个语言要素的价值就体现在这个纵、横两个轴线所构成的坐标上。

[①] 德·索绪尔：《普通语言学教程》，高名凯译，商务印书馆1996年版，第118页。
[②] 德·索绪尔：《普通语言学教程》，高名凯译，商务印书馆1996年版，第169页。
[③] 德·索绪尔：《普通语言学教程》，高名凯译，商务印书馆1996年版，第170页。

6. 语言的共时态和历时态、共时语言学和历时语言学

索绪尔创造了"共时"和"历时"这两个术语，来说明两种不同的语言研究。语言的共时态是指语言的一个相对稳定状态，语言的历时态是指语言要素在时间上的演化。"共时语言学研究同一个集体意识感觉到的各项同时存在并构成系统的要素间的逻辑关系和心理关系"，"历时语言学，相反地，研究各项不是同一个集体意识所感觉到的相连续要素间的关系，这些要素一个代替一个，彼此间不构成系统"①。索绪尔特别强调共时研究，"因为对于说话的大众来说，它是真正的、唯一的现实性"②，"言语从来就是只依靠一种语言状态工作的，介于各状态间的变化，在有关状态中没有任何地位"③，"语言是一个纯粹的价值系统，除它的各项要素的暂时状态以外并不决定于任何东西"④。因此，在索绪尔的理论体系中，与言语相对的是语言的共时态，这实质上就是他所理解的语言。也正是基于这种观点，索绪尔认为语言学家必须排除历史，才能把语言系统描写清楚。

7. 此外，索绪尔还从系统性角度奠定了现代音位学的理论基础

在语言学史上，索绪尔的影响是深远的。尽管在索绪尔之前，有些说法已经提出过，比如，俄国学者格列奇（Н. И. Греч，1787－1876）提出词是一种符号，强调语言的社会性，并最早提出应从语言的现状和历史发展两方面研究语言，后来波捷布亚和博杜恩都接受并发展了后一思想；美国学者惠特尼指出语言是任意的符号，是社会惯例，是约定俗成的（1875）；喀山学派的克鲁舍夫斯基（Н. В. Крушевский，1851－1887）很早就提出（1883）"词是事物的符号""语言是符号系统"的观点，主张在符号性和系统性的基础上研究语言的发展规则，认为一个词有类比性联想（聚合关系）和邻接性联想（组合关系），并最早提出了"音位"概念；博杜恩主张区分语言的书面形式和口头形式，注意分析语言的心理因素和生理因素，认为应该从静态和动态方面研究语

---

① 德·索绪尔:《普通语言学教程》，高名凯译，商务印书馆1996年版，第143页。
② 德·索绪尔:《普通语言学教程》，高名凯译，商务印书馆1996年版，第130页。
③ 德·索绪尔:《普通语言学教程》，高名凯译，商务印书馆1996年版，第129页。
④ 德·索绪尔:《普通语言学教程》，高名凯译，商务印书馆1996年版，第118页。

言，注意活的语言；等等。但正是由于索绪尔的系统化和深刻阐述，才为语言学翻开了新的一页，现代语言学中的许多基本概念，如语言/言语、符号、能指/所指、系统、组合关系/联想关系、共时性/历时性、对立、差别、同一性、形式、价值等都来自索绪尔。他提供了一个关于语言的相当完整而科学的思维模式。布龙菲尔德认为索绪尔"为人类的语言科学奠定了理论基础"[①]；叶姆斯列夫认为"索绪尔的这些观点在传统语言学中引起了真正的革命"，"索绪尔的观察在语言研究方面开辟了一条崭新的道路"；[②] 苏联学者 M. L. 斯铁布林－卡缅斯基说"从索绪尔对语言学发展的影响上看，恐怕语言学史上没有一个学者可以和他相比"[③]；英国语言学家莱昂斯说："如果有谁堪称现代语言学开创者的话，那一定是伟大的瑞士学者费尔迪南·德·索绪尔。……当代有许多不同的语言学流派，但所有这些流派都直接或间接地受到索绪尔《教程》一书的不同影响。"[④] 索绪尔是现代语言学的当之无愧的奠基者，结构主义的创始人。不仅如此，索绪尔对符号的深刻理解，还使他成为符号学的创始人。他的理论在西方已经超越了语言学而影响其他人文学科，在欧洲形成一股结构主义思潮。

二 布拉格学派

布拉格语言学会成立于 1926 年 10 月，1939 年随着纳粹入侵而结束活动。布拉格语言学会的创建人是布拉格查理大学教授马泰休斯（V. Mathesius, 1882 – 1945），代表人物有捷克学者马泰休斯、哈弗拉内克（B. Havranek）、俄国学者雅柯布森（R. Jakobson, 1896 – 1982）、特鲁别茨科伊（N. S. Trubetzkoy, 1890 – 1938）、卡尔采夫斯基（S. Karcevskij, 1884 – 1955）。1927 年雅柯布森起草了一份建议书，这份有

[①] L. 布龙菲尔德：《布龙菲尔德语言学文集》，熊兵译，湖南教育出版社 2005 年版，第 42 页。

[②] L. 叶姆斯列夫：《语言学中的结构分析法》，王兴权译，《语言学资料》1962 年第 11、12 期。

[③] M. L. 斯铁布林－卡缅斯基：《关于结构主义的几点意见》，刘涌泉译，《语言学论文选译》（第六辑），中华书局 1958 年版，第 52 页。

[④] 转引自戚雨村《索绪尔在世界和中国》，载《现代语言学的特点和发展趋势》，上海外语教育出版社 1997 年版，第 59 页。

雅柯布森、特鲁别茨科伊和卡尔采夫斯基共同署名的建议第一次从结构和功能的角度表述了他们对音位学的认识，引起了各国语言学家的重视，使音位学研究成为1928年第一届国际语言学家会议的主要课题之一。1929年，学会向第一次国际斯拉夫学者代表大会提交了一份《论纲》（一般称为"布拉格论纲"），全面阐述了自己的语言学理论。会后决定成立国际音位学会，特鲁别茨科伊被选为主席。从1930年的国际音位学会议开始，布拉格学会声名鹊起，1932年在海牙语音科学会议上，人们正式提出"布拉格学派"这一称呼。该学派又被称为布拉格音位学派、布拉格功能学派、布拉格结构主义学派。布拉格学派的主要研究成果汇集在《布拉格语言学会会刊》中，该会刊1929—1939年共出版了8期，里面所载的论文，如第一期的《论纲》和特鲁别茨科伊的《论音位学上元音系统的一般理论》，第四期上雅柯布森的《历史音位学原理》和第七期上特鲁别茨科伊的《音位学原理》，都是布拉格学派的重要文献。

布拉格学派的理论观点是在索绪尔和博杜恩·德·库尔德内的影响下形成的。卡尔采夫斯基1905年起就在日内瓦听过索绪尔的课，自认为是索绪尔的学生；1917—1919年他曾回莫斯科生活两年，在莫斯科科学院和一些大学介绍索绪尔的理论，使莫斯科的一些语言学家，如雅柯布森、特鲁别茨科伊等很早就受到索绪尔的影响。布拉格学派的理论观点表现为以下八点。（1）他们把结构与功能结合起来，认为语言和人类活动一样是具有合目的性的功能系统，其基本功能是作交际工具，是一种由多种表达手段构成的为特定目的服务的功能系统，因此应该用功能观点去研究语言。（2）布拉格学派同意共时语言学、历时语言学区分和共时分析的优先地位，但认为共时研究不能绝对排除演化的概念，而语言的变化往往以系统、系统的稳定和系统的重建为目标，因此历时研究也不能抛开系统和功能观念。（3）他们认为语言是在一定社会中产生和发展的，那么研究这个系统就不能不考虑它同文化、文学、艺术等社会现实的联系，不能抛开实体去研究语言结构中的纯关系。（4）他们认为可以采用比较法研究各种语言系统的结构规律与演变规律。（5）针对语言的谱系说，特鲁别茨科伊提出"语言联盟"（unions régionals）的思想，认为语言不一定有谱系关系，但地理上相毗邻，在语音和语法结构上就有近似特征。（6）布拉格学派在具体研究上以音位学著称，代表作是特鲁别茨科伊的《音位学原理》（1939）。特鲁别茨科伊主张区分语音学和音位学，他从索绪尔的理论中吸收了对立观念，区分了音位对立和非音位对立，认为音位对立是"在某种语言中能够区别两个词的理性意义的语音对立"，其语音对立特征为区别特征；"音位是一个语音所含有的音位相关特征的总和"（区别特征学说在60年代为雅柯布森进一步发展，他主要以声学特征结合生理性特征，用二元对立的原则提出12对区别特征，认为这12对区别特征可以对世界上所有语言的语音系统进行说明），而某种语言的每一个音位的内容和整个音位系统的确定是以音位对立系统的确定为条件。特鲁别茨科伊根据区别性对立与整个对立系统的关系，把对立分为双边对立和多边对立、成比对立和孤立对立；根据对立成分之间的关系，把对立分为否定对立、程度对立和等值对立；根据相对比有无某特征，提出"标记"观点；根据对立区别能力的大小，把对立分为恒定对立和可中和对立，所谓"可中和对立"是指在一定位置上保持对立而在另外一些场合对立消失。（7）在句子功能分析方面，马泰休斯1939年提出实际切分理论，这种理论根据话语在具体上下文或语境中的交际目的，把句子分为主题和述题两部分，主题是叙述的出发点，是说话人要叙述的对象，在大多数情况下表示已知或不言而喻的信息；述题是叙述的核心，说明主题做什么或怎么样，表示新的信息。（8）布拉格学派比较重视语义标准，从功能出发广泛探讨标准语、语言修养、修辞学、文艺学、诗学、美学等问题。

布拉格学派的主要贡献是首次系统地阐明了音位学的任务、原理和研究方法，是将索绪尔的系统理论应用于具体学科研究的一个成功的尝试，其理论原则、基本概念和研究方法对语法学等其他学科产生了深远的影响，对欧美语言学发展和结构主义思潮的形成起了很大的推动作用。

三 哥本哈根学派

哥本哈根学派是受索绪尔理论影响而产生的结构主义语言学流派之一。哥本哈根语言学会成立于1931年，代表人物是叶姆斯列夫（L.

Hjelmslev，1899－1965）和布龙达尔（V. Brøndal，1887－1942）。早期代表人物还有乌尔达尔（H. J. Uldall，1907－1957）。他们1939年出版《语言学学报》以《结构语言学国际刊物》作为副题，在1939年的创刊号上登载了布龙达尔的《结构语言学》，成为这个学派的纲领。叶姆斯列夫和布龙达尔曾合作，1936年在哥本哈根第3届国际语言学家会议上提出一份《语言理论提纲》，其中叶姆斯列夫撰写的部分1943年以丹麦文出版，1946年法国语言学家马丁内（A. Martinet）对这部书发表了一个重要的书评，引起语言学界的注意，1953年被译成英文出版，定名为《语言理论导论》。这是该学派的代表作。此外还有乌尔达尔的《语符学纲要》（1957）。

该学派的理论观点如下。

1. 语言学的对象与方法

哥本哈根学派把语言看作一种纯符号系统，研究它们的关系和模式。因此哥本哈根学派又称语符学派。叶姆斯列夫认为把语言看作相互关系的模式来进行研究才是科学领域的主要任务，而传统语言学实际上并不是真正的语言学；应当把语言看作一个自足的整体，一个独特的结构，内在语言学应该努力寻找常数，即对所有语言来说是稳定、共同的部分；常数并不扎根于一种语言学以外的现实，但它一旦被找到与描写后，就可以将之投射于现实之上；在任何过程中必然有一个系统，任何变动中必然有一个常数，语言学的任务就是演绎地建立这个系统，这个系统将能预见到语言单位的各种可能的组合。他认为演绎法是从整体到部分的分析方法，是最合理的方法，真正的语言学必须是演绎的。

2. 形式与实体

叶姆斯列夫把索绪尔"语言是形式而不是实体"的观点作为自己理论的基础。形式是指语言单位之间的关系，实体是指这以外的东西；同一个语言形式可以表现为各种不同的实体（如语音、书写符号和电报代码等），"实体……并不是语言形式存在的必要前提，但是语言形式却是实体存在的必要前提"[①]；一切语言都是相同的，这是结构的原

---

① 路易斯·叶姆斯列夫：《叶姆斯列夫语符学文集》，程琪龙译，湖南教育出版社2006年版，第221页。

则；语言的区别在于对这一原则的具体应用的模式不同；语言不是由实体构成的，而是由关系构成的，因此语言学应该把所有的实体都排除在外，而把形式作为自己描写的基础，"语言学的任务是分析语言形式，而许多其他科学则不可避免地去分析实体"①。

3. 功能

所谓的语言形式实际是一系列关系，也就是功能。语言符号系统中有三种关系：（1）相互依存关系，即双边关系，a 依存于 b，b 也依存于 a，a 和 b 互为前提；（2）决定关系，即单边关系，或限定关系，a 以 b 为前提，但 b 不以 a 为前提；（3）并存关系，a 和 b 同时发生，但不互为前提。这三种关系出现在过程和系统中又分别获得不同的名称：（1）在过程中项目之间的相互依存关系叫协同关系，在系统中项目之间叫互补关系；（2）在过程中项目之间的决定关系叫选择关系，在系统中的项目之间叫说明关系；（3）在过程中的项目之间的并存关系叫联合关系，在系统中的项目之间叫自主关系。负荷功能的项目叫功能体，常数就是功能关系中成为另一个功能体必要条件的功能体。而变体则是不能成为另一个功能体必要条件的功能体。这样，相互依存关系就是一个常数与另一个常数之间的功能，决定关系就是一个常数与一个变数之间的关系，而并存关系则是联系各变数之间的关系。叶姆斯列夫的功能概念接近于数学的函数概念，"结构按定义来说就是依赖关系或函数关系（数理逻辑学的含义）的组织"②，"满足分析条件的依从关系，我们称作功能"③。叶姆斯列夫的功能观与索绪尔的价值观基本是一致的。

4. 内容平面与表达平面

叶姆斯列夫理论的核心部分是主张区分内容平面和表达平面，并把这两者又分为形式和实体两部分。叶姆斯列夫认为索绪尔把符号分为能指和所指两部分仍不尽合理，他又做了进一步的分析。他认为，表达实

---

① 路易斯·叶姆斯列夫：《叶姆斯列夫语符学文集》，程琪龙译，湖南教育出版社 2006 年版，第 192 页。
② L. 叶姆斯列夫：《语言与言语》，《语言学资料》1964 年第 4 期。
③ 路易斯·叶姆斯列夫：《叶姆斯列夫语符学文集》，程琪龙译，湖南教育出版社 2006 年版，第 153 页。

体是客观现实中的无数语音,而表达形式则是对这些客观的语音的使用模式,内容实体是客观现实中存在的事物,而内容形式则是对客观现实的切分模式;只有表达形式和内容形式才能进入符号,符号是由内容形式和表达形式构成的单位,只有这两部分才是语言学的对象,语言的不同就取决于形式的不同;表达形式可以切分为更小的部分,即表达—形素,这实际上就是布拉格学派的音位;内容形式可以切分为更小的部分,即内容—形素,如"母马"可以分析成"马"+"阴性","公牛"可以分析成"牛"+"阳性"。叶姆斯列夫对内容形式的这种分析是纯形式的,与现代语义学的语义特征分析是一致的,可以看作对索绪尔学说的一种发展。

5. 接换原则

叶姆斯列夫说,接换关系是语言现象中最重要的一种关系,是理解语言的钥匙。接换是指语言中任何表达形式的差别必然引起内容形式的差别,反之亦然;如果不引起差别,则为替换。叶姆斯列夫提出"常体""变体"的概念,常体是通过接换试验确定的,在表达平面(或内容平面)用一个单位去替换某个单位,如果引起另一个平面的变化,那么用来替换的单位就是常体,反之就是变体,变体依附于常体。叶姆斯列夫的这个观点也是由索绪尔的理论发展来的,是与其言语、语言的区分联系在一起的。

由于叶姆斯列夫把实体排除在语言之外,在语言中就只剩下内容形式和表达形式所构成的种种关系;以这种关系为对象的语言学也就具有代数的性质;"正是由于理论只建筑在语言形式的基础上,不考虑实体(材料),所以我们的理论可以很容易地应用于任何结构,只要这种结构的形式跟自然语言学形式类似就行",这样语言学就融化在符号逻辑之中,在这个意义上,"我们将所有的科学都看作是围绕语言学的"[①]。哥本哈根学派理论的哲学背景是逻辑实证主义。由于过分强调抽象概括,除了像内容—形素等少数观点外,哥本哈根学派的理论很少有实用价值,但它对索绪尔理论的继承和发展,以及对语言理论形式化的思

[①] 路易斯·叶姆斯列夫:《叶姆斯列夫语符学文集》,程琪龙译,湖南教育出版社2006年版,第193页。

考，对现代语言学的发展产生过不小的影响。马尔姆伯格在《叶姆斯列夫传》中说："我们可以毫不夸张地说，20世纪的语言学若是没有叶姆斯列夫，将逊色不少。他的理论标志着结构语言思想的顶峰，……他的名字，将作为我们这门科学的历史上最伟大的名字之一，跟索绪尔、特鲁别茨科伊、雅柯布森的名字一起，被人列举。"①

四 美国描写语言学派

美国结构主义学派又称描写语言学派，它是20世纪20年代美国学者在调查美洲印第安语的基础上形成的，以注重对语言结构形式的描写而闻名。这个学派的先驱是人类学家兼语言学家鲍阿斯（F. Boas, 1858–1942）和萨丕尔（E. Sapir, 1884–1939），鲍阿斯在为《美洲印第安语言手册》（1911）所写的序言中指出，对语言事实应该作客观描写，不能用其他语言或者传统语法的原则和范畴去套，描写不同结构的语言，应该创立新的概念和方法。这确定了语言调查的初步原则。萨丕尔的名著《语言论》（1921）把语言研究与心理、社会和文化联系在一起，比较注重语言的结构和形式，独立地提出接近现代意义的音位观念，此外还认为人们的认识在很大程度上受到其所使用语言的影响。萨丕尔是语言类型学的奠基者之一。鲍阿斯和萨丕尔两人都强调尊重语言事实，对它们作客观的描写。而从语言学史的角度来看，美国描写语言学派的奠基者和代表人物是布龙菲尔德（L. Bloomfield, 1887–1949），其著作《语言论》1933年出版时引起很大震动，他总结了当时的语言研究成果并指出了以后的研究方向，奠定了美国描写语言学的理论基础。这部著作是描写语言学派的纲领性著作，使语言学成为一门科学，美国描写语言学此后二十年的发展都在其影响之下。此外布龙菲尔德的重要著作还有论文《语言科学的一套公设》（1926）。布龙菲尔德以后，哈里斯（Z. S. Harris, 1909–1992）、霍凯特（C. F. Hockett, 1916–2000）、特雷格（G. L. Trager, 1906–?）、布洛赫（B. Bloch, 1907–1965）、格里森（H. A. Gleason）、弗里斯（C. C. Fries, 1887–1967）等人继承并发展了布龙菲

---

① 转引自徐志民《欧美语言学简史》（修订本），复旦大学出版社2013年版，第198页。

尔德的学说，因此又有人把他们称作"后布龙菲尔德结构主义"。"后布龙菲尔德结构主义"以哈里斯和霍凯特为代表，前者被称为"美国新语言学的发言人"，其代表作为《结构语言学的方法》（1951）。在这部著作中，他规定语言结构分析的基本任务是：（1）把话语中的单位切分出来；（2）把切分出来的单位进行归类。分析时根据语言单位的分布特征，用替换方法来鉴别。这种方法被称为"分布主义"。另外，在这部著作中，哈里斯还开始使用变换分析法。霍凯特的代表作是《现代语言学教程》（1958），这是一部非常重要的结构主义教材。

美国描写语言学派的哲学背景是逻辑实证主义，主张用归纳法对语言做客观描写；在语言观上受到行为心理学的影响，把语言看作一套"刺激—反应"的行为模式；在着眼点上，注重口语和共时描写，注重形式分析而回避意义问题；把语言分为语音、音位系统、语素音位系统、语法系统和语义5个系统，认为语音是物质方面的东西，而语义反映了说话人对外部世界的认识，这两者是语言联系外界的边缘层，而语言的核心部分是音位、语素音位和语法3个系统；在结构分析中主要运用分布和替换方法，分布是指语言单位或特征在话语中出现的不同位置的总和，所谓替换是在相同环境里某个单位能被别的单位替代，分布和替换方法，一方面是形式分析的要求，另一方面也可以看作索绪尔句段关系和联想关系在语法分析中的具体化；在句法分析上运用直接成分分析，即把语法结构按层次区分出它的组成成分，如果在同一个层次上不能再往下切分，剩下的成分就叫"最终成分"，直接成分分析体现了语言的层次性；在语法和语音结合的基础上建立了一个新的单位——语素音位，它联系着音位系统和语法系统，通过对它的确定研究音位如何给语素编码；在语言分析上，遵循以下程序：（1）先从素材中找出音位系统，即全部音位及其组合模式；（2）将素材中的语句用音位符号标写，然后再对素材进行语法分析，找出包括全部语素及其组合模式的语法系统。另外，美国描写语言学派认为分析的结果必须接受验证。美国描写语言学派注意语言之间的差异而不重视语言的普遍性，重分析技术而不重理论，他们的主要贡献是制定了对语言结构进行形式分析和描写的程序和方法。美国结构主义学派的语法分析方法，相对而言，比较适合作为孤立语代表的汉语的语法分析,汉语描写语法的经典著作之一《中国话的文法》(1968),就是美籍华人语言学家赵元任运用这种方法写成的。

50 年代以后,随着乔姆斯基转换生成语言学的兴起,以及结构主义语法分析方法本身的一些局限,描写语言学派在美国失去了它原先的主导地位,但其精华则被后学所吸收。

五　英国功能语言学派

英国的共时语言学研究始于语音学和音位学研究。斯威特(Henry Sweet,1845－1912)是 19 世纪下半叶用共时描写方法研究语音学的杰出代表。他在 1877 年出版的《语音学手册》中把音素分为能区别意义和不能区别意义的两大类。不能区别意义的音素之间的差异是由语音环境造成的。尽管他没有使用"音位"这一术语,但其概念却是十分明了的。D. 琼斯(Daniel Jones,1881－1967)继承和发展了斯威特的理论和学说,并用"宽式音标"和"严式音标"来代替斯威特的区别意义和不能区别意义的两类音素。他在 1914 年出版的《英语语音学纲要》和在 1917 年出版的《英语发音词典》在世界上享有盛名,时至今日仍拥有众多的读者。

20 世纪初的英国语言学界,弗斯(John Rupert Firth,1890－1960)对普通语言学理论的建立与发展所作出的贡献最为突出。在他的学术生涯中,对他影响最大的要数他的同事、人类学教授马林诺夫斯基(B. K. Malinowski,1884－1942)。马林诺夫斯基出生于波兰,20 世纪初他曾对太平洋的特罗布里恩德岛屿上土著居民所使用的语言进行过实地考察。他发现,如果不参照当地的文化背景、风俗习惯,要把当地的语言译为另一种语言是非常困难的。语言的语义解释除了依靠语言本身之外,还依赖于使用它的社会。他在《原始语言中的语义问题》一文中提出了"语言是在使用过程中形成并发展起来的"观点。语言对社会的依赖性主要体现在两个方面:(1)语言是根据社会的特定要求而发展起来的,所以语言的性质与使用都反映了该社会特定的特征;(2)语言的使用完全依赖于语境,语境对理解语言来说是必不可少的。因此他认为所谓语义实际上就是参照特定的文化背景对语言所进行的功能分析。

弗斯赞同马林诺夫斯基关于语言与社会的关系以及意义就是语言在语境中的功能等观点。虽然他最具特色的研究成果是韵律音位学，但在他的整个语言学研究生涯中，他特别重视语言的社会功能，重视语境等方面的研究，并试图把马林诺夫斯基的学说发展成为一套语言学的理论体系。弗斯在进行这一尝试时所面临的首要问题就是：如果语言项目的意义依赖语境，那么，首先就必须建立一套能够将语言材料与语境联系起来的语言范畴。为解决这一问题，弗斯提出，任何语言活动的描述都应包括下列范畴。

1. 参与者：人物、性格及有关特征。
（1）参与者的言语行为。
（2）参与者的非言语行为。
2. 有关客体及非言语性、非人格性的活动。
3. 言语行为的效果。

建立语言理论体系所面临的另外一个问题则是："意义就是语境中的功能"这一概念应该有其形式上的定义。只有这样，它才能用来作为贯穿理论体系始终的一条原则，也就是说，它必须可拿来描述所有的语言项目。弗斯用系统的概念来解决这一问题。所谓系统，指的是特定语境中所列举出的一组选择，即在特定语境中的一组语言单位。系统中的每一项目都有两种语境：一是系统中其他可能的替换语境；二是系统所出现的语境。弗斯的这种独特的语言学理论对英国后来的语言学家影响很大，是系统功能语法的坚实基础。

系统功能语言学是在英国语言学家弗斯的理论基础上发展起来的，代表人物是英国语言学家韩礼德。20世纪50年代末60年代初，韩礼德（M. A. K. Halliday，1925－2018）借鉴弗斯的"情境语境"的观点和"系统"范畴创立了系统语法理论体系。从60年代末开始，他侧重于语言功能方面的研究，并于20世纪80年代出版了《功能语法概要》和《功能语法导论》两部力作。至此，他的系统功能语言学渐趋成熟，理论框架渐趋完整。韩礼德认为，语法理论中最基本的范畴是单位、结构、类别和系统。范畴与实际语言材料的联系以及范畴之间的相互联系是由级阶、精密阶和说明阶完成的。语言最基本的功能是概念功能、交际功能和语篇功能。概念功能由及物系统、时态、修饰、词汇意义等来体现；交际功能由语气、情态、动词词组的人称、词汇语域等来体现；语篇功能则由主位和述位、语态、单词的搭配、接应关系等来体现。

第五节　转换生成语言学[①]

　　20世纪50年代后期，在美国，转换生成语言学取代了描写语言学的主导地位，并发展成为现代欧美语言学中最有影响的一种理论，被称为"乔姆斯基革命"。转换生成语法学的创始人和理论的主要表述者是乔姆斯基（Noam Chomsky，1928-），这一学说的活动中心在美国的麻省理工学院，在荷兰还有一个"旧大陆生成语言学家"学会，是一个国际性的组织，成立于1975年。中国20世纪80年代在哈尔滨曾召开过三次转换生成语法讨论会，并有会议论文集出版。

　　转换这个术语虽然来自哈里斯，但被乔姆斯基赋予了新的内涵。转换生成语言学的哲学基础是笛卡儿的理性主义，它的兴起是建立在对美国描写语言学派的语言观和分析方法批判之上的。在语言观上，乔姆斯基反对基于行为主义心理学把语言行为看作一种"刺激—反应"，认为这种理论解释不了人类语言行为的一个简单事实：五六岁的儿童为什么能说出和理解他以前从未听到的无限话语。他认为人本身有一种识别和理解句子的能力，即语言能力，这是一种语言知识。语言知识包括两部分，一部分是人类共有的普遍语法知识，是一种天赋的"不可习得"的知识，是在长期进化过程中形成的具有遗传性的人脑的某种属性，是人类与其他动物的本质区别之一，具有普遍性；另一部分是个别语言知识，是一种后天获得的"可习得"性的知识。他提出过一个著名的公式：$UG \cdot \infty \Rightarrow PG$。UG代表普遍语法知识，$\infty$代表后天经验，PG代表完整的具体语言知识。整个公式的意思是普遍语言知识在后天经验的触发（trigger）下变为完整的语言知识。乔姆斯基接受了洪堡特语言是"有限手段的无限运用"的观点，区分了语言能力（competence）和语言运用（performance），语言能力是人们头脑中内在的语法知识，是凡是会说这种语言的人都具有的语言直觉，语言运用是具体环境中人们说

[①]　也参见聂志平《转换生成语法学简说》，载《绥化师专学报》1996年第2期。

话、写文章等对语言的实际使用，他认为描写语言学派是以语言运用为对象，其所采用的归纳法不能穷尽语言事实，因此语言学应该采用演绎法，以语言能力为自己的研究对象，以揭示人的认知过程为目的，他把语言学看作认知心理学的一个分支。转换生成语言是一种解释型的语言理论方法，强调语言普遍现象的研究和形式化的系统而简洁的描述。作为该学派标志的是"生成"和"转换"。"生成"是一个数学术语，指用较少的规则解释较多的事实。语言具有创造性，任何语言的句子的数量都是无限的，而语法规则是有限的。生成语法就是要设计一套规则，这种规则能产生某一种语言里全部符合语法并且仅仅是符合语法的句子，而不只是已经出现或已经观察到的句子，这套规则就是生成语法。用一套有限的规则可以产生无限的句子，是语言创造性的表现。除了创造性，"生成"的另一个含义是指这种语法是明确的、高度形式化的，使用像数学那样的符号和公式来规定概念、表达规则，其形式化的方式显示出它是受到数学和数理逻辑的影响。"转换"是指按一定的规则可以把一个或几个语言结构转变成另一个语言结构，从而使"同音结构"现象以及不同类型的句子结构之间的内在关系得到了充分的说明。从这个角度来说，"转换这一方面是更基本的，而且也可能是更革命的"[1]。乔姆斯基的转换生成语言学实际上是把语法分析看作建立和实验说话人内在语言能力的理论，使语言学从对外部语言运用的描写转向对大脑中内在语言能力的揭示，从具体语言分析转向语言普遍特征的关注。这是一次具有语言观和方法论意义的语言学大转向，不仅对语言学有深远的意义和影响，而且对心理学、计算机科学、人工智能、哲学和认知科学也都有很大的意义和影响。从这个意义上说，乔姆斯基是一个现代意义的思想家。许多当代哲学史家也都把乔姆斯基当作一个重要人物收录，这点无疑是值得肯定的。

为叙述的方便起见，可以把转换生成语言的发展分为五个阶段。

一 第一阶段（1957—1965）

1957年乔姆斯基《句法结构》的出版，标志着转换生成语言学的

---

[1] 弗·帕默：《语法》，赵世开译，上海译文出版社1982年版，第148页。

诞生，这一阶段被称为"古典理论"。在这部著作里，乔姆斯基认为可以用三种方法来刻画语言：(1) 穷尽地列出语言中所有的句子，但这是不可能的；(2) 制定数目有限的规则来生成语言中无限的句子，这种规则叫文法，文法是有限规则的集合，这些规则递归地生成潜在的无限的句子，并排除语言中不成立的句子；(3) 建立一种装置来检验输入的符号串，识别该符号串是不是该语言中的句子，这种装置叫自动机。后两种为有效手段。他把文法作了如下定义：$G = (V_n, V_t, S, P)$，其中 V_n 是非终极符号，V_t 是终极符号，S 是 V_n 中的初始符号，是生成过程的起点，P 是重写规则，其一般形式是 $\varphi \rightarrow \psi$（读为 φ 可以改写为 ψ）。这种文法可以生成自然语言也可以生成符号语言。乔姆斯基提出区分四种文法和四种语言：重写规则全都具有形式 $\varphi_1 A \varphi_2 \rightarrow \varphi_1 \omega \varphi_2$，即在上下文 $\varphi_1 — \varphi_2$ 中给出 $A \rightarrow \omega$，这种叫上下文有关文法；重写规则全都具有形式 $A \rightarrow \omega$，即上下文是空的，这种叫上下文无关文法；重写规则全都具有形式 $A \rightarrow aQ$ 或 $A \rightarrow a$，其中 A 和 Q 是非终极符号，a 是终极符号，这种叫有限状态文法；没有上述限制的叫 O 型文法。这四种文法生成的语言分别叫上下文有关语言、上下文无关语言、有限状态语言和 O 型语言。这种理论是乔姆斯基对形式语言理论的重要贡献，在计算机界被称为乔姆斯基分类。乔姆斯基认为评价语法应该用简洁和解释力两个标准，他提出了"转换语法"。这个模型有三个层级：(1) 短语结构层级，利用上下文无关文法和上下文有关文法重写规则生成核心句（简单句、陈述句和主动句形式）的非终级符号串；(2) 转换层级，利用转换规则移位、复写、插入、删除等把核心句非终级符号串转换为其他非终级符号串（非核心句，如被动句、否定句、疑问句等）；(3) 语素音位层级，把转换所得来的非终级符号串按音位规则写为终级符号串。转换语法就是把语言里的一些基本句子作为核心句，由它们转换出语言中无限的句子。这个模型把语言描写大大地简化了。在这个阶段语法不包含语义，因此可以产生合乎语法而没有意义的句子。这一阶段也被称为经典理论。

二　第二阶段（1965—1972）

这个阶段以乔姆斯基1965年出版的《句法理论要略》为代表，被称为"标准理论"。在一阶段乔姆斯基区分了语言能力和语言运用，提出要用观察充分、描写充分和解释充分三个标准来衡量语法研究和语言习得的概念；在语法上，他把语义纳入了语法，提出了深层结构（deep structure）、表层结构（surface structure）的概念，前者是指使用转换规则之前的句法表达式，后者是使用了转换规则之后的句法表达式；语法规则系统由语法、语音、语义三部分组成，语法系统主要包括基础部分和转换部分，语义规则对深层结构做出语义解释，语音规则对表层结构做出语音解释。图示如下：

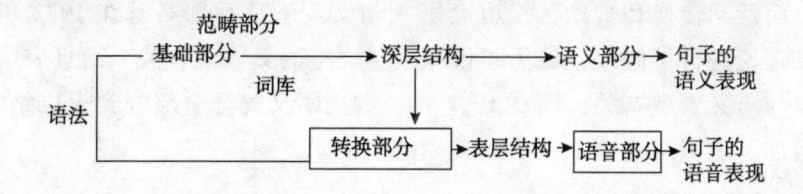

```
                    范畴部分
          ┌─基础部分──┬──→深层结构──────→语义部分→句子的
  语法 ──┤           词库              │                   语义表现
          │                             ↓
          └──────────────→转换部分─→表层结构─→语音部分→句子的
                                                                语音表现
```

范畴部分（category component）是基础部分的重写规则系统，所谓范畴是指句法结构成分的类别 NP、VP、N、V 等；词库包括词汇和次范畴规则（subcategorization rule），词汇是词项的集合，每一个词项由一对要素（C，D）构成，D 表示语音区别特征矩阵，反映词项的语音面貌，C 是一个复合符号，由一组特定的句法特征和语义特征组成；次范畴规则是把短语规则中的范畴再分成小类，它有两类：上下文无关次范畴规则给名词规定语义特征；上下文有关次范畴规则一个是严格次范畴规则，作用是给动词或名词规定上下文语境特征，另一个选择规则给出动词与名词的搭配关系。范畴部分经过推演插入词汇生成深层结构，深层结构是确定语义解释的那个方面；深层结构通过转换规则作用成为表层结构，后者是确定语音解释的那个方面。转换规则部分除了经典理论中提到的以外，又提出一种叫触发成分（triggering element）的新成分，主要有 Q（疑问）、Neg（否定）、Imp（命令）、Passive（被动）。语义部分是用解释语义学的语义区别特征对深层结构进行语义解释，语音部分是用音位的区别特征理论对表层结构进行语音解释。乔姆斯基主张"句法自立"，认为句法不能建立在语义的基础之上，句法组成部分是独立地起作用的。他的两个学生卡茨（J. Katz）和波斯塔尔（P. Postal）提出所有的转换都不能改变语义,深层结构单独决定语义。这就是所谓的"卡茨-波斯塔尔假说"。

三 第三阶段(1972—1979)

这一阶段以乔姆斯基《深层结构、表层结构和语义解释》(1972)为转折,以《形式和解释论文集》(1977)为代表,一般称为"扩展的标准理论"。

乔姆斯基等人通过对表层结构对语义的影响研究发现,否定词和逻辑量词的顺序对语义、在照应关系中重音对于确定代词的所指都有影响,而疑问转换和被动转换也会影响句义。于是乔姆斯基在1972年对标准理论进行了修改,认为不仅深层结构与语义表现有关,而且表层结构也与语义表现有关,而在1977年,则把语义解释全部放到表层结构,并增加了逻辑形式这一层次。其理论框架如下图:

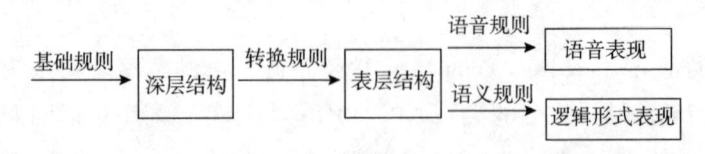

基础规则 → 深层结构 → 转换规则 → 表层结构 → 语音规则 → 语音表现
　　　　　　　　　　　　　　　　　　　　　　语义规则 → 逻辑形式表现

在《对语言的思考》(1975)中乔姆斯基接受了费恩戈(Fiengo)提出的"语迹"(trace)理论,对扩充的标准理论进行修正。所谓语迹,就是在转换过程中,把名词性的 P 从 X 位置转移到 Y 后,P 在 X 位置留下的痕迹,记为 t,带有语迹的结构叫浅层结构(Shallow structure,简称 S-structure)。在踪迹理论的基础上,乔姆斯基进一步把句子的语义解释与其他认知结构系统联系起来,他把与语法系统有关的问题叫语句语法(sentence grammar),认为句子的语义解释不仅局限于语句语法本身,而且还涉及其他的认知结构系统。这个新的转换生成语法模式如下图:

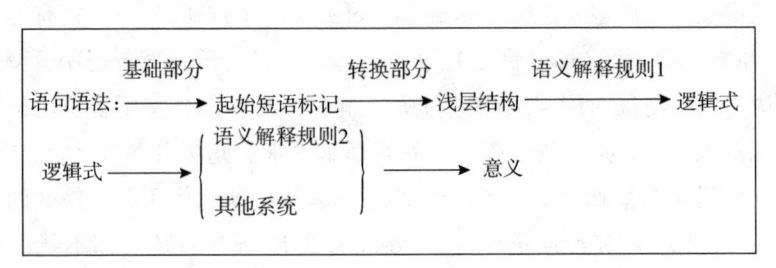

语句语法:→ 基础部分 → 起始短语标记 → 转换部分 → 浅层结构 → 语义解释规则1 → 逻辑式
逻辑式 → { 语义解释规则2 / 其他系统 } → 意义

浅层结构由解释语义规则1（包括限定、照应、范围、主题关系等）变换成逻辑式，这一行构成语句语法；把语法放到其他认知结构系统中，使这样生成的逻辑式进一步接受语义解释规则2的解释，这些规则和其他认知结构相互作用，就能判定出更为全面的语义表现。这个模式即所谓的修正的扩展的标准理论。

20世纪60年代末，麦考莱（J. McCawley）、雷柯夫（G. Lakoff）、罗斯（L. Ross）等人提出的生成语义学（generative semantics）和菲尔摩（C. J. Fillmor）提出的格语法（case grammar）从另一个角度对转换生成语言学的标准理论进行了修正。生成语义以语义为基础，认为语义组成部分才具有生成能力，句子的句法特点取决于语义；标准理论的深层结构就是语义表现，语法的语义组成部分的形成规则（formation-rule）生成语义表现，这样就取消了深层结构；在此基础上使用词汇规则和转换规则得到表层短语标示，表层短语标示进入语法的音位组成部分，使用音位规则，最后得到语音表现。生成语义学原理如下图所示：

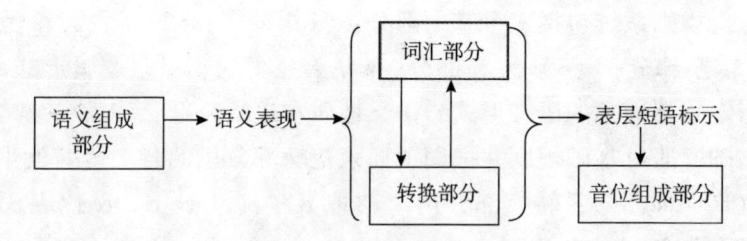

语义组成部分 → 语义表现 → { 词汇部分 / 转换部分 } → 表层短语标示 / 音位组成部分

生成语义学促进了转换生成语言学的发展。

菲尔摩在《"格"辨》（The case for case, 1968）中用"格"（case）这一术语来指深层结构中的句法语义关系，认为句子在基础结构中包含一个动词和一个或几个名词短语，每一个名词短语以一定的格关系和动词发生联系。句子的模型为：

S（句子）→ M（情态）+ P（命题）

P → V（动词）+ C1 + C2 + C3 + ……（C代表格的范畴）

C → K（格标）+ NP（名词短语）

情态指动词的时、体、态以及肯定、否定、祈使、疑问、陈述等。他把格分为施事、工具、与格、使成、处所、客体6个格；某一个格所要求的名词特征用强制规则来规定，动词的特征取决于全句的格安排（格框架）；表层结构中的主语来自不同的深层格，由深层结构中的深层格转化为表层结构中的主语的过程叫主语化（subjectivisation）。深层格功能具有普遍性，适用于一切自然语言，格语法能揭示深层的语义关系，可以对表层句结构关系和性质进行推断。格语法思想对语法分析、语言信息处理和人工智能研究很有意义，下启配价语法。

四 第四阶段（1979—1986）

20世纪80年代乔姆斯基的研究重点转向普遍语法，即所谓由规则系统转向原则系统。1981年出版了《管辖与约束讲演集》，这是以乔姆斯基在意大利比萨一次学术会议提出的"管辖"与"约束"理论（简称GB理论）为基础整理而成的，它标志着转换生成语法正式进入"原则与参数模型"（Principles and Parameters Model）阶段。与以前相比，最大的变化是增加了原则系统和提出了"虚范畴"（Empty category，简称EC）。规则系统包括三个基本部分：（1）词库；（2）语法：a 范畴部分，b 转换部分；（3）解释部分：a 语音形式部分，b 逻辑形式部分。词库指定每个词项的语音形式、语义性质和语法特征，词库和范畴部分构成基础；通过基础规则并把词项插入范畴部分里的各个范畴就生成D结构（D-structure）；转换部分用"移取α"（Move α，α代表任意成分）规则把D结构映现到S结构（S-structure）上，再由语音形式部分把S结构用语音表达映现到表层结构，用逻辑形式部分把S结构映现到这个句子逻辑形式上。整个系统框架和流程如下图：

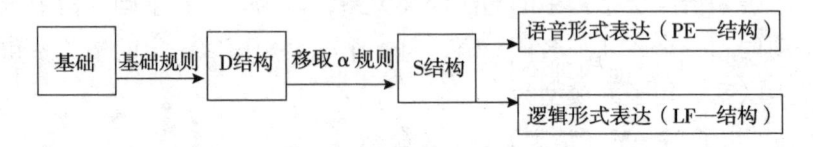

基础 —基础规则→ D结构 —移取α规则→ S结构 → 语音形式表达（PE—结构）
                                              → 逻辑形式表达（LF—结构）

与修正的扩展的标准理论相比，它取消了深层结构而代之以D结构，取消了表层结构而代之以S结构，不用转换规则而只用"移取α规则"。GB理论的另一个子系统是原则系统，它包括七个部分：（1）X-阶标理论（X-bar theory）；（2）题元理论（θ-theory）；（3）格理论（Case theory）；

(4) 管辖理论 (government theory); (5) 约束理论 (binding theory); (6) 控制理论 (control theory); (7) 界限理论 (bounding theory)。在 X-阶标理论中，X-是比 X 高一个层次的语类，X 相当于数学中的变项，采用 X-理论使原来的短语结构语法中增加了中间层次，使系统本身更加严谨了；题元理论是关于题元 (thematic，指施事、受事等语义关系) 的规则；"格"是比照传统语法而设立的一个概念，它假定名词处于句法关系中都要有格，格可以没有语音形式表现，而名词短语有语音形式而没有格者不合语法，这即"格鉴别式"(case filter)；所谓管辖是指成分间的支配关系，它要说明短语中的成分是否在同一个管辖区域里，以及在管辖区域里什么是主管成分什么是受管成分；约束理论是研究语义解释的照应关系的理论，是关于照应成分与先行成分之间关系的原则，它要说明在管辖区域里的成分，在什么情况下是自由的，在什么情况下是受约束的；控制理论是为 PRO（虚代成分，即没有语音形式的指代成分）选择先行成分的原则；界限理论规定移取的位置条件。"虚范畴"也叫"空位"(gap) 是指具有某些特征而没有语音形式的范畴，它主要包括 PRO 和语迹 (trace，用 t 代表)，前者是由基础生成的。虚范畴对了解句子中成分间的语法关系和语义表达有一定解释力。乔姆斯基认为虚范畴反映了人的内部心理活动，研究这些成分对了解语言机制的性质具有重要价值。乔姆斯基发表于 1986 年的《语障》(Barrier) 对 GB 理论又有所修正与发展。

五　第五阶段（1986—）

以乔姆斯基发表于 1992 年的《语言学理论最简方案》为代表。"最简方案"与以前的理论相比有两点不同。(1) 将以前提出的适用范围广、作用深刻而又难以纳入普遍语法的原则改造为"经济原则"，"经济原则"属于语言使用系统，是语言设计的基础，它要求语言表征以最适宜的方式（在推导中以最经济的步骤）满足使用系统的要求；普遍语法原则也被改造，只适用于语言和语言使用的接口平面以满足经济原则的要求，这同时导致 D 结构和 S 结构两个非接口平面被取消。(2) 按原则与参数理论的设想，原则体现共性，参数反映原则允许的各语言间的差异；在最简方案中，吸收了"核查理论"，差异被局限到音系式和词库的某些方面，语序的差异由形态差异决定，而且只存在于句法移动发生拼读前后，拼读是语言表征和发音系统的结合点。最简理论体系如下：

a. 规则部分

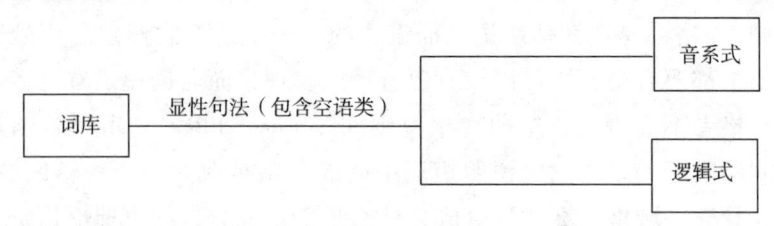

```
                              ┌─── 音系式
词库 ──显性句法（包含空语类）──┤
                              └─── 逻辑式
```

b. 原则部分

①X-阶标理论；②语障理论；③题元理论；④格理论；⑤控制理论；⑥约束理论；⑦核查理论。

在最简方案中，语言由词库（增加了屈折特征和中心语参数等性质）和运算系统两部分构成。词库表明词项特征，运算系统从词项出发进行推导生成表达式，表达式是语言与语言使用系统的接口表征；语言内包于语言使用系统，可以把表达式视为对使用系统发出的一套指令。使用系统又可以分为"发音—听觉"和"概念—意向"两部分，语言表征进入前一系统和后一系统的点是分离的，表达式分别对这两部分发指令，对前者的指令构成音系式，对后者的指令构成逻辑式，音系式和逻辑式代表语言与语言使用的接口层面，D结构和S结构是非接口层面应该废除。乔姆斯基用X-阶标概念说明句法性质和关系，将小句的X阶标结构看成由其他子系统（如格理论）的性质促成的，其剩余部分由成分统治和语障概念加以派生，这样使管辖的概念消失。D结构取消后，词项入句条件主要用"广义转换"概念来定义。词项在词库中已经带有完整的形态特征，但词库中的所有形态特征在入句后都必须在适当的位置接受某个功能语类（functional category）的"核查"（check），通过了核查的推导式才能"汇集"（converge）的接口，这就是核查理论，功能语类是可担任中心语的屈折词缀。在最简方案中，乔姆斯基还把约束理论改造成了逻辑式中的诠释条件。另外，在对语迹的分析中，他接受了一项"复制理论"（Copy Theory），把语迹看作移走成分留下的复制品，它在音系式中被删除而在逻辑式中保留。最简方案保持了转换生成语法原有的基本面貌，在某些问题上向早期理论作了回溯，同时在不少方面与其他语言理论更接近了一步。

尽管转换生成语法风靡一切的时期已经过去了，但从乔姆斯基等人不断修正、发展其理论这一点来看，转换生成语言学仍具有很强的生命力，而其对语言事实所作的某些解释以及所使用的方法，也不同程度地为其他学派所吸收（可能该学派对转换生成语法持保留态度）。可以说，转换生成语言学和索绪尔的结构主义语言学理论一起构成了现代语言学最为绚丽多彩的一章。

后　记

　　与同行师友和语言学爱好者分享的这本小书，是我多年研读索绪尔语言学理论的一点心得。

　　最初接触索绪尔的《普通语言学教程》，是在1983年上半年，那是我大学一年级的第二学期。第一次发表索绪尔语言学理论研究论文，是1987年，发表在当时作为季刊出版的《兰州大学学报》1987年第4期上，当时我正读研二。这篇处女作被中国人民大学报刊复印资料《语言文字学》复印，又被《中国语文》作为年度重点论文收目。而现在说起，已经是36年前的旧事了。

　　想不起因何缘由，从大学一年级起，我就旁听兰州大学中文系语言学教研室每年年底举行的教研室研讨会，并以教材所引用的文献为线索开始阅读语言学著作。当时知识结构还很有限，很多东西看不懂，好在一直坚持看下去，有的书读了两遍、三遍，渐渐有了一点收获。大学期间，《普通语言学教程》我完整地读过三遍，记了整整一本笔记，最后以《〈普通语言学教程〉研究》为题写了毕业论文。前文提到的我发表的第一篇论文，就是这篇大学毕业论文的一部分。

　　1986年大学毕业后，我跟随黄伯荣先生读研究生。由于黄先生跟北京大学中文系的渊源关系，研二时我们到北京大学中文系旁听一年，听了十几门语言学理论、现代汉语语法、汉语史方面的课，并跟其中的几位老师有了课下的交往，而跟当年开"《普通语言学教程》研读"课程的索振羽先生至今三十多年后仍有联系，在写作《20世纪国内索绪尔语言学理论研究述评》时，我曾电话采访索先生两个多小时，了解20世纪五六十年代高名凯、岑麒祥先生，以及索先生本人开课涉及索

后　记

绪尔理论的情况，交谈中索先生的一句"我们都是'索派'"，让我感到温暖和感动。后来索先生还把他翻译的莫罗的《索绪尔〈普通语言学教程〉评注本》中的三百多条注释和索绪尔生平的草稿复印寄给我。这种心胸、气度和对晚辈的关怀，让我至今想起仍充满感激之情。

2019年暑假期间，李葆嘉先生给我发来他与研究生叶蓓蕾合写发表在《南开语言学刊》2018年第2期上的论文《索绪尔〈教程〉与博杜恩理论的比对》的7万字原稿《"索绪尔神话"的终结》（后收入李葆嘉等《揭开语言学史之谜》，世界图书出版公司2021年版），该文通过详细对比索绪尔《普通语言学教程》与博杜恩《普通语言学论文集》中的观点，进一步论证了李葆嘉先生早些年提出的索绪尔只是理论的整合，而博杜恩才是创立现代语言学的枢纽式人物的观点。李葆嘉先生的论文，使我对索绪尔语言学理论的信仰受到重大打击，一时竟有了幻灭之感，一度中断了与之相关的省哲社重点项目"索绪尔语言学理论研究"的写作。

差不多过了近两年的时间，我的情绪才逐渐恢复过来，通过反复阅读索绪尔《普通语言学手稿》和根据第二次、第三次普通语言学教程课程笔记整理出版的论著以及博杜恩、雅柯布森等人的文集，我对索绪尔理论的信念再一次建立起来。如果说莱昂斯、罗宾斯、霍凯特等英美语言学家因接触文献语言有限而视野狭窄没有注意到博杜恩等俄国学者的语言学研究成果，那么熟悉博杜恩和索绪尔语言学理论的雅柯布森总不至于过分拔高索绪尔，而称"索绪尔的《教程》是天才的著作，甚至《教程》的错误和矛盾也能给人启示。20世纪没有哪一本著作对世界各国的语言学产生过如此巨大和深远的影响"[①]吧？

任何先进的思想都不是凭空产生的，毋庸讳言，无论是作为课程讲授，还是对语言学的整体思考，《普通语言学教程》都吸收、融合了惠特尼、博杜恩、克鲁舍夫斯基等学者的理论精华，但这并不能否认索绪尔对语言学最根本问题即语言是什么的问题的思考。索绪尔的这一思考，开始于1891年索绪尔到日内瓦大学后所做的三次学术讲座，成熟

[①] 罗曼·雅柯布森：《雅柯布森文集》，钱军译，湖南教育出版社2001年版，第8页。

于 1894 年写作的未完成书稿《论语言的二元本质》，而其最为完整的构建，则体现于索绪尔最后一次普通语言学教程课程的讲授：索绪尔以任意性为出发点，论证了语言是一个以相互对立、相互区别为表现的符号系统，从而构建了融合惠特尼、博杜恩、克鲁舍夫斯基等学者的理论精华的作为现代语言学基础的语言符号学理论体系。而最后成就索绪尔大师地位的，是沙·巴利和阿·薛施蔼的整理、编辑和出版工作，一部《普通语言学教程》使索绪尔走出了日内瓦大学最多只有十几人听课的课堂，成为 20 世纪世界范围内现代语言学、符号学和结构主义中一个最闪光的名字。

回顾自己语言学知识结构的建立，和三十多年来在学术上所取得的一点点成绩，我还是要把它归结为索绪尔《普通语言学教程》的恩赐。我很庆幸自己语言学的起点开始于对索绪尔《普通语言学教程》的阅读，也很庆幸多年来断断续续坚持对索绪尔语言学理论的钻研。

我多篇索绪尔语言学理论研究论文的观点被《索绪尔研究在中国》重点介绍，有 3 篇论文被中国人民大学报刊复印资料《语言文字学》复印，此外，知名语言学家吴为章《新编普通语言学教程》、王铭钰《语言符号学》和王艾录、司富珍的《汉语的词语理据》等都把我索绪尔理论和语言符号学相关研究列为主要参考文献；我主编的国家精品课教材、国家十二五规划教材《语言学概论》（高等教育出版社 2011 年第一版；2019 年第二版）也以语言符号学为突出特色，受到学界好评（《中国大学教学》2012 年第 12 期）。所以，我也很愿意把自己的一点心得拿出来，与有同好的同行师友和语言学爱好者分享。

书稿在校改过程中得到我妻子金小平女士的帮助，特此致谢。

聂志平 2022 年 6 月 28 日
于金华半喇儿舍